KB205696

이 책의 저변에 있는 아이디어—마가복음을 여러 부분으로 나누고 각각을 정경 외의 유대 자료로 소개하는—는 훌륭하다. 기쁘게도, 이를 다루는 솜씨 역시 마찬가지다. 『제2성전기 문헌으로 읽는 마가복음』을 읽는다면 학생들의 지평은 넓어지고 동일한 것에 대해 더 많은 것들을 찾으려는 동기를 갖게 될 것이다.

—데일 앨리슨(DALE C. ALLISON JR., Princeton Theological Seminary)

이 작업은 비교적 적은 지면에서 최대의 이점을 살릴 수 있도록 멋지게 설계되었다. 곧, 기고자들은 마가복음과 관련된 다양한 구절들에 주목한다. 신약성경에 익숙한 독자들은 신약의 배경 자료들에 천착할 때 신약의 고대 배경을 더욱 잘 기억할 수 있을 것이다. 이 책은 신약을 읽는 독자들을 위해 관련된 초기 유대교의 배경뿐 아니라 마가복음을 들여다볼 수 있는 창문을 훌륭하게 소개해준다.

—크레이그 키너(CRAIG S. KEENER, F. M. and Ada Thompson Professor
of Biblical Studies, Asbury Theological Seminary)

『제2성전기 문헌으로 읽는 마가복음』은 시종일관 유익하고, 일차자료들을 존중하며, 읽기가 매우 쉽다. 또한 학자들이 마가복음과 관련해 쓴 이 책은 가장 간결한 정경 복음서를 더 잘 이해하고자 하는 학생과 목회자들에게 도움이 될 만한 안내서다.

—에크하르트 슈나벨(ECKHARD J. SCHNABEL, Mary F. Rockefeller Distinguished Professor
of New Testament, Gordon Conwell Theological Seminary)

복음서와 관련된 역사적 배경 자료를 가장 잘 배울 수 있는 방법은 무엇인가? 전통적인 방식으로 전체적인 흐름에 대한 간략한 소개를 읽은 후 각 구절을 조명할 수 있는 부분을 찾을 수 있다. 그리고 잘 할 수 있다면 더욱 흥미로운 것으로서 성경 본문에서 시작하여, 외경, 위경, 사해문서, 요세푸스 또는 다루고 있는 성경의 주제와 밀접하게 비교/대조될 수 있는 가장 오래된 랍비 문헌의 일부를 읽는 방식이 있다. 이 선집(anthology: 『제2성전기 문헌으로 읽는 마가복음』)은 후자의 접근 방식을 취하면서 비정경 자료를 적절하고 훌륭하게 선별하여 마가복음 대부분의 주요 구절과의 관련성을 간략하게 비교하는데, 이때 넓은 영역의 좋은 학자들이 도움이 되어줄 것이다. 이 책은 탁월한 교과서로서의 잠재성을 가지고 있을 뿐 아니라 다른 많은 독자들의 호기심 역시도 충족시킬 수 있도록 주어진 과제를 충실히 수행해나간다.

—크레이그 블롬버그(CRAIG L. BLOMBERG, distinguished professor
of New Testament, Denver Seminary)

마가복음의 유대적 배경에 대해서는 자료들과 관련해 끝없는 추측이 발생한 반면, 학문적인 담론 현장에서 유익한 비교 분석 작업은 보기 드문 일이다. 이제 『제2성전기 문헌으로 읽는 마가복음』에서 초보 독자들은 최고의 비교 연구 결과를 보게 된다. 유대 문헌들은 마가 이야기를 비추는 빛의 역할을 하여 주의 깊은 독자들에게 나사렛 예수에 관한 마가의 기록의 깊이를 보여주고 그 배경과 더불어 마가복음의 심오함을 명료하게 설명해준다. 이 책은 유대 문헌들을 유용하게 사용하는 방식과 마가복음에 대한 신중한 통찰 사이의 균형을 이루는 독특하고도 가치 있는 글들을 모은 책이다.

—대니얼 거트너(DANIEL M. GURTNER, Ernest and Mildred Hogan Professor
of New Testament Interpretation, The Southern Baptist Theological Seminary)

제2성전기 문헌으로 읽는 마가복음

벤 C. 블랙웰, 존 K. 굿리치, 제이슨 매스턴 엮음

김태훈 옮김

제2성전기 문헌으로 읽는 마가복음

지은이   벤 C. 블랙웰 외 29인
옮긴이   김태훈
편 집   이영욱, 이판열
교정교열   김요셉, 박이삭
색 인   박이삭, 최혜영

발행인   이영욱
발행처   감은사
전 화   070-8614-2206
팩 스   050-7091-2206
주 소   서울시 강동구 암사동 아리수로 66
이메일   editor@gameun.co.kr

종이책
초판1쇄   2021.11.20.
ISBN   9791190389464
정 가   27,800원

전자책
초판1쇄   2021.11.20.
ISBN   9791190389471
정 가   18,900원

Reading Mark in Context:
Jesus and Second Temple Judaism

Ben C. Blackwell,
John K. Goodrich,
& Jason Maston,
Editors

우리의 부모님께:

Mack and Brenda Blackwell

John and Julie Goodrich

Mark and Debbie Maston

이 책은 고르반보다 더 중요합니다(막 7:11).
이는 당신들의 한없는 사랑과 지지에 대한
진심 어린 감사의 선물입니다.

약어표 | 13

N. T. 라이트의 서문 | 21

서론 | 27

제1장   『공동체 규율』과 마가복음 1:1-13

        광야에서 길을 준비하는 것(릭 와츠) | 55

제2장   에녹의 비유와 마가복음 1:14-2:12

        권세 있는 인자(크리스티안 A. 벤도라이티스) | 69

제3장   요세푸스와 마가복음 2:13-3:6

        서기관 및 바리새인들과의 논쟁(메리 마샬) | 81

제4장   『열두 족장의 유언』과 마가복음 3:7-35

        묵시와 나라(엘리자베스 E. 샤이블리) | 95

제5장   『에스라4서』와 마가복음 4:1-34:

        씨앗과 씨뿌리기와 열매에 대한 비유(클라인 스노드그라스) | 109

제6장   솔로몬의 유언과 마가복음 5:1-20

        축귀와 악한 영들에 대한 지배(마이클 F. 버드) | 125

제7장   미쉬나 자빔(하혈)과 마가복음 5:21-6:6a

        정결에 관한 규칙(데이비드 E. 갈런드) | 139

제8장   요세푸스와 마가복음 6:6b-29

        세례 요한을 사형시키는 헤롯 안티파스(모르텐 호닝 옌센) | 154

제9장 『위로의 말들』과 마가복음 6:30-56

　　　　새 출애굽의 이미지(홀리 비어스) | 167

제10장 『아리스테아스의 편지』와 마가복음 7:1-23

　　　　부정 개념의 발전(사라 휘틀) | 181

제11장 『희년서』와 마가복음 7:24-37

　　　　인종의 장벽을 넘어서(켈리 R. 아이버슨) | 195

제12장 『다메섹 문서』와 마가복음 8:1-26

　　　　"길" 위에서의 눈멂과 봄(수잔 와츠 핸더슨) | 207

제13장 시락서와 마가복음 8:27-9:13

　　　　엘리야와 종말(시구르드 그린드하임) | 221

제14장 토비트와 마가복음 9:14-29

　　　　불완전한 믿음(자넷 헤이건 파이퍼) | 233

제15장 『공동체 규율』과 마가복음 9:30-50

　　　　재정의된 제자도(제프리 W. 어니) | 247

제16장 미쉬나 깃틴(이혼 증서)과 마가복음 10:1-12

　　　　결혼과 이혼(데이비드 인스톤-브루어) | 259

제17장 「종말론적 권고」와 마가복음 10:13-31

　　　　부, 가난, 그리고 신자들(마크 D. 매튜스) | 273

제18장 『회중 규율』과 마가복음 10:32-52

　　　　종말론적 이스라엘의 영광과 위대함(존 K. 굿리치) | 285

제19장 마카베오1서와 마가복음 11:1-11

　　　　전복적 성격의 예루살렘 입성(티머시 곰비스) | 299

제20장 솔로몬의 시편과 마가복음 11:12-25

대제사장들과의 성전에서의 마지막 결전(니콜라스 페린) | 313

제21장 동물 묵시록과 마가복음 11:27-12:12

선지자들에 대한 거절과 성전의 파괴(데이비드 L. 터너) | 325

제22장 요세푸스와 마가복음 12:13-27

사두개인, 부활, 그리고 율법(제이슨 매스턴) | 339

제23장 솔로몬의 시편과 마가복음 12:28-44

메시아의 놀라운 정체성과 역할(마크 L. 스트라우스) | 351

제24장 「에녹의 비유」와 마가복음 13:1-37

묵시 종말론과 미래의 인자(조나단 T. 페닝톤) | 363

제25장 미쉬나 페사힘과 마가복음 14:1-25

유월절 전승(에이미 필러) | 375

제26장 바벨론 탈무드와 마가복음 14:26-52

압바, 아버지!(니제이 K. 굽타) | 387

제27장 「에녹의 비유」와 마가복음 14:53-73

신성 모독과 승귀(대럴 L. 보크) | 401

제28장 알렉산드리아의 필론과 마가복음 15:1-15a

본디오 빌라도, 줏대 없는 총독?(헬렌 K. 본드) | 413

제29장 『성전 두루마리』와 마가복음 15:15b-47

십자가에 못 박힌 자의 매장(크레이그 A. 에반스) | 425

제30장 마카베오2서와 마가복음 16:1-8

현재를 위한 희망으로서의 부활(벤 C. 블랙웰) | 439

용어 해설 ┃ 453

기고자들 ┃ 463

성경/배경문헌 색인 ┃ 467

| 편집자의 일러두기 |

1. 괄호 안에 있는 성경 구절 참조점에 숫자만 기록되어 있는 경우는 모두 '마가복음'을 뜻합니다. 예, (1:1) = (막 1:1). 마가복음 이외의 경우는 생략하지 않았습니다.

2. 영어에서 위경 서명에 기울임체(italic)를 사용하는 이유는 (정경/외경과 달리 익숙하지 않을) 서명과 일반 명사 또는 인명과 구분하기 위함입니다. 이 기울임체를 한국어판에서는 『겹낫표』를 사용하여 표현하였습니다. 외경과 위경 사이의 경계가 분명하지 않은 경우가 더러 있는데, 이 경우에는 각 기고자의 의견을 따랐습니다. 또한 괄호나 각주 안에서 (일반명사/인명이 아니라) 책의 참조점을 명료하게 표시할 경우에는 겹낫표를 쓰지 않았습니다: 예, (에녹1서 1:1). 단, '요세푸스, 『유대전쟁사』 1.1'의 경우처럼 저자와 서명이 함께 나오는 경우는 저자와 서명의 구분을 위해 겹낫표를 사용합니다.

사해 문서

1QHa	Hodayota/Thanksgiving Hymnsa
1QM	Milhamah/War Scroll
1QpHab	Pesher Habakkuk
1QS	Serek Hayahad/Rule of the Community (Community Rule)
1QSa/1Q28a	Rule of the Congregation
1QSb/1Q28b	Rule of the Blessings
4Q161	Pesher Isaiaha
4Q162	Pesher Isaiahb
4Q169	Pesher Nahum
4Q171	Pesher Psalmsa
4Q174	Florilegium
4Q176	Consolations/Tanhumim
4Q177	Catenaa
4Q252	Commentary on Genesis A
4Q262/4QSh	Rule of the Community
4Q274	Tohorot A
4Q282	Unidentified Fragments B
4Q285	Sefer Hamilhamah
4Q374	Moses Apocryphon A
4Q385	Pseudo- Ezekiela
4Q386	Pseudo- Ezekielb
4Q390	Apocryphon of Jeremiah E
4Q500	Benediction
4Q504	Dibre Hame᾿orota/Words of the Luminariesa
4Q521	Messianic Apocalypse
11Q10	Targum of Job
11Q11	Apocryphal Psalmsa

11Q13	Melchizedek
11Q19	Temple Scrolla
CD	Cairo Genizah copy of the Damascus Document

랍비 문헌

b. ʿErub.	Tractate ʿErubin (Babylonian Talmud)
b. Git.	Tractate Gittin (Babylonian Talmud)
b. Hag.	Tractate Hagigah (Babylonian Talmud)
b. Pesah.	Tractate Pesahim (Babylonian Talmud)
b. Sanh.	Tractate Sanhedrin (Babylonian Talmud)
b. Taʿan.	Tractate Taʿanit (Babylonian Talmud)
Deut. Rab.	Deuteronomy Rabbah
Gen. Rab.	Genesis Rabbah
Lam. Rab.	Lamentations Rabbah
Lev. Rab.	Leviticus Rabbah
Midr.	Midrash
m. ʾAbot	Mishnah ʾAbot
m. ʿArak.	Mishnah ʿArakin
m. Git.	Mishnah Gittin
m. Hag.	Mishnah Hagigah
m. Hul.	Mishnah Hullin
m. Kelim	Mishnah Kelim
m. Ketub.	Mishnah Ketubbot
m. ʾOhal.	Mishnah ʾOhalot
m. Roš Haš.	Mishnah Roš Haššanah
m. Sotah	Mishnah Sotah
m. Yebam.	Mishnah Yebamot
m. Yoma	Mishnah Yoma
Pesiq. Rab.	Pesiqta Rabbati
Tanh.	Tanhuma
Tg. Isa.	Targum Isaiah

Tg. Ps.	Targum Psalms
Tg. Ps.- J.	Targum Pseudo-Jonathan
Tg. 1 Sam.	Targum 1 Samuel
t. Ber.	Tractate Berakot (Tosefta)
t. Meʿil.	Tractate Meʿilah (Tosefta)
t. Menah.	Tractate Menahot (Tosefta)
t. Sukkah	Tractate Sukkah (Tosefta)
y. Sotah	Tractate Sotah (Jerusalem Talmud)

다른 고대 문서

1 En.	1 Enoch
2 Bar.	2 Baruch
Ag. Ap.	*Against Apion* (Josephus)
Ann.	*Annales* (Tacitus)
Ant.	*Jewish Antiquities* (Josephus)
Aug.	*Divus Augustus* (Suetonius)
Barn.	Barnabas
Cal.	*Gaius Caligula* (Suetonius)
Decl.	*Declamationes* (Ps.- Quintilian)
Dial.	*Dialogi* (Seneca)
Dig.	*Digesta* (Justinian)
Ep.	*Epistulae* (Horace)
Flacc.	*In Flaccum/Against Flaccus* (Philo)
Gen. an.	*Generation of Animals* (Aristotle)
Hist. Alex.	*History of Alexander* (Curtius Rufus)
Hist. eccl.	*Ecclesiastical History* (Eusebius)
Is. Os.	*Isis and Osiris* (Plutarch)
J.W.	*Jewish War* (Josephus)
Jub.	Jubilees
LAB	Liber antiquitatum biblicarum/Book of Biblical Antiquities (Pseudo-Philo)

Legat.	*Legatio ad Gaium*/*On the Embassy to Gaius* (Philo)
Life	*The Life* (Josephus)
Metam.	*Metamorphoses (Ovid)*
Migr.	*De migratione Abrahami*/*On the Migration of Abraham* (Philo)
Mor.	*Moralia* (Plutarch)
Moses	*De vita Mosis*/*On the Life of Moses* (Philo)
Mut.	*De mutatione nominum*/*On the Change of Names* (Philo)
Nat.	*Naturalis historia*/*Natural History* (Pliny the Elder)
Post.	*De posteritate Caini*/*On the Posterity of Cain* (Philo)
Prob.	*Quod omnis probus liber sit*/*That Every Good Person Is Free* (Philo)
PSI	*Pubblicazioni della Società Italiana* (Papiri greci e latini)
Pss. Sol.	Psalms of Solomon
P.Flor.	Papiri grecoegizii, Papiri Fiorentini
P.Lond.	Papyrus London (Greek Papyri in the British Museum)
P.Yadin	Papyrus Yadin (The Documents from the Bar Kochba Period in the Cave of Letters)
Sat.	*Satirae*/*Satires* (Juvenal)
SEG	Supplementum epigraphicum graecum
Spec.	*De specialibus legibus*/*On the Special Laws* (Philo)
T. 12 Patr.	Testaments of the Twelve Patriarchs
T. Ash.	Testament of Asher
T. Benj.	Testament of Benjamin
T. Dan	Testament of Dan
T. Jud.	Testament of Judah
T. Levi	Testament of Levi
T. Mos.	Testament of Moses
T. Reu.	Testament of Reuben
T. Sol.	Testament of Solomon
T. Zeb.	Testament of Zebulun
Verr.	*In Verrem* (Cicero)

저널, 간행물, 참고 자료, 시리즈

AB	Anchor Bible
ABRL	Anchor Bible Research Library
ACCS	Ancient Christian Commentary on Scripture
AGJU	Arbeiten zur Geschichte des antiken Judentums und des Urchristentums
AYBC	Anchor Yale Bible Commentary
BBR	*Bulletin of Biblical Research*
BCAW	Blackwell Companions to the Ancient World
BibInt	Biblical Interpretation Series
BSIH	Brill's Studies in Intellectual History
BTB	*Biblical Theology Bulletin*
BZNW	Beihefte zur Zeitschrift für die neutestamentliche Wissenschaft
CBQ	Catholic Biblical Quarterly
CCSL	Corpus Christianorum: Series Latina. Turnhout: Brepolis, 1953–
CEJL	Commentaries on Early Jewish Literature
ConBNT	Coniectanea Biblica: New Testament Series
CSCO	Corpus Scriptorum Christianorum Orientalium. Edited by Jean Baptiste Chabot et al. Paris, 1903
DCLS	Deuterocanonical and Cognate Literature Studies
DSD	*Dead Sea Discoveries*
DJD	Discoveries in the Judaean Desert
DJDJ	Discoveries in the Judaean Desert of Jordan
ESV	English Standard Version
ExpTim	*Expository Times*
FRLANT	Forschungen zur Religion und Literatur des Alten und Neuen Testaments
FSBP	Fontes et Subsidia ad Bibliam Pertinentes
GAP	Guides to the Apocrypha and Pseudepigrapha
HTR	Harvard Theological Review
HTS	Harvard Theological Studies

IEJ	*Israel Exploration Journal*
JBL	*Journal of Biblical Literature*
JCT	Jewish and Christian Texts
JETS	*Journal of the Evangelical Theological Society*
JGRChJ	*Journal of Greco- Roman Christianity and Judaism*
JJS	*Journal of Jewish Studies*
JSJSup	Supplements to the Journal for the Study of Judaism
JSNT	*Journal for the Study of the New Testament*
JSNTSup	Journal for the Study of the New Testament Supplement Series
JSOTSup	Journal for the Study of the Old Testament Supplement Series
JSP	*Journal for the Study of the Pseudepigrapha*
JTS	*Journal of Theological Studies*
LCL	Loeb Classical Library
LNTS	The Library of New Testament Studies
LSTS	The Library of Second Temple Studies
NAB	New American Bible, revised edition
NASB	New American Standard Bible
NCBC	New Cambridge Bible Commentary
NETS	A New English Translation of the Septuagint. Edited by Albertietersma and Benjamin G. Wright. New York: Oxford University Press, 2007
NIGTC	New International Greek Testament Commentary
NIV	New International Version
NovT	*Novum Testamentum*
NovTSup	Supplements to Novum Testamentum
NPNF²	*Nicene and Post- Nicene Fathers, Series 2*
NRSV	New Revised Standard Version
NTL	New Testament Library
NTS	*New Testament Studies*
PSI	*Papiri greci e latini.* Edited by G. Vitelli et al. Florence: Pubblicazioni della Società italiana per la ricerca dei papiri greci e latini in

	Egitto, 1912–2008
PTSDSSP	Princeton Theological Seminary Dead Sea Scrolls Project
ResQ	*Restoration Quarterly*
RevQ	*Revue de Qumran*
SBEC	Studies in the Bible and Early Christianity
SBLMS	Society of Biblical Literature Monograph Series
SJLA	Studies in Judaism in Late Antiquity
SNTSMS	Society for New Testament Studies Monograph Series
STDJ	Studies on the Texts of the Desert of Judah
SVTP	Studia in Veteris Testamenti Pseudepigraphica
TSAJ	Texte und Studien zum antiken Judentum
TUGAL	Texte und Untersuchungen zur Geschichte der altchristlichen Literatur
TynBul	*Tyndale Bulletin*
UPATS	University of Pennsylvania Armenian Texts and Studies
VTSup	Supplements to Vetus Testamentum
WBC	Word Biblical Commentary
WUNT	Wissenschaftliche Untersuchungen zum Neuen Testament

N. T. 라이트의 서문

최근 몇 년간 저는 이런 질문을 받곤 했습니다. "어떻게 우리가 1세기 유대교 세계에 대해서 더 많은 것을 알 수 있나요?"

이런 질문은 주로 제가 일반 청중이나 다른 분야(예를 들면, 조직신학이나 철학적 신학)의 학자들에게 강연이나 세미나 논문 발표를 하고 난 후에 나옵니다. 이런 상황에서 저는 자주 강조하지요. 4세기나 5세기의 교부들, 그리고 16-17세기 종교개혁자들이 취했던 접근법이 대단히 중요하기는 하지만, 신약성경을 이해하는 데 있어서 정말로 중요한 것은 예수와 그분의 제자들의 세계 속에서 살아가는 법을 배우는 것이라고 말입니다. 그러면 사람들은 때로는 어이없어 하며, 어떻게 우리가 더 많은 것들을 배울 수 있는지 반복적으로 질문합니다. 또 때로는 놀라면서, 더 많은 것을 알게 된다면 변하는 것이 무엇인지 묻습니다.

문제의 예를 찾기란 쉽습니다. 많은 기독교인은 예수께서 "하나님의 나라"를 말씀하셨을 때, 그분이 신자들 사후의 최종적인 목적지(즉, "천당"이라는 대중적인 착각)에 대해서 말씀하셨다고 여전히 생각합니다. 하지만 시편, 이사야, 다니엘을 잠깐이라도 들여다본다면, 그러한 생각은 분명히 좌절될 것입니다. 그리고 하나님 나라에 대한 사상이 1세기에 어떻게 사용되었는지를 주의 깊게 들여다본다면, 하나님 나라를 좀 더 명확하게 이해할 수 있을 것입니다. 마찬가지로 저는, 기독교 교사들이 "인자"(son of man)가 예수의 "인성", 즉 예수의 "낮아지심/비하"(humility)라고 설명하는 것을 들은 적도 있습니다. 마치 우리가 그 인자라는 표현이 사용된 유대교 문헌을 참조하지 않고도, 그러니까 실제로 흔히 생각하는 것보다 인자라는 표현이 훨씬 더 풍성한 의미로 나타나는 다니엘서를 참조하지 않고도, 이 표현의 1세기 용례를 이해할 수 있기라도 하는 듯이 말입니다.

그러나 단순히 몇몇 구절들을 인용하는 것만으로는 충분하지 않을 것입니다. 아무리 그 구절들이 중요하다고 해도 말이지요. 중요한 것은 1세기 유대인처럼 생각하는 법을 배우는 것입니다. 물론 우리는 1세기 유대인들이 21세기의 미국인들만큼 다양했다는 사실을 인정합니다. 그러나 우리가 주의를 기울여야 할 몇 가지 광범위한 문화적 특징들은 분명히 존재합니다. 저는 사람들이 위와 같은 일반적인 질문을 할 때, 요세푸스의 저작을 마치 역사 소설처럼 읽는 것이 한 가지 탁월한 방법이라고 대답하곤 했습니다. 물론 요세푸스도 많은 결점이 있습니다. 하지만 그는 그 시대에 살았고, 1세기 예루살렘 세계에서 중요한 인물들 대부분을 개인적으로 알았습니다. 그러나 여러분이 요세푸스의 글을 읽고 나면 아마도 사해사본 등을 손에 넣고 싶을 것입니다. 그리고 특별히 여러분은 '외경'과 그것의 사촌격인 '위경'에 친숙해질 필요가 있습니다. 이 책들은 분량 면에서 감당 못할 정도는 아닙니다. 여러분이 몇 주 동안 지속적으로 읽는다면, 이 책들에 대해 꽤 잘 알 수 있게 될 것입니다. 어떤 부분은 전문가들에게조차 난해하기도 하지만, 이 책들은 1세기 세계를 확실히 이해하게 해줄 것입니다.

　아직도 이러한 제안에 반대하는 깊은 편견이 있습니다. 문제가 되는 외경에 속한 책들은 로마 가톨릭(과 비개신교 교회들)에서는 '정경'으로 간주되지만, 개신교는 그 책들을 잘 봐줘야 부차적인 것(secondary)으로 보고, 결코 권위 있는 것으로 보지 않습니다. (그리고 문제가 되는 책들이 유대적이기 때문에 이따금 대두되는 더 어두운 또 다른 편견들이 있습니다. 비극적이게도, 일부 기독교인들은 초기 기독교와 심지어는 예수조차도 비유대화하는 것을 자신들의 업으로 생각해왔습니다.) 그러나 이 책들을 이해하는 데에 핵심적인 사안은 이 책들로 권위 있는 기독교 교리 체계를 세우는 것이 아니라, 우리가 실제로 권위 있는 것으로 간주하는 텍스트—구약성경과 신약성경—를 그 첫 번째 저자와 독자들이 이해했었던 방식과 가능한 한 비슷하게 이해하게끔 하는 것입니다. 어떤 의미에서 이것은 우리가 그리스어 신약성경을 읽다가 단어를 찾아보기 위해 사전을 펼칠 때마다 하는 것을 좀 더 큰 스케일로 하는 것과 다름없습니다. 우리는 그 단어, 그리고 그때의 더 큰 단위가, 당시에 어떤 의미였을지 확인하는 것이지요. 단순히 "글쎄, 교부들과 종교개혁자들도 성경을 읽었어"라고 말하는 것으로는 충분하지 않을 것입니다. 오늘날 우리는 1세기 유대 세계에 전례가 없을 정도로 접근하기 좋은 환경에 살고 있습니다. 그리고 우리가 할 수 있는 한 그러한 자원을 풍성하게 사용하면서 우리가 가진 신앙의 뿌리를 깊이 들여다보는 것은 기독교적 순종 행위의 일부입니다. 좀 더 뚜렷하게 말하자면, 존 칼빈(John Calvin)이라는 위대한 학자는 성경의 원래 의미를 이해하기 위해서 자신이 사용할 수 있는 도구들을 가지고 최선을 다했다는 것입니다. 만약 칼빈이 오늘날 우리가 사용하는 도구들을 가졌었더라면, 주저하지 않고 그것들을 사용했을 것입니다.

처음에 이상하게 보일 수도 있는 환경에 익숙해지는 최고의 방법은 특정한 신약성경 텍스트를 그 시대의 유대교 세계의 다양한 측면에 비추어서 살펴보는 것입니다. 이러한 방법은 고고학적인 발굴과 같은 기능을 합니다. 고고학 탐구자가 무언가 발견될 것이 있는지 알아보기 위해 특정 장소에 조심스럽게 삽을 박아 보는 것과 같습니다. 본서와 같은 책은 그러한 장소를 확인하는 순서로 구성되어 있습니다. 그 이상을 하는 것은 불가능합니다. 여러분이 예수의 논쟁에 삽을 박고 (이 책의 3장에서 한 것처럼) 우리가 요세푸스의 글에서 발견한 것과 나란히 놓고 비교해보면, 중요한 이해(vital illumination)에 이르게 될 것입니다. 하지만 그렇다고 요세푸스가 마가복음의 나머지 내용에 대해 다른 할 말이 없다거나, 그 논쟁을 이해하게 해줄 또 다른 고대의 자료가 없다고 생각해서는 안 됩니다. 그러므로 이 책의 총 30개의 장은 각기 그 자체로 마가복음 이해를 도와주는 일련의 초대장이면서, 동시에 더 많은 해석 가능성을 열어주는 조언/힌트(pointers)이기도 합니다.

이 책은 두 가지 용도로 사용될 수 있습니다. 이 책은 독자에게 이 시기의 가장 중요한 유대교 텍스트 대부분을, 마가복음 본문의 순서를 따라서 소개해줍니다. 그러므로 이 책은 이 중요한 초기 기독교 텍스트(마가복음—역주) 전체에 대한 일종의 연속적인 주석을 제공합니다. 따라서 이 책은 본문에 근거하여 1세기 유대교 세계를 소개받고 싶은 사람들과 마가복음을 원래 배경에서 생각해보고 싶은 사람들에게 도움이 될 것입니다.

여기에 기고한 학자들 대부분이 젊은 세대의 성서학자들이라는 사실은 (이제 은퇴를 바라보고 있는) 저를 북돋아 줍니다. 이들의 기고문을 보니, 이 분야가 건재하며 오는 시대에도 학문 분야와 교회의 실천에서 실제적이고 지속적인 열매를 맺을 수 있겠다는 생각이 듭니다. 우리는 넓은 세상에서뿐 아니라 학문과 교회 안에서도 흥미진진한 시대를 살고 있습니다. 이러한 탐구는 주해와 신학과 선교의 새로운 가능성을 지속적으로 느끼도록 하는 데에 이바지할 것입니다.

N. T. 라이트(Wright)

신약성서와 초기 기독교 교수

세인트 앤드류스 대학교(University of St Andrews)

서론

벤 C. 블랙웰(Ben Blackwell)

존 K. 굿리치(John Goodrich)

제이슨 매스턴(Jason Maston)

텍스트는 다른 텍스트(즉, 콘텍스트)와 접촉함으로써만 존속한다. 텍스트
들 사이의 바로 이 접촉 지점에서만 빛이 번쩍이고, 이 빛은 후방과
전방을 밝혀주며 주어진 텍스트를 하나의 대화로 엮어준다.

—M. M. 바흐친(Bakhtin)

마가복음은 예수 그리스도의 사역과 수난에 대한 가장 영향력
있는 최초기 내러티브로 널리 알려져 있다. 마가복음은 수세기 동안
그 간결성과 명시적인 가르침 자료의 부족으로 인해 저평가되기는
했지만, 이제는 직설적이고 산만한 신학화 방식이 아니라 행동, 아이
러니, 구성(intrigue)을 강조하는, 잘 만들어진 고대의 전기로 칭송받고
있다. 실제로 마가복음은 "빨간 글자"(성경책에 붉은 글씨로 되어 있는 예수
의 가르침을 뜻함—역주)의 부족함을 문학적 예술성으로 만회한다. 주목
하지 않을 수 없는 등장인물, 빠른 속도로 진행되는 스토리텔링, 극
적인 플롯 전환에 있어서 마가복음은 신약성경에서도 매우 두드러

지는 작품이다.[1] 이 모든 것들은 마가복음 기자가 독자로 하여금 예수 그리스도의 제자가 되게 하려고 설득하는 데 솜씨 있게 영향력을 행사한다. 저명한 주석가인 헨리 스웨테(Henry Swete)가 오래전에 극찬했던 것처럼, "복음서 중 가장 짧은 책이 어떤 점에서 가장 완전하고 정확하며, 신약성경의 책들 중 가장 단순한 책이 우리를 주님의 발치에서 가장 가까운 곳으로 데려다 준다."[2]

주후 60-70년대쯤 기록된 마가복음은[3] 예수를, 하나님의 도래와 오랫동안 기다려온 종말론적 나라에 대한 좋은 소식을 전하고 그 출범을 알리라는 사명을 부여받은 하나님의 아들로 제시한다. 1세기 이스라엘 백성들은 제국과 사탄 권세의 통치 아래에서 계속되는 포로기 가운데 있었다. 그래서 마가복음은 1장부터 16장까지 진행되는 동안 심지어 예수의 정체성과 권위가 동족들—특히 나라의 가장 박식한 교사들과 제사장 지도자들—에 의해 이의 제기를 당하는 때에도, 예수를 이스라엘의 약속된 구속자이자 메시아(그리스도)-왕으로 계시했다.

그러나 예수의 사명은 이스라엘의 종교 엘리트들을 공직에서 몰

---

1.   예를 들면, 다음을 보라. Kelly R. Iverson and Christopher W. Skinner, eds., *Mark as Story: Retrospect and Prospect* (Atlanta: Society of Biblical Literature, 2011); Matthew Ryan Hauge and Christopher W. Skinner, eds., *Character Studies and the Gospel of Mark*, LNTS 483 (London: T&T Clark, 2014).

2.   Henry Barclay Swete, *The Gospel according to St. Mark: The Greek Text with Introduction Notes and Indices* (London: MacMillan, 1898), vi.

3.   마가복음의 저자, 연대, 배경은 여전히 논쟁 가운데 있다. 최근의 학문적인 입장을 살펴보려면, Darrell L. Bock, *Mark*, NCBC (Cambridge: Cambridge University Press, 2015), 1-10을 보라.

아내는 것도, 로마 제국에 대한 반란을 선동하는 것도 아니었다. 오히려 예수께서는 거의 전적으로 가르침과 치유에 관심을 두셨고, 전혀 다른 세계의 질서—이 세계에 침투하신 하나님의 통치—에 참여하도록 초청된 신실한 제자 무리를 모으는 데 관심을 기울이셨다. 갈릴리 시골 마을에서 예루살렘에 있는 수도까지 이르는 여정에서 예수께서는 제자들에게 권력보다는 섬김, 자기 만족보다는 자기 부인을 추구하도록 요구하셨는데, 이는 예수께서 유대교 지도자들에 의해 체포되어 재판을 받고, 이어서 제국의 권력자들에 의해 사형을 언도받고 십자가에 처형되실 때, 몸소 구현하신 윤리였다.

하지만 예수의 죽음은 그분의 메시아적 지위를 흐리게 하거나 하나님의 임박한 통치를 유예시키지 않았다. 예수의 여성 제자 중 셋이 무덤에 가서 그곳이 텅 비어있다는 이해할 수 없는 일을 마주할 때, 복음은 절정에 이르고 예수의 정체성은 분명하게 입증되었다. 여성들은 스승의 시체가 아닌, 십자가에 달리신 예수께서 지금 살아나셨다고 설명하는 한 신비한 젊은이를 만난다. 예수의 부활 선언이 저들의 삶과 그 너머에 미칠 영향을 생각할 때, 이 좋은 소식은 그 여성들(과 독자들)을 어리둥절하게 만들 만한 것이었다.

예수의 이야기를 잘 알고 있는 사람들조차도 이 복음서의 목회적인 목적을 쉽게 놓치곤 한다. 마가의 내러티브는 급속하게 전개되면서 독자를 자극하여 예수의 삶, 죽음, 부활에 비추어 자신의 실존을 숙고하게 하는 데 목표를 둔다. 로즈(Rhoads), 듀이(Dewey), 미키(Michie)가 말했듯, "이 이야기는 독자들이 세상을 보는 방식을 산산이 무너뜨리고 그들이 다른 방식을 받아들이도록 한다."[4]

그런데 마가복음에 대한 모든 해석이 '전부' 다 동일하게 분명한 깨우침을 주고 변혁적인 것은 아니다. 이 두 번째 복음서는 성경의 나머지와 마찬가지로 우리와 다른 특정한 시대와 문화 속에서 기록되었다. 따라서 대부분의 신대원 2학년 학생들이 알고 있듯 복음서를 **지혜롭게** 읽기 위해서는 본문에 대한 역사적이고 문화적인 맥락을 주의 깊게 살피는 것이 요구된다.[5] 마가복음을 연구하는 것도 다를 바 없다. 그리고 사실상 문맥에 대한 인식이 없는 것보다 낫기는 하지만, 신약 세계의 종교 환경에 깊이 몰두하지 않으면 무의식적으로 성경 본문에 이질적인 의미를 부과하여 예수 그리스도의 인격과 사역을 제대로 이해하지 못하게 될 가능성이 있다.

18세기와 19세기에 행해진 역사적 예수에 대한 제1탐구(First Quest)가 적합한 실례다. 이 학문 운동에 기여한 학자들은 학문적인 탐구 방법론을 통해 예수의 삶, 즉 예수의 역사적 초상을 만들었다.[6] 이들이 만든 예수 전기(biographies)는 처음에는 후기 계몽주의의 이성주의에 영향을 받았고, 이후에는 19세기 후반의 낭만주의적인 경향,

4.   David Rhoads, Joanna Dewey, and Donald Michie, *Mark as Story: An Introduction to the Narrative of a Gospel*, 2nd ed. (Minneapolis: Fortress, 1999), 1 [= 『이야기 마가』, 이레서원, 2003].

5.   Jonathan T. Pennington, *Reading the Gospels Wisely: A Narrative and Theological Introduction* (Grand Rapids: Baker Academic, 2012), 111-12 [= 『복음서 읽기』, CLC, 2015]을 보라.

6.   다양한 탐구들에 대한 읽기 쉬운 개론서로는, 헬렌 본드의 훌륭한 개관을 보라. Helen K. Bond, *The Historical Jesus: A Guide for the Perplexed* (London: Bloomsbury, 2012), 1-36 [= 『역사적 예수 입문』, CLC, 2017].

즉 심리학적이고 도덕적으로 분석하는 경향의 영향을 받았는데, 이
전기는 진짜 나사렛 예수를 오늘날 현대 시대에도 유의미하게 만들
기 위해 (마가복음에 가장 믿을 만하게 보존되었다고 간주되는) 진정성 있는 **역
사 속 예수**와 (복음서 저자들과 초기 교회가 지어냈다고 여겨지는) 신화화된 **신
앙의 그리스도**를 구분하기 위해 역사 비평 도구들에 의존했다.[7]

그러나 이후의 학문적 탐구는 제1탐구의 무비판적 주관성과 문
맥에 대한 무시를 폭로하며 이 왜곡된 관심사 대부분에 천벌을 내렸
다. 특히, 알베르트 슈바이처(Albert Schweitzer)는 현대 전기 작가들이
어떻게 "그[예수]를 자신만의 개성에 따라 창조해왔는지" 묘사했는데
이는 주목할 만하다.[8] 게다가 슈바이처는 이들의 역사적 재구성이 예
수를 고대 유대교 묵시 환경에 적절하게 위치시키지 못했다고 비판
했다. 슈바이처는 다음과 같이 주장했다. "그러므로 예수의 종말론은
다니엘과 바르-코흐바(Bar-Cochba) 반란 사이의 기간에 이상할 정도로

---

7. 결국, 심지어 마가복음조차도 역사적으로 의심스럽다고 주장된다. 왜냐하면
   마가복음도 신학에 의해 손상된 것으로 보였기 때문이다. William Wrede,
   The Messianic Secret: Das Messiasgeheimnis in den Evangelien, trans. J. C. G.
   Greig (London: James Clarke, 1971 [1901]) [=『윌리엄 브레데의 메시야의 비
   밀』, 한들출판사, 2018]을 참조하라.

8. Albert Schweitzer, *The Quest of the Historical Jesus*, trans. W. Montgomery
   (London: Adam and Charles Black, 1910), 4 [=『예수 생애 연구사』, 대한기
   독교서회, 1995]. 19세기 후반 예수회 소속 사제인 조지 티렐(George Tyrrell)
   도 예수의 **삶**, 즉 예수의 역사적 초상을 만든 제1탐구의 저자들(특히 아돌
   프 폰 하르낙[Adolf von Harnack])을 "단순히 깊은 우물의 가장 밑바닥에
   보이는 자유주의 개신교의 한 단면"만을 만들어냈을 뿐이라고 비판했다
   (*Christianity at the Cross-roads* [London: Longmans, Green and Co., 1909],
   44).

간헐적으로 나타나는 유대교 묵시문학의 도움으로만 해석될 수 있다. … 역사적으로 생각해볼 때 세례자와 예수와 바울은 유대교 묵시 사상의 절정을 표현할 뿐이다."[9]

슈바이처의 제1탐구에 대한 신랄한 비평으로 인해 진지한 역사적 예수에 대한 연구가 없는 기간이 오랫동안 이어졌지만, 그가 기여한 내용 중 일부는 자신의 시대에 받아들여지지 못했다. 예를 들면, 많은 사람은 슈바이처가 예수를 실패한 종말론적 선지자로 묘사한 점과[10] 유대교/헬레니즘을 과장되게 구분한 점에 대해[11] 그를 비판했다. 그럼에도 이후에 에른스트 케제만(Ernst Käsemann)과 귄터 보른캄(Günther Bornkamm)과 같이 역사적 예수 연구의 새 탐구(the New Quest for the historical Jesus) 학자들(1950-1970년대)과, 특히 벤 마이어(Ben Meyer), E. P. 샌더스(Sanders), 존 마이어(John Meier), 데일 앨리슨(Dale Allison), N. T. 라이트(Wright)와 같은 제3탐구로 분류되는 학자들은 슈바이처의 어깨 위에 서서 자신들의 유대 신학적 맥락에 비추어 철두철미한 복음서 읽기와 예수 생애에 대한 분석을 제공했다.[12]

---

9. Schweitzer, *Quest of the Historical Jesus*, 365–66.

10. Schweitzer, *Quest of the Historical Jesus*, 368–69을 참조하라.

11. 예를 들면, Martin Hengel, *Judaism and Hellenism: Studies in Their Encounter in Palestine during the Early Hellenistic Period*, trans. J. Bowden (Philadelphia: Fortress, 1974) [=『유대교와 헬레니즘 1-3』, 나남, 2012]을 보라. Troels Engberg-Pedersen, ed., *Paul beyond the Judaism/Hellenism Divide* (Louisville: Westminster John Knox, 2001)을 참조하라.

12. Ernst Käsemann, "The Problem of the Historical Jesus," in *Essays on New Testament Themes*, trans. W. J. Montague (London: SCM, 1964 [1960]), 15–47; Günther Bornkamm, *Jesus of Nazareth*, trans. Irene and Fraser McLuskey

샌더스의 『예수와 유대교』(Jesus and Judaism)의 영향은 매우 오랫동
안 지속되고 있다. 샌더스는 학계가 그럴듯한 예수 초상을 만들 수
없음을 불평하며 신약학도가 복음서 기사를 더욱 신뢰할 수 있는 배
경을 가지고 읽을 수 있도록 도전하는 데 영향을 끼쳐왔다. 이 배경
에 비추어볼 때 초기 유대교의 실제 행위와 신념들이 공정하게 다루
어지고 예수 가르침의 내용만이 아니라 행동까지도 설명될 수 있다.
샌더스는 다음과 같이 주장한다. "수세기 동안 복음서에 있는 가르
침 자료를 연구하는 데 쏟아 부은 엄청난 노력에도 불구하고 예수에
대한 설득력 있는 묘사—유대 역사 배경 위에서 예수의 처형을 설명
하고 제자들이 박해받는 메시아 분파를 형성한 이유를 설명하는—를
얻을 수 없었다. 우리에게 필요한 것은 더욱 확실한 증거, 즉 모든 사
람들이 동의할 수 있고 적어도 이러한 역사적 골칫거리를 설명할 수
있는 증거다."¹³ 샌더스 자신이 의지한 "더욱 확실한 증거"는 다음 세
가지 유형이다. (1) 예수에 대한 "거의 반론의 여지가 없는 사실들",¹⁴

(London: Hodder and Stoughton, 1960 [1956]); Ben F. Meyer, *The Aims of
Jesus* (London: SCM, 1979); E. P. Sanders, *Jesus and Judaism* (Minneapolis:
Fortress, 1985) [= 『예수와 유대교』, CH북스, 2008]; John P. Meier, *A
Marginal Jew*, 5 vols. (New York: Doubleday, 1991-2016); Dale C. Allison,
Jesus of Nazareth: Millenarian Prophet (Minneapolis: Fortress, 1991); idem,
Constructing Jesus: Memory, Imagination, and History (Grand Rapids: Baker,
2010); N. T. Wright, *Jesus and the Victory of God*, Christian Origins and the
Question of God 2 (Minneapolis: Fortress, 1996) [= 『예수와 하나님의 승리』,
CH북스, 2004].

13. Sanders, *Jesus and Judaism*, 5.
14. 즉, "예수께서 세례 요한에 의해서 세례를 받으셨다"는 점, "예수께서 선포
하시고 치유하신 갈릴리 사람이셨다"는 점, "예수께서 제자들을 부르시고

(2) "예수의 생애와 가르침의 결과에 대한 지식",[15] (3) "1세기 유대교
에 대한 지식".[16] 샌더스의 책은 그의 다른 학문적 연구서들 대다수와
마찬가지로 여기서의 마지막 증거 유형(§3)을 중요하게 강조하며, "1
세기 유대 팔레스타인의 맥락에서 예수의 행위와 말씀의 의미에 각
별한 주의를 기울"이게[17] 한다.

그러므로 샌더스의 접근 방식은 예수의 가르침을 유대교의 회복
종말론의 환경에서 연구하여, 후기 기독교 신학이 채색한 표준적 설
명으로부터 진짜 역사 속 예수를 복원하려고 했다. 슈바이처의 재구
성과 비슷하게, 샌더스는 예수께서 자기 자신을 하나님께서 새 성전
을 지으시고 이스라엘의 열두 지파를 다시 모으시며 악인들을 받아
주실 새로운 세계 질서를 당장이라도 시작할 것이라 기대한 종말론
적 유대교 선지자로 생각하셨다고 주장한다. 이러한 의미에서 샌더
스는 예수의 동시대 유대교인들과 비교해볼 때 예수께서 믿고 가르
치신 것에 독특한 점이 별로 없다고 말한다. 예수께서는 성전을 잘못

열둘을 말씀하셨다"는 점, "예수께서 자신의 사역을 이스라엘로 국한시키셨
다"는 점, "예수께서 성전에 대한 논쟁에 참여하셨다"는 점, 그리고 "예수께
서 예루살렘 밖에서 로마 당국에 의해서 십자가에 못박히셨다"는 점(ibid.,
11, 17).

15. 즉, "예수께서 죽으신 후에 제자들이 인식 가능한 운동을 지속했다"는 점, 그
리고 "적어도 몇몇 유대인들이 이 새로운 운동을 박해했다"(갈 1:13, 22; 빌
3:6)는 점, 그리고 "이 박해가 적어도 바울의 생애가 끝나는 지점까지 지속된
것처럼 보인다(고후 11:24; 갈 5:11; 6:12; 참조, 마 23:34; 10:17)"는 점(ibid.,
11, 17).

16. Ibid., 17.

17. Ibid.

사용한 것에 항의하지 않았고, 모세의 율법도 거부하지 않았으며, 바리새인들을 공격하지도 않으셨다. 예수께서 사랑, 은혜, 용서를 강조할 때도 새로운 무언가를 내놓지 않으셨다.

당연하게도, 샌더스의 모든 제안은 널리 받아들여지지 않았다. 그럼에도 샌더스 작품의 결과로 제3탐구 학자들은 예수를 제2성전 유대교 맥락에 위치시키고 복음서를 당대의 유대교 문헌과 관련지어서 해석하는 것의 중요성을 한층 더 잘 인식하게 되었다.[18] N. T. 라이트가 언급했듯 "만약 우리가 어떤 의미에서 말씀의 성육신을 정말로 믿는다면, 우리는 육신이 된 말씀을 진지하게 생각하지 않을 수 없다. 그리고 그 육신이라는 말이 1세기 유대교의 육신이라는 말이기 때문에, 우리가 1세기 유대교를 이해할 수 있게 도와주는 모든 학문적 발전(advance)을 기뻐해야 하고, 그러한 통찰들을 우리가 복음서를 읽을 때 적용하려고 해야 한다."[19]

그러나 오늘날 많은 성경의 독자들, 특히 복음주의 전통에 서 있는 사람들은 초기 유대교 문헌에 별로 주의를 기울이지 않는다. 몇몇 사람에게 이것은 단순히 **익숙함**의 문제다. 대다수는 일반적으로 제2

---

18. 마찬가지로 샌더스에 대한 대부분의 학술적인 반응들은 유대교 텍스트를 복음서와 비교했다. 예를 들면, 다음을 보라. Allison, *Jesus of Nazareth*, 95-171; Wright, *Jesus and the Victory of God*; 참조, idem, *The New Testament and the People of God*, Christian Origins and the Question of God 1 (Minneapolis: Fortress, 1992) [=『신약성서와 하나님의 백성』, CH북스, 2003].

19. N. T. Wright, *The Challenge of Jesus: Rediscovering Who Jesus Was and Is* (Downers Grove, IL: InterVarsity Press, 1999), 26 [=『예수의 도전』, 성서유니온선교회, 2014].

성전기에 만들어진 문헌들을 잘 알지 못하고, 소위 구약과 신약 사이의 "침묵 기간"이 히브리 성경에서 물려받은 전통을 넘어서는 발전에 대해서 거의 증언하지 않는다고 생각한다. 그러므로 이런 독자들은 신약성경이 문학적이고 신학적인 공백기에 쓰였다고 생각하기 때문에 초기 유대교 문헌을 간과한다.

다른 사람들에게 있어서 이러한 기피 현상은 **정경성**(canonicity) 문제와 관련된다. 이런 독자들은 성경 이외의 유대교 문헌의 존재를 알고는 있지만, 성경 밖에 있는 고대 종교 서적들을 신학적으로 관련이 없거나 심지어 위험한 것으로 간주한다. 따라서 이들은 이러한 작품들을 해석학적 고려에서 배제하고, 이러한 기피는 그들이 오직 성경(sola Scriptura)이라는 슬로건과 그와 관련된 성경의 명료성과 충분성에 관한 종교개혁 후기의 교리에 충성하는 것에 토대를 둔다.

일부 다른 독자들에게 있어서 제2성전기 문헌을 간과하는 것은 단순히 **유용성**(utility)의 문제다. 유대인들이 구약과 신약 사이에 중요한 종교 작품들을 저술했다는 것을 알고 있음에도 많은 사람은 어떻게 비정경 문서들이 성경과 함께 유익하게 연구될 수 있는지 여전히 확신하지 못한다. 그래서 그런 사람들은 한편으로 성경 외적인 통찰을 적용할 수 있는 훈련을 받지 않은 것을 유감스럽게 생각하거나, 괜히 해석을 시도했다가 신약성경의 메시지를 왜곡할까 걱정하면서도, 다른 한편으로는 초기 유대교 문헌을 무시한다.

우리는 위에서 제기한 이러한 우려를 이해하기는 하지만 비전문가들이 제2성전기 문헌을 공부함으로써 얻게 되는 보상은 그렇게 함으로써 마주하게 되는 도전과 위험을 훨씬 넘어선다. 사실, 초기 유대교와 관련된 문헌들에 익숙해지면 얻게 되는 이점이 많다. 브루스 메츠거(Bruce Metzger)는 지난 반세기 동안 성경 연구를 위한 이러한 작품들(특히 외경)의 중요성을 유익하게 평가했다.

> 외경을 구약과 신약의 핵심(keystone)이라고 부르는 것은 너무 과장된 말이기는 하다. 하지만 이 중간기 문헌들이 성경을 읽는 대부분의 독자에게 수백 년의 공백을 메워주는 역할을 하는 역사적 연결점(hyphen)이라고 말해도 과언은 아니다. 외경이 대단히 중요한 이 시기의 유대교의 삶과 사상의 발전에 대해 우리에게 말해주는 것을 간과하는 것은, 누군가가 오늘날 미국의 문명과 문화를 산업화와 사회 혁명이 이루어졌던 중간 시기를 고려하지 않고 식민지 시대에서 곧 바로 20세기로 넘어감으로써 이해할 수 있다고 생각하는 것만큼 어리석은 일이다.[20]

---

20. Bruce M. Metzger, *An Introduction to the Apocrypha* (Oxford: Oxford University Press, 1957), 151-52 [= 『외경이란 무엇인가』, 컨콜디아사, 1995] 또한 David A. deSilva, *The Jewish Teachers of Jesus, James, and Jude: What Earliest Christianity Learned from the Apocrypha and Pseudepigrapha* (Oxford: Oxford University Press, 2013)을 보라. 여기에서 deSilva는 "예수와 그의 형제들이 특정 외경 텍스트에서만 알 수 있는 전승을 … 배우고 받아들였다고 주장한다"(10). "예수의 가르침은 확실히 혁신적이었지만, 그의 가르침의 더 많은 부분은 기대 이상으로 '유래'(pedigree)를 가지고 있었다"(9). 동일한 주장을 다음에서도 볼 수 있다. Matthias Henze, *Mind the Gap: How the Jewish Writings between the Old and New Testament Help Us Understand Jesus* (Minneapolis: Fortress, 2017), 4: "예수의 메시지를 이해하려면 우리는 1세기 유대교에 대한 기본적인 이해를 가지고 있어야 한다. 그러한 이해를 얻기 위해서는 구약성경을 읽는 것으로만 충분하지 않다. 예수께서는 구약에서 나

정경성에 대한 우려 또한 정당화하기 어렵다. 우리 역시 영감된 성경의 권위에 대한 복음주의적이고도 넓은 의미의 개신교 신앙을 받아들인다. 그러나 신학적인 이유로 초기 유대교 문헌에 몰두하기를 거부하는 것은 이러한 신념을 넘어서는 것이다. 심지어 마르틴 루터(Martin Luther)도 "외경이 신성한 성경과 동등한 것으로 여겨져서는 안 되지만, 그럼에도 불구하고 읽기에 유익하고 좋다"고[21] 말한 것으로 유명하다. 사실 외경은 지금처럼 성경과 나뉘어 있지 않았다. 가장 초기 개신교 성경 인쇄본(예, 루터성경과 KJV)에는 외경이 포함되어 있었다. 성경이 외경 없이 인쇄되기 시작하였을 때는 19세기 초였다. 교회 사람들의 진짜 우려는, 분명 비평학의 경우와 마찬가지로 이 문헌들(외경)을 잘못 다루게 될지도 모른다는 것이다. 그리고 반세기 전, 새뮤얼 샌드멜(Samuel Sandmel)은 학계에서 배경 자료의 합당하지 않은 사용을 경고하면서 이를 "병행광"(parallelomania)이라고 불렀다.[22] 그러

오신 것이 아니라, 예수 시대의 유대교에서 나오셨다."

21. *The Apocrypha: The Lutheran Edition with Notes* (St. Louis: Concordia, 2012), xviii에서 인용되었다. 또한 매튜 배럿(Matthew Barrett)이 어떻게 성경의 충족성을 변호하면서 동시에 개신교인들이 해석 작업을 위해 외경 자료의 가치를 인정하도록 촉구하는지 살펴보라. "이러한 요소들은 일반 계시의 높은 중요성을 보여주며, 심지어 우리가 '오직 성경'(*sola Scriptura*)이라는 우스꽝스러운 특정 성경주의(certain biblicist caricatures of sola Scriptura)에 빠지지 않도록 도와준다"(*God's Word Alone—The Authority of Scripture: What the Reformers Taught ... and Why It Still Matters* [Grand Rapids: Zondervan, 2016], 338-39).

22. Samuel Sandmel, "Parallelomania," *JBL* 81 (1962): 1-13.

나 비교 문헌을 잘못 사용하는 것에 대한 적절한 해결책은 그 문헌을 전면적으로 배척하는 것이 아니라, 성서학도들이 그 문헌을 책임감 있게 다루게 하는 것이다.

많은 독자들은 합당하지 않은 외적 의미를 성경 본문에 **부여하는 것**에 대해 특히나 걱정하는 것 같다. 이것은 합당한 우려다. 그러나 일부 사람들은 비교 연구가 **유사성**을 관찰하는 것만큼 텍스트들 사이에 존재하는 신학적 **차이**를 드러내는 데 관심이 있다(있어야 한다)는 것을 깨닫지 못하고 있다. 실제로, 심지어 샌더스조차도 "예수의 목적과 그가 유대교와 가지는 관계를 설명해주는 어떤 좋은 가설이라도 … 예수를 유대교 안에 신뢰할 만하게 위치시켜야 하고, 또 예수께서 촉발시킨 이 운동이 왜 결국 유대교와 단절했는지를 설명할 수 있어야 한다"고[23] 주장했다. 라이트도 동일하게 경고한다. "예수를 이해하기 위해서는 유대교 배경과 분리될 수 없지만, 유대교에 함몰되게 해서 동시대인을 전혀 비판할 수 없는 존재로 만들어서는 안 된다."[24] 그러므로 우리는 초기 유대교 문헌을 (단순히) 신약 문서에 대한 들러리로 사용하는 것을 피해야 하고, 그 둘 각각의 의미가 제대로 인식되어야 한다면, 둘 사이의 차이점을 강조하면서 둘 사이의 대화가 이루어지게 해야 한다. 이렇게 복음서를 지혜롭게 해석하기 위해서 학생들이 제2성전기 유대교 문헌을 **무시하지** 않고, 자주, 정확하게, 신학적 연속성과 불연속성을 인정하려는 의지를 가지고, 유대 문

---

23. Sanders, *Jesus and Judaism*, 18.
24. Wright, *Jesus and the Victory of God*, 98.

헌에 **참여해야** 한다.

그러나 예수를 유대교에 놓고 보는 연구논문이 많이 있지만, 사실상 초급과 중급 학생들이 예수와 유대교 동시대인 사이의 유사점과 차이점에 대해 직접적으로 이해하게 도와주는 비전문적인 자료는 사실상 존재하지 않는다. 이 책은 예수의 관점과 해석적 관행을 그분의 다양한 동족들과 비교하고 대조한, 이해하기 쉬운 일련의 논문들을 엮은 것으로써, 예수와 제2성전기 유대교의 관계를 연구한다. 이 책은 단순히 역사적 사건들과 신학적 주제들을 조사하는 입문 단계를 넘어서서 예수 행위의 맥락과 가르침의 뉘앙스를 분명히 하기 위해 제2성전기 유대교 문헌 가운데서 선택된 본문을 연구한다.

초점을 두기 위해 이 책은 여러 면에서 적절한 대상 본문인 마가복음에 집중한다. 위에서 지적했듯 마가복음은 예수에 대한 가장 영향력 있는 내러티브로 제일 먼저 기록되었고, 아마도 마태와 누가가 자료로 사용했을 뿐만 아니라, 요한도 그리했을 가능성이 없지 않다.[25] 게다가 정경복음서 중 마가복음은 길이에 있어서 가장 경제적이고, (구조에 있어서도) 통일성 있는 단위들로 구분하기가 가장 쉽다. 신약의 기원과 사상 세계에 이 책이 기여한 바는 그 길이와 전혀 어울리지 않는다. 마가복음이 예수와 초기 기독교 연구에 중요성을 가진다는 점은 아무리 강조해도 지나치지 않다.

그리고 이 책의 각 장(chapter)은 마가복음의 진행을 따라가면서,

---

25. Bock, *Mark*, 11: "오늘날 예수 연구에서 마가복음은 예수를 역사적으로 가장 진지하게 다루기 위한 출발점이자 핵심 자료이다."

(1) 마가복음의 주요 단위를 주제적으로 관련이 있는 유대교 텍스트 한두 부분과 짝을 지어 제시하고, (2) 마가복음과 비교되는 유대 문헌(comparator)의 신학적인 뉘앙스를 소개하고 탐구하며, (3) 어떻게 그 문헌의 개념들이 마가복음에 나타나는 개념들을 분명하게 이해하게 해주는지 보여준다. 그리고 각 장 끝에는 추가적인 연구를 위해 관련된 주제의 제2성전기 유대교 문헌들에 대한 짧은 목록이 있고, 학생들이 비평판과 더 높은 수준의 논의를 담고 있는 학술 문헌을 참고할 수 있도록 집중 참고문헌 목록이 제시되어 있다. 마지막으로, 이 책의 끝에는 용어 해설이 있는데, 독자들은 이곳에서 중요한 용어에 대한 정의를 알 수 있다. 이 책의 전체를 읽든 아니면 단지 몇몇 장을 읽든 간에, 우리의 바람은 독자들이 성경 이외의 유대 텍스트에 대한 새로운 이해를 얻게 되는 것이고, 신약성경을 당대의 문헌들과 나란히 놓고 연구하는 것의 이점을 알게 되기 시작하는 것이며, 예수를 마가복음에 제시된 대로 더 잘 이해하게 되는 것이다.

그러나 우리가 비교 연구를 진행하기에 앞서 제2성전기의 사건들과 그 시기의 문헌들에 대해서 간략하게 살펴볼 필요가 있다.

제2성전기와 초기 유대교 문헌 소개

제1성전부터 제2성전까지

이스라엘 국가의 역사에서 가장 핵심적인 사건인 출애굽을 통해 아브라함의 가족은 대략 400년 동안의 강제 노동 끝에 바로에게서 해방되었다. 하나님께서는 이스라엘 백성들을 광야로 이끄시고 히브리인들의 삶과 종교를 규정하기 위해 시내산에서 모세의 율법을 수여하셨는데, 이 중심에는 희생 제사 제도가 있었다(출 19:1-8). 이스라엘 백성들은 그들의 독특한 삶의 방식을 통해 이방 나라들과 구별되었기 때문에(레 20:22-26), 거룩한 언약을 더럽히지 않고 약속의 땅에서 추방되지 않으려면 하나님께서 주신 계명을 지켜야 했다(레 26:14-39; 신 28:15-68; 30:15-20).

가나안 정복부터 통일 왕조가 끝날 때까지 이 나라는 거의 500년 동안 이 땅에 거주했다. 솔로몬 왕은 이 기간 중 10세기 중엽에 첫 번째 성전을 지음으로써 원래 다윗이 열망했던 과업을 성취했다(왕상 6:1-8:66). 솔로몬이 죽자 왕국은 나뉘어졌고 일련의 악한 통치자들 때문에 이스라엘의 북쪽 열 지파(이스라엘/사마리아 왕국)는 주전 722년에 앗수르에 붙잡혀 포로로 끌려갔다(왕하 17:1-23; 18:9-12). 남쪽 두 지파(유다 왕국)도 궁극적으로는 이보다 더 좋지 않았다. 6세기 초 바빌로니아인들은 예루살렘과 전쟁을 벌였으며, 주전 586년에 느부갓네살 왕은 첫 번째 성전을 포함하여 이 도시를 파괴했고, 거주민 대다수를 포로로 끌고 갔다(왕하 24:10-25:21; 대하 36:17-21).

바벨론 포로는 이스라엘 역사상 가장 최악의 비극이었다. 이스라엘은 언약에 대한 불순종의 결과로 신명기의 저주를 그대로 다 겪게 되었다. 결과적으로 이스라엘 백성들은 조국을 잃게 되었고, 이는 야훼께서 모세와 선지자들을 통해서 약속하셨던 것과 같았다.

그러나 하나님께서는 심지어 이스라엘 백성들이 포로로 끌려가기 전에도 흩어진 백성들을 이 땅으로 돌아오게 하고, 이 나라를 완전히 회복하실 것이라고 약속하기도 하셨다(레 26:40-45; 신 30:1-10; 32:34-43; 사 40:1-66:24; 렘 30:1-31:40; 겔 36:8-37:28). 이스라엘은 이전의 영광을 경험할 것이다. 곧 밝혀지게 되겠지만 이스라엘은 바벨론 치하에 오래 머물지 않았다. 주전 539년에 바사의 고레스가 바벨론을 정복했고, 그는 모든 포로들이 그들의 조상으로부터 물려받은 고국으로 돌아갈 수 있다는 칙령을 내렸다(대하 36:22-23; 스 1:1-4). 그래서 많은 이스라엘 사람들은 서서히 돌아가서 예루살렘을 재건했다. 스룹바벨은 성전을 재건하는 데 있어서 중요한 역할을 했고, 느헤미야는 도시 성벽을 건설하는 일을 감독했다(스 3:8-6:15; 느 2:9-6:15). 제2성전기의 시작을 알린 것은 주전 516년에 바로 이 두 번째 성전을 건립한 사건이다.

그러나 새롭게 보수된 예루살렘은 약속된 것과는 달랐다. 이스라엘의 귀환자들이 새로운 성전의 기초를 바라봤을 때, 일부는 축하했지만 다른 이들은 그것의 탐탁지 않은 모습 때문에 탄식했다(스 3:10-13; 학 2:3). 이스라엘이 회복되리라는 약속은 에스라와 느헤미야의 손을 통해서는 성취되지 않았다. 앞으로 수 세기가 지나야 입증되겠지만, 하나님께서 그분의 백성들에게 맹세하신 평화와 번영은 바벨론 포로기 직후에는 아직 실현되지 않았다. 실현은커녕, 이어지는 세대는 여전히 다른 이방 세력들—즉, 메대-바사, 그리스, 로마—의 손아귀에서 정복과 고통을 목격했고, 이러한 경험은 당시 유대인들이 만들어낸 텍스트에 상당한 영향을 주었다.

알렉산드로스(Alexander) 대왕이 이끈 그리스 제국이 세계(the known world)를 정복했을 때, 이스라엘은 주전 539년부터 대략 332년까지

메대-바사 제국의 통치 아래에서 살아남았다. 알렉산드로스의 통치는 오래 지속되지 않았다. 주전 323년에 알렉산드로스가 죽자, 영토는 그의 군대 장군들 사이에서 분할되었고, 그들은 저마다 자신들의 왕국(예, 이집트의 프톨레마이오스 왕국, 셀레우코스 왕국)을 세웠으며, 이전 통치자처럼 헬레니즘, 즉 그리스 문화를 조직적으로 퍼뜨렸다(마카베오1서 1:1-9; 마카베오2서 4:7-17). 이 왕국들은 종종 서로와 전쟁에 휘말렸지만, 다른 한편으로는 지리적으로 그들 사이에 위치한 유대인들에게 걸림돌을 놓기도 했다. 특히 셀레우코스 왕국은 주전 167년 안티오코스 4세 에피파네스의 통치 아래에서 예루살렘을 습격하여(마카베오1서 1:20-40), 성전을 훼손시키고(마카베오1서 1:47, 54, 59), 언약 준수를 금하며(마카베오1서 1:41-53), 토라를 소유하지 못하게 했다(마카베오1서 1:56-57). 안티오코스는 그리스화를 추구하면서 유대 관습을 금지했고(마카베오1서 1:41-44), 폭력을 사용하여 유대인들이 헬레니즘을 강제로 받아들이게 했다(마카베오1서 1:50, 57-58, 60-64). 그러나 유대인들은 안티오코스의 박해를 조금도 받아들일 수 없었다. 이에 대응하여 일어난 유대인들의 저항(주전 167-160, 마카베오 혁명)으로 인해 유대인들은 자신들의 땅을 재탈환하고 성전을 재봉헌할 수 있었으며, 하누카 절기를 시행할 수 있었다(마카베오1서 4:36-59; Josephus, *Ant.* 12.316-25).

하스모니아 왕국의 회복된 국가 주권과 더불어, 다양한 그룹이 이스라엘의 정치와 성전 리더십을 어떻게 다루어야 할지에 대해 다양한 견해를 가지고 있었다. 이러한 내분으로 인해 결국 유대인들의 국가적 리더십은 약화되었고, 율리우스 카이사르(Julius Caesar)와 동시대 인물인 로마 장군 폼페이우스(Pompey)는 주전 63년에 이스라엘을

장악하여 그곳을 로마 공화정의 영토로 만들었다. 로마는 대체로 유
대인들의 종교적 관습을 용인하기는 했지만, 정치적·문화적·종교적
동화로 이어지는 압박은 여전했다. 결국 열심당(한 유대교 저항 집단)은
또 한 번의 성공적인 군사적 반란에 대한 희망을 조성했다. 그러나
로마는 주전 70년에 곧 황제가 될 티투스(Titus) 아래에서 유대인들을
패배시켰고 제2성전을 함락시켰다(Josephus, *J.W.* 6.220-70). 이것이 제2
성전의 마지막이었다.

제2성전 시대(주전 516년-주후 70년)는 바사의 통치 아래에 있는 유
대인과 함께 시작하여 로마의 통치 아래에 있는 유대인과 함께 끝난
다. 이 시기는 확실히 위기의 시기였고, 경건한 사람들은 다양한 방
식으로 그들의 경험을 깊이 숙고했다. 유대인들이 동화되도록 강요
한 연이은 이방 국가들의 지속적인 압박으로 인해, 수많은 제2성전
기 유대교 문학 작품에는 언약의 하나님이 어떤 분이신지와 언약에
입각한 삶이 무엇인지에 관한 생각과 희망이 보존되어 있다. 이러한
성찰은 이 기간 동안에 기록된 수많은 문학 작품들에 남아있다. 이제
우리는 이 문헌들을 살펴보려고 한다.

제2성전기 유대 문헌 개관

제2성전기 유대인들의 저술은 수백 년 동안 다양한 언어로 수많
은 저자들에 의해 기록되었다. 게다가 그 저술들은 지리적으로 고대
근동의 많은 지역에 기원을 두고 있다. 그러므로 이 문서들을 특징짓
고 분류하는 것은 쉬운 일이 아니다. 그럼에도 학자들의 고대 유대교
에 대한 연구로 인해 우리는 개별적인 제2성전기 유대교 문헌들을

세 가지 주요 문학적 범주—칠십인역, 외경, 위경—중에 하나로 분류할 수 있는데, 이는 원래의 저자들은 전혀 생각하지 못한 것이고 후대의 편집자들과 학자들에 의해 정해진 것이다. 따라서 이러한 자료들은 다양한 장소에서 중첩되어 나타난다(예, 칠십인역에 외경이나 위경에 속한 작품이 동시에 나타날 수 있다는 말—역주).

칠십인역(약어: LXX)은 그리스어로 된 유대교 문헌의 모음이며, 구약성경의 그리스어 번역과 더불어 또 다른 유대교 저술들을 담고 있다. 이것은 고대에 가장 널리 사용된 그리스어 역본이다. 사실 다른 그리스어 역본은 존재하지 않는다. 구약외경(또한 제2정경이라고 불리기도 함)은 칠십인역 문서들의 부분집합으로서, 교부 시대(그리고 중세시대)의 기독교인은 그것을 권위 있는 것으로 받아들였고 불가타 성경(중세시대의 권위 있는 라틴어 역본)에도 포함되어 있었다.[26] 다양한 기독교 집단은 외경과 관련된 그들만의 정경 목록에 차이가 있지만, 기본적으로 토비트, 유디트, 에스더 추가 부분, 솔로몬의 지혜, 시락서(집회서), 바룩서, 예레미야의 편지, 다니엘 추가 부분(아자리야의 기도, 세 청년의 노래, 수산나, 벨과 용), 마카베오1-2서를 포함한다. 일부 교회는 에스드라(그리스어로 "에스라")1-2서, 므낫세의 기도, 시편 151편과 같은 작품에 특별한 지위를 부여하기도 한다. 게다가 칠십인역은 구약성경의 그리스어 번역과 나중에 외경으로 알려진 책들을 포함하고, 이뿐만 아

---

26. 교부 시대 기독교인들은 이 텍스트에 대해 정경적 지위를 부여할지 확신하지는 못했다. 그러나 그들은 이 텍스트들을 권위 있는 것으로 여겼다. 나중에 로마 가톨릭과 그리스 정교회는 이 텍스트들을 정경에 포함시켰는데, 그 이유는 교부 시대 교회가 그 텍스트들을 받아들였기 때문이다.

니라 몇몇 사본은 마카베오3-4서, 에스드라1서, 솔로몬의 시편, (므낫세의 기도를 포함하는) 솔로몬의 송가를 포함하기도 한다.

구약 위경(출처를 거짓으로 돌리는 저술을 의미한다)은 다양한 고대 유대교의 작품 모음이다. 이것들 중 대부분은 유명한 구약 인물들에 의해서 기록되었다고 주장하지만, 그 인물들은 이 작품들을 쓰지 않았다. 위에 언급된 일부 칠십인역 작품들도 출처를 거짓으로 돌리기도 한다. 예를 들면, 솔로몬의 지혜와 솔로몬의 시편은 솔로몬의 이름을 담고 있기는 하지만, 둘 다 이스라엘의 세 번째 왕이 기록한 것이 아니다. 고정된 텍스트 모음인 칠십인역 및 외경과 비교해볼 때, (제2)정경으로 간주할 수 없는 모든 초기 유대교 종교 문헌—필론, 요세푸스, 사해문서를 제외하고—은 보통 위경이라는 열린 범주에 놓이게 된다.[27]

이러한 범주(특히 위경)가 널리 사용되고 있고, 실제로 특정 교회 전통에서 권위적인 것으로 간주될 수 있는 텍스트를 분류하는 데 유용하기도 하지만, 저술들을 분류하는 대안적이고 더 기술적인 방식은 장르에 따른 것이다. 우리는 아래에서 주요 초기 유대교 문학 장르를 살펴볼 것이다.[28]

가장 먼저 우리가 친숙해져야 할 초기 유대교의 문학 장르는 역

---

27. Loren T. Stuckenbruck, "Apocrypha and Pseudepigrapha," in *Early Judaism: A Comprehensive Overview*, ed. J. J. Collins and D. C. Harlow (Grand Rapids: Eerdmans, 2012), 173-203, at 191-92 [= 『초기 유대교』, 감은사, 2021 근간].

28. 우리의 개관은 일반적으로 James C. VanderKam, *An Introduction to Early Judaism* (Grand Rapids: Eerdmans, 2001), 53-173 [= 『초기 유다이즘 입문』, 성서와함께, 2011]의 개관에 따른 것이다.

사서다. 이 범주에 속하는 작품들에는 에스드라1-2서와 마카베오1-2서가 있다. 에스드라1-2서(불가타)는 에스라와 느헤미야를 가리키며, 따라서 이스라엘의 망명 직후의 역사를 기록하고 있다.[29] 마카베오1-2서는 마카베오 혁명을 포함하여 구약과 신약 사이의 중요한 사건들을 연대순으로 기록한다. 종합하면, 초기 유대교 역사서들은 제2성전 시기 유대인들의 사건, 영향, 도전, 헌신을 이해하는 데 필수적이다.

두 번째 초기 유대교 문학 장르는 **이야기다.** 제임스 밴더캠(James VanderKam)에 따르면 이 장르는 "역사성에 대한 진지한 주장이 없고, 지혜의 교훈을 이야기와 그것이 전하는 담화를 통해 가르치는 것을 목표로 한다."[30] 이 범주에 속하는 작품에는, 토비트, 유디트, 수산나, 마카베오3서, 아리스테아스의 편지가 있다. 이 작품에는 보통 내러티브의 중심에 중요하고 때로는 영웅적인 남녀의 이야기가 배치되어 있는데, 이들을 유대적 경건의 모델로 삼으면서 하나님의 약속에 대한 신뢰를 고취시키기 위함이다.

우리가 살펴볼 세 번째 장르는 **다시 쓴 성경**(rewritten Scripture)이다. 이 그룹에 속하는 책들은 종종 내러티브 형태를 지닌다. 왜냐하면 이 작품들은 전형적으로 특정한 구약 사건과 인물들의 이야기를 재연

---

29. 에스드라1서와 2서의 내용은, 그 두 책을 전해주는 고대 그리스 역본(칠십인역)과 라틴어 역본(불가타)에서 서로 다르다. 예를 들면, 에스드라2서라는 제목은 에스라4서라고 알려지기도 한 묵시 작품을 언급할 수 있다. 다른 경우에, 이 작품은 느헤미야서(불가타)나 에스라와 느헤미야가 합쳐진 것(칠십인역)을 가리킬 수 있다.

30. VanderKam, *Introduction to Early Judaism*, 69

하고, 다른 말로 바꾸어 표현하고, 더 상세히 말한 것이기 때문이다.
이 범주에 속하는 책들에는 『희년서』(창조부터 시내산까지의 성경에 나타난
사건들을 재서술한 것)와 『창세기 비록』(선택된 족장 내러티브의 확장)이 있다.
또한 일부 학자들이 다시 쓴 성경으로 생각하는 작품에는 『아담과
이브의 생애』(사망과 생명 회복의 출현에 대한 이야기)와 『열두 족장의 유언』
(창세기 49장에 나오는 야곱이 자신의 열두 아들에게 한 마지막 말을 상세히 서술한
것)이 있다. 이와 같은 작품들은 성경 문학이 주석적 해석이 매우 드
물었던 제2성전 기간에 어떻게 해석되었는지를 보여주는 데 있어서
중요하다.[31]

네 번째 초기 유대교 문학 장르는 **묵시**다. 이 장르는 초자연적이
면서 때로는 천사적 존재의 중개를 통해서 인간 수령인(보는 자)에게
주어진 내세의 환상으로 구성된다. 대부분의 유대 묵시는 극심한 곤
경이 있던 주전 2세기나 3세기에 기록되었다. 그러므로 묵시는 과거
와 현재와 미래의 사건들에 천상의 관점을 제공함으로써 고통당하
는 유대 공동체 가운데 위로를 주려고 한다. 종종 정교한 상징주의로
암호화된 환상들은 전형적으로 악과 정치적 압제가 최종적으로 그
치게 될 때를 내다본다. 초기 유대교 묵시에는 『에스라4서』, 『시빌라
의 신탁』, 『모세의 유언』(또는 『모세의 승천』—역주), 『에녹1서』의 일부인
「파수꾼의 책」(에녹1서 1-36장), 「에녹의 비유」(에녹1서 37-71장), 「천계의
책」(에녹1서 72-82장), 「꿈속 환상의 책」(에녹1서 83-90장), 「주간의 묵시」

---

31. 다음을 참조하라. 참조, Molly M. Zahn, "Rewritten Scripture," in *The Oxford Handbook of the Dead Sea Scrolls*, ed. T. H. Lim and J. J. Collins (Oxford: Oxford University Press, 2010), 323-36.

(에녹1서 91:11-17; 93:1-10)가 있다.

다섯 번째와 여섯 번째 장르인 **시**와 **지혜 문학**은 내용과 문체에 있어서 선행하는 성경에 나오는 작품들(욥기, 시편, 잠언, 전도서)과 비슷하다. 히브리 시는 보통 운율과 구조적 평행법을 사용하는 찬송과 애가의 노래이다. 유대 역사의 이 기간에 기록된 노래들은 보통 주님께 고통과 압제로부터의 구원을 간청한다. 솔로몬의 시편, 『므낫세의 기도』, 『아자리아의 기도』, 『세 청년의 노래』가 그 예이다. 지혜문학은 사람들에게 의롭게 사는 방법을 가르치기 위해 일반적인 경험에 호소한다. 시락서(집회서), 솔로몬의 지혜, 그리고 아마도 바룩서와 「에녹의 편지」(에녹1서 91-108장)가 그 예다.[32]

네 가지 추가적인 모음집을 특별히 언급할 가치가 있다. 우리는 이 모음집들의 기원에 대해서 지금까지 언급했던 작품들보다 훨씬 더 많이 알고 있다. 첫 번째는 필론(대략 주전 20년-주후 50년)의 작품들이다. 필론은 이집트의 알렉산드리아에서 플라톤 철학에 영향을 받은 한 사람의 디아스포라 유대인으로, 수많은 철학 논문들과 오경에 대한 주석적인 연구 논문을 저술했다. 두 번째는 역사가 요세푸스(주후 37년-약 100년)의 책들이다. 유대교 바리새인이자 군사 지도자였던 요세푸스는 로마와의 전쟁에서 포로로 끌려가게 되었고, 결국 로마 시민이 되어 베스파시아누스(Vespasian) 황제의 지원을 받았다. 현존하는 요세푸스의 네 가지 작품에는 유대인들의 역사를 다룬 『유대고대사』, 예루살렘 전쟁 이야기를 다룬 『유대전쟁사』, 유대교와 유대인의

32.　VanderKam, *Introduction to Early Judaism*, 115-24.

삶의 방식을 변호한 작품인 『아피온 반박문』, 그리고 요세푸스의 자서전인 『생애』가 있다.

세 번째는 사해문서다. 쿰란 근처에서 발견된 이 문서의 대다수가 구약성경이나 외경과 위경 문서(예, 토비트, 『에녹1서』, 『희년서』)의 고대 사본들이지만, 많은 것들이 종파 문서(sectarian documents), 즉 사해 공동체가 어떻게 생겨났는지, 그리고 이 공동체의 구성원들이 어떻게 살아가며 예배해야 하는지를 말해주는 작품이다. 이 작품들에는 그것들이 발견된 쿰란 동굴의 번호(1Q, 4Q 등등)와 목록 번호(cataloging number)가 꼬리표로 따라다니고, 내용을 묘사해주는 축약된 이름도 함께 적혀 있다(예, 1QS는 『공동체 규율』이고 CD는 『다메섹 문서』이며 4Q176은 『위로의 말들』이다). 네 번째 모음집은 랍비 문헌이다. 이 문헌은 광범위한데, 미쉬나, 예루살렘 탈무드, 바벨론 탈무드, 타르굼 및 다양한 다른 저술들로 구성되어 있다. 미쉬나와 탈무드는 신약 시대 이후에 나온 것이지만, 타르굼과 다른 저술들은 신약 시대와 동시대의 것일 수 있다. 후기 전통을 보다 이전 시기에 적용하는 것에 조심해야 하지만, 적절하게만 사용된다면 랍비 문헌은 1세기 유대교의 관습과 신앙을 이해하는 데 많은 도움을 줄 수 있다.

여기에서 우리의 목표는 초기 유대교 역사와 문헌을 이해하는 데 기초가 되는 몇몇 요소에 대한 간략한 개관을 제공하는 것이다. 더 풍성한 설명을 원한다면, 독자들이 아래에 열거된 자료들을 살펴봐야 한다. 이제 우리는 예수의 유대교 배경에 어느 정도 익숙해졌으므로, 마가복음을 제2성전기 유대교 텍스트들과 대화하면서 읽어 나가도록 하자.

추가 참고 도서 목록

초기 유대 문헌에 대한 가장 포괄적인 개관은 크레이그 에반스 (Craig A. Evans)의 『신약 성경 연구를 위한 고대 문헌 개론』(*Ancient Texts for New Testament Studies: A Guide to the Background Literature* [Peabody, MA: Hendrickson, 2005] = 솔로몬, 2018 역간])을 참조하라. 이 책은 초기 유대 문헌을 요약하면서, 비평판, 연구 도구, 주요 학술 작품에 대한 세부적인 참고문헌 목록을 제공한다. 이 책의 부록을 보면, 유대 문헌이 어떻게 신약성경을 분명히 밝혀주는지 알 수 있다. 또한 데이비드 채프먼 (David W. Chapman)과 안드레아스 쾨스텐베르거(Andreas J. Köstenberger)의 논문들("Jewish Intertestamental and Early Rabbinic Literature: An Annotated Bibliographic Resource Updated [Part 1]," *JETS* 55 [2012]: 235–72; "Jewish Intertestamental and Early Rabbinic Literature: An Annotated Bibliographic Resource Updated [Part 2]," *JETS* 55 [2012]: 457–88)을 보라.

초기 유대 문헌에 대한 표준적인 번역

Bauckham, Richard, James R. Davila, and Alexander Panayotov, eds. *Old Testament Pseudepigrapha: More Noncanonical Scriptures*. Grand Rapids: Eerdmans, 2013.

Charlesworth, James H., ed. *The Old Testament Pseudepigrapha*. 2 vols. New York: Doubleday, 1983–85.

Coogan, Michael D., Marc Z. Brettler, Carol Ann Newsom, and Pheme Perkins, eds. *The New Oxford Annotated Apocrypha: New Revised*

Standard Version. Rev. 4th ed. Oxford: Oxford University Press, 2010.

García Martínez, Florentino, and Eibert J. C. Tigchelaar, eds. *The Dead Sea Scrolls Study Edition*. 2 vols. Leiden: Brill, 1997-98 [= 『사해문 서』, 1-4권, 나남출판사, 2008].

Pietersma, Albert, and Benjamin G. Wright, eds. *A New English Translation of the Septuagint*. Oxford: Oxford University Press, 2007.

초기 유대 문헌에 대한 개론

Chapman, Honora Howell, and Zuleika Rodgers, eds. A Companion to Josephus. BCAW. Chichester: Wiley-Blackwell, 2016.

Collins, John J. *The Apocalyptic Imagination: An Introduction to Jewish Apocalyptic Literature*. 3rd ed. Grand Rapids: Eerdmans, 2016 [= 『묵시문학적 상상력』, 가톨릭출판사, 2022 근간].

Collins, John J., and Daniel C. Harlow, eds. *Early Judaism: A Comprehensive Overview*. Grand Rapids: Eerdmans, 2012 [= 『초기 유대교』, 감은사, 2021 근간].

deSilva, David A. *Introducing the Apocrypha: Message, Context, and Significance*. Grand Rapids: Baker, 2002.

Helyer, Larry R. *Exploring Jewish Literature of the Second Temple Period: A Guide for New Testament Students*. Downers Grove, IL: InterVarsity Press, 2002.

Kamesar, Adam, ed. *The Cambridge Companion to Philo*. Cambridge: Cambridge University Press, 2009.

Mason, Steve. *Josephus and the New Testament*. 2nd ed. Peabody, MA: Hendrickson, 2002 [= 『요세푸스와 신약성서』, 대한기독교서회, 2002].

Nickelsburg, George W. E. *Jewish Literature between the Bible and the Mishnah: A Historical and Literary Introduction*. 2nd ed. Minneapolis: Fortress, 2011.

Strack, H. L., and G. Stemberger. *Introduction to the Talmud and Midrash*. Edinburgh: T&T Clark, 1991.

VanderKam, James C. *An Introduction to Early Judaism*. Grand Rapids: Eerdmans, 2001 [= 『초기 유다이즘 입문』, 성서와함께, 2011].

VanderKam, James C., and Peter Flint. *The Meaning of the Dead Sea Scrolls: Their Significance for Understanding the Bible, Judaism, Jesus, and Christianity*. San Francisco: HarperCollins, 2002.

제1장
『공동체 규율』과 마가복음 1:1-13
광야에서 길을 준비하는 것

릭 와츠(Rick Watts)

60년대 후반에 기록된 것으로 추정되는 마가복음은 일반적으로 가장 초기의 복음서로 간주된다. 특히 마가복음의 서두는 여러 구약 본문들을 한데 엮어 그 성취를 제시한다는 점에서 독특하다(1:2-3: 출 23:30의 반향을 담고 있는 말 3:1 및 사 40:3). 후대에 제롬(Jerome)은 마가가 1:2에서 이 구약 본문들을 이사야의 것으로만 말하고 있는 것에 대하여 실수한 것이라고 부드럽게 질책하기도 했다(CCSL 78.452). 하지만 이것은 중요한 저자만을 언급하는 고대의 관행을 반영한 것일 수도 있고, 마가복음의 유명한 "샌드위치" 구조(intercalation)—말라기/출애굽기 본문(1:2b)이 이사야 인용 표시(1:2a)와 실제 인용 내용(1:3)에 의해서 둘러싸여 있는 구조—의 예를 보여주는 경우일 수도 있으며, 이 둘의 조합일 가능성도 있다.

마가복음이 이사야를 강조하는 것은 전혀 놀랄 만한 일이 아니다. 이사야는 사해문헌과 신약성서에서 이제까지 가장 자주 인용된

선지서다. 또한 1세기 회당의 3년 주기 토라 낭독 시간에 읽던 선지
서 본문 중 2/3가 이사야서였다.[1] 이렇게 이사야가 대중적으로 읽혔
던 이유는 분명하다. 다른 구약성서의 책들과 달리 이사야서만이 야
웨께서 "권능으로" 직접 임하여 압제받는 백성들을 포로 가운데서
구출하시고 "눈먼" 백성들을 고향으로 이끌어 열방이 모여들 회복된
시온에서 그들과 함께 거하시게 될 것이라는 미래 희망에 대한 포괄
적인 설명을 제공하고 있기 때문이다.[2]

  야웨의 오심을 준비하라는 위로의 외침이 나타난 이사야 40:3
역시 매우 영향력 있는 본문이었다. 이때 마가는 말라기 3:1("내 앞에
길을 준비할 자")에 그 자체로 이 이사야 본문(참조, "주의 길을 준비하라")이
의도적으로 반향되어 있다는 이유로 이사야를 인용하면서 말라기
본문을 포함시켰던 것 같다. 더불어 더욱 큰 이사야 단락(사 40:1-11)에
서 확인할 수 있는 이미지들은 매우 광범위한 유대 문헌들 안에서도
나타나기에 이스라엘의 종말론적 구원에 대한 '로쿠스 클라시쿠
스'(locus classicus: 자주 인용되는 전형적인 본문—역주)로 묘사될 수 있었을 것

1.   참조, Charles Perrot, "The Reading of the Bible in the Ancient Synagogue," in Mikra: Text, Translation, Reading, and Interpretation of the Hebrew Bible in Ancient Judaism and Early Christianity, ed. M. J. Mulder and Harry Sysling (Assen: Van Gorcum; Philadelphia: Fortress, 1988), 137-59, at 141-43.

2.   B. W. Anderson, "Exodus Typology in Second Isaiah," in Israel's Prophetic Heritage, ed. B. W. Anderson and W. Harrelson (New York: Harper, 1962), 177-95; R. E. Watts, "Exodus Imagery," in Dictionary of the Old Testament Prophets, ed. M. J. Boda and J. G. McConville (Downers Grove, IL: InterVarsity Press, 2012), 205-14.

이다.[3]

그러므로 마가는 서두에서 이사야서, 특히 이사야 40:3에 근거하여 호소하고 있다. 다만, "준비하라"가 무엇을 의미하는지, 그리고 이 "길"이 어떠한 길인지에 대한 이해에 있어서는 이사야와 구별된다. 이를 설명하기 위해 먼저 이사야 40:3이 『공동체 규율』에서 어떻게 사용되고 있는지를 살펴보고, 이것을 마가의 이사야 40:3 사용과 비교하고자 한다.

『공동체 규율』:
"그들은 불경건한 자들의 거주지로부터
자신을 분리하여 광야로 나아가야 하리라."

우리가 가진 『공동체 규율』(1QS) 사본들은 대략 기원전 100-50년의 것으로, (이 『공동체 규율』의 독자 공동체인) 에세네파 구성원들은 이 당시 유대 광야의 키르베트 쿰란 지역에서 살았다고 한다. 세 개의 동굴에 분포되어 있던 현존하는 열두 개의 사본들은 (그중 몇몇은 내용에

---

3. 예, 1QS 8:12b-16a; 9:17b-20a; 4Q176; 바룩 5:5-7; 시락서 48:24-25; 에녹1서 1:6; 솔로몬의 시편 11장; 모세의 유언 10:1-5; 그리고 후기 페시크타 랍바티 29/30A, 29/30B, 30과 33; 참조, 탄후밈 신명기 1:1.1; 창세기 랍바 100.9; 레위기 랍바 1.14; 10.2; 21.7; 예레미야애가 랍바 1.2.23, 1.22.57; 미드라쉬 시편 4.8; 22.27; 23.7; 신명기 랍바 4.11. 참조, Klyne Snodgrass, "Streams of Tradition Emerging from Isaiah 40:1-5 and Their Adaptation in the New Testament," *JSNT* 8 (1980): 24-45.

있어서 단편적이고 서로 다르기도 하지만) 그 중요성을 보여준다. 핵심적인
두 부분에서 인용된 이사야 40:3의 중심적인 역할은 분명하다.[4] 첫
번째 인용은 쿰란 공동체의 존재 목적을 신학적으로 제시하는 선언
문(1QS 8:1-9:2)에 속해 있다.

> [13] 그들은 … 이 가르침을 따르기로 했다. 그들은 불경건한 자들의
> 거처로부터 자신들을 분리하여 광야로 나아가, 그곳에서 진리의 길
> 을 예비하여야 하리라. [14] "광야에서 주의 길을 준비하라, 사막에
> 우리 하나님을 위한 대로를 곧게 내어라"(사 40:3)라고 기록된 대로
> 말이다. [15] 이것은 율법에 대한 연구를 의미하는 것으로서, 이 율법
> 은 하나님께서 세세토록 계시하신 것을 [우리로 하여금] 행하도록
> 모세의 손을 통하여 명령하신 것이자, [16] 선지자들이 하나님의 거
> 룩한 영으로 계시한 것이다. (1QS 8:13-16)[5]

두 번째로 인용된 부분에서는 공동체를 이러한 목적으로 가르쳐
야 하는 의의 교사의 역할에 대해 설명한다.

> [19] … 공동체의 사람들[*yhd*] 각각은 그들에게 계시된 모든 것으로

---

4.   James H. Charlesworth, "Intertextuality: Isaiah 40:3 and the Serek Ha-Yahad,"
     in The Quest for Context and Meaning: Studies in *Biblical Intertextuality in
     Honor of James A. Sanders*, ed. C. A. Evans and S. Talmon, BibInt 28 (Leiden:
     Brill, 1997), 197-224, at 223.
5.   사해문서의 번역은 저자의 것이다.

인도되며, 동료들과 완전하게 걸어가야 할 것이다. 지금은 "사막에서 그 길을 준비할 시간이다"(사 40:3). [20] 그가 과거에 그들의 행위를 지도하기 위해 계시된 모든 것으로 그들을 가르치고, 악한 길에서 돌아서지 않는 자들과 그들 스스로를 분리하라고 가르치리라. [21] 이것들은 그 교사가 좋아하는 것과 싫어하는 것에 관한 길의 규칙들이다. (1QS 9:19-21)

사막에서 길을 준비하는 것

이로부터 몇 가지 사항을 정리하면 다음과 같다. 첫째, 이러한 인용구를 쿰란 공동체의 자기-지칭(self-designation)이라는 맥락에서 이해하는 것이 중요하다. 쿰란 공동체 구성원들이 '야하드'(yhd, "하나 됨", 1QS 1:1, 12, 16)의 일원이라는 것과 그들이 천 명씩, 백 명씩, 오십 명씩, 열 명씩 나뉜다는 것(1QS 2:21-22)은 출애굽기의 광야 공동체를 상징적으로 반향하고 있다(출 18:21-25). 이는 쿰란의 의회가 열두 지파와 세 제사장 가문을 뜻하는 열두 남성들과 세 제사장들로 구성되었다는 사실과 더불어(1QS 8:1-16a), 그들이 스스로를 진정한 이스라엘로 간주하고 있음을 보여준다. 둘째, 쿰란 공동체는 이사야가 언급한 대로 실제 광야에 거했는데, 여기에서 중요한 것은 그 장소가 가지는 신학적 중요성이다. 이사야 40-55장에서 사막은 이스라엘이 회복되는 희망의 장소다. 셋째로, 인용된 이사야 본문이 종종 문자적인 대로를 의미하는 것으로 해석되기도 하지만, 문맥을 고려하면 그 이미지는 물리적인 의미보다 회개와 신뢰, 순종에 관한 것으로 보는 것이 더

낫다.[6] 이는 곧 이사야의 "길을 준비하다"라는 표현이 주로 영적인 은유임을 뜻한다. 『공동체 규율』은 이러한 방식을 취하고 있다.

순종의 길을 신실하게 걷는 것

쿰란 공동체의 근본적인 관심사는 "악인의 길을 걷는"(1QS 5:10) 저주받은 불경건한 자들과는 달리, "서로를 향해 진리와 공의, 정의, 인자, 겸손을 행하기 위해, … 정의를 행하고 시련을 견딤으로써 죄를 속하기 위해, 또 온 마음을 다해 진리를 실천하기 위해"(1QS 8:2-4; 참조, 9:4-5) 하나님의 모든 명령과 "길"(CD 2:16)을 따라 "완전함 가운데 걷는 것"(1QS 1:8)에 있다. 그들은 이 길 위에 있을 때에만 신원될 수 있고, 이 길 위에서만 벨리알(사탄)과 그 세력들의 패배를 보게 될 것이며, 이 길에서만 예루살렘의 적절한 제사장직을 확립하게 될 것이라고 믿었다.

그런데 이러한 순종이 정확히 무엇을 의미했는가? 우선, 이것은 "의의 교사", 곧 아직 정확히 누구인지 규명되지 않은 그 교사의 특정한 토라 해석의 길(1QS 9:18, 21; 10:21)을 따르는 것을 의미한다(CD 1:10-11). 하나님께서는 마지막 때에 의의 교사에게 (구약) 예언들의 비밀을 알게 하셨고(1QpHab 7:1-5) 그를 통하여 진리의 "길"을 평탄하게 하셨다(4Q171 3:16-17). 그를 따르는 자들은 눈을 뜨게 되어(CD 1:9; 2:14) 이스라엘의 신실한 "새 성전"이 되었다(1QS 8:5-6; 9:3-6). 의의 교사의

---

6.   Rikki E. Watts, "Consolation or Confrontation? Isaiah 40–55 and the Delay of the New Exodus," *TynBul* 41 (1990): 31–59.

제자들은 하나님의 새로운 "자비 언약"으로 초대받아(1QS 1:7-9) 벨리알이 통치하는 현시대 동안 신실함을 유지해야 했다(1QS 1:16-20).

이러한 신실함에는 올바른 절기력을 지키는 것(1QS 1:13-15; 참조, 희년서 6:23-38), 공동 소유를 통해 부를 피하는 것(1QS 6:19-22), 엄격한 정결 유지에 특별한 노력을 기울이는 것이 포함되었다. 사람들은 벨리알에 의해 부정해질 수도 있었고(1QS 1:23-24; CD 4:12-19), 외부인들(1QS 5:15-17)—가르침이 서로 다르고 음식 관습도 서로 다른 이방인들—이나 공동체 내의 소수에 의해 부정해질 수도 있었다(참조, 요세푸스, 『유대전쟁사』 2.150). 거룩함이라는 것은 단지 규칙적으로 세정식을 행하는 것을 의미할 뿐 아니라(1QS 3:9; 5:13), 이스라엘의 악한 자들로부터 거의 완전하게 분리되는 것을 의미하기도 했는데, 이 악한 자들에는 거짓된 가르침을 따라 "걸으며"(4Q169 2:2, 8) "평탄한 것을 추구하는 자들"(CD 1:14-2:1; 4Q177 2:12-13)이라는 비난을 받은 바리새인들도 포함되었다. 그렇기에 공동체의 일원이 되려면 긴 준비 기간이 필요했다(1QS 6:13-23). 의의 교사는 "지옥의 사람들"을 비난하거나 그들과 언쟁하지 않았으며 (그들 앞에서) 자신의 가르침을 감출 뿐이었다(1QS 9:16).

요약하면, (쿰란 문헌에 따르면) 모든 이스라엘이 구원을 받은 것은 아니었고, 전부는 아니지만 대체로는 하나님의 심판 아래에 있었으며, 당시 예루살렘을 점유하고 있는 정권은 배교자들이었다. 오직 '야하드'(yxd)만이 신실한 남은 자들이었다. 분명한 것은 야웨의 귀환과 이스라엘의 포로상태 종식에 대한 이사야의 약속은 그들에게 완전히 실현되지는 않았다는 것이다. 쿰란 공동체는 거룩함을 토라에 순종하는 문제와 결부시켰기 때문에 바리새인들보다 훨씬 더 엄격했다. 이는 문자적으로 사막에서 정결한 삶을 사는 것이—이 종말론 적인 구별의 시대에, 그리고 선지자 이사야가 성령을 통해서 명령했 듯이(참조, 사 11:16b)—야웨의 귀환을 준비하기 위해 필수라는 것을 의 미했다. 이러한 점을 염두에 두고 이제 마가복음을 살펴보고자 한다.

마가복음 1:1-13:
"주의 길을 준비하라. 그의 오실 길을 곧게 하라."

마가복음도 역시 신실한 이스라엘의 정체성을 확립하는 데 근본 적인 목적을 두고 있는 책이다. 하지만 『공동체 규율』에서는 주의 귀 환을 여전히 기다리고 있는 반면에, 마가복음의 경우에는 주께서 이 미 예수 안에서 임하셨다. 결과적으로, 마가복음 도입부(1:1-3)에서 분 명하게 사용하고 있는 이사야는 마가복음의 예비적 서언(1:4-13)에 대 한 배경이 될 뿐만 아니라, 더 중요하게는 고대의 관습(『공동체 규율』의 이사야 사용을 의미—역주)이 보여주는 바와 같이, 주의 오심이 어떠한 모 습인지(예수의 전체 사역을 요약하며 [본론을] 도입하는 전환구인 막 1:14-15과 그것 으로 시작하는 1:14-16:8)에 대한 훨씬 더 광범위한 설명이 된다. 마가복음 은 『공동체 규율』에 나타난 것처럼 이사야의 포로 귀환 약속이 완전 히 실현되지 않았다고 분명하게 믿었다. 하지만 마가복음이 『공동체 규율』과 다른 것은 하나님의 승리에 대한 이사야의 "좋은 소식"(사 40:9; 41:27; 52:7)이 예수 안에서 현재 성취되었다고 주장한다는 것이 다(1:1, 14-15).

마가복음 서언과 관련하여, 마가복음에서 주의 길을 준비하는 것은 『공동체 규율』과 마찬가지로 "광야"에 시작되며, 동시에 영적이다. 그러나 마가복음에 나타난 바, 그 길을 준비시키는 교사는 세례 요한이다(『공동체 규율』에서는 의의 교사다—역주). 쿰란 공동체는 반복된 세정식을 규정하고 있었지만 요한은 단 한 번의 세례를 요구했다. 요한의 설교와 세례는 쿰란 공동체의 교사가 은폐하려고 했던 가르침과는 달리 모든 사람에게 열려있었고 훨씬 더 큰 반응을 일으켰다. "온 유대 지방과 예루살렘 사람이 다 나아가 자기 죄를 자복하고 요단강에서 그에게 세례를 받더라"(1:5). 『공동체 규율』에서는 의의 교사의 가르침에 대하여 상술하고 있지만, 마가복음은 요한의 가르침을 거의 언급하지 않는다. 마가는 단지 두 가지에만 관심이 있다. 첫째는 장차 오실 이의 놀라운 권능이고, 둘째는 그가 성령으로 세례를 주실 것이라는 사실이다(1:7-8). 놀랍게도, 전통적으로 야웨, 곧 오실 주께서 홀로 가지고 계신 것으로 간주되는 속성이 예수에게도 적용된다(1:2-3, 9). 신비롭기는 하지만, 마가복음에 나타난 인간 예수께서는 바로 그 야웨의 임재를 구현하신다(참조, 2:10, 28; 6:47-51).

동시에 예수만이 진정한 이스라엘이시다. 이는 『공동체 규율』과 다른 점이다. 또한 예수께서는 이스라엘과 야하드가 고대했던, 하나님의 사랑을 받는 메시아적 아들이자(시 2:7) 종이셨다(사 42:1; 막 1:10-11; 마가복음은 『공동체 규율』과 달리 새로워진 제사장직에 대해 명확한 관심이 없다는 점이 놀랍다). 예수께서는 성령의 인도를 받아 광야로 가시는데, 그곳에서 토라를 준수하고 정결을 완성하는 것이 아니라 야웨만이 하실 수 있는 일인 사탄을 패배시키는 일을 하셨다(1:12-13). 마가복음의 나머지 부분에서, 예수께서는 (쿰란 공동체처럼) 거룩한 격리 상태에 머물러 계셨던 것이 아니라 갈릴리로 되돌아가신다(1:14-15). 예수를 통해 사탄(벨리알)의 나라가 끝나게 되고(3:23-27), 많은 이들이 토라 준수가 아닌 예수를 믿음으로 정결케 된다(1:23-27, 40-42; 3:7-11; 5:25-34; 6:54-56). 예수 안에서 마지막 때의 하나님 나라에 대한 신비가 계시되고 선지자들이 전한 말씀이 성취된다(1:15; 4:10).

　『공동체 규율』과 마찬가지로 마가복음에 나타난 이스라엘에도 분열이 있으며(3:6, 22) 바리새인들도 비난을 받는다(3:5; 7:6-13). 마가복음에 있어서 예수의 토라 해석이 표준이 되는 것은 의심의 여지가 없다. 하지만 내부인들과 외부인들을 엄밀하게 구분하는 것(3:31-35; 4:10-11)은 토라에 대한 해석이나 절기 준수(마가복음에는 이런 것이 전혀 나타나지 않음)가 아니며 정결의식도 아니다(7:14-22). 이를 구분하는 것은 성령의 권능을 부여받은 예수에게 어떠한 반응을 보이는지에 달려 있다(1:34; 2:7, 27-28; 4:41; 8:27-30; 9:7; 14:61-62; 15:39; 참조, 1:10; 3:28-30). 바로 이 예수를 중심으로 이스라엘이 재구성되고(3:13) 하나님의 진정한 가족이 모이게 된다(3:31-35).

　『공동체 규율』의 엄격한 제약들과는 대조적으로 예수께서는 죄인들과 식사하시고(2:15-17), 자신의 이름으로 주어지는 한 잔의 시원한 물에도 답례하시며(9:41), 부자 청년에게 모든 것을 다 팔 것을 요구하시고(10:21), 자신의 메시지를 모든 사람들이 알아들을 수 있도록(4:33) 드러내놓고 선포하시며(1:39; 4:1), 마음이 완악한 이스라엘의 지도자들과 공개적으로 싸우시고 그들을 비난하신다(2:1-3:5; 3:22-30; 7:1-13; 11:15-17; 11:27-12:40).

마가복음도 "길"에 대한 내용을 말한다(8:22-10:52). 이 길은 진정한 이스라엘이라면 걸어야 하는 길이며(8:27; 9:33-34; 10:32, 52을 보라), 이 길에서 이스라엘의 감긴 눈이 열려야 한다(8:22-30; 10:46-52). 그러나 이 길은 토라에 대한 순종이나 의식적인 정결이 아닌, 자기 십자가를 지고 예수께 충성을 맹세하며 이웃을 돌보는 것으로 나타나는 (9:42-50; 10:1-14, 21; 참조, 12:28-34), 십자가에 달리신 인자(사람의 아들)의 길이다(8:34). 야하드는 하나님 나라의 영광이 권능으로 임하기를 기대했지만, 예수의 제자들은 그것의 성취를 실제로 보았다(9:1-8). 그리고 분명하지는 않지만, 마가복음에는 예수께서 자신을 하나님의 새롭게 재건된 성전의 시작으로 간주하셨다는 암시들이 있다(12:10-11). 또한 공동체가 순종을 통해 죄를 속할 수 있는 것이 아니라 죽음을 통해 언약을 세우신 예수께서 죄를 속하신다(10:45; 14:23-24). 마지막으로, 마가복음이 기록되던 시점에 『공동체 규율』의 교사는 죽은 지 오래되었지만, 예수께서는 죽은 자들 가운데서 부활하셨고, 바로 연이어서 제자들보다 앞서서 사막이 아닌 갈릴리로 가셨다(16:6-7).

　『공동체 규율』과 마가복음이 유사한 관심사와 이스라엘의 미래 희망에 대한 동일한 강조점을 공유하며, 같은 유대교 사상 세계에 속하여 있던 것은 분명하다. 하지만 『공동체 규율』은 히브리어로 기록되었고 소수의 특정 유대 공동체를 위한 것이지만, 마가복음은 칠십인역—히브리어로 된 이스라엘 이야기를 그리스어로 번역한 것—과 같이 그리스어로 기록되었고 이방인들을 포함한 훨씬 더 넓은 청중을 그 대상으로 한다(참조, 7:3-4). 더욱 중요한 사실은 칠십인역과 『공동체 규율』이 토라를 야웨에 대한 이스라엘의 신실함의 근간으로 간

주하지만, 마가복음은 놀랍게도 예수께 그 자리를 내어준다는 것이
다. 예수께서는 그의 적대자들에게 토라에 순종해야 한다고 말씀하
시기도 했지만(7:6-13), 예수 자신이, 토라가 말한 생명을 성취하시는
분일 뿐 아니라(3:4-6; 참조, 신 32:39) 토라보다 더 큰 권위를 가지고 말
하는 자라고 역설하시기도 했다(7:19). 그래서 예수께서는 역사적으로
중요한 이스라엘의 유월절을 자신 안에서 재정의하셨다(14:22-25).
『공동체 규율』은 야웨의 귀환을 소망했다. 마가복음은 이사야 40장
의 예언이 예수의 인격 속에서 성취되었다고 주장한다. 이 예수께서
는 병자들을 치료하는 연민과 종교지도자들을 질책하는 혹독한 비
판 속에 뚜렷이 나타나는, 고요하면서도 야웨 같은 권위를 가지신 자
로, 유대적인 상황(Judean landscape)과 그 너머의 모든 것들을 다스리는
분이시다.

더 읽을거리

추가적인 고대 문헌
시작 부분에 인용된 수많은 문헌들과 더불어 추가적으로(각주 3번을 보
라), 이사야 40:10-11의 영향 아래에 있는 후기 타르굼 이사야 40:3에
보면 하나님의 백성들이 회복된 예루살렘으로 돌아가도록 준비되는
길이 나타난다. 새 출애굽의 주제는 4Q176의 『위로의 말들』 속에 분
명히 나타난다. 더 넓은 틀에서, 『에녹1서』 46장, 솔로몬의 시편 17
편, 『에스라4서』 13장과 같은 문헌들은 유대적 메시아에 대한 기대를

증거한다.

원문 영어 번역과 비평본

Garcia Martínez, Florentino, and Eibert J. C. Tigchelaar, eds. *The Dead Sea Scrolls: Study Edition*. 2 vols. Leiden: Brill, 1997–98 [= 『사해문서』, 1-4권, 나남출판사, 2008].

이차 문헌

Hays, Richard B. *Echoes of Scripture in the Gospels*. Waco: Baylor University Press, 2016 [= 『복음서에 나타난 구약의 반향』, 감은사, 2022 근간].

Marcus, Joel. *The Way of the Lord: Christological Exegesis of the Old Testament in the Gospel of Mark*. Louisville: Westminster John Knox, 1992 [= 『주님의 길』, 성서와함께, 2012].

Mauser, Ulrich W. *Christ in the Wilderness: The Wilderness Theme in the Second Gospel and Its Basis in the Biblical Tradition*. Studies in Biblical Theology 39. London: SCM, 1963.

Schofield, Allison. "The Wilderness Motif in the Dead Sea Scrolls." Pages 37–53 in *Israel in the Wilderness: Interpretations of the Biblical Narratives in Jewish and Christian Traditions*. Themes in Biblical Narrative 10. Edited by Kenneth Pomykala. Leiden: Brill, 2008.

Watts, Rikki E. *Isaiah's New Exodus in Mark*. WUNT 2/88. Tübingen: Mohr Siebeck, 1997; Grand Rapids: Baker, 2001.

_____. "Mark." Pages 111–249 in *Commentary on the New Testament Use of the Old Testament*. Edited by G. K. Beale and D. A. Carson. Grand Rapids: Baker Academic; Nottingham: Apollos, 2007 [= 『마태/마가복음』, CLC, 2012].

제2장
「에녹의 비유」와 마가복음 1:14-2:12
권세 있는 인자

크리스티안 A. 벤도라이티스(Kristian Bendoraitis)

마가복음의 첫 부분에는 세례 요한의 초기 사역이 기록되어 있고(1:4-8), 예수의 세례 기사(1:9-11)와 광야 시험(1:12-13)이 등장하며, 예수의 메시지가 선포된다. "때가 찼고 하나님의 나라가 가까이 왔으니 회개하고 복음을 믿으라"(1:14-15). 마가복음은 마태복음과 누가복음에 등장하는 예수의 족보나 탄생 내러티브, 그 배경 설명을 생략하고, 마가복음만의 고유한 방식으로 예수의 사역을 신속하게 기술한다. 그러므로 마가복음의 첫 부분에 나타나는 구절들은 예수의 사역 분위기와 어조, 첫 인상을 형성하는 데 필수적이다.

그렇다면 마가복음의 시작 부분에 나타나는 연속적인 장면들에서는 예수를 누구라 말하고 있는가? 물론 마가복음의 가르침은 예수의 정체성을 분명하게 드러내고 있다. 예수께서는 "하나님의 아들 예수 그리스도"(1:1)시다. 그러나 마가복음 1:16-2:12의 내러티브는 다양한 방식으로 이 질문에 대답하면서, 일련의 사건들을 통해 예수께서 비범한 권세를 가지고 계신 분임을 보여준다. 실제로 우리는 예수께서 제자들을 부르고 회당에서 가르치며 귀신들을 내쫓고 병자들을 치유하시는 사건들을 연속적으로 볼 수 있다(아래 표를 보라).

더욱이 여기에서 우리는 "인자"(사람의 아들)라는 용어가 처음으로 예수께 적용되고 있는 것을 보게 된다(2:10).[1] 그렇다면 이 칭호와 더불어 예수의 행동이 그의 정체성에 대해 우리에게 무엇을 말해주는가? 이 논고에서는, 마가복음 안에서 예수께서 가르치고 고치고 죄를 용서하실 때 **신적 정체성**을 가지시고 **신적 권세**를 행사하시는 분으로 묘사되고 있다는 점을 입증하기 위해, 마가복음의 인자와 「에녹의 비유」(에녹1서 37-71장)에서 인자로 알려진 인물을 비교해보고자 한다.

마가복음 단락	예수께서 그의 권세를 나타내심
1:16-20	예수께서 첫 제자들을 부르심
1:21-28	예수께서 권위 있게 가르치시고 더러운 영을 내쫓으심
1:29-31	예수께서 베드로의 장모를 치유하심
1:32-34	예수께서 저물어 해 질 때에 치유하심
1:35-39	예수께서 다른 가까운 마을들에서 전도하심
1:40-45	예수께서 나병환자를 치유하심
2:1-12	(인자이신) 예수께서 중풍병자를 치유하시고 죄를 용서하심

예수께서 그의 권세를 드러내심

---

1.   또한 막 2:28; 8:31, 38; 9:9, 12, 31; 10:33, 45; 13:26; 14:21, 41, 62을 보라.

「에녹의 비유」:
"심판의 권세가 인자에게 주어졌다"

다니엘서의 인자

인자(사람의 아들)라는 용어는 분명하면서도 잘 이해가 안 되는 말이기도 하다. 이 용어가 예수의 입에서 자주 표현되지만, 신약 나머지 부분에서는 좀처럼 찾아보기 어렵다. 사실 예수와 복음서 저자들이 인자라는 용어를 사용하기는 했지만, 그들이 그것을 만들어낸 것은 아니었다. "인자" 혹은 "사람의 아들들"이라는 용어는 구약성서에서 발견되는데, 이때 누군가의 인간됨(humanness)을 가리키곤 한다.[2] 그러나 다니엘서에서 인자와 관련된 표현은 조금 다른 양상을 띠는 것 같다. 다니엘 본문은 하늘 보좌로 나아가 하나님으로부터 권한과 권세를 받는 사람 같은 모습의 인물에 대해 말한다. 아래는 다니엘이 환상 중에 본 것이다.

> 내가 또 밤 환상 중에 보니 인자 같은 이가 하늘 구름을 타고 와서 옛적부터 항상 계신 이에게 나아가 그 앞으로 인도되매 그에게 권세와 영광과 나라를 주고 모든 백성과 나라들과 다른 언어를 말하는 모든 자들이 그를 섬기게 하였으니 그의 권세는 소멸되지 아니하는 영원한 권세요 그의 나라는 멸망하지 아니할 것이니라. (단 7:13-14)

2.　예를 들어, 민 23:19; 욥 35:8; 시 80:17; 겔 2:1; 3:1; 11:15; 38:2; 47:6을 보라.

이 다니엘 본문과 복음서에 나타난 언어는 서로 상당히 유사하다(예, 막 13:26; 14:62). 그러나 다니엘이 이러한 인자, 특히 권세를 가진 인물로서의 인자를 언급하고 있는 유일한 고대의 문서는 아니다.

에녹서의 인자

제2성전기 유대문헌에서 인자라는 용어가 보다 의미심장하게 나타나는 곳 중 하나는 「에녹의 비유」다. 이 비유는 『에녹1서』라고 알려진 더 큰 작품에 속해 있다. 그러나 『에녹1서』는 수많은 책들이 모여 『에녹1서』 내지는 『에티오피아어 에녹서』로 불리는 모음집으로 편찬된 것이기에 한 권의 책으로 명칭하는 것은 다소 잘못된 것이라 말할 수 있다.

1-36장	파수꾼의 책
37-71장	에녹의 비유(혹은 유비의 책)
72-82장	천체의 책(천문학 책)
83-90장	꿈 환상의 책
91-105장	에녹의 편지
106-107장	노아의 책
108장	종말론적 경고

『에녹1서』에 등장하는 책들

「에녹의 비유」는 추정컨대 시대의 전환기(주전 34-주후 135년)에 작성된 것 같다. 이 사실은 복음서와 「에녹의 비유」 사이에 주목할 만한 관계의 가능성을 시사하면서도, 더 중요하게는 우리로 하여금 예수께서 살며 사역하셨던 1세기 배경에 대한 통찰을 「에녹의 비유」로

부터 얻을 수 있는 기회를 제공한다. 그렇기 때문에 「에녹의 비유」가
복음서의 배경을 제공하는 데 있어서 가치를 지니기 위해서, 예수께
서 복음서에서 인자 표현을 사용하신 것과 「에녹의 비유」를 반드시
직접적으로 연결시켜야만 하는 것은 아니다.

인자의 권세

　「에녹의 비유」에는 몇 가지 환상이 묘사되어 있다. 이 환상은 악
인이 심판받고 의인이 신원되는 마지막 종말론적 심판과 하늘에 감
추어진 것을 에녹이 승천하여 목격한 것이다. 여기에서 중요한 등장
인물 중 하나는 하나님의 보좌에 앉아 하나님의 대리자로서 기능을
하며 권세 있는 종말론적 심판자라는 주역을 맡고 있는 하늘의 중개
자(mediator)다. 이 인물은 "기름부음 받은 자/메시아", "의로운 자",
"선택된 자", 그리고 "인자"와 같은 다양한 칭호로 불린다. 이 「에녹
의 비유」에 나타나는 인자 호칭은 다니엘 7:13-14의 인물("인자 같은
이")과 닮았는데, 『에녹1서』의 인자는 특정한 모습, 곧 심판의 역할을
맡아 신적 권세를 행사하는 모습을 보임으로써 (다니엘서의 "인자 같은
이"보다도) 더욱 발전된 양상을 보이기도 한다(다니엘서의 "인자 같은 이"는
신적 권세만 가지고 있지 그것을 행사하지는 않는다—역주). 이 인물과 명칭은
『에녹1서』 46장에서 처음으로 소개되며, 여기에서는 다니엘서 7장
과 비슷한 장면을 묘사하고 있다.

　그리고 거기에서 나는 고령의 머리를 가진 분을 보았다. 그분의 머리
　는 양털처럼 희었다. 그분과 함께 다른 존재가 있었는데, 그의 용모

가 사람의 모습이었고 그의 얼굴은 자비로움으로 가득했다. 마치 거
룩한 천사 중의 하나처럼 말이다. ··· "그는 의를 가진 인자(the Son of
Man)이며 의가 그와 함께 거하며, 감추어진 것의 모든 보화를 드러내
는 자이다. 이는 영들의 주께서 그를 택하셨기 때문이다." (에녹1서
46:1-3).[3]

이 인자는 「에녹의 비유」에서 계속해서 중요한 역할을 담당한다.
그의 이름은 하나님께서 지어주신 것이며(에녹1서 48:2-8), 그는 "영광
의 보좌"에 앉아(에녹1서 45:3; 61:8; 62-63장; 69:26-29) 불의한 자들과 죄
인들을 심판하고, 의로운 자들은 구원해낸다(에녹1서 51:5; 62-63장;
69:26-29).

심판 장면을 더욱 잘 묘사해주는 본문은 『에녹1서』 62-63장이다.
여기에서 땅의 왕들과 권세자들은 마지막 종말 심판 때에 인자 앞에
엎드려서 자비를 구한다. 하지만 그들은 심판의 천사들에게 보내어
져, 영광의 옷을 입고 인자와 함께 거하는 의인들의 구경거리가 된
다. 중요한 것은, 악한 자들에게 용서를 위한 그 어떤 기회도 주어지
지 않으며 그들에게 가해진 심판이 영원할 것이라는 사실이다. "심
판의 권세가 인자에게 주어졌고, 그는 죄인들을 사라지게 하고 땅에
서 완전히 말살되게 했다"(에녹1서 69:27). 「에녹의 비유」에서는 인자를
신적인 권위를 가진 자로 표현하는 것을 넘어서 의인들의 투사(cham-

---

3.   모든 『에녹1서』의 번역은 다음에서 각색한 것이다: R. H. Charles, ed., *The
      Apocrypha and Pseudepigrapha of the Old Testament in English*, 2 vols. (Oxford:
      Clarendon, 1913), 2:163-281.

pion)이자 그들이 "의지할 수 있고 넘어지지 않게 해주는" 존재, "이
방을 비추는 빛", "마음이 곤고한 자들의 소망"으로 제시한다(에녹1서
48:4). 「에녹의 비유」에 나타나는 인자에 대한 다면적 묘사는, 복음서
에서 비슷하게 변화되어 사용된 인자 용어와 관련이 있음을 말해줌
과 동시에 다니엘서의 인자보다도 더욱 발전되었다는 것을 보여준
다.

마가복음 1:14-2:12:
"인자는 땅에서 죄를 사하는 권세를 가졌다."

인자의 권세

마가복음 2:1-12에서 중풍병자는 예수께서 가르치시고 있는 집의
지붕을 통해 내려진다(2:4). 그리고 예수께서는 그에게 "작은 자야, 네
죄 사함을 받았느니라"고 말씀하신다(2:5). 하지만 서기관들은 "오직
하나님 한 분 외에는 누가 능히 죄를 사하겠느냐?"라고 질문하며, 예
수를 신성 모독으로 비난한다(2:7). 예수께서는 "네 죄가 사함을 받았
느니라 하는 말과 일어나 네 상을 가지고 걸어가라 하는 말 중에서
어느 것이 쉽겠느냐?"(2:9)라는 질문으로 그들에게 답하신다. 예수께
서는 질문에 대한 답변을 기다리지 않으시고 서기관들에게 "인자가
땅에서 죄를 사하는 권세가 있는 줄을 너희로 알게 하려 하노라"라
고 말씀하신다(2:10). 그리고 예수께서는 중풍병자를 보시고 그에게
"내가 네게 이르노니 일어나 네 상을 가지고 집으로 가라 하시니"라

고 말씀하시자, 그 중풍병자는 그 일을 즉시 행한다(2:11-12).

인자에 관한 언급이 처음으로 나타난 이곳에서, 예수께서는 자신을 가리키기 위해 이 칭호를 사용하셨다. 더 정확히 말하자면 예수께서는 자신이 "땅에서 죄를 사하시는 권세"(2:10)를 가지고 있다는 주장에 대한 근거로 이 칭호를 사용하신다. 즉, 예수께서는 권세를 드러내어 이 말도 안 되는 것 같아 보이는 죄 용서 선언을 설명해야 했던 것이다. 죄 용서는 선지자들이 종말론적 소망과 관련하여 더욱 기대하고 있던 것 중 하나였다(사 33:24; 렘 31:34; 희년서 22:14).[4] 마찬가지로 질병의 치유와 완전한 회복도 새 시대에 도래하게 될 구원의 소망 중 하나였다. 따라서 예수께서 땅 위에서 보이신 죄 용서와 치유의 권세는 하나님의 종말론적 행위가 세상에 침투했음을 보여준다.[5] 더 나아가 예수께서는 용서와 치유를 통해 신적 권세—곧 하나님께만 속한 특성—를 행사하고 있음을 드러내신다. 그렇기 때문에 예수께서 그 권세를 가지셨다고 선언하는 것은 서기관들에게 신성 모독으로 간주되었던 것이다(2:7).

이것이 마가복음에서 예수의 권세와 유대 지도자들 사이에 갈등을 만들어낸 첫 번째 사건이기는 하지만, 마가복음 내에서 치유와 가르침을 통해 예수 자신의 권세를 드러내시는 것은 아주 일반적인 일

---

4.   James D. G. Dunn, "The Son of Man in Mark," in *Parables of Enoch: A Paradigm Shift*, ed. D. L. Bock and J. H. Charlesworth, JCT 11 (London: T&T Clark, 2013), 18-34, at 20.

5.   Robert A. Guelich, *Mark 1-8:26*, WBC 34A (Dallas: Word, 1989), 86 [= 『마가복음 (상)』, 솔로몬, 2001].

이다. 예수께서 세례를 받으실 때에 성령을 통한 하나님의 임재가 있었고(1:9-11). 더러운 귀신을 내쫓으실 때에 그 귀신에 의해 "하나님의 거룩한 자"라고 인정받으셨다(1:24). 또한 예수께서는 의식적으로 부정하여 추방되어야 하는 나병에 걸린 환자를 정결케 하는 권세를 보이셨다(1:40-45). 게다가 마가복음은 예수께서 "새로운" 권위로 대중들이 놀랄 만한 가르침을 전하신다는 것에 주목한다(1:22, 27). 예수께서 누구이시든 간에 "서기관" 중에 하나는 아니시다(1:22).

다소 대조적인 인물상

마가복음 처음 몇 장에 나오는 예수의 모습과 같이, 「에녹의 비유」에서도 하나님께서 주신 신적 권세를 가진 인자를 묘사하고 있다. 하지만 이 두 책에서 인자는 서로 다르게 보이는 점이 있다. 이는 인자 용어 사용에 배어 있는 동일한 신학적 이해를 보여주면서, 동시에 인자 용어가 서로 구분된 환경에서 달리 발전되어 온 방식을 나타내기도 한다. 예를 들면, 「에녹의 비유」에서 **천상을** 배경으로 하고 있는 인자는 신적인 영광의 보좌에 앉아 종말론적 심판을 집행하는 자로 나타난다. 반면, 마가복음은 명확하게 "땅 위"(2:10)에서 가진 인자의 권세에 주목하며, 예수 권세의 내재성(immanence), 곧 예수를 만난 자들의 삶에 미칠 수 있는 권위의 능력을 보여준다.

마가복음과 「에녹의 비유」에서 인자의 인간다움(humanity)에 관해 말하는 방식도 다르다. 「에녹의 비유」의 인자는 마지막 심판 때 천상에 있는 의인들의 투사이지만, 마가복음에서 땅 위에 있는 인자는 불의한 자들의 희망이 되기도 한다(2:17, "건강한 자에게는 의사가 쓸 데 없고 병

든 자에게라야 쓸 데 있느니라 나는 의인을 부르러 온 것이 아니요 죄인을 부르러 왔

노라"). 마가복음에서는 인자로서의 예수를 죄 사함과 연결시키지만

(2:5-10), 「에녹의 비유」에 나타나는 인자는 결코 죄를 용서하거나 용

서의 선언을 하지 않는다. 사실 마지막 심판이라는 「에녹의 비유」의

배경은 자비의 기회가 이미 지나갔을 수도 있다는 것을 암시한다(참

조, 에녹1서 62:9).

결론적으로, 마가복음은 예수를 땅에서 하나님의 권세를 행하는

인자로서 제시하고 있는 것으로 보인다. 이러한 관점에서 「에녹의

비유」에 나타난 인자에 관한 해석은 마가복음에서 사용된 인자 표현

에 배경이나 틀을 제공해줄 수 있다. 에녹(과 다니엘) 전승은 인자를 천

상에 있는 최종적인 종말론적 심판자로 묘사하고 있지만, 마가복음

에서 인자로 등장하고 있는 예수께서는 "땅 위에서" 지금 현재 죄를

용서하는 분으로 나타나신다. 인자가 마지막 때에 심판을 행하는 자

라면, 마가복음에서 이 인자가 현재 땅을 용서하기 위해 왔다는 사실

은 정말 충격적이지 않을 수 없다. 하나님의 용서는 권세를 가진 인

자 안에 분명히 나타났는데, 이 분은 보통 생각할 수 있는 것(인자의 이

미지)과는 달리 "그의 생명을 많은 사람을 위한 몸값으로 주시기 위

해"(10:45) 오셨다.

더 읽을거리

추가적인 고대 문헌

난해한 용어인 인자에 대한 통찰과 그 용어의 발전을 보여주는 또 다른 문헌들에는 1세기 말엽에 기록된 『에스라4서』와 『바룩2서』가 있다. 특히 『에스라4서』 13장에 다니엘 7장과 동일한 이미지가 담겨 있는데, 여기에서는 "인자 같은 이"라는 인물에게 한 개인으로서의 특징을 부여한다(다니엘서 7장의 "인자 같은 이"라는 표현이 공동체 전체를 지칭하는지 한 개인을 지칭하는지에 관한 문제는 하나의 이슈다—편주). 비슷한 이유로 『바룩2서』는 다니엘서의 인자에 대해 그와 다른 해석을 제시하고 있기 때문에 흥미로울 수 있다. 『에스라4서』처럼 『바룩2서』에서도 보좌에 앉아(바룩2서 73:1) 심판을 행하는(바룩2서 40:1-2; 72:2-3; 에스라4서 13:10-11, 37-38) 인자를 언급한다.

영역본과 비평판

Isaac, E. "1 (Ethiopic Apocalypse of) Enoch: A New Translation and Introduction." Pages 5–89 in vol. 1 of *The Old Testament Pseudepigrapha*. Ed. James H. Charlesworth. New York: Doubleday, 1983.

Knibb, Michael A. *The Ethiopic Book of Enoch*. 2 vols. Oxford: Clarendon, 1978.

Nickelsburg, George W. E., and James C. VanderKam. *1 Enoch: The Hermeneia Translation*. Minneapolis: Fortress, 2012.

이차문헌

Boccaccini, Gabriele, ed. *Enoch and the Messiah Son of Man: Revisiting the Book of Parables*. Grand Rapids: Eerdmans, 2007.

Hooker, Morna D. *The Son of Man in Mark: A Study of the Background of the Term "Son of Man" and Its Use in St Mark's Gospel*. Montreal: McGill University Press, 1967.

Hurtado, Larry W., and Paul L. Owen, eds. 'Who Is This Son of Man?': *The Latest Scholarship on a Puzzling Expression of the Historical Jesus*. LNTS 390. London: T&T Clark, 2011.

Nickelsburg, George W. E., and James C. VanderKam, *1 Enoch 2: A Commentary on the Book of 1 Enoch*, Chapters 37–82. Hermeneia. Minneapolis: Fortress, 2012.

Snow, Robert S. *Daniel's Son of Man in Mark: A Redefinition of the Jerusalem Temple and the Formation of a New Covenant Community*. Eugene, OR: Pickwick, 2016.

Stuckenbruck, Loren T., and Gabriele Boccaccini, eds. *Enoch and the Synoptic Gospels: Reminiscences, Allusions, Intertextuality*. Atlanta: SBL Press, 2016.

Walck, Leslie W. *Son of Man in the Parables of Enoch and in Matthew*. JCT 9. London: T&T Clark, 2011.

제3장
요세푸스와 마가복음 2:13-3:6
서기관 및 바리새인들과의 논쟁

메리 마샬(Mary Marshall)

마가복음 2:1-3:6에서는 예수와 그의 제자들의 행동에 대한 유대 지도자 그룹의 다섯 가지 대표적인 도전이 묘사되고 있다. (1) 서기관들은 예수의 죄를 사하는 권세를 의문시했다(2:1-12). (2) 바리새파[1] 서기관들은 제자들에게 왜 예수께서 세리 및 죄인들과 함께 식사하시는지 물었다(2:13-17). (3) 예수께서는 왜 그의 제자들이 세례 요한과 바리새인의 제자들과는 다르게 금식하지 않는지 (익명의 그룹에 의해) 질문받으셨다(2:18-22). (4) 바리새인들은 제자들이 안식일에 이삭을 잘라 안식일법을 어겼다고 비난했다(2:23-28). (5) 바리새인들을 비롯

---

1. 마가복음 2:16에 대한 나의 번역은 "바리새인 율법교사"(teachers of the law who were Pharisees)를 선호하는 NIV에서 벗어난다. 실제로 이 "바리새인의 서기관들"(scribes of the Pharisees)은 학자들 사이에서 상당한 논의가 이루어지고 있는 문제이다. 우리는 바리새인들의 서기관을 (아마도 법적 기능을 수행하는) 글과 문서들을 담당하는 사람으로 본다. 이들은 바리새인들의 일원이거나 그들을 돕는 조력자나 추종자이다.

한 다른 무리들은 예수께서 손 마른 자를 고치실 때 안식일법으로 정
죄할 근거를 찾는다(3:1-6). 이와 같이 마가복음은 예수에 대한 반대
세력—예수께서 십자가에 달리시기까지 그 사역을 끊임없이 훼방하
는 세력—에 관하여 소개한다. 실제로 이 단락(2:13-3:6)은 지도자 그룹
에 의한 예수의 마지막 운명을 예시하면서 마무리된다. "바리새인들
이 나가서 곧 헤롯당과 함께 어떻게 하여 예수를 죽일까 의논하니
라."

　　본 연구는 마가복음에 나타난 바리새인들에 관한 네 가지 논쟁
기사에 집중되어 있는데, 여기에서 나는 요세푸스의 『유대고대사』(혹
은, 『유대인들의 고대사』)에 언급된 바리새인에 관한 정보를 활용하려 한
다. 신약성서의 몇몇 책들과 더불어 바리새인에 관해 증언하고 있는
몇 안 되는 목격자 중에 한 사람인 요세푸스는 그들에 대하여 가장
구체적인 정보를 제공하고 있다. 우리가 이러한 사실만으로 요세푸
스의 바리새인 묘사와 마가복음의 묘사를 비교할 이유를 느끼지 못
한다 하더라도, 바리새인을 예수의 대척점에 서서 강하게 배척하고
있는 것으로 묘사하고 있는 마가복음과는 달리, 요세푸스가 바리새
인을 통상 긍정적으로 묘사—인기 있고 매우 존경받는 집단으로서—
하고 있다는 사실을 확인한다면 놀랄지 모르겠다.

요세푸스:
"바리새인들의 훌륭함"

유대 역사가 요세푸스에 관한 정보는 그의 현존하는 저작을 통해서만 알 수 있는데, 이에 따르면 그는 주후 37년에 태어난 것으로 추정된다. 요세푸스의 작품은 1세기 유대인과 유대교에 관한 비할 데 없는 정보의 원천이 되지만, 요세푸스는 공정한 기록자가 아니었다. 실제로 요세푸스가 가진 편견과 때로는 양립 불가능한 내용들을 추구하는 성향은 그의 작품 읽기를 매우 흥미롭게 (그리고 재미있게) 만드는 요소가 된다. 충분히 부유하고 교육에 많은 시간을 할애했던 예루살렘 가정에서 태어난 요세푸스는, 이후에 유대의 장군이 되어 유대-로마 전쟁을 치렀다. 요세푸스는 (유대민족이 전쟁에서) 패배하게 되자 로마군에 항복하여 황실의 후원으로 살면서 그리스어를 사용하는 이방인 독자들을 대상으로 글을 썼다. 그는 한편으로는 자신의 유대적 혈통과 이상(理想)에 대한 충성과 다른 한편으로는 로마 황제에 대한 의무 사이에서 갈피를 잡지 못했다. 요세푸스는 7권으로 된 유대 전쟁에 관한 이야기(『유대전쟁사』)로 가장 잘 알려져 있겠지만, 본 연구는 이후에 쓰인 20권으로 된 작품, 곧 천지창조부터 네로 황제 통치 12년(주후 66년)까지의 유대인 역사를 다루고 있는 『유대고대사』에 관심을 두고 있다.

요세푸스는 『유대고대사』 제18권에서 주후 6년에 일어난 사건, 특히 유대인들의 토지에 세금을 부과해야 한다는 (로마 총독) 구레뇨의 제안에 반대했던 갈리아인(Gaulanite) 유다와 바리새파인 사독이 일으킨 유대인 봉기를 기술하기 시작한다. 요세푸스는 이 두 사람의 행동이 60년 후에 일어난 유대 반란의 "씨앗을 뿌린 것"이라고 생각했다. 요세푸스는 유다와 사독이 "소란을 일으키는" 새로운 철학 학파를 만들었다며 비난했다. "조상들의 전통을 혁신하고 개혁하는 것은 그 규모에 있어서 백성들의 모임을 파괴로 이끄는 데 영향을 주었다"(『유대고대사』 18.9).[2]

바리새인들에 관한 평판

여기에서 요세푸스는 불법적인 것으로 간주된 유다와 사독의 이른바 "네 번째 철학"과는 다른, 유대인들의 세 가지 철학 분파들—에세네파, 사두개파, 바리새파(『유대고대사』 18.11-25)—에 대한 이야기를 시작한다. 이중에 바리새인들에 관한 묘사는 간략하면서도 상당히 많은 정보를 담고 있다. 요세푸스는 다음과 같이 진술한다.

> [바리새인들은] 선한 것으로서 선택되어 전수된 교리의 지도를 받으면서, 그 교리가 그들에게 요구하는 계명들을 지키는 것을 가장 중요하게 생각했다. 바리새인들은 장로들에게 존경과 경의를 표했고, 장로들의 의견을 섣불리 주제넘게 반박하지 않았다. (『유대고대사』 18.12)

여기에서 바리새인들에 대한 진술은 가르침과 계명을 지키는 것

---

2.   요세푸스의 작품 번역은 LCL (*Josephus*, trans. H. St. J. Thackeray et al., 13 vols, LCL [Cambridge: Harvard University Press, 1926-65])을 따른 것이다.

과 관련되어 있다. 요세푸스는 다른 곳에서 바리새인을 법과 관련하여 "타의 추종을 불허하는 전문 지식"을 가진 자들로 평가한다.[3] 하지만 『유대고대사』 제18권에서는 특정한 유대교 율법이나 법률 해석을 직접적으로 언급하지는 않는다. 대신에 요세푸스는 바리새인들이 그들의 장로들을 향한 태도에 대해 설명한다. 이 맥락에서 존경과 경의는 공손함 이상의 것이다. 요세푸스가 (유다와 사독의) 새로운 개혁을 비판하면서, 장로들의 의견을 새로 고치려고 했던 것이 아니라 세워주려고 했던 바리새인들을 좋게 평가했다는 점을 기억해야 한다.[4]

바리새인들의 영향력

이상에서 언급했던 『유대고대사』 인용구에 잇따라 나오는 몇몇 구절들에서 인간의 운명과 자유의지, 사후세계에 대한 바리새인들의 입장을 설명한다. 하지만 이것들이 우리가 당면한 관심사는 아니다.[5] 우리가 바리새인들과 관련하여 『유대고대사』 제18권에서 주목하려는 결정적인 요소는 바로 그들이 가진 영향력이다.

---

3. 요세푸스, 『생애』 19; 또한 『유대전쟁사』 2.162을 보라. 정확성(이에 대한 그리스어는 엄격함 및 철저함과 관련되어 있는 단어다)에 대한 명성은 신약성경에 나타나는 바리새인들에 대한 묘사에도 나타난다; 예를 들면, 행 22:3과 26:5을 보라.
4. 조상의 전통에 대한 충성은 『유대고대사』 다른 곳에서도 바리새인들과 관련된 특징이다; 13.298과 17.41을 보라.
5. 이러한 개념들 중 일부가 제이슨 매스턴(Jason Maston)이 마가복음 12장에 대해서 쓴 이 책의 22장에서 계속된다.

[운명, 자유의지, 사후세계에 대한] 이러한 관점들로 인하여, 바리새

인들은 사실상 주민들 사이에서 굉장히 영향력이 있었고, 신적 예배

의 모든 기도와 신성한 의식들이 바리새인들의 설명에 따라 수행되

었다. 이것은 그 도시의 주민들이 그들의 생활 방식과 담론에서 지고

한 이상을 실천함으로써 바리새인들의 탁월함에 큰 찬사를 표한 것

이었다. (『유대고대사』 18.15)

이와 같이 바리새인들은 가장 존경받는 집단으로 묘사되었다. 사
람들은 자신이 바리새파가 아니었음에도 바리새인들의 "숭고한 이
상"을 모방하며 그들에게 경의를 표했다. 이렇게 대중들이 바리새인
들을 인정하는 정도가 너무나도 대단했기에, 사두개인들은 바리새파
도 아니었고 바리새인들의 가르침에 동의하지도 않았음에도 불구하
고 대중들의 인정을 받기 위해 어쩔 수 없이 바리새인들의 입장을 따
라야했다(『유대고대사』 18.17; 참조, 13.298). 그렇기에 『유대전쟁사』에 "바
리새인들이 공동체와 조화로운 관계를 구축했다"고 기록되어 있는
것은 놀랄 일은 아닌 것 같다(『유대전쟁사』 2.166).

『유대고대사』에 나타난 바리새인들은 훌륭하고 고귀한 이상을
가진 것으로 존경받는 집단이다. 그들은 개혁가들이 아니라, 장로들
의 제안을 지지하는 자들이었다. 그들은 영향력과 인기가 있었으며,
실천의 문제에 있어서 지배적인 위치를 차지하고 있었다. 이제 마가
복음 본문으로 돌아가서 요세푸스의 글에서 발견되는 이러한 바리
새인들의 특징들이 (바리새인들과) 예수와의 논쟁을 어떻게 조명할 수
있는지 살펴보고자 한다.

마가복음 2:13-3:6:
"새 포도주는 새 부대에 넣느니라"

마가복음 2:1-3:6에 나오는 다섯 가지 논쟁들 중 네 곳에서, 예수와 그의 제자들은 직접적이든 간접적이든 바리새인들의 반대를 경험하게 된다(2:1-12에 나타난 첫 번째 논쟁에서는 서기관만 언급되고 바리새인들은 언급되지 않는다). 우리는 요세푸스의 저작을 통해 바리새인들의 지배적인 위치를 기대할 수 있게 되었지만, 그들은 예수에 대해서 전혀 영향력을 발휘하지 못했다.

안식일 논쟁

이 단락의 두 논쟁은 안식일법과 관련되어 있다(2:23-28; 3:1-6). 하나님의 계명에 따르면, 유대인들은 "안식일에 아무 일도 하지 말아야" 하지만(출 20:8-10), 토라 자체는, 무엇이 일로 여겨지는지에 대해서는 한정적인 지침만을 주고 있을 뿐이다. 마가복음에 따르면, 바리새인들은 이삭을 자르고 병자를 고치는 것을 일의 범주에 속하는 것으로 생각했던 것 같다. 바리새인들은 예수의 제자들이 이삭을 잘랐던 행동을 가리켜 "하지 못할 일"을 한 것으로 표명하면서(2:24), 예수를 정죄하려는 이유를 찾고자 "안식일에 그 사람을 고치시는가 주시했다"(3:2). 우리는 이 지점에서 예수와 그의 제자들이, 사두개인들이 그러했던 것처럼, 바리새인들의 권위에 굴복하게 될 것을 기대할 수도 있겠지만, 예수께서는 율법에 대한 대안적 해석을 주면서 자신과 제자들의 행동을 변호하셨다.

마가복음 3:4에서 예수께서는 당면한 논쟁을 "이항대립"(binary opposition)으로 재구성하셨다. "안식일에 선을 행하는 것과 악을 행하는 것, 생명을 구하는 것과 죽이는 것, 어느 것이 옳으냐?" 여기에는 두 가지 선택지가 있다. 물론 전자는 합법적인 것이고 후자는 불법적인 것으로, 이는 예수께서 행하신 기적이 어느 범주에 들어가는지에 관한 질문이었다. 손 마른 사람을 치유하는 것은 생명을 죽이는 것도 아니고 악을 행하는 것도 아닌, 선을 행하는 것이다. 마가는 3:6("바리새인들이 나가서 곧 헤롯당과 함께 어떻게 하여 예수를 죽일까 의논하니라")에서 예수 죽이기를 꾀하는 바리새인과 헤롯당을 언급하며 그들을 악인으로 드러내고 이를 예수의 입장과 대조시켜 예수께서 옳은 위치에 서 계시다는 것을 확증한다.

예수께서는 곡식밭에서 제자들의 행위를 변호하기 위해 한 가지 판례에 호소하셨다(2:25-26; 참조, 레 24:5-9; 삼상 21:1-6). 그러나 면밀히 살펴보면, 예수께서 인용하신 판례에서 이상한 점을 확인할 수 있다. 곧, 두 사건—(안식일법을 어긴 것일 수 있는) 이삭을 자르는 행위와 (성전의 규정들을 위반한 것으로 해석될 수 있는) 거룩한 떡을 먹는 행위—사이에 공통점이 없는 것처럼 보인다는 것이다. 더욱이 예수께서 다윗과 그의 동료들이 배고픔과 어려움 가운데에 있었다는 정상참작의 요소에 주목하셨지만, 마가복음에서 진술된 예수의 제자들의 상황은 그것과는 달랐다. (마가복음에 따르면) 제자들이 이삭을 자르기는 했지만, 그들이 걸어가면서 이삭을 먹었다는 언급도 없거니와 이삭을 먹기 위해 탈곡하고 키질하며 찧고 있다는 암시도 전혀 나타나지 않기 때문이다(2:23, "안식일에 예수께서 밀밭 사이로 지나가실새 그의 제자들이 길을 열며 이삭을 자르니": 여기에는 제자들이 주렸다는 언급조차 나타나지 않는다―역주). 예수의 제자들과 다윗의 동료들 사이의 공통점은 그들이 권위 있는 인물과 동행하고 있다는 것이었다. 하나님께 선택받은 다윗이 하나님의 일을 감당하며 동료들에 대한 지원을 요구할 수 있었듯이, 마가복음 1:11에서 하나님의 사랑하는 아들로 선포되신 예수도 제자들로 하여금 "안식일이 사람을 위하여 있는 것이요 사람이 안식일을 위하여 있는 것이 아니다"라는 진리를 보이도록 하셨다(2:27). 이 논쟁은 "인자가 안식일에도 주인"이라는 점을 강조하며 마무리된다(2:28). 이때 "인자"가 예수를 가리키는 것이라면, 행위의 옳고 그름을 결정짓는 것은 바로 (제자들에게까지 확대된,) 예수의 개인적인 권위에 달려있다. 대중들과 바리새인들은 이 문제에 있어서 바리새인들의 가르침을 따랐지만, 마가는 예수께서 저들에게 순복하기보다 자신의 권위를 행사하고 저들의 결정에 도전하는 모습을 보여준다.

또 다른 논쟁들

이 단락에 나타난 또 다른 두 논쟁에서, 마가는 유대 율법을 직접적으로 언급하지 않으면서, 예수의 행동과 바리새인의 행동을 대비시킨다. 첫 번째 사건에서(2:13-17), "어찌하여 세리 및 죄인들과 함께 먹는가?"(2:16)라는 질문 이면에 있는 논거(reasoning)는 명확하게 진술되지 않는다. 이는 예수께서 유대 사회에서 필시 배척받은 사람들과 어울리는 것에 대하여 바리새파 서기관들이 예수의 평판을 염려한 것일 수도 있고, 그것이 아니라면 1세기 유대인들이 음식법을 지키기 위해 수많은 행위들에 유의했다는 증거들을 통해 볼 때, 예수의 정결 의식을 염려한 것일 수도 있다. 아마도 당시의 세리와 "죄인들"
은 (이방인들과 접촉함으로써) 바리새파 서기관들이 기대했던 기준을 지
키지 않았던 것 같다.

어느 경우건 간에, 세리/죄인들과 교제하신 예수 역시도 이 기준
에 이르지 못한 것으로 인식되었다. (요세푸스에 의해 묘사된 것처럼) 바리
새인들의 가르침과 전통이 널리 인정받은 것에 비추어 볼 때, 예수께
서 (바리새인들의 가르침을 무시한 채) 세리와 죄인들을 피하지 않으신 것
은 놀랄 만하다—그 놀라움은 그들의 질문에 이미 함축되어 있다. 또
한 바리새인들은 (요세푸스가 언급한 것처럼) 대중들의 인기를 구가하고
있었지만 세리나 죄인들과는 "조화로운 관계"를 가질 수 없었다(『유
대전쟁사』 2.166). 반면 예수께서는 사회의 주변부에 있는 그들과 교제
하셨다. 바리새파 서기관들은 아픔이 있는 자들을 무시했고, 예수께
서는 그들을 돌보셨다.

이와 유사한 주제들이 금식 논쟁에서도 계속된다(2:18-22). 여기에
서 다시 익명의 도전자들은 예수의 제자들이 바리새인의 제자들과
세례 요한의 제자들처럼 행동해야 한다고 생각했다(2:18). 이는 요세
푸스의 언급과 마찬가지로 바리새인들의 가르침이 널리 수용되었다
는 것을 지지해주는 증거가 되거나, 예수 행동의 독특함—바리새인
들 끼리의 유사성을 입증하는—을 인정하는 것일 수도 있다. 예수의
제자들과 세례 요한의 제자들 사이의 비교는 마가복음 1장에서 예수
께서 세례 요한에게 세례를 받으신 것으로 인해 자연스럽게 이루어
졌을 것이다.

좌우간 이 논쟁적인 이슈는 (예수와 제자들의) 행위에 관한 것으로

서, 마가는 이 논쟁을 통해 기독론적인 주장을 밝힌다. 예수께서 제
자들의 행동을 변호하신 것은 전적으로 예수 자신의 현존에 근거하
고 있다. 제자들은 신랑 되신 예수께서 그들과 함께 계시기 때문에
금식할 수 없었다(2:19). 예수의 현존은 그와 함께 있는 자들에게 특별
한 의미를 가졌다. 예수께서는 신랑이 없을 때를 내다보셨고(이것은 예
수의 십자가나 혹은 동시대 기독교인들의 경험에 관한 마가복음의 의도적인 언급일
수 있다), 그때에는 그들이 금식하게 될 것이다(2:20). 이와 같이 제자들
의 행동의 근거는 바리새인이나 세례 요한의 명령에 입각한 것이 아
니라, 전적으로 예수의 현존에 의하여 결정된 것이었다.

　　예수께서는 마가복음 2:21-22에서 발생하고 있는 상황의 전체적
인 의미를 설명하기 위해 짧은 비유, 곧 메타포를 사용하셨다. 즉, 어
떤 사람도 생베 조각을 낡은 옷에 붙이는 자가 없다는 것이다. 왜냐
하면 그 옷이 세탁될 경우, 새로 붙인 조각이 줄어들면서 낡은 옷을
당겨, 더욱 심하게 찢어지게 되기 때문이다. 또한 새 포도주는 발효
되면서 부풀어 오르기에, 오래되고 약한 가죽 부대에 담아서는 안 된
다. 이 메타포는 (오래된 것에는 오래된 것으로, 새 것에는 새 것으로, 신랑이 있을
때는 축제로, 신랑이 없을 때는 금식으로) 행동이 적절해야 함을 의미한다.
예수의 현존은 새로이 도래한 상황으로서 바리새인들이 지지하는
옛 행위와는 어울릴 수 없었다.

　　우리가 요세푸스의 글에 나타난 바리새인들에 관한 평판을 제대
로 인지하고 있다면, 마가복음 2:1-3:6에서 바리새인들과 예수의 대
조가 어떻게 예수의 메시지를 강조하게 되는지 관찰할 수 있게 된다.
바리새인들은 개혁가들이라기보다는 장로들과 조상들의 전통을 고

수하는 자들이었다. 이에 반해 예수께서는 자신의 고유한 권위를 가지신 분으로, 그분의 현존은 행동의 변화를 요구했다. 그는 새로운 것의 도래를 알리셨다. 예수의 사역은 바리새인들의 영향력에도 불구하고 대중들의 인기를 얻으셨고, 당대의 지배적인 사상과 관습으로부터 오는 도전들에 대항하셨다.

더 읽을거리

추가적인 고대 문헌

마가복음 2:1-3:6은 마태복음 9:1-16, 12:1-14 및 누가복음 5:17-6:11과 평행을 이룬다. 마가복음에는 10:2-9, 12:13-17, 특히 7:1-13에 바리새인들과의 추가적인 논쟁이 포함되어 있다. 마가복음 7:1-13는 바리새인들을 조상들의 전통을 지키는 것과 연관 짓고 있다. 신약성경에도 바리새인들에 대한 풍성한 자료들이 있다. 특히, 마태복음 23장, 사도행전 5, 22-23, 26장과 빌립보서 3장에 바리새인들에 관한 내용이 담겨있다. 위의 각주에서 요세푸스 본문을 언급했던 것에 더하여, 『아피온 반박문』 2.20-21 §282 및 『유대전쟁사』 2.162-66에도 특별히 주목해 볼만하다. 또 다른 주요 제2성전기 문헌으로는 『다메섹 문서』 A 사본의 10:14-11:18, 필론의 『모세의 생애에 대하여』 2.21, 마카베오1서 2:29-41이 있다.

영역본과 비평판

Josephus. Translated by H. St. J. Thackeray et al. 13 vols. LCL. Cambridge: Harvard University Press, 1926–65.

Mason, Steve, ed. *Flavius Josephus: Translation and Commentary.* 10 vols. The Brill Josephus Project. Leiden: Brill, 2001–.

이차문헌

Cook, M. J. *Mark's Treatment of the Jewish Leaders.* NovTSup 51. Leiden: Brill, 1978.

Goodman, M. "A Note on Josephus, the Pharisees and Ancestral Tradition." *JJS* 50 (1999): 17–20.

Kingsbury, J. D. *Conflict in Mark: Jesus, Authorities, Disciples.* Minneapolis: Fortress, 1989.

Marshall, M. *The Portrayals of the Pharisees in the Gospels and Acts.* FRLANT 254. Göttingen: Vandenhoeck & Ruprecht, 2015.

Pickup, M. "Matthew and Mark's Pharisees." Pages 67–112 in *In Quest of the Historical Pharisees.* Edited by J. Neusner and B. Chilton. Waco, TX: Baylor University Press, 2007.

Stemberger, G. *Jewish Contemporaries of Jesus: Pharisees, Sadducees and Essenes.* Minneapolis: Fortress, 1995.

제4장
『열두 족장의 유언』과 마가복음 3:7-35
묵시와 나라

엘리자베스 E. 샤이블리(Elizabeth Shively)

마가복음은 시작부터 예수의 사역을 두 나라 사이의 투쟁(conflict)으로 묘사한다. 예수의 세례 때에 찢어진 하늘로부터 세상에 임하신 성령께서는 예수 안에 거하시고, 그를 광야로 내몰아 사탄의 시험을 받게 하셨다. 성령 충만한 예수께서는 자신의 모습을 드러내시면서 그분의 중심 메시지인 하나님 나라—또는 통치—가 세상 속으로 침투해 들어왔다고 선포하셨다(1:14-15). 마가복음 3:22-30에서는 예수, 성령, 사탄이 재차 등장하는데, 이는 독자로 하여금 세례와 시험 기사를 다시 상기시키면서, 이 나중 에피소드(3:22-30)가 처음의 광야 투쟁 사건, 즉 예수께서 등장하셔서 하나님의 통치를 선포하시고 그 실제 통치를 보여주신 사건에서 발전된 것임을 암시한다.

이러한 종류의 우주적인 투쟁은 다니엘서와 『에녹1서』의 부분적인 내용과 같이 유대 묵시문학의 중요한 소재가 된다. 쿰란의 저작들과, 『희년서』, 『열두 족장의 유언』과 같은 제2성전기 유대 문헌과 유

사한 점이 있는 마가복음은 장르에 있어서 묵시문학은 아니지만 묵
시문학에 전형적으로 나타나는 언어와 주제를 사용한다는 이유로
"묵시적"(apocalyptic)이라고 볼 수 있다.[1] 한 가지 비유로서 2005년 미
국에서 개봉한 영화 "세레니티"(Serenity)를 생각해 볼 수 있다. 이 영
화는 고전 서부영화의 주제들을 활용하고 있는 공상과학 영화로, 여
기에서 우주는 무법자들이 자신들의 우주선을 타고 침투해 들어가
는 미개척지로 그려진다. 이와 마찬가지로 마가복음도 그리스-로마
전기문학의 하위 장르(subgenre)로서 유대의 묵시적인 주제들을 사용
하여 예수의 사역을 우주적인 투쟁으로 그리고 있다. 마가복음은 초
자연적인 존재의 개입, 우주적 투쟁, 종말론적인 구원을 향한 진전
(movement)과 같은 전형적인 묵시적 주제들을 전체적으로 사용하고
있지만, 3:22-30에서는 이 모든 주제를 집약시키면서 예수의 지상
사역의 묵시적인 특징들을 확립하고 있다. 이제 나는 마가복음 3:22-
30을 『열두 족장의 유언』과 함께 읽으면서 사탄의 나라와 하나님 나
라 사이의 투쟁이라는 맥락에서 예수의 축귀를 설명하고 그 기능을
분명히 하려고 한다.

---

1.   콜린스(J. J. Collins)는 묵시문학을 내러티브 틀을 가진 계시 문학 장르로 정
의하는데, 여기에서 계시는, 종말론적인 구원을 바라본다는 점에 있어서 시
간적이고 동시에 다른 초자연적인 세계를 수반한다는 점에 있어서 공간적
이기도 한, 초월적 실재를 드러내며, 내세의 존재에 의해 인간 수령인에게
전달된다(The Apocalyptic Imagination: An Introduction to Jewish Apocalyptic
Literature, 3rd ed. [Grand Rapids: Eerdmans, 2016], 5) [= 『묵시문학적 상상
력』, 가톨릭출판사, 2022 근간].

『열두 족장의 유언』:
"벨리알은 그에게 결박당하리라"

주후 200년에 저작된 『열두 족장의 유언』은 야곱의 열두 아들이 그들의 자녀들에게 전하는 유훈 모음집이다. 『열두 족장의 유언』은 유대적 요소와 기독교적 요소를 둘 다 가지고 있기 때문에, 학자들은 이것이 본래 기독교인들이 나중에 편집한 유대 작품인지, 아니면 유대 자료에 근거한 기독교 작품인지 논쟁하고 있다. 어떤 경우든, 『열두 족장의 유언』은 신약성서보다 앞선 시기의 내용을 포함하고 있으면서, 신약성서의 사상 세계를 이해하는 데 상당한 양의 정보를 제공한다.

각각의 유언들에는 자전적(autographical) 부분, 윤리적인 부분, 종말론적인 부분이 포함되어 있다. 『열두 족장의 유언』에서는 이 세상이 벨리알(사탄)의 통치—이 통치는 사람들로 하여금 (그리스-로마의 도덕적 용어로도 표현된) 하나님의 계명을 떠나게 한다—아래에 있다는 것을 폭로하면서 이스라엘의 불순종을 초자연적인 투쟁으로 설명한다.[2] 열두 족장들은 벨리알을 떠나 하나님의 계명에 순종함으로 그분을 기쁘시게 하라고 경고하면서도, 그들의 후손들이 필연적으로 죄에 빠지게 되어 최종적으로는 예수 메시아를 거절하게 될 것을 예언한다.[3]

---

2. 예를 들면, 르우벤의 유언 4:11; 단의 유언 4:7; 아셀의 유언 1:8-9; 베냐민의 유언 3:3; 6:1을 보라.
3. 레위의 유언 4:2-6; 10:2; 16:3; 또한 스불론의 유언 9:8-9과 아셀의 유언

그럼에도 불구하고 족장들은 하나님께서 궁극적으로 벨리알과 악한 영들을 물리치시고, 파멸에 이르게 하는 사탄의 통치로부터 자신의 백성들을 자유롭게 하셔서, 하나님의 백성과 세상에 대한 그분의 통치를 회복하실 것을 예언하기도 한다.[4]

예를 들면, 『스불론의 유언』 9:8에서는 주께서 일어나셔서 "인간의 아들들 중 모든 포로 된 자들을 벨리알에게서 자유롭게 하시고, 모든 죄의 영들이 짓밟히게 될 것이며, 모든 나라들이 그분께 열심을 내게 하실 것"이라고 예언한다.[5] 『열두 족장의 유언』의 다른 곳에서는 한 구속자—분명히 예수 그리스도이신 분—께서 이 일을 완수하실 것이라고 선언한다. 예컨대 『유다의 유언』은 한 이상적인 왕이 하나님 나라를 회복할 것을 예언하면서(유다의 유언 24장) 그 일환으로 벨리알이 영원한 불못에 던져져 그릇된 영들이 파괴되고(유다의 유언 25:3) 이스라엘이 회복되어 주를 영원토록 영화롭게 할 것이라는 내용이 나타난다(유다의 유언 25:1-2, 4-5). 마찬가지로 『단의 유언』에서는 유다와 레위 족속 중의 누군가가 "벨리알에 맞서 전쟁을 수행"하고 "벨리알의 포로가 된 성도들의 영혼을 되찾아 올 것"이 예언되어 있다(단의 유언 5:10-11).[6] 결과적으로 이 구원자는 불순종한 백성들의 마음

7:2-5을 보라.

4.   레위의 유언 18:12; 유다의 유언 25:3; 스불론의 유언 9:8; 단의 유언 5:10-11.

5.   이 번역은 다음에서 온 것이다: H. C. Kee, "Testaments of the Twelve Patriarchs," in vol. 1 of *The Old Testament Pseudepigrapha*, ed. James H. Charlesworth (New York: Doubleday, 1983), 775-828. (이후에는 이 책을 *OTP*로 약칭해서 부르겠다.)

6.   Kee, "Testaments," 809.

을 하나님께로 돌리고 에덴동산과 같은 낙원을 회복시켜, 의로운 자들로 하여금 하나님께서 그들 중에 거하시며 그들을 통치하신다는 것을 영원토록 찬양하게 할 것이다(단의 유언 5:10-13).

『레위의 유언』은 "결박"(bind)이라는 표현을 사용하여 벨리알이 제거될 것을 묘사한다(레위의 유언 18:12). 이는 마가복음 3:27에서 강한 자를 "결박하는 것"(binding; NASB, ESV)이나 "묶는 것"(tying up; NIV, NRSV)을 묘사하기 위해 예수께서 사용하신 것과 같은 표현이다. 레위는 그의 제사장 후손들이 실패하고 메시아를 거절한 후에 하나님께서 새로운 이상적인 제사장을 일으키실 것이라고 예언했다.

> [9b] 그의 제사장들 가운데 죄가 그칠 것이다. 법 없는 자들은 그들의 악한 행위에 머무를 것이지만, 의로운 자들은 그분 안에 거할 것이다. [10] 그분은 낙원의 문들을 열고, 아담 이후로 위협하던 그 검을 제거할 것이다. [11] 그는 성도들에게 생명나무의 열매를 먹게 해줄 것이며, 거룩의 영이 그들 위에 임할 것이다. [12] 벨리알은 그에게 결박당할 것이고, 그는 그의 자녀들에게 악한 영을 짓밟을 권세를 줄 것이다. [13] 주께서는 그의 자녀들을 기뻐할 것이고, 그의 사랑받는 자녀들을 영원토록 크게 기뻐할 것이다. [14] 그 후에 아브라함, 이삭, 야곱이 기뻐하고, 나도 기뻐할 것이다. 그리고 모든 성도들이 의의 옷을 입게 될 것이다. (레위의 유언 18:9-14)[7]

---

7. 나의 번역이다. 그런데 레위의 유언 18:9b에 대한 나의 번역은 Charles의 번역과 다르다. Charles는 다음과 같이 번역한다: "그리고 법 없는 자들이 악을 행하기를 멈추리라 [그리고 의로운 자들이 그분 안에서 쉬게 되리라]"(R. H.

벨리알이 결박되는 것(레위의 유언 18:12)은 마지막에 악인들이 심판을 받고 의인들이 구원받는 것과 동시에 발생한다(레위의 유언 18:9b). 벨리알이 결박됨으로써, 하나님의 백성들은 해방되고 마침내 하나님의 계명에 순종하지 못하게 했던 "악한 영들을 짓밟을" 권세를 갖게 될 것이다(레위의 유언 18:12). 그리하여 하나님의 백성들은 심판의 위협에서 벗어나고(레위의 유언 18:10) 낙원의 특권들—영생, 거룩의 영, 의, 하나님의 기쁨—을 받게 된다. 이러한 맥락에서 "결박" 행위는 에덴동산과 같은 낙원의 회복을 출범시키는 종말론적인 심판의 행위라고 볼 수 있다(레위의 유언 18:10, 13-14).

『레위의 유언』에서—다른 『열두 족장의 유언』에 나타나는 종말론적인 부분과 마찬가지로—인간을 다스리는 벨리알의 통치의 종말은 곧 하나님의 통치가 회복되는 분수령으로 기능한다. 『열두 족장의 유언』에 나타난 이러한 비전은 독특한 것이 아니다. 『에녹1서』, 『모세의 유언』, 쿰란문서에서도 이와 동일한 우주적인 정권 교체를 예언하고 있기 때문이다.[8] 본고는 예수의 사역을 우주적인 투쟁으로 그리고 있는 마가복음이 제2성전기 유대교 사상 세계에 상당히 친숙

Charles, *The Testaments of the Twelve Patriarchs, Ancient Texts and Translations* [Eugene, OR: Wipf & Stock, 2005], 47); 그리고 Kee, "Testaments," 795의 번역은 다음과 같다: "법 없는 사람들이 그들의 **악한 행동으로부터 쉽게 되리라**"(강조가 덧붙여져 있음). 이 본문의 문법과 대구는 나의 번역을 지지한다.

8. 특히 에녹1서 10:4-6; 55:4; 희년서 23:23-31; 50:5; 모세의 유언 10:1; 전쟁 두루마리(1QM) 1:5, 8-9, 12; 12:9-18; 17:6-7; 18:6-8, 10-11; 19:4-8; 11QMelch을 보라.

했다는 것을 보여줌과 동시에, 사탄의 멸망이 예수의 하나님 나라 수립에 핵심적인 사안이라는 사실을 강화시킨다. 그럼에도 불구하고 마가복음은 묵시적인 언어와 주제들을 (제2성전기 유대교 사상과는 달리) 특유하게 사용하기도 한다. 특히 마가복음 3:22-30에서 기능하는 예수의 축귀사역의 의미가 그러하다.

<h2 style="text-align:center">마가복음 3:7-35:
"사람이 먼저 강한 자를 결박하지 않고는
그 강한 자의 집에 들어가지 못하리니"</h2>

성령의 권능을 입은 예수

예수께서는 그가 바알세불, 즉 "거처의 주인"(Lord of the dwelling)의 권세로 축귀를 행한다는 (잘못된) 이야기를 유포하는 서기관들의 공격에 비유로 대답하셨다(3:22, 30).[9] 이때 예수께서는 이 바알세불을 사탄이라고 일컬으며, 분열된 나라와 집이라는 비유를 통해 거처(dwelling) 이미지를 계속해서 사용하셨다. 나라와 집 비유에서는 사탄을 전권을 가진 일인자 내지는 귀신 공동체—적절한 통치를 위하여 결속과 충성을 필요로 하는 공동체—의 수장으로 묘사한다. 야웨께서는

---

9. "바알세불"이라는 이름은 해석하기 까다롭지만 불가능한 것은 아니다. *Apocalyptic Imagination in the Gospel of Mark: The Literary and Theological Role of Mark 3:22-30*, BZNW 189 (Berlin: de Gruyter, 2012), 60-62에 나오는 나의 논의를 보라.

하늘과 땅의 진정한 주인으로서 만물을 다스리시는 분이시지만(사 66:1, "하늘은 나의 보좌요 땅은 나의 발판이니"), 사탄은 강탈자로서 귀신의 무리—백성들을 사로잡아 가두는—를 다스리는 가짜 주인이었다. 마가복음 3:23-26에서는 사탄(귀신들의 통치자)이 사탄(귀신들의 무리)을 내쫓는다는 생각이 불합리하다는 것을 내비친다. 왜냐하면 그렇게 분열된 나라는 제대로 설 수 없기 때문이다. 그런데 사람들이 계속하여 귀신들에게 사로잡히는 사례들을 통해서 볼 때 사탄의 통치가 세상에서 여전히 작동중인 것은 분명하다.

예수께서는 강한 자 비유로 서기관들의 관점을 반박하셨다. 즉, 사탄의 강력한 통치가 사실상 끝나게 되는 것은 내부적인 분열(3:23-26)이 아닌, 더 강한 자의 외부적인 공격(3:27)으로 인한 것이다. 비유의 배경이 되는 것은 강한 자의 집(세상)이다. 사탄은 이곳에서 더 강한 인물이 그의 영역을 침략할 때까지 사람들을 자신의 소유물로 붙잡고 있다. 여기에서 사용된 언어는 이사야 49:24-26을 반향하고 있는데, 여기에는 야곱의 강하신 분(Strong One: 개역성경에서는 "전능자"로 번역—역주)이 "강한 자"(strong man: 개역성경에서는 "용사와 승리자"로 번역—역주), 즉 유대 전승에서 가장 강력한 전사에게서 이스라엘을 구원하시는 장면이 나타난다. 결과적으로 구원을 받은 자들은 주께서 다시금 왕으로 다스리시는 회복된 시온성으로 들어가게 된다(사 52:1-10). 이사야는 하나님을, 강한 자(strong man)에게서 이스라엘을 구원하시는 강하신 분(Strong One)으로 묘사하지만, 마가복음은 성령 충만한 예수를 우주적인 강한 자에게서 하나님의 백성들을 구원해내는 더 강한 자로 제시한다(1:7도 보라).

『레위의 유언』 18장에서와 같이 마가복음 3:27은 구원자를 인간에게서 사탄의 권세를 제거하는 분으로 묘사한다. 하지만 『레위의 유언』과는 달리, 마가복음에서는 역사를 끝맺는 심판 장면을 묘사하지 않고, 축귀의 기능만을 보여준다. 마가복음 문맥에 비추어볼 때, 강한 자를 결박하는 것은 (『레위의 유언』처럼) 과거나 현재에 존재하는 사탄의 권세를 완전히 없애는 것이기보다는, 근본적으로는 사탄의 나라를 약화시키고 최후의 파멸을 보증하는 역할을 하는 것으로 보인다. 사탄 나라의 종말은 하나님 나라의 출현과 연결되어 있는데, 이는 임박한 것이지 현재 완전하게 이루어지는 것이 아니다(1:14-15). 실제로 예수의 지상 사역 동안에는 완전히 무력한 사탄의 나라도 나타나지 않고, 아주 강력한 예수의 모습도 보이지 않는다.[10] 그 대신, 마가복음은 예수의 십자가와 부활 사건에 이르러 비로소 사탄 나라에 결정타를 날리게 된다. 가시적인 하나님 나라의 도래는 미래에 속한 것이다(8:38; 13:24-27; 14:62).

계속되는 사탄의 권세는 인간에게 여전히 영향을 미치는데, 이는 사람들이 두 나라 중 어느 편에 설지를 결정함으로써 예수의 인격과 능력과 권세에 대한 반응을 보일 때에 드러난다. 그렇기 때문에 예수께서는 서기관들이 축귀의 능력을 모독한 것을 가리켜 성령을 모독한 것이라고 말씀하시면서, 그 능력을 모독한 사람들에게 주어지는 결과를 분명하게 말씀하신 것이다(3:28-29, "… 누구든지 성령을 모독하는 자

---

10. 사탄이 어느 정도 권세를 가지고 있는 4:15와 8:33; 계속되는 귀신 들림을 말하는 1:1-28, 32-34, 39; 3:11-12; 5:1-20; 7:24-30; 9:14-29; 예수가 십자가에 처형당하는 11-16장.

는 영원히 사하심을 얻지 못하고 영원한 죄가 되느니라"). 마가복음 3:7-35의 전체 문맥 안에서 3:22-30을 보면, 두 나라의 전투 양상이 인간의 갈등 무대 위에서 어떻게 드러나는지 더욱 분명하게 확인할 수 있다.

새로운 나라의 실체들

예수께서는 몰려드는 무리들로 인하여 제자들에게 배를 준비하라고 지시하셨지만(3:9) 바로 승선하지는 않으셨다. 그 대신 산에 오르시고(3:13), 마가복음 4:1-2에 가서야 배에 오르셨다. 결과적으로 마가복음 3:7-12와 4:1-2는 안쪽 내용을 감싸고 있는 틀로서 역할을 한다. 가운데 둘러싸인 마가복음 3:13-35은 장면 전환 구절(3:20)에 의해 두 부분으로 나뉜다. 그런데 이 부분은 두 가지 병렬된 에피소드로 나뉘기도 하는데, 이 두 에피소드는 서로 오버랩 되어(AB/A′B′), 우리로 하여금 한 부분(3:13-19[A], 22-30[A′])을 다른 부분(3:20-21[B], 31-35[B′])에 비추어 해석하게 한다.

첫 번째 에피소드(A와 A′)에서는 예수께 권위를 받은 열두 제자와 예루살렘에서 권위를 받은 서기관들을 대조하고 있다(3:13-19, 22-30). 예수께서는 산에 올라 열둘에게 말씀을 전파하고 귀신을 쫓을 수 있는 권한을 부여하시는데, 이는 하나님 나라를 출범시킨 예수의 사역에서 확장된 것이다(1:23-26, 38-39을 보라). 이와는 대조적으로 서기관들은 예루살렘에서 내려와서 귀신을 내쫓는 예수의 권위를 비방하는데, 이것은 예수의 사역을 무효로 만들고자 함이었다(3:22-23).

두 번째 에피소드(B와 B′)에서는 예수의 혈연 가족과 새롭게 창조된 "가족"을 대조한다(3:20-21, 31-35). 예수의 친족은 그가 말씀을 전하고 귀신을 쫓는 일을 하지 못하게 하려 하면서 예수가 미쳤다고 주장했다. 친족들이 예수와 그 제자들이 앉아있는 집 밖에서 예수를 불렀을 때, 예수께서는 상징적으로 (집 안에서) 새로운 가족을 창조하고 계셨다.

동시에 마가복음은 예수와 서기관들과의 갈등 이야기(A′)를 가족과의 갈등 이야기(B와 B′) 속에 끼워 넣음으로써 이 에피소드들을 서로 맞물리게도 했다(저자가 이 부분은 위의 ABA′B′ 구조가 아닌 AXA′ 구조로 설명한다—역주). 예수께 반대했던 서기관들과 가족이 모든 면에서 같은 것은 아니지만, 예수께서 사탄의 나라를 공격하시는 일을 저지하려 한다는 점에 있어서는 서로 일치한다. 예수께서는 자신의 혈육과 종교인들과는 거리를 두시고, 대신에 새로운 가족, 즉 혈통이나 종교가 아닌 하나님의 뜻을 행하는 것으로 결정되는 새로운 가족을 창조하셨다(3:35). 이 문맥에서는 하나님의 뜻을 따르는 것이 곧 사탄의 권세와 싸우는 예수의 하나님 나라 사역에 참여하는 것임을 암시한다. 게다가 마가복음 3:22-30의 위치는 한 나라에서 다른 나라로의 이동을 묘사한다. 즉, 예수께서는 사탄이 주인인 영역에서 사람들을 해방시켜(3:27) 예수께서 주인이 되시는 새로운 영역에 두신다(3:31-35).

마가복음 뒷부분에서, 예수께서는 그를 따르는 자들이 그의 죽음 이후로부터 재림하실 때까지, 새로운 가족 구성원으로서 신실하게 살아가며 일하는 모습을 마음속에 그리셨다(13:32-37). 소유주, 곧 "이 집의 주인"은 백성들이 기다리는, 십자가에 달리시고 부활하신 예수이시다(3:27과 대조하라). 예수께서는 자신이 인자로 다시 올 때까지, 새로운 가족 구성원들이 성령의 능력을 받아 사탄의 권세와 계속 투쟁

하는 것—저항하고, 증언하고, 고난당하고, 죽는 것(13:9-13)—을 생각
하셨다.

더 읽을거리

추가적인 고대 문헌

『열두 족장의 유언』과 사상을 공유하고 마가복음을 위한 중요한 배
경 자료를 제공하는 문서들은 다음과 같다: 에녹1서 10:4-6; 55:4; 희
년서 23:23-31; 50:5; 모세의 유언 10:1; 전쟁 두루마리(1QM) 1:5, 8-9,
12; 12:9-18; 17:6-7; 18:6-8, 10-11; 19:4-8; 11QMelchizedek; 솔로몬
의 유언. 다니엘 7-12장과 요한계시록도 보라.

영역본과 비평판

Charles, R. H. *The Greek Versions of the Testaments of the Twelve
    Patriarchs*. Oxford: Clarendon, 1908.

_____. *The Testaments of the Twelve Patriarchs. Ancient Texts and
    Translations*. Eugene, OR: Wipf & Stock, 2005.

Jonge, Marinus de. "The Testaments of the Twelve Patriarchs." Pages
    505-600 in *The Apocryphal Old Testament*. Edited by H. F. D.
    Sparks. Oxford: Clarendon, 1984.

Kee, H. C. "Testaments of the Twelve Patriarchs." Pages 775-828 in vol.
    1 of *The Old Testament Pseudepigrapha*. Edited by James H.

Charlesworth. Garden City, NY: Doubleday, 1983.

Stone, Michael E. *The Testament of Levi: A First Study of the Armenian MSS of the Testaments of the XII Patriarchs in the Convent of St. James, Jerusalem*, with Text, Critical Apparatus, Notes, and Translation. Jerusalem: St. James, 1969.

이차문헌

Collins, J. J. *The Apocalyptic Imagination: An Introduction to Jewish Apocalyptic Literature*. 3rd ed. Grand Rapids: Eerdmans, 2016 [= 『묵시문학적 상상력』, 가톨릭출판사, 2022 근간].

Evans, Craig A. "Inaugurating the Kingdom of God and Defeating the Kingdom of Satan." *BBR* 15 (2005): 49–75.

_____. "Jesus's Exorcisms and Proclamation of the Kingdom of God in Light of the Testaments." Pages 210–33 in *The Changing Face of Judaism, Christianity, and Other Greco-Roman Religions in Antiquity*. Edited by I. H. Henderson and G. S. Oegema. Gütersloh: Gütersloher Verlagshaus, 2006.

Jonge, Marinus de. *Jewish Eschatology, Early Christian Christology, and the Testaments of the Twelve Patriarchs: Collected Essays of Marinus de Jonge*. NovTSup 63. Leiden: Brill, 1991.

Kugler, Robert. *The Testaments of the Twelve Patriarchs*. Sheffield: Sheffield Academic Press, 2001.

Shively, Elizabeth E. *Apocalyptic Imagination in the Gospel of Mark: The*

Literary and Theological Role of Mark 3:22–30. BZNW 189. Berlin: de Gruyter, 2012.

Twelftree, G. H. *Jesus the Exorcist: A Contribution to the Study of the Historical Jesus*. WUNT 2/54. Tübingen: Mohr Siebeck, 1993 [= 『귀신 축출자 예수』, 대장간, 2013].

제5장
『에스라4서』와 마가복음 4:1-34
씨앗과 씨뿌리기와 열매에 대한 비유

클라인 스노드그라스(Klyne Snodgrass)

마가복음 4장은 이상해 보이고, 심지어 질서가 없어 보이기까지 하며, 거슬리게 들리기도 한다. 마가복음 4:1에서 예수께서는 배에서 무리들을 가르치시고, 4:10에서는 제자들과 어딘가 다른 곳에 계시지만, 4:36에서는 다시 배로 돌아오시고, 그대로 배를 타고 무리들을 떠나신다. 4:10-12은 사람들이 깨닫지 못하게 하여 돌이켜 죄 사함을 얻지 못하게 하려고 예수께서 비유를 사용하셨다고 말하는 것 같다. 그런데 이것은 우리가 예수에 대해 아는 것과는 사뭇 다른, 말도 안 되는 것이다. 그래서 일부 학자들은 이 말씀이 예수의 입에서 나온 것이 아니라, 마가의 말, 즉 비유란 드러내기보다는 감추는 것이라고 본 마가의 생각에서 나온 것이라고 간주한다. 또 다른 일부 학자들은 4:10-12에서 이중예정설(double predestination)을 발견하기도 한다. 게다가 비유의 해석 부분(4:13-20)이 알레고리처럼 보이기 때문에 일부 학자들은 이 해석이 후기 기독교로부터 비롯된 것이라고 말한다.[1] 이처럼 이 본문은 언뜻 보기에 골칫거리처럼 보인다. 하지만 그렇지 않다. 이 본문은 **강력하고 결정적인 텍스트**로서 조심스럽게 의도되고 예술적으로 배열되었다. 마가복음의 방법론을 이해하지 못하거나 비유가 어떻게 기능하는지를 알지 못하는 경우에만 이상해 보이는 것이다.

유대 배경이 예수와 복음서를 이해하는 데 매우 필수적이지만, 마가복음 4장은 (유대 배경으로만 이해하기에는) 다소 어려움이 있다. **초기 유대교 문헌**에는 예수께서 말씀하셨던 **내러티브적** 비유와 견줄 만한 선례가 거의 나타나지 않고, 그 주제에 있어서도 차이가 난다. 유대인들은 하나님을 왕으로 부르기는 했지만, 예수 이전에 하나님 나라에 초점을 둔 사람은 거의 없었고, 어떤 사람도 예수께서 말씀하신 것처럼 그 나라가 오고 있다거나 이미 도래했다고 말하지 않았으며, 어느 누구도 그 나라를 계속해서 추구해야 하고, 그 안으로 들어가야 하며, 붙잡아야 할 것으로 말하지 않았다. 반면 비유를 사용하는 『에스라4서』는 마가복음보다 좀 더 후대인 대략 1세기 말에 기록되기는 했지만, 예수의 비유를 읽는 데 매우 유익한 도움을 준다. 『에스라4서』는 마가복음과 마찬가지로, 씨앗과 씨뿌리기 이미지를 사용하고, 비밀을 계시하는 것에 동일한 관심을 가지며, 열매의 필요성을 똑같

---

1. 그렇게 함으로써 이러한 학자들은 아돌프 율리혀(Adolf Jülicher)를 따라가고 있다. 그는 19세기 말에 비유가 이미지와 실재 사이에 단지 하나의 접촉점만을 가질 수 있고, 만약 하나 이상의 접촉점을 가진다면, 복음서 기자들이 비난받아야 한다고 주장했다.

이 강조한다. 그리고 이 유대 문헌은 비유가 해석되는 것을 보여줄 뿐 아니라 이미지와 실재 사이의 다양한 접점이 비유/환상과 함께 존재한다는 것을 보여준다.[2]

『에스라4서』:
"에스라야, 이제 내가 네게 한 비유를 말할 것이다."

『에스라4서』는 일곱 개의 환상과 에스라와 천사 우리엘 사이의 대화를 담고 있는 묵시적인 텍스트다. 우리가 알고 있듯이, 『에스라4서』는 본래의 유대적 중심부와 기독교적 첨가부(1-2, 15-16장), 둘 모두를 복합적으로 보여준다. 전체 16장으로 구성된 판본은 외경에서 에스드라2서로 불린다.

『에스라4서』는 정복당한 이스라엘, 악의 존재, 하나님께 순종하지 못한 이스라엘, 폐허가 된 성전, 백성들을 버리신 하나님, 그리고 악인들의 파괴에도 보이지 않는 하나님의 자비에 대해 비탄하기 위해 기록되었다. 하박국처럼 에스라도 이스라엘이 어떻게 도덕적으로 더 악한 자들에게 정복당함으로써 형벌을 받을 수 있는지 이해할 수 없었다. 이 책은 비유적인 내용으로 가득하다. 일부는 환상으로 표현

2.   특히 『에스라4서』 9:37-10:52에 나오는 이미지와 실재 사이의 세부적인 관련성에 주목하고, 11-12장에 나오는 로마와 날개를 가진 독수리 형상을 한 로마 황제들에 대한 묘사를 주목하라.

되어 있고[3] 일부는 예수의 비유와 유사한 형태—겨자씨 비유와 같이
이야기 전개가 없는 간단한 비유—로 되어 있다. 『에스라4서』 4:13-21
과 같은 긴 비유(나무와 바다에 대한 재판 비유)도 있기는 하지만, 예수의
긴 비유와 같이 이야기 전개를 가진 내러티브 비유는 존재하지 않는
다. 그렇지만 『에스라4서』에는 마가복음 4장에 나오는 씨앗/열매 비
유와 동일한 표현(wording)과 사상들을 담고 있는 부분이 있다.

　씨뿌리기와 열매 맺는 것은 『에스라4서』에 나타나는 주요 이미
지다. 악이 아담에게 뿌려지고(4:28-32), 사람들은 세상 속으로 뿌려진
다(5:48; 8:41-44). 하나님의 행위는 마음에 뿌려지고(8:6), 율법은 이스
라엘에게 뿌려진다(9:30-33). 이러한 각각의 씨 뿌리는 행동은 다양한
양의 열매를 맺는다. 이 내용들은 좀 더 면밀히 살펴볼 필요가 있다.

뿌려진 모든 것이 수확(구원)되지는 못하리라

　『에스라4서』 8:41에서 천사는 한 농부에 대한 비유를 들려준다.
그 농부는 많은 씨앗을 뿌리지만, 그 씨앗들이 전부 다 뿌리를 내리
지는 못한다.

　　농부가 많은 씨앗을 땅에 뿌리고 많은 식물을 심지만, 뿌려진 모든
　　것이 적절한 시기에 수확(구원)될 수 있는 것은 아니고, 심겨진 모든
　　것이 뿌리를 내리는 것도 아니리라. 그러므로 세상에 뿌려진 자들이

3.　『에스라4서』 4:47-50에서 어떻게 에스라가 보는 이미지들이 설명되어야 할
　　"비유"로 묘사되는지에 주목하라.

모두 다 구원받지는 못하리라.[4]

이러한 제한적인 구원 사상은 앞서 『에스라4서』 8:1-3에 나오는
비유를 통해서도 소개된다.

[1] ··· 가장 높으신 분께서는 많은 사람들을 위해 이 세상을 만드셨
지만, 오는 세상은 소수의 사람들을 위해 만드셨다. [2] 에스라야, 이
제 내가 네게 한 비유를 말할 것이다. 네가 대지에서 흙을 구할 때,
질그릇을 만들 진흙은 정말 많겠지만 금이 나오는 모래는 적을 것이
다. 이것은 현 세상의 방식에도 동일하다. [3] 많은 사람들이 창조되
었지만, 소수만이 구원받을 것이다!

이 두 비유는 에스라가 (이스라엘을 포함한) 인간의 악과 인생의 덧
없음에 대해 한탄하는 문맥에 나온다. 이 비유들은 천사가 말해준 것
으로 하나님께서 창조하신 자들 중 제한된 수의 사람들에게만 구원
이 주어질 것임을 설명해준다. 첫 번째 씨뿌리기 비유에서 농부는 많
은 씨앗을 땅에 뿌리지만, 일부 씨앗은 뿌리를 내리지 못하여 열매를
맺지 못한다. 단지 약간의 씨앗만이 실제로 하나님께서 의도하신 대
로 열매를 맺는다. 여기에서 요점은 하나님의 사랑에도 불구하고 제
한된 수의 사람들만이 순종하고, 하나님을 섬기며, 마지막 때에 구원

---

4. 『에스라4서』의 번역은 R. H. Charles, *The Apocrypha and Pseudepigrapha of
the Old Testament*, 2 vols. (Oxford: Clarendon, 1913), 2:542-624을 개작한 것
이다.

받을 것이라는 사실이다. 두 번째 진흙 비유에서 초점은 생산량에 있지 않고 금의 높은 가치, 곧 선택받은 자들을 언급하는 방식에 있다. 즉, 단순한 비교를 통해, 질그릇을 만들기 위한 진흙은 많지만 금이 나오는 모래는 적듯이, 많은 인간이 창조되었지만 그들 모두가 선민, 즉 구원받은 소수가 아니라고 이야기하는 간단한 비유다.

나는 네 안에 나의 법을 뿌린다

씨뿌리기와 열매를 맺는 것과 관련된 또 다른 비유는 『에스라4서』 9:30-34에 나온다. 이 본문에서 에스라는 주님께 기도하며, 하나님께서 이스라엘에게 율법을 주시는 것과 관련된 이야기를 그분께서 말씀하시는 것으로 전한다.

[29] 그리고 내가 말했다. "오 주여, 당신은 우리 조상들이 출애굽 하여 아무도 밟아본 적이 없는 불모의 땅인 광야를 걸어갈 때 그들에게 스스로를 드러내셨습니다." [30] 그리고 주님께서 말씀하셨다. "오, 이스라엘이여, 나의 말을 들으라. 오, 야곱의 씨여, 나의 말을 주목하라! [31] 보라, 내가 나의 법을 너희 안에 뿌렸으니 그것이 너희 안에서 열매 맺으리라. 그리고 너희는 그 안에서 영원토록 영화롭게 되리라." [32] 그러나 우리의 조상들은 율법을 받았지만 그것을 준수하지 않았고, 그 법령들을 지키지 않았다. 그럼에도 [33] 율법의 열매는 소멸되지 않았고, 또 그럴 수도 없었다. 왜냐하면 그것은 주님의 것이기 때문이다. 하지만 율법을 받은 자들은 [34] 멸망했다. 그들이 그들 안에 뿌려진 것을 지키지 않았기 때문이다.

훈육(education), 지식을 뿌리는 것, 성공이나 실패를 묘사하기 위해 씨뿌리기 이미지와 열매 맺음 이미지를 사용하는 것은 고대 세계에서 일반적이었다. 위의 『에스라4서』 본문에서, 열매를 맺기 위해 씨앗을 뿌리는 것처럼 하나님께서도 백성들이 열매를 맺어 영화롭게 되도록 율법을 뿌리셨다. 그러나 백성들은 율법을 지키지 않아 멸망했다. 그렇지만 이 경우에 열매는 하나님의 것이기에 파괴될 수 없었다.

『에스라4서』에 나오는 비유들의 양식과 사용된 이미지들은 둘 다 마가복음 4장의 관심사들을 떠올리게 한다. 두 문서에는 모두 간단한 비유와 긴 비유가 등장한다. (『에스라4서』에서) 하나님의 계시를 열매 맺지 못하는 씨앗으로 묘사한 것은 (마가복음의) 씨뿌리는 자 비유에 나오는 열매 맺지 못하는 세 가지 씨와 좋은 땅에 심긴 씨와 유사하다. 이들은 각각 말씀에서 벗어난 백성들과 말씀을 받아들임으로 열매 맺는 자를 가리킨다. 그리고 두 문서는 모두 하나님의 말씀을 듣는 것을 강조하기도 한다.

마가복음 4:1-34:
"예수께서 비유로 그들에게 많은 것들을 가르치셨다."

마가복음 4장은 『에스라4서』와 동일하게 악과 실패에 관심이 있고, 다가오는 마지막과 심판—적어도 추수와 낫에 대한 언급이 이런 의미를 함의하고 있다—에도 관심이 있다(4:20, 29; 특히 후자는 욜 3:13을 암시한다). 그러나 마가복음의 초점은 『에스라4서』와 많이 다르다. 두 문서는 모두 선택받은 사람들에게 주어진 비밀의 계시를 다루지만, 『에스라4서』 12:36-38은 마지막 때에 대한 비밀에 관한 것이며, 마 가복음 4:11은 현재 임한 하나님 나라의 비밀에 관한 것이다. 두 문서 모두 하나님께서 주시는 계시를 받아 열매 맺도록 사람들을 권고한 다.

하나님 나라는 이와 같다

『에스라4서』와 유사하게, 예수께서는 씨 뿌리는 자 비유에서 신 적 계시를 뿌려진 씨앗에 비유하신다. 그러나 여기에서 씨앗은 모세 의 율법이 아니라, 복음, 즉 하나님 나라의 메시지다(4:33). 또한 『에스 라4서』와 달리, 예수의 비유 해석에서는 왜 씨앗이 지속적인 열매를 맺지 못했는지에 대한 여러 가지 이유가 주어진다. 그것은 사탄이 말 씀을 빼앗아 가기 때문이고, 인간의 피상성으로 인해 말씀이 주는 풍 성한 충격을 경험하지 못하기 때문이며, 인간의 욕망이 말씀의 효과 를 막기 때문이다. 중요한 것은 열매—(특히 예수의 가르침에 나타나는) 풍 성한 순종의 삶을 가리키는 성서적 이미지—맺지 못함에 관한 것이 다.[5]

에스라의 흙에 대한 비유(에스라4서 8:1-3)와 비슷하게 마가복음에

---

5. 예를 들면, 마 3:8-10/눅 3:8-9; 마 7:16-20/눅 6:43-44; 마 12:33; 요 15:2-8;
    갈 5:22; 엡 5:9을 보라. "열매"는 나쁜 나무에 맺히는 나쁜 열매처럼 부정적
    으로 사용될 수도 있다.

도 간단한 겨자씨 비유가 나온다. 『에스라4서』의 많은 진흙과 적은 금의 대조는 겨자씨의 작은 시작과 큰 결과의 대조와 비슷하다. 『에스라4서』의 대조는 창조된 많은 사람과 구원받는 소수에 관한 것이지만, 겨자씨 비유는 하나님 나라, 즉 심겨졌을 때는 거의 식별할 수 없을 정도로 작지만 미래에는 분명하게 엄청난 영향을 끼칠 그런 하나님 나라에 대한 것이다.

우리는 하나님의 비전이 하나님 나라와 더불어 현실이 되는 것을 이해할 필요가 있다. 하나님의 나라는 하나님께서 그의 백성들 사이에서 통치하시고 악을 이기시며 정의를 세우실 것이라는 구약의 약속들이 성취되는 방식을 보여준다. 마가복음에서 이 하나님 나라는 이미 도래했고(1:15), 이 나라에 대한 비밀(예, 계시)은 예수를 따르는 자들에게 주어졌다(4:11). 스스로 자라나는 씨 비유(4:26-29)와 겨자씨 비유(4:31-32)의 요점은, 그 작은 겉모습에도 불구하고 필연적인 과정이 이미 시작되었고, 그 과정은 중요한 추수로 이어지며 아무도 예기치 못한 충격을 주게 될 것이라는 점이다. 즉, **하나님 나라가 결국에는 충만한 완성에 이르게 된다**는 것이다.

이 두 비유는 하나님 나라의 실재에 대한 의심을 다루기 위해 만들어진 것 같다. 예수의 적대자들이나 심지어 제자들조차도 "악이 패배하고 이스라엘의 대적들이 패배했다는 증거가 없는데 어떻게 하나님의 나라가 실재할 수 있는가?"라고 물었을 수 있기 때문이다. 그런데 이 비유들은 예수와 함께 하나님의 나라가 이미 진행 중이고 필연적으로 완성될 것이라고 단언한다. (스스로 자라나는 씨 비유에서) 땅에 뿌려진 씨앗은 농부가 어떻게 그리되었는지는 알지 못할지라도 반드시 풍성한 추수로 이어질 것이다. 겨자씨 비유에서 씨앗은 정말 작지만, 넓은 피난처로서 하나님 나라의 그늘나무가 될 것이다. 실재하는 하나님 나라에 대한 동일한 강조가 씨 뿌리는 자의 비유에도 함축되어 있다. 말씀은 좋은 땅에 뿌려진 씨앗처럼 열매를 맺고 결실이 있을 것이다(4:20). 예수의 선포는 하나님의 나라가 지금 여기에 있으며 중단되지 않을 것이라는 선언이다.

비유를 듣고, 하나님께 순종하기

이 장의 나머지 내용, 특히 비유가 이해를 막는다고 말하는 마가복음 4:12과 동떨어진 내용처럼 보이는 4:21-24은 어떻게 이해해야 할까? 마가복음은 예술적인 구조를 사용해서 본문의 한 부분이 다른 부분을 설명하게 한다. 즉, 해설을 제공하기 위해 한 부분을 다른 두 부분으로 묶고, 평행을 이루어 서로를 해석하게 하는 것이다. 예를 들면, 예수 밖에 있는 자들보다는 예수 안과 주변에 있는 자들을 강조하는 마가복음 3:31-35이 4:10-11에 나와 있는 예수 주변에 있는 자들과 밖에 있는 자들을 묘사하는 것과 동일하다는 사실을 주목하라. 이 두 부분은 씨 뿌리는 자 비유를 감싸고 있고, 씨 뿌리는 자 비유(4:1-9)와 비유의 해석(4:13-20)은 마가복음 4:10-12을 감싸고 있다. 그리고 마가복음 4:10-12과 4:21-24은 씨 뿌리는 자 비유의 해석을 감싸고 있다 (다음 표를 보라).

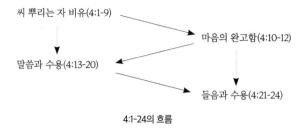

4:1-24의 흐름

이것이 복잡해 보인다면, 대부분의 사람들이 이 본문을 읽기보다는 **귀로 들었다는** 사실과 단어의 반복이 사람들을 말의 흐름 속에 붙잡아두고 이해 가능하게 했다는 사실을 기억하라. 각 부분은 나머지 부분에 비추어서 읽혀지거나 들려질 수 있지만, 실제로 전체 부분의 초점은 **듣는 것에** 있다. "듣다"에 해당하는 그리스어 동사가 마가복음 4:3-34에서 13번이나 등장한다. 이 비유는 듣기에 초점이 맞추어진 채로 시작되고 끝나며, 비유 해석에서는 잘못된 듣기와 열매 맺는 (productive) 듣기가 대조된다. 마가복음 4:21-22은 비유가 드러나기 위해 감추어져야 함을 의미하고, 4:23은 '들으라'는 도전과 함께 4:9에 나오는 씨 뿌리는 자 비유의 결말을 반향한다. "들을 귀 있는 자는 들으라." 그리고 마가복음 4:24은 사람들에게 듣는 것을 주의하라고 경고한다. 마가복음 4:33-34에 나와 있는 요약은 예수께서 사람들이 **알아들을 수 있는** 대로 그들을 가르치셨고, 그의 메시지에 긍정적으로 반응하고 따르는 자들에게 추가적인 가르침을 주셨음을 보여준다. 전체 부분은 하나님께 대한 반응을 막기보다는 오히려 바르게 듣고 열매 맺으며 살라는 긴급한 호소다.

외견상 거칠어 보이는 마가복음 4:12의 표현들은 이사야 소명 기

사의 일부인 이사야 6:9-10을 바꾸어 말한 것이다. 이러한 표현들은
이사야 시대 사람들의 **완고한 마음**(hardness of heart)과 듣기를 거부하는
태도를 보여주는데, 이는 후기 성경 본문에서 완고한 마음을 표현하
는 전형적인 방식이 되었다. 예레미야 5:21과 에스겔 12:2은 둘 다 그
들의 시대에 완고한 마음을 묘사하기 위해 이런 표현을 사용했다. 공
관복음서 저자들도 모두 씨 뿌리는 자 비유와 그 해석에 의해 둘러싸
인 이사야 6:9-10을 같은 목적으로 사용한다.[6] 이 표현들은 듣는 것
을 방해하기보다는 사람들에게 충격을 주어서 완고한 마음에서 벗
어나게 하는 데 그 의도가 있다. 영어 번역은 그것을 보여주지 못하
지만, 마가복음 4:3은 문자적으로 (이사야 6:9-10에서 온 표현인) "들으라,
보라"로 시작한다. 이 본문은 순종하지 못하게 하는 완고한 마음에
대한 경고다.

그렇다면 씨 뿌리는 자 비유와 그 비유를 둘러싸고 있는 문맥의
요점은, 삶 속에 변화를 일으켜 아버지께 대한 순종으로 이끄는 듣기
가 유일하게 고려해야 할 (중요한) 듣기라는 것이다. 하나님의 나라—
하나님께서 백성들에게 그분의 뜻을 보여주시는 하나님의 비전으로
서의 나라—가 이미 임했고 실재가 되는 과정 중에 있다면, 그리고
이것이 예수 설교의 내용이라면, 요구되는 반응은 순종으로 이어지
는 진짜 듣기임이 확실하다. 잘 알려져 있듯이, "듣는 것"에 대한 히
브리어 단어는 종종 "순종"을 의미한다. 이 단락이 요구하는 듣기는

---

6. 이러한 표현들은 요한복음 12:39-40에 나오는 예수의 공생애 사역 마지막과
    사도행전 28:25-27에 나오는 바울의 로마 사역 끝 무렵에 사람들이 반응하
    지 않는 모습을 묘사하기 위해 사용되기도 한다.

수동적으로 듣는 것이 아니고, 심지어 그냥 기쁨으로 듣는 것도 아니다. 그것은 바로 하나님께 대한 열매 맺는 순종의 삶을 사는 것으로 이어지는 듣기이다(참조, 3:35; 4:20).

이러한 두 가지 중점은 에스라의 씨앗 이미지 사용과 대비된다. 에스라는 율법과 인간의 실패에 초점을 맞추었지만, 마가복음은 하나님 나라의 성공에 대한 확실성을 강조했고, 인간이 그 나라에 대한 예수의 메시지에 어떤 식으로든 응답할 수 있음을 강조했다. 순종하지 못함은 말씀이나 하나님이 풍성한 수확을 보증하지 못하기 때문이 아니라, 사람이 말씀을 받아들이지 못하기 때문이다. 율법에서 하나님 나라로 이동한 자는 예수의 가르침의 핵심 주제를 접하게 되고 그 나라에 대한 예수의 메시지가 어떻게 율법의 중심적 역할을 대체하는지 깨닫기 시작한다.

열매 맺는 듣기에 초점을 두고 있는 이 단락은 마가복음의 나머지 내용 대부분을 이해하게 해주는 틀을 제공하며, 이 부분이 얼마나 중요한지를 드러낸다. 공적 설교 사역에 사적인 가르침이 이어지는 패턴은 마가복음 7:1-23, 9:33, 10:1-12에 다시 등장한다. 마가복음 전반에 걸쳐 재차 등장하는 4장의 주제들은 박해(10:30; 13:9-13), 예수의 말씀에 대한 분개(6:3), 완고한 마음(3:5; 6:52; 8:17), 눈이 있어도 보지 못하며 귀가 있어도 듣지 못함(8:18), 부의 기만(10:22-23)이 있다. 들음의 주제는 예수께서 산에서 변모하신 기사에서 예수에 대한 하나님의 명령에서 그 정점에 이른다. "너희는 그의 말을 들으라."(9:7) 따라서 이 비유 장은 마가복음 전체의 서곡이자, 이어지는 많은 내용을 이해하기 위한 신학적 렌즈를 제공하는 것으로 이해되어야 한다.

더 읽을거리

추가적인 고대 문헌

마가복음 4장의 비유는 마태복음 13장 및 누가복음 8장과 평행을 이룬다. 이것 중 일부는 『도마복음』(9, 20장)과 다른 초기 기독교 문헌에서도 반복된다. 동일한 개념들이 미쉬나 아보트 3.18; 5.15과 『에녹1서』 62:7-8과 1QH 14:14-16에서 발견된다. 추가적으로 신비와 지식의 주제를 위해서는 타르굼 이사야 6:9-10과 4QInstructionc(4Q417) II 1:10-11과 1QS 4:11; 11:3-7을 검토해보라. '이해하지 못함'이라는 주제는 요한복음 12:39-41과 사도행전 28:26-27과 로마서 11:1-10과 같은 신약 본문에 분명하게 나타난다.

영역본과 비평판

NRSV

Bidawid, R. J. "4 Esdras." In vol. 4.3 of *The Old Testament in Syriac according to the Peshitta*. Edited by M. Albert and A. Penna. Leiden: Brill, 1973.

Klijn, A. Frederik J. *Der lateinische Text der Apokalypse des Esra*. TUGAL 131. Berlin: Akademie-Verlag, 1983.

Metzger, B. M. "The Fourth Book of Ezra." Pages 517–59 in vol. 1 of *The Old Testament Pseudepigrapha*. Edited by James H. Charlesworth. Garden City, NY: Doubleday, 1983.

Stone, Michael E. *The Armenian Version of IV Ezra*. UPATS 1.

Missoula, MT: Scholars Press, 1978.

Stone, Michael E., and Matthias Henze. *4 Ezra and 2 Baruch: Translations, Introductions, and Notes*. Minneapolis: Fortress, 2013.

이차문헌

Evans, Craig A. *To See and Not Perceive: Isaiah 6.9–10 in Early Jewish and Christian Interpretation*. JSOTSup 64. Sheffield: Sheffield Academic Press, 1989.

Fay, Greg. "Introduction to Incomprehension: The Literary Structure of Mark 4:1–34." *CBQ* 51 (1989): 65–81.

Moule, C. F. D. "Mark 4:1–20 Yet Once More." Pages 95–113 in *Neotestamentica et Semitica: Studies in Honor of Matthew Black*. Edited by E. E. Ellis and Max Wilcox. Edinburgh: T&T Clark, 1969.

Myers, Jacob M. *I & II Esdras: A New Translation with Introduction and Commentary*. AB. Garden City, NY: Doubleday, 1974.

Snodgrass, Klyne. *Stories with Intent: A Comprehensive Guide to the Parables of Jesus*. Grand Rapids: Eerdmans, 2008.

Stone, Michael Edward. *Fourth Ezra*. Hermeneia. Minneapolis: Fortress, 1990.

제6장
솔로몬의 유언과 마가복음 5:1-20
축귀와 악한 영들에 대한 지배

마이클 F. 버드(Michael Bird)

마가복음에서 한 가지 중요한 요소는 예수께서 특별한 권세와 능력을 가지신 신적 대리인으로 묘사된다는 것이다. 마가복음의 예수는 비할 바 없는 권세로 가르치시고, 신적인 권세로 사람들의 죄를 용서하시며, 자연을 다스리는 초자연적인 능력과 병을 고치는 능력을 가지시고, 더러운 영들을 통제하는 권세를 가지고 계신다.

예수의 '엑수시아'(*exousia*: "능력", "지배력", "권세"를 가리키는 그리스어)는 치유를 간청하는 자들로부터 악한 영을 축출하는 예수의 능력 가운데 가장 잘 드러난다(1:22, 27; 2:10; 3:15; 6:7을 보라). 이에 걸맞게 마가복음은 몇몇 치유 이야기들에서 예수께서 더러운 영을 지배하시는 것을 강조한다. 이 치유 이야기들 중 일부는 매우 극적이고, 예수를 하나님의 능력 있는 아들, 즉 고통을 주는 모든 종류의 사악한 영적 실재들로부터 신체적/정신적 질병을 겪는 사람들을 구원하는 아들로 돋보이게 한다.

가장 생생한 이야기 중 하나는 마가복음 5:1-20에 나오는 거라사 귀신 들린 자에게서 군대 귀신을 축출한 일이다. 이는 마가복음에 나오는 가장 긴 치유 이야기로서, 마가는 이 이야기를 사용하여 하나님, 예수, 선교, 제자도와 관련된 주요 주제들을 상술한다. 이 이야기는 솔로몬의 유언에 나오는 솔로몬 왕의 축귀 활동에 관한 이야기와 비슷하다—단순히 우연의 일치라고 보기에는 **너무나도 비슷하다**. 마가복음 5:1-20과 솔로몬의 유언 11:1-7이 마가복음 수용사(reception history)에 관해 중요한 내용을 보여줄 뿐 아니라 악한 영들과 귀신들에 대한 고대인들의 이해를 보여주기 때문에, 이 두 문헌을 비교하는 것은 유용하다. 그래서 이제 이 두 본문을 살펴보고자 한다.

솔로몬의 유언:
"나의 지배 아래 있는 귀신들의 이름은 군대이다"

솔로몬의 유언은 기원, 즉 출처(place of origin)에 있어서 위서(pseudepigraphon)로 간주되는 것의 전형적인 예다. 우리가 가진 현재 상태의 이 문서는 기독교화된 것이 확실하다(특별히 솔로몬의 유언 11:6; 12:3; 15:10-15; 22:20을 보라). 이것은 많은 위서들이 (『이사야 승천』처럼) 한 이스라엘 인물에 대한 기독교적 작품이거나, 혹은 기존의 유대 문헌이나 전승이 기독교화되었음을 보여준다.[1] 더욱이 우리는 마가복음 5:1-13

---

1.   J. R. Davila, "The Old Testament Pseudepigrapha as Background to the New

에 의존하고 있는 본문의 분명한 예를 가지고 있기는 하지만, 솔로몬의 유언 11:1-7의 경우에는 마술 전승이나 축귀와 관련된 유대 전승을 차용한 것일 수도 있다. 요세푸스는 솔로몬의 공적(exploits)을 귀신 축사자로서 이야기했고(『유대고대사』 8.45-49), 사해사본에는 솔로몬의 저작으로 간주되는, 귀신을 쫓는 효과가 있는 시편들이 담겨 있으며 (11Q11), 나그함마디 문서의 한 본문에는 49개의 귀신의 이름이 포함된 "솔로몬의 책"에 대한 지나가는 언급이 있다(『세상의 기원에 대하여』 107). 고대 유대인들과 그리스도인들은 솔로몬을 악한 영들을 내쫓는 데 효력이 있는 강력한 반지를 소유한 전문 귀신축사자로 생각했다 (요세푸스, 『유대고대사』 8.47; 솔로몬의 유언 1:6-7; 바벨론 깃틴 68a). 어느 경우든, 우리는 솔로몬의 유언의 연대를 주후 1세기에서 3세기 사이의 한 시기로 추정할 수 있다.

솔로몬이 베엘제불과 마주치다

솔로몬의 유언에서 우리는 어떻게 솔로몬이 예루살렘 성전을 짓는 동안 천사장 미가엘로부터 마법 반지를 받게 되었는지 보게 된다. 그리고 나서 솔로몬은 몇몇 귀신들과 대면한다. 그는 귀신들을 소환할 수 있고, 귀신들의 이름들을 확인할 수 있으며, 영적 세계(astral plane)에서 귀신들이 사는 장소를 알아낼 수 있고, 귀신들이 일으키는 고통에 대해 알 수 있으며, 귀신들을 좌절시킬 천사를 발견할 수 있고, 귀신들에게 강제로 성전을 짓는 일을 하게 할 수 있다. 여기에서

Testament," *ExpT* 117 (2005): 53-57을 보라.

특별한 초점은 열왕기하 1:1-18에 처음으로 언급되었고 마가복음 3:22에도 언급되는 블레셋 에그론의 신 베엘제불(즉, 바알세불)에게 있다. 솔로몬의 유언에서 베엘제불은 "귀신의 왕"이자 (하나님께서 땅으로 내쫓아 그곳에 가두어놓으신) "하늘의 가장 높은 천사"인 사탄과 동일시된다. 베엘제불은 폭군의 파괴적 힘의 원천이고, 인간들 곁에서 귀신 숭배를 일으키며, 악한 욕망을 불어넣고, 살인과 전쟁을 부추겼다. 베엘제불은 "전능하신 하나님"에 의해 좌절되어, 테베(Theban) 대리석 덩어리를 자르는 형을 받고, 추궁을 당하자 솔로몬에게 하늘의 비밀들을 드러낸다(솔로몬의 유언 6:1-11).[2]

솔로몬의 유언 11:1-7에서 솔로몬이 아라비아의 사자(lion) 모습을 한 귀신을 만난 이야기는 우리의 흥미를 끈다. 솔로몬은 사자의 형상을 한 귀신을 추궁하면서 그것이 "결코 결박될 수 없는 영"이라는 것과 그 귀신이 "몰래 잠입하여 병을 앓고 있는 모든 자들을 지켜보는" 존재이자 사람이 병에서 회복되는 것을 "불가능하게" 만드는 존재라는 것을 알게 된다. 사자의 형상을 한 귀신은 "나의 지배 아래 있는 모든 귀신들의 이름은 군대다"(11:3)라고 말하며, 많은 귀신들이 자신의 지배하에 있음을 더욱 뽐냈다. 중요한 것은 그 귀신이 "임마누엘"(솔로몬의 유언 6:8; 마 1:23을 보라)이라고 불리는 자에 의해 좌절된다는 것이다. 이 "임마누엘"은 인간들이 그에게 행한 많은 일들로 인해 고통을 겪었고, 사자 형상을 한 귀신과 그 군대를 결박했으며, 추후

---

2.   D. C. Duling, "Testament of Solomon: A New Translation and Introduction," in *The Old Testament Pseudepigrapha*, ed. James H. Charlesworth, 2 vols. (Garden City, NY: Doubleday, 1983), 1:967-68.

에는 그들을 절벽 끝에 있는 바다에 빠지게 함으로써 고통스럽게 할 것이다. 그리고 나서 솔로몬은 귀신 군대에게 나무를 숲에서 성전으로 옮기는 형을 내렸고, 사자의 형상을 한 귀신에게는 나무를 잘라서 발톱으로 불을 붙이게 했다.[3]

마가복음과의 접촉점

이 에피소드는 마가복음 5:1-13과 몇 가지 강한 접촉점을 가지고 있다. (1) 사자의 형상을 한 귀신이 결박될 수 없다는 점(솔로몬의 유언 11:1/막 5:3-4), (2) 군대 귀신의 신원이 확인된다는 점(솔로몬의 유언 11:3, 5/막 5:9, 15), (3) 사자의 형태를 한 귀신과 그 귀신의 군대가 낭떠러지에서 바다로 던져짐으로써 고통당하고 파괴될 것이라는 점(솔로몬의 유언 11:6/막 5:13)에서 그렇다. 솔로몬의 유언 11:1-7은 솔로몬의 귀신을 쫓는 능력에 대한 전설적인 이야기를 통해 마가복음에 나오는 거라사 귀신 들린 자를 고통스럽게 하는 귀신들의 이전 모습(prehistory)을 묘사하려고 의도된 것 같다. 다시 말하면, 솔로몬의 유언 11:1-7은 마가복음 5:1-20에 대한 상상력이 풍부한 주석, 악한 영들의 본성에 대한 사변적인 귀신론, 그리고 솔로몬에 대한 고대의 미화된 전기(hagiography)가 조합된 것이다.

---

3. Duling, "Testament of Solomon," 1:968, 972.

마가복음 5:1-20:
"내 이름은 군대니 우리가 많음이니이다"

예수께서 귀신 들린 자를 만나시다

예수께서 갈릴리 바다 근처에서 가르치시며 시간을 보내신 후에 (4:1), 그의 제자들과 함께 배를 타고 바다를 건너 거라사 지방으로 가셨다. 그 지방은 데카폴리스, 갈릴리 바다 동남쪽에 위치한 헬라 도시들의 연합으로 이방 지역이다(5:1-2). 예수께서는 부정함(또는 더러움)의 전형이 되는 한 남자를 만나셨다. 그는 이방인이었고, 귀신들렸으며, 무덤들 사이에 거주하였고, 근처에는 돼지 떼가 있었다. 허먼 웨이첸(Herman Waetjen)은 그 남자가 "부정함이 육화된 형태(incarnation)이자, 완벽한 시체 애호가(necrophile)이며, 죽은 것이나 다름없는 삶을 사는 자의 전형"이고, 그의 상태는 "예수께서 이제껏 만나 본 사람 중에 가장 비인간적이고 비참한 사람"으로 묘사될 수 있다고 말했다.[4]

이 남자는 귀신들의 "군대"에 사로잡혔다. "군대"란, 귀신들 무리를 일컫는 집합적 명칭으로 무작위로 또는 우연히 선택된 것이 아니다. 이 명칭은 외국 땅을 점령하고 있는 로마 군대처럼 그를 사로잡고 있는 악한 권세들이 아주 많고 악하다는 것을 알려준다. 마가복음 1:23-24에 나오는 귀신 들린 사람처럼, 귀신들은 즉각 방어적인 자세를 취하면서 예수 앞에 무릎을 꿇고 두려워하며 그 남자로 하여금,

---

4. Herman C. Waetjen, *A Reordering Power: A Socio-Political Reading of Mark's Gospel* (Minneapolis: Fortress, 1989), 114.

"지극히 높으신 하나님의 아들 예수여 나와 당신이 무슨 상관이 있
나이까 원하건대 하나님 앞에 맹세하고 나를 괴롭히지 마옵소
서"(5:7)라는 말을 불쑥 내뱉게 했다. 예수를 지극히 높으신 하나님의
아들이라고 부르는 것은 예수와 대결하려는 것이 아니라 그분께 간
청하려는 것이었다. 군대 귀신은 존칭을 사용함으로써 예수의 신분
을 인정했다. 이는 예수의 이름을 불러서 제압하려는 것이 아니고,
인정할 수밖에 없는 예수의 우월성으로 인해 어떤 대결도 쓸모없다
는 사실을 깨닫고 체념하는/포기하는 모습을 보여주는 것이었다.[5]
예수께서 귀신들 무리의 이름을 물으셨다. 그 후에 귀신들은 예수께
자신들을 파괴하지 말고 근처에 있는 돼지 떼에게로 보내달라고 빌
었다(5:10-12). 여기에서 우리는 중요한 차이를 발견하게 된다. 솔로몬
의 유언 11:3에서 사자의 형상을 한 귀신이 군대 귀신을 자신의 뜻에
복종하게 하는 반면에 마가복음의 이야기에서는 그 귀신들이 수적
으로 많음으로 인해 그들 스스로를 "군대"라고 부르기 때문이다("내
이름은 군대니 우리가 많음이니이다", 5:9). 마가복음에 나오는 귀신들은 우
두머리가 없는 무리일 뿐이다.

　이어지는 마가복음 이야기에서 예수께서는 그 귀신들에게 돼지
떼에 들어가는 것을 허락하지만, 돼지들은 가파른 경사로 달려가서
바다에 빠져 죽게 된다(5:13). 돼지를 치던 자들은 달려가서 이 도시와
지방에 사는 모든 사람들에게 일어난 일을 말한다. 그리고 이 일은
지역 주민들을 매우 화나게 했고, 그들은 더 이상 추가적인 경제적

5.　Waetjen, *Reordering Power*, 114-15.

손실을 겪지 않기 위해 그들의 지역을 떠나달라고 예수께서 간청한다(5:14-17). 치유받은 남자는 제자들 중 하나처럼 예수와 동행하기를 원하지만, 예수께서는 집으로 돌아가라 말씀하시고 그를 위해 행하신 것과 베푸신 은혜에 대해 그의 백성들에게 전하라고 하신다(5:18-19). 이에 치유받은 남자는 예수를 데카폴리스 지역에 전파함으로써 예수께서 명하신 것을 그대로 행한다(5:20). 이 이야기는 대부분의 치유 에피소드와는 다르다. 왜냐하면, 보링(Eugene Boring)이 언급하듯, "이 이야기는 믿음의 응답과 그 변화시키는 힘에 대한 것이 아니라, 이방 지역에 침입해서 하나님 나라를 위해 그 이야기를 전하는 것"과 관련이 있기 때문이다.[6]

후기 식민주의적 관점과 묵시적 관점

최근에 거라사 귀신 들린 자 이야기는 해방신학과 후기 식민주의적 해석을 위한 비옥한 토양임이 입증되었다.[7] 일반적으로, 후기 식민주의적 해석에서는 텍스트가 서구의 과거 식민지에 대한 권력

---

6. M. Eugene Boring, *Mark: A Commentary*, NTL (Louisville: Westminster John Knox, 2014), 150.

7. Richard Dormandy, "The Expulsion of Legion: A Political Reading of Mark 5:1-20," *ExpT* 111 (2000): 335-37; Richard A. Horsley, *Hearing the Whole Story: The Politics of Plot in Mark's Gospel* (Louisville: Westminster John Knox, 2001), 141-48; Ched Myers, *Binding the Strongman: A Political Reading of Mark's Story of Jesus*, 2nd ed. (Marynoll, NY: Orbis, 2008), 190-93. 마가복음과 후기 식민지주의 해석에 관해서 더 일반적으로는 다음을 보라: Simon Samuel, *A Postcolonial Reading of Mark's Story of Jesus*, LNTS 340 (London: T&T Clark, 2007).

과 우월성의 관점에 도전하기 위해 연구된다. 이 해석은 서구가 자기 이익을 도모하기 위해 이데올로기적 의도(agenda)를 사용한 것과 제국주의 정권을 지지한 예들을 노출시키고, 텍스트에 새겨진 식민지인들의 감추어진 저항을 확인하며, 문서 매체의 다양한 방식에 드러난 식민지 열강들과 그들에 의존하는 통치자들에 의해 주변화된 사람들의 목소리를 들음으로써 성취된다.

텍스트의 어떤 세부적인 요소들을 보면, 마가복음이 동일하게 정치적이고 이데올로기적 관심사들을 가지고 있다고 볼 수 있다. 예를 들면, 이방인 남자를 사로잡고 있는 귀신들의 무리는 "군대"라고 불리는데, 이는 대략 6000명으로 구성된 로마의 전투 부대의 이름이다. 흥미롭게도, 로마의 열 번째 군대(Legio X Fretensis)는 시리아 팔레스타인 지역에 주둔했는데, 멧돼지를 부대의 군기이자 인장의 표시로 삼았다.[8] 게다가 요세푸스(Josephus)는 유대 반란(주후 66-70년) 기간 동안 베스파시아누스(Vespasian)가 거라사 습격에 루키우스 안니우스(Lucius Annius)를 보냈을 때 거라사와 주변 도시들이 모든 불탔고 파괴되었다고 진술한다(『유대전쟁사』 4.487-89). 이와 같은 사건들은 마가의 유대 전쟁 기억에 대한 일부일 수 있고, 데카폴리스 지역과 요단강 동편 트랜스요르단 지역에 있는 교회들의 창립 내러티브의 한 요소일 수 있다.

그러나 마가복음의 이야기는, 이 내러티브에 대한 해방신학과 후

---

8.   Gerd Theissen, *The Gospels in Context: Social and Political History in the Synoptic Tradition*, trans. L. M. Maloney (London: T&T Clark, 2004), 110.

기 식민지주의 해석이 하는 것처럼, 로마의 지배, 그 귀신적 본성, 그리고 로마를 내쫓아야 하는 필요성에 대한 알레고리로 축소될 수 없다. 마가가 로마의 패권을 귀신적 권세의 표현으로 생각하는 것에는 의심의 여지가 없지만, 마가는 예수께서 사탄의 왕국을 진압하고 뒤집어엎을 수 있는(3:27) "더 강한 자"(1:7)로서 참여하신 보다 넓은 우주적이고 종말론적인 전투에도 관심을 가진다. 이 이야기는 단순히 로마 권력에 반대하는 내러티브 형식의 은근한 저항으로 다루어져서는 안 되지만, 사회적이고 정치적이고 신학적인 실재와 분리되어서도 안 된다. 왜냐하면 이러한 것들이 마가가 공유하는 묵시적 세계관과 밀접하게 관련되어 있기 때문이다. 콜린스(Adela Yarbro Collins)는 다음과 같이 적절한 결론을 제공한다.

> 이 이야기의 목표는 적어도 고대 로마에 대해 서술하는 것이 아니라, 예수께서 어떻게 인간을 곤경에서 구하셨고 정상적인 삶으로 회복시키셨는지를 보여주는 데 있다. 그러나 다니엘과 요한계시록에 나오는 하늘의 짐승들이 땅의 사건들과 밀접한 연관성이 있듯, 마가복음에 나오는 거라사 귀신 들린 자 이야기에 이차적인 정치적 함의가 있을 수 있다. 청중이 사탄의 나라를 로마와 연결하고 예수의 치유 활동을 회복된 이스라엘 왕국과 연결하는 것은 문화적인 면에서 논리적으로 당연한 수순일 것이다.[9]

---

9.   Adela Yarbro Collins, *Mark*, Hermeneia (Minneapolis: Fortress, 2007), 270.

요약

마가복음 5:1-20은 예수를 사탄의 영역을 약탈하고 강탈하는 "강한 자"로 생생하게 묘사하는 것 때문에, 그리고 예수로 하여금 하나님 나라의 해방시키는 힘을 데카폴리스에 있는 이방 지역으로 가지고 가게 한 이 이야기의 선교적 추진력에 있어서, 마가복음 전반부에 나오는 일화들 중 가장 극적인 것으로 꼽힌다. 이 이야기는, 바로 앞 단락에 나오는 예수께서 폭풍을 잠잠케 하시는 일화(4:35-41)에서 입증된, 예수께서 가져오시는 하나님 나라의 권세에 대한 마가의 이야기를 더 상세하게 해주고, 동시에 구원이 필요한 자들에게 구원을 주시기 위해 경계를 넘어가고자 하시는 예수의 의지를 강조함으로써 그의 백성들 가운데서 구원의 메시아적 대리인으로서 계속적으로 행하실 선교를 위한 길을 준비한다(5:21-6:30).

일반적으로 솔로몬의 유언은 고대 귀신론의 세계를 들여다볼 수 있는 창문이며, 특별히 11:1-7은 마가복음 5:1-20의 이야기가 어떻게 후대의 독자들에 의해 받아들여지고 해석되었는지를 보여준다. 솔로몬의 유언은 귀신들의 본질을 설명하고, 그들에게 권세를 준 것을 묘사하며, 어떻게 그들이 패배당할 수밖에 없었는지에 대해 상술하면서, 마가복음이 상대적으로 침묵하는 곳에서 목소리를 낸다. 솔로몬의 유언 11:1-7에 나오는 마가복음 이야기의 반향은 마가복음 5:1-20이 어떻게, 귀신과의 만남이 당연한 것은 아니더라도 실제적인 것으로 간주되는 특정 우주론과 귀신론에 흡수되었는지를 보여주는 분명한 예가 된다. 모두 종합해보면, 솔로몬의 유언 11:1-7과 마가복음

5:1-20 비교를 통해, 이방 지역과 귀신의 권세에 사로잡힌 이방 남자를 깨끗하게 하시는 예수의 권세, 귀신과 질병의 연관성, 때로 악한 영들의 무리를 포함하는 것으로서의 귀신 들림, 그리고 로마 권력과 귀신과의 연관성을 함축하는 "군대"라는 이름의 의미가 분명하게 드러난다.

더 읽을거리

추가적인 고대 문헌

제2성전 유대 문헌에 나오는 또 다른 귀신 축출 본문에는 다니엘 4:1-37에 분명히 근거를 두고 있는 『나보니두스의 기도』(4Q242)가 있다. 거기에서 한 유대인 남성은 나보니두스 왕의 죄를 용서하고 그를 고통에서 치유한다. 위 필론의 작품(성경고대사 60.1-3)에는 귀신을 쫓아내기 위해 하프를 사용하는 다윗에 대한 언급이 있다. 그리고 『그리스 마법 파피루스』(영역본: Hans Dieter Betz, *The Greek Magical Papyri in Translation: Including Demotic Spells*, 2nd ed. [Chicago: University of Chicago Press, 1996])는 귀신들을 제압하기 위해 주문과 의식을 사용하는 과정을 묘사하는 아주 값진 고대 세계의 다양한 텍스트 모음집이다. 혹자는 마태복음 12:27/누가복음 11:19에서 다른 유대 축귀사들이 존재했다는 분명한 언급을 발견한다. 사도행전 19:13-20에는 예수의 이름으로 귀신을 쫓으려고 하는 스게와(Sceva)의 일곱 아들들에 대한 소개가 있다.

영역본과 비평판

Duling, D. C. "Testament of Solomon: A New Translation and Introduction." Pages 935–87 in vol. 1 of *The Old Testament Pseudepigrapha*. Edited by James H. Charlesworth. Garden City, NY: Doubleday, 1983.

McCown, C. C. *The Testament of Solomon*. Leipzig: J. C. Hinrichs'sche Buchhandlung, 1922.

이차문헌

Bonner, Campbell. "The Technique of Exorcism." *HTR* 36 (1943): 39–49.

Dormandy, R. "The Expulsion of Legion: A Political Reading of Mark 5:1–20." *ExpT* 111 (2000): 335–37.

Duling, D. C. "Solomon, Exorcism, and the Son of David." *HTR* 68 (1975): 235–52.

Klutz, Todd. *Re-writing the Testament of Solomon: Tradition, Conflict, and Identity in a Late Antiquity Pseudepigraphon*. LSTS 53. London: T&T Clark, 2006.

Newheart, Michael Willett. *"My Name Is Legion": The Story and Soul of the Gerasene Demoniac*. Collegeville, MN: Liturgical Press, 2004.

Twelftree, Graham H. *Jesus the Exorcist: A Contribution to the Study of the Historical Jesus*. Peabody, MA: Hendrickson, 1993 [= 『귀신 축출자 예수』, 대장간, 2013].

제7장
미쉬나 자빔(하혈)과 마가복음 5:21-6:6a
정결에 관한 규칙

데이비드 E. 갈런드(David Garland)

예수께서 회당장 야이로의 열두 살 난 딸을 죽음에서 일으키시는 이야기(5:21-24, 35-43)는 예수께서 십이 년 동안 혈루증으로 고생한 익명의 여성을 기적적으로 치유하신 이야기(5:25-34)를 감싸고 있다. 두 이야기는 "딸들"에 대한 이야기로 인식되지만(5:23, 34, 35), 이 둘에 대한 치유 사건은 예수께서 사회경제적인 계층 구조에서 양극단에 있는 자들과 함께하셨음을 보여준다.

야이로는 큰 슬픔에 빠져 있는 가족들을 위로하기 위해 많은 문상객들을 끌어올 수 있을 정도(5:24)의 상대적으로 부유한 남성 종교 지도자로서 상위 계층에 속한다(5:22). 야이로의 이름이 언급되는 것은 그가 높은 지위에 있음을 확인해주는데, 이 때문에 야이로는 겸손한 방식이기는 하지만 자신의 딸을 치유해달라고 반복적으로 간청하며 예수를 담대하게 불러 세울 수 있었던 것이다.

이름 없는 여성은 야이로와는 반대되는 계층에 속한다. ESV 성경에서 "피의 배출"(discharge of blood)과 "피의 유출"(flow of blood, 5:25, 29)
로 번역된 헬라어 표현은 각각 칠십인역 레위기 15:25과 12:7에서 여
성의 자궁 출혈을 나타낸다. 의사들의 반복적이고 효과 없는 치료로
인해 여인은 더욱 궁핍하게 되었다(5:26). 그녀에게는 자신을 위해 나
서줄 그 어떤 남성 인물이 없었고, 비정상적인 출혈로 인해 정상적인
결혼 생활을 할 수도 없었다. 성관계를 삼가야했기 때문이다(레
20:18). 또한 종교 공동체에서도 단절되었고(겔 36:17), 도시에서도 추방
되었으며(민 5:2; 참조, 『유대고대사』 3.261), 성전과 회당으로부터, 간혹 그
런 것이 아니라, 지속적으로 차단되었다(미쉬나 켈림 1:8). 이 여성은 자
신의 상태로 인해 수치심밖에 아는 것이 없었다. 그녀는 예수께 담대
하게 나아와서 치유해달라고 직접적으로 요구하지 못했고, 예수의
옷자락을 만지기 위해 뒤에서 살금살금 다가가 (만지고 나서는) 아무도
모르게 슬그머니 빠져나가려고 했다(5:27-28).

　회당장 야이로와 혈루증 여인의 사회-경제적이고 종교적 지위의
극명한 차이에도 불구하고, 그들에게는 공통점이 있다. 그것은 바로
그들이 완전히 자포자기한 상태라는 것, 그들에게는 예수께서 치료
하시는 권세를 가지셨다는 믿음이 있다는 것, 또 예수께로부터 도움
을 얻고자 하는 확고한 의지가 그들에게 있다는 것이다. 서로 연결된
이 두 이야기는, "예수께로 다가가는데, 남성이고, 의식적으로 정결
하며, 종교적으로 존경받고, 재력을 가지고 있다는 것이 어떤 이점도
제공하지 않는다는 점과 여성이고, 의식적으로 부정하며, 존경받지
못하고, 궁핍한 것이 예수로부터 도움을 얻고자 할 때 방해 요소가

아니라는 점을 말해준다".[1]

이 두 기적 이야기는 고대 유대교에서 정결 규칙으로 추정되는 것에 대한 앎, 즉 그것에 대한 앎이 없이는 (본문을) 제대로 해석할 수 없게 되는 그런 지식을 공유하기도 한다. 그러므로 이 논문은 예수께서 두 명의 부정한 사람들을 만나신 것에 대한 의미를 설명하기 위해 미쉬나가 부정한 것과 접촉하는 것에 대해 뭐라고 가르치는지 살펴볼 것이다.

미쉬나 자빔:
"그는 접촉으로 부정함을 옮긴다"

부정함에 대한 성경의 가르침

더 많은 신학적 통찰을 얻으려면, 부정함(impurity)과 관련하여 성경에 나타난 율법과 이에 대한 후대 해석의 복잡한 내용에 주의를 기울여야 한다.[2] 의식적 부정은 유대 사회의 근본적인 관심사였다. "자신을 정결하게 할 것이라"(민 19:12)는 말씀은 유대인의 삶을 구성하는 원리였다. 이 규례는 단순히 위생적인 예방에 대한 것이 아니라, 이스라엘이 누구든지 부정한 상태로 하나님께 나아가지 않기 위해 어

---

1. David E. Garland, *The Theology of Mark* (Grand Rapids: Zondervan, 2015), 125 [= 『마가신학』, 부흥과개혁사, 2018]

2. Herbert Danby (*The Mishnah* [Oxford: Oxford University Press, 1933], 800-804)는 부정 규칙에 대한 요약을 제공한다.

떻게 매일의 삶을 거룩하게 살아야 하는지를 규정하는 것이었다(레 11:45; 19:2; 20:7, 26). 정결 규칙은 결코 훼손될 수 없는 하나님의 무시무 시한 거룩함과 주권에 대한 의식을 강화한다. 의식적으로 깨끗하지 못한 자들은 거룩한 것과 거리를 두어야 했고, 다른 사람들과 접촉하여 그들을 더럽히지 말아야 했으며, 정한 상태로 회복될 수 있도록 조치를 해야 했다.

부정에 대한 미쉬나의 해석

유대인들은, 어느 정도까지, 누가, 그리고 무엇이 부정을 옮기고 어떤 의식이 그것을 깨끗케 하는지에 대해서 논의했다(7:1-23을 보라). 이러한 고대의 논의들 대부분은 미쉬나에 보존되어 있다. 미쉬나는 할라카(halakic: "행할 길"이라는 뜻) 판례들의 모음집이며, 주후 3세기 초 쯤에 개작 및 개정되었다. 여기에 나타나는 격언들은 주로 두 그룹의 랍비들, 즉 주후 70-130년대의 랍비들과 주후 135년(시몬 바르 코흐바 [Simon bar Kokhba]가 이끈 전쟁이 끝나는 해)-200년대의 랍비들에게서 나온 것이다. 이 격언의 2/3가 후자에 속해 있다.

미쉬나는 새로운 계시가 아니다. 미쉬나는 시간이 흐름에 따라 제기된 질문들에 대한 여론과 판례와 논의를 통해 어떻게 기존의 율법이 매일의 삶에 적용되어야 하는지를 분명히 해준다. 크게 여섯 부분으로 나뉘고, 또 각 부분이 7-12개의 소책자(tractates)로 세분화되는 미쉬나는 율법을 단순히 서술만 하는(descriptive) 것이 아니라, 규범적인 성격도 가진다. 미쉬나는 허용된 것과 금지된 것에 대한 다수의 의견(majority opinion)을 반영한다. 유출 증상을 겪고 있는 여성 및 시체와의 접촉과 관련된 율법의 중요한 비교 본문은 미쉬나에서 테하로트(Teharot, "정결")로 알려진 부분에 나온다.[3]

생식기 유출을 앓고 있는 사람과 접촉해서 생기는 부정

접촉은 부정을 옮기는 기본적인 방식이다. 미쉬나 소책자 자빔(Zabim)은, 레위기 15:1-15과 25-30에 기록된, 생식기로부터 나오는 비정상적인 유출로 인한 의식적 부정과 관련된 율법을 해석한다. 미쉬나 자빔 5:1은 '자브'(Zab: 문자적으로 남성의 정자와 관련이 없는 "유출")와의 접촉이 부정을 전달한다고 주장한다.

> 한 남자가 '자브'(유출)를 만지거나, 자브가 그에게 닿으면, 또는 한 남자가 '자브'를 옮기거나, '자브'가 그에게 옮겨지면, 그 사람은 운반함으로써가 아닌 접촉으로 부정을 옮기게 된다. 그가 접촉하는 음식과 액체와 (물에 담금으로 깨끗하게 될 수 있는) 그릇이 모두 부정하게 된다.[4]

이 미쉬나 구절은 자브에 의해 다양한 물체와 사람들에게 전염

---

3. "가르침" 또는 "배움"을 의미하는 탈무드(Talmud)는 '미쉬나'(Mishnah)와 그것에 대한 주석인 '게마라'(Gemara)로 구성되어 있다. 탈무드라고 할 때 보통 주후 500년경에 3세기 전승들로 편찬된 바벨론 탈무드를 의미한다. 이 탈무드는 6개로 구분되는 미쉬나의 구조를 따른다. 또한 이 책의 제16장(데이비드 인스톤-브루어[David Instone-Brewer]의 "미쉬나 깃틴"과 마가복음 10:1-12의 결혼과 이혼")을 보라.

4. Danby, *Mishnah*에 나오는 미쉬나 번역이다.

되는 부정의 정도에 대한 밀도 있는 주장을 담고 있다. 이 구절은 (마가복음 5장처럼) 불규칙적인 유출을 앓고 있는 여성('자바', *Zabah*)이 낯선 남성을 만지는 가능성을 다루지는 않지만, 생리 기간 중에 있는 한 여성이 어떻게 부정을 옮기는지를 예시로 들면서, 부정함을 다른 이들에게 옮기는 것에 대한 기본적인 규칙들을 적용한다.

시체를 만짐으로 생기는 부정

유대인의 율법에 따르면, 인간의 시체와 직접적이든 간접적이든 접촉하는 모든 사람과 사물에 부정이 퍼진다(민 5:1-4; 19:11-22; 31:19-24). 심지어 시체가 있는 집에 들어가기만 해도 부정해진다. "장막에서 사람이 죽을 때의 법은 이러하니 누구든지 그 장막에 들어가는 자와 그 장막에 있는 자가 이레 동안 부정할 것이며"(민 19:14). 이 율법의 근저를 이루는 원리는, 시체를 그늘 지우는 덮개(예, 장막 덮개나 지붕)에 의해 동일하게 그늘 지어진 사람이나 사물이 그 시체의 부정에 전염된다는 것이다(미쉬나 오할로트 15:10을 참고하라). 이것은 『성전 두루마리』에서 집과 관련하여 말할 때 분명히 언급된다(11Q19 49:5-21).

[5] 만약 한 사람이 당신들의 도시에서 죽었다면, 죽은 자가 있는 집은 [6] 이레 동안 부정해질 것이다. 그 집 안에 있는 모든 것과 그 집으로 들어가는 모든 것이 [7] 이레 동안 부정해질 것이다. … [17] 그리고 그 집으로 들어오는 모든 사람은 첫째 날에 물로 목욕을 하고 그의 옷을 빨 것이요. [18] 그리고 셋째 날에 그들은 그들 위에 정화의 물을 뿌리고, 목욕하고 옷을 빨며 [19] 집 안에 있는 도구들을 씻

을 것이다. 그리고 일곱째 날에 [20] 그들은 재차 (정화의 물을) 뿌리고, 옷을 빨며 도구들을 씻을 것이다. 그러면 저녁이 되어서 그들은 21 죽은 자들로부터 깨끗해지고, 그래서 그들은 모든 정결한 것들에 가까이 할 수 있을 것이다.[5]

유출과 죽음은 많이 다른 것처럼 보이지만, 마쉬나 자빔 6:11은 접촉 때문에 발생한 부정을 한편으로는 월경 중인 여성과 같은 것으로 보고, 다른 한편으로는 시체로 인한 부정과 같은 것으로 본다. "월경 중인 여성과 연결되어 있는 남자는 시체로 인해 부정해진 자에 비견된다." 정결 제도는, 하나님, 즉 생명을 주시는 하나님께서 죽음과 관련된 어떤 것과도 분리되어야 한다고 본다. 그러므로 월경 중인 여성이나 시체를 만지면, 유대교 정결법 아래에 살고 있는 사람은 누구라도 의무적으로 정결 의식을 행해야 한다.

마가복음 5:21-6:6a:
"내가 그의 옷에만 손을 대어도 병이 나으리라"

정결법을 범하시는 예수

이 두 이야기에서 손댐(접촉)을 강조하는 것은, 이 행동이 5:21-43

---

5. 이 번역은 다음에서 가져온 것이다. Florentino García Martínez and Eibert J. C. Tigchelaar, eds., *The Dead Sea Scrolls: Study Edition*, 2 vols. (Leiden: Brill, 1997-98), 2:1267-69 [=『사해문서』, 1-4권, 나남출판사, 2008]

에서 6회나 언급되었음에도, 종종 무시된다. 야이로는 예수께 그의 딸에게 "손을 얹으사" "그로 병 고침을 받아 살게" 해달라고 요청한다(5:23). 예수께서는 "손으로" 그녀를 잡으심으로써 야이로의 요청을 만족시키신다(5:41). 혈루증 여인은 예수의 옷에 "손을 대기로" 결심한다(5:27, 28). 예수께서는 누가 자신의 옷에 "손을 대었느냐"고 물으셨고, 제자들은 예수께서 주변에 떼 지어 있는 군중들을 보고서도 누가 "손을 대었느냐"고 물으신다는 사실에 놀랐다(5:30, 31). 유대인에게 있어서 손을 대는 것에 대한 강조는 의식적 부정의 문제를 제기한다.

앞서 인용한 성경 본문과 미쉬나 본문이 보여주듯이, 여성의 계속적인 하혈로 인해 그녀는 계속적인 부정의 근원이 된다. 왜냐하면 율법에 입각해서 볼 때 그녀와 닿을 때 의식적 부정함이 퍼지기 때문이다. 그녀와 닿은 자들은 부정에서 정결케 되는 시간이 필요했다. 그녀가 예수께 손을 댄 후에(5:27), 예수께서는 부정한 상태에 있는 것으로 간주되었을 것이다. 예수께서는 자신의 옷을 빨고 미크베(miqweh), 곧 의식적 침례를 위해 사용된 욕조에서 목욕을 하고 난 후 저녁이 되어서야 정결한 상태로 회복될 수 있었을 것이다(레 15:27을 보라).

예수께서는 부정의 가장 강력한 근원인 죽음과도 접촉하셨다. 예수께서는 시체가 누워있는 집에 들어가셨을 뿐만 아니라(5:40), 그 소녀의 손을 잡음으로써 시체를 만지시기까지 하셨다(5:41). 사실, 예수께서 하혈하는 여성과 만나신 이야기에는 죽음이 포함되어 있다. 왜냐하면 자궁 출혈은 생명의 손실을 의미하는 것이고, 이것은 죽음과 유사한 것이기 때문이다. 율법에 따르면, 예수께서는 이레 동안 부정해질 것이고, 자신을 정결케 하려면 정해진 의식을 치르셔야 한다.

정결법을 변화시키시는 예수

예수께서 하혈하는 여성 및 죽은 자와 접촉하신 후에 정결법이 요구하는 대로 자신을 정결케 하지 않으셨기 때문에, 몇몇 사람들은 정결 문제가 이 본문과 상관없다고 생각한다. 그러나 정결 문제는 예수 시대의 배경에서 매우 중요하고, 현대적 전제로 인해 무시되지 말아야 한다. 시체를 만진 후에 자기 자신을 정결하게 하지 않으면, 이스라엘 가운데서 추방당하는 결과를 낳게 된다(민 19:13; 미쉬나 하기가 2:13). 마가복음은 예수를 정결에 부주의하거나 무신경한 자로 묘사하지 않는다. 오히려 예수는 의식적 정결과 관련된 네 가지 혁명적인 신학 원칙을 소개한다.

첫째로, 이 두 이야기는 (심지어 예수의 겉옷에도 부여된) 예수의 치유하는 거룩한 능력과 죽은 자를 일으키는 능력이 생식기 출혈과 죽음으로 발생된 더러움을 무력화시킨다는 사실을 드러낸다. 부정한 여인은 (예수가 그녀를 만질 때가 아니라) 그녀가 예수를 만질 때 깨끗해졌고, 죽은 시체는 예수께서 소녀의 손을 잡고 일으키실 때 살아나게 되었다.

마가는 이 여성이 기적적으로 회복된 후에 두려워하여 떨었다는 사실에 주목하는데(5:33), 이것은 우리를 두 번째 문제로 이끈다. 즉, 하나님의 영이 머물고(1:10) 더러운 귀신이 "하나님의 거룩한 자"(1:24)라고 부르는 사람을 그녀가 손대어 만졌다는 것이다. 예수께서는 하나님의 거룩하심을 구현하는 분이시다. 이 여성은 그녀가 의식적으로 부정해진 상태로 예수를 만진 것 때문에 공개적으로 혼날까 봐 두려워하지 않았다. 그녀의 두려움은 거룩한 자의 임재 가운데 경험되는 경외감의 측면에서 볼 때, 더 잘 이해된다(창 15:12; 28:17; 삿 6:22-23; 눅 1:12). 레위기 15:31은 의식적으로 부정한 자들이 거룩한 것과 적절한 거리를 유지하지 않고 그것을 더럽힌다면, 죽음과 같은 중형이 뒤따를 것임을 분명히 한다. 그러나 이 여성은 죽는 대신에 치료를 받았다. 거룩한 것과의 접촉으로 인해 "여전히 부정이 파괴되지만, 믿음은 부정을 품고 있는 자를 그 파괴로부터 보호한다."[6]

유대교: 부정한 사람 ⇨ 손을 댐 ⇨ 정한 사람을 더럽힘
예수: 부정한 사람을 치유함 ⇦ 손을 댐 ⇦ 예수 (거룩한 사람)
접촉의 힘

의식적 부정의 전염은 매일의 일상에서 피할 수 없는 것이지만, 여기에서 교훈은 누구도 의식적으로 부정한 상태에 있는 동안 신성한 힘(the divine)을 피할 필요가 없다는 것이다. 예수께서는 그를 믿는 자들을 정결하게 하시고, 믿음은 그들이 스스로를 어떠한 상태에서 발견하든지 간에 징벌에 대한 두려움 없이 하나님께로 다가가게 한다. 그렇다면, 정결 규례는 예수의 거룩함에 비하면 보조적인 것에

---

6. Horace Jeffery Hodges and John C. Poirier, "Jesus as the Holy One of God: The Healing of the Zavah in Mark 5.24b-34," *JGRChJ* 8 (2011-12): 151-84, at 181.

불과하다.

셋째로, 예수의 "딸아, 네 믿음이 너를 구원하였다"(5:34)라는 공적 선포는 올바르게 해석되지 않으면 오해하게 만들 수 있다. 이것은 여성이 가진 신앙의 힘을 말하는 것이 아니라, 예수께서 그녀를 치유하시는 거룩한 능력을 말하는 것이다. 예수께서는 하나님께 그 여성을 치유해달라고 기도하지 않으셨다. 마가는 그 능력이 "예수에게서" 나갔다는 사실에 주목하며(5:30), 그분이 그 힘의 통로가 아니라, 근원임을 드러낸다. 호지스(Hodges)와 포이리어(Poirier)는 "예수의 치유하는 능력이 그 여성의 안으로 흘러들어간 방식—심지어 예수도 처음에는 인지하지 못했던!—은 그녀의 의식적 부정이 그녀로부터 그녀가 만지는 모든 사람에게 흘러들어가는 방식과 비슷하다"고 말한다.[7] 예수의 치유하고 정결케 하는 능력은 예수 안에 현존해있다.

넷째로, 예수께서는 사람에게 하나님의 임재로 회복시킬 때 (필요한) 성전 희생제물의 역할을 바꾸신다. 레위기 15:28-30은 다음과 같이 명시한다:

> [28] [한 여성의] 유출이 그치면 이레를 센 후에야 정하리니 [29] 그는 여덟째 날에 산비둘기 두 마리나 집비둘기 새끼 두 마리를 자기를 위하여 가져다가 회막 문 앞 제사장에게로 가져갈 것이요 [30] 제사장은 그 한 마리는 속죄제로, 다른 한 마리는 번제로 드려 유출로 인해 부정해진 여성을 위하여 여호와 앞에서 속죄할지니라.

---

7.   Hodges and Poirier, "Jesus as the Holy One of God," 184.

예수께서는 이 여성이 성전에서 속죄제를 드릴 필요가 있다고 말씀하지 않으셨다. 그녀는 규정된 이레 동안 기다릴 필요가 없었다. 예수께서는 그녀에게 단순히 "평안히 가라"(5:34)고만 말씀하셨다. "고치다"(5:23, 28, 34)라고 번역된 동사는 "구원하다"를 의미할 수도 있는데, 이것은 이 기적들이 더욱 더 깊은 신학적 의미를 지니고 있음을 말해준다. 데페(Deppe)는 다음과 같이 결론을 내린다. "새 이스라엘이라면, 정결이 유대교 정결의식을 지킴으로써가 아니라, 예수께로부터 오는 것임을 알아차릴 수 있다."[8] 데페는 마가가 청중들이 "하나님 나라 시대에 구약을 적절하게 읽도록" 돕기 원한다고 주장한다.[9] 예수를 믿는 신앙을 가진 자들에게 생식기 유출 및 시체로 인한 부정에 대한 규례들은 부정을 정결케 하는 예수의 거룩한 능력에 의해서 폐기된다. 예수에 대한 그녀의 믿음은 그녀를 구원하기에 충분하다.

예수의 정체성에 대한 질문은 마가복음 6:3에 명시적으로 나타난다("저 사람은 그 목수가 아닌가?"). 나사렛 회당의 구성원들은 예수께서 "그의 손으로" "권능의 일들"을 행하시는 것을 알았다(6:2). 이 일화에서 마가가 전하고자 하는 것은, 그러한 권능을 가지신 분이 마리아의 아들(6:3)을 훨씬 넘어서는 분, 바로 하나님의 아들(1:1)이시라는 것이다. 예수께서는 만지심으로 치유하고 구원하시는 하나님으로서의

---

8.   Dean B. Deppe, *The Theological Intentions of Mark's Literary Devices* (Eugene, OR: Wipf & Stock, 2015), 437.

9.   Deppe, *Intentions*, 46.

권능을 가지신 분이시다.

더 읽을거리

추가적인 고대 문헌

한 여성이 생리 기간 동안 부정을 옮기는 원리에 대해서는 사해문서 4Q274 1.1.5-6와 미쉬나 니다(Niddah)를 보라. 시체가 있는 집의 부정과 정결에 관해서는 『성전 두루마리』(11Q19) 49:5-21을 보라. 정결에 대한 관심은 『다메섹 문서』 10장의 접시를 닦는 내용에도 나온다. 정결은 구약, 특히 레위기가 증언하는 것처럼 유대인들의 삶에서 매우 중요하다. 제2성전 시기의 예루살렘과 쿰란에서 발견된 수많은 미크바오트(miqwaòt: 의식용 욕조)는 사람들이 어느 정도로 정결을 얻고자 노력했는지를 보여준다.

영역본과 비평판

Danby, Herbert. *The Mishnah: Translated from the Hebrew with Introduction and Brief Explanatory Notes.* Oxford: Oxford University Press, 1933.

Neusner, Jacob. *The Mishnah: A New Translation.* New Haven: Yale University Press, 1988.

이차문헌

Harrington, Hannah K. *The Impurity Systems of Qumran and Rabbis: Biblical Foundations.* Atlanta: Scholars Press, 1993.

Hodges, Horace Jeffery, and John C. Poirier. "Jesus as the Holy One of God: The Healing of the Zavah in Mark 5.24b–34." *JGRChJ* 8 (2011–12): 151–84.

Kazen, Thomas. *Jesus and Purity Halakah: Was Jesus Indifferent to Impurity?* ConBNT 38. Winona Lake, IN: Eisenbrauns, 2010.

Klawans, Jonathan. *Impurity and Sin in Ancient Judaism.* New York: Oxford University Press, 2000.

제8장
요세푸스와 마가복음 6:6b-29
세례 요한을 사형시키는 헤롯 안티파스

모르텐 호닝 옌센(Morten Hørning Jensen)

멜 깁슨(Mel Gibson)이 만든 영화, 〈패션 오브 크라이스트〉(*The Passion of the Christ*)에는 잔인한 로마인들이 나오는 장면 사이에 보는 사람을 놀라게 하는 인상적인 장면이 나온다. 우리는 암울한 빌라도의 로마 법정을 뒤로 한 채, 값비싼 가구들과 좋은 옷을 입고 허세를 부리는 엘리트들이 가득한, 호화롭게 장식된 방으로 인도된다. 실제로 이 사람들은 부담스러울 정도로 무거운 보석 장신구를 몸에 달고 있고, 정오가 되지 않았는데도 포도주가 반쯤 담긴 잔을 홀짝거리며 빈둥거리고 있다. 이 장면에는 심지어 길들여진 표범도 등장한다. 이 모든 것들은 사치에 사로잡힌 동방의 남성 통치자를 유약하게 바라보는 서구의 표준적인 인상을 보여준다. 우리는 지금, 누가복음에 따르면(눅 23:6-12) 유월절을 기념하기 위해 예루살렘에 가곤 했던 그 헤롯 안티파스의 법정 장면에 서 있다.

마가복음에는 이 장면이 나오지 않는다. 하지만 멜 깁슨의 영화가 잘 포착하고 있는 이 전형적인 동방 왕들의 모습은, 독자들 대부분이 예수의 갈릴리 사역을 전하는 마가복음 이야기에서 생일 잔치를 베푼 헤롯 왕 기사를 대할 때도 연상할 수 있다(6:14). 잔치가 진행되는 동안—분명히 헤롯이 너무나 많은 포도주를 마시고 난 뒤—헤롯은 대신들과 천부장들과 갈릴리의 귀인들이 있는 곳에서 자신의 두 번째 부인(헤로디아)의 매력적인 딸이 성적인 춤을 춘 것에 대한 보상으로 "내 나라의 절반까지라도 주리라"(6:23)고 약속했다. 물론, 안티파스는 (헤로디아에게) 속아서 세례 요한의 목을 베게 되자 자신의 오만함을 자책했다. 성경은 이 일이 헤롯을 "심히 근심하게"(6:26) 만들었다고 전한다.

의심할 여지없이 마가복음의 헤롯 안티파스에 대한 이야기는 처음에 조금 이상한 느낌을 주고, 동시에 겉으로 봤을 때도 마가 내러티브의 전체적인 윤곽과 어울리지 않는 것처럼 보인다. 이 장에서 우리는 두 가지 주요 질문에 답하기 위해 우리가 가진 헤롯 안티파스와 헤롯 왕가에 대한 역사적 지식에 비추어 이 단락(6:6b-29)을 살펴볼 것이다. 두 가지 질문은 이렇다. 첫 번째는 역사적인 질문으로서 어떻게 안티파스가 요한과 예수에게 "죽음의 그림자"를 드리우게 했는지에 대한 것이고, 두 번째는 신학적인 질문으로서 안티파스가 요한을 처형시킨 이야기가 마가복음에 포함된 목적이 무엇인지에 대한 것이다. 특별히 우리는 1세기 유대 역사가 요세푸스의 글을 살펴볼 것이다. 요세푸스는 안티파스가 요한을 죽인 사건을 기록하고 있는데, 이는 신약성경에 기록된 사건이 (다른) 독립된 자료에 의해 입증되는 보기 드문 경우 중 하나다.

마가복음의 이야기를 살펴보기 전에, 신약에 나오는 헤롯들이 누구를 가리키는 것인지 혼동하기 쉽기 때문에 이들을 구분하는 것이 도움이 될 것 같다. 이 사람들은 그들의 왕가 이름인 헤롯으로 불리는데, 이 이름은 우리가 보통 헤롯 대왕(Herod the Great)으로 부르는, 헤롯 왕(King Herod)이라는 그 왕가의 창립자의 이름에서 따온 것이다. 요약하면, 헤롯 대왕은 자기 아버지의 업적을 기반으로, 마카베오 혁명 시대(주전 167년부터)에 그리스의 압제로부터 이스라엘에게 자유를 선사한 것으로 유명한 하스모니아 왕조를 내쫓고, 가까스로 이스라엘에 대한 통치권을 갖게 되었다. 요세푸스에 따르면, 유대인들은 헤롯을 좋아하지 않았고, 그를 "절반만 유대인인 사람"(『유대고대사』 14.403)이라고 부르며 그가 이두매 사람임을 기억했다.

그러나 로마인들은 유대 국가를 억제하여 정치적으로 평화로운 상태를 유지할 수 있는 헤롯의 능력 때문에 그를 좋아했다. 이 때문에 주전 4세기에 헤롯이 죽었을 때, 유대인 지도자들로 이루어진 대표단이 로마의 직접적인 통치를 받고 싶다고 요구했음에도 불구하고 아우구스투스는 헤롯 왕가를 믿고 맡기기로 했다. 그렇게 유대 지역이 로마의 직접적인 통치를 받는 일은 일어나지 않았고, 헤롯의 세 아들들인, 아켈라오(마 2:22), 빌립(눅 3:1), 마가복음 6장에 나오는 안티파스라는 성을 가진 "헤롯 왕"이 헤롯의 통치 영역을 나누어 갖게 되었다.

헤롯 안티파스는 아버지의 영토가 이런 식으로 나뉘는 것에 실망했다. 그는 유일한 왕이 되고 싶었지만(참조, 『유대고대사』 2.20), 왕국에서 두 번째로 좋은 땅만을 할당받는 데 그쳤다. 안티파스는 공식적으로 왕이라는 칭호도 받지 못했고, 누가복음이 바르게 부르듯이(눅 3:1을 참고하라), 네 명의 공동 통치자 중 한 사람을 의미하는 "분봉 왕"(tetrarch: 한국말로는 tetrarch가 ethnarch와 똑같이 '분봉왕'으로 옮겨지지만, eth-narch는 tetrarch보다 높은 지위를 가리키는 명칭이다. 로마는 아켈라오에게 ethnarch를, 빌립에게 tetrarch라는 명칭을 주었다—역주)으로 불렸다. 마가는 자신의 복음서에 안티파스에게 붙여진 왕이라는 칭호를 포함함으로써 그의 신하들이 일반적으로 부르던 호칭을 나타낸 것일 수 있다. 그러나 안티파스가 할당받은 두 지역은 공교롭게도 예수께서 자라고 사역하신 지역—갈릴리(북부 이스라엘)와 베레아(세례 요한이 사역했던 사해 동쪽 지역)—과 같았다. 다른 이유가 아니라, 바로 이러한 사실 때문에 안티파스가 복음서에서 "헤롯"으로 매우 자주 언급되며 한자리를 꿰차고 있는 것이다(표 8.1을 보라). 신약성경에 등장하는 헤롯들에 대한 간명한 목록을 가지고, 이제 헤롯 안티파스와 세례 요한에 대한 요세푸스의 기록을 살펴보도록 하자.

이름, 공식 칭호, 재임 기간	이름과 신약성경의 칭호
헤롯 대왕, 왕(주전 40/37-4년)	마 2:1-22 "헤롯 왕" 눅 1:5 "유대의 왕, 헤롯" 행 23:35? "헤롯"
헤롯 안티파스, 헤롯의 아들, 분봉 왕(주전 4-주후 39년)	마 14:1-12 "헤롯, 분봉 왕" 막 6:14-29; 8:15 "헤롯 왕" 눅 3:1, 19-20; 8:3; 9:7-9; 13:31; 23:7-12, 15 "헤롯 분봉 왕" 행 4:27; 13:1 "헤롯 분봉 왕"
아켈라오, 헤롯의 아들, 분봉왕 (ethnarch; 주전 4-주후 6년)	마 2:22 "아켈라오"
빌립, 헤롯의 아들, 분봉 왕 (주전 4-주후 34)	눅 3:1 "빌립, 분봉 왕"
헤롯 아그립바 1세, 헤롯의 손자, 왕 (주후 37-44년)	행 12:1-23 "헤롯 왕"
헤롯 아그립바 2세, 아그립바 1세의 아들, 왕(주후 53-100년)	행 25:13-26:32 "아그립바 왕"

헤롯 왕조와 신약성경

요세푸스:
"헤롯은 요한의 큰 영향력을 두려워했다"

나중에 밝혀졌듯, 헤롯 안티파스는 요한에게 죽음을 초래하는 치명적인 인물임이 확인되었고, 예수에게도 그랬을 수 있다(눅 23:7-16을 참조하라). 역사적인 측면에서 볼 때, 요세푸스가 전하는 요한 처형에 대한 독립된 내러티브는 우리로 하여금 왜 안티파스가 "죽음의 그림자"를 드리우게 되었는지를 이해하게 해준다.

요세푸스가 세례 요한 이야기를 다룬 목적

요세푸스가 전하는 안티파스에 의한 세례 요한 처형 이야기는 안티파스가 또 하나의 부정하고 불경스러운 헤롯가의 통치자라는 사실을 입증하기 위해 제시된 사건들 중 일부다. 요세푸스는 내러티브를 통해 왜 유대 민족이 로마에 저항하는지를 설명하려 하는데, 이때 헤롯 가문 통치자들의 불경건함은 그에 대한 한 가지 중요한 증거가 된다. 즉, 요세푸스는 자신이 개작한 요한의 처형 이야기를 헤롯가의 문제를 보여주는 예시로써 보여주는데, 이는 안티파스가 상황을 완전히 오해하여 이 의로운 선지자를 아주 대놓고 죽였기 때문이다. 그래서 하나님께서는 안티파스의 군대를 말살시킴으로써 안티파스를 벌하셨다. 마치 하나님께서 나중에 첫 유대-로마 전쟁을 통해 전체 유대 민족을 벌하시게 될 것처럼 말이다.

죽음의 그림자로서의 안티파스

헤롯이 마땅히 하나님의 심판을 받을 만하다고 생각한 요세푸스
는 요한의 이야기를 안티파스와 그의 장인인 아레타스(Aretas) 왕과의
갈등과 결부시켰다. 아레타스는 (국경 분쟁뿐만 아니라) 안티파스가 파셀
리스(Pasaelis: 아레타스의 딸)와 이혼하고 바로 이어서 헤로디아와 결혼
한 것 때문에 안티파스와 전쟁을 벌이고 그의 군대에 심각한 피해를
입혔다(『유대고대사』 18.109-15). 요세푸스는 (일반적인 유대인들의 생각과 마찬
가지로) 안티파스의 패배를 요한을 죽인 것에 대한 하나님의 심판의
결과라고 설명한다. 요세푸스에 따르면, 요한은 "선한 사람"이었다.
요한은 유대인들로 하여금 선과 정의를 행하며 경건하게 살도록 촉
구했고(18.117), 정의로운 삶으로 이미 영혼이 깨끗해진 사람들을 몸을
정결케 하는 의식인 세례로 이끌었다(18.117).

그러나 요세푸스가 요한을 묘사하는 것을 보면, 우리는 왜 안티
파스가 다른 결론에 이르게 되었는지를 알려주는 충분한 정보를 가
지게 된다. 요한의 사역으로 인해 수많은 추종자들이 그를 따랐고,
그들은 겉보기에 요한이 말하는 모든 가르침들을 기꺼이 행하려고
하는 것처럼 보였다. 그래서 안티파스는 요한이 벌이는 이 운동 때문
에 반란이나 변절이 일어날까봐 두려워했다("헤롯은 백성들에 대한 요한
의 강한 영향력으로 인해 반란 같은 것이 일어날까 봐 두려워했다. 이는 백성들이 요한
의 모든 권고를 따르는 것처럼 보였기 때문이다", 18.118). 그러므로 안티파스는
예방적인 차원에서 요한을 체포하여 마케루스(사해 동쪽에 있는 안티파스
의 성)에 가두고 결국에는 사형시키는 것이 최선의 행동이라고 여겨
그렇게 결정했다(18.119).

요세푸스에 따르면, 세례 요한은 마케루스 성에 투옥되었고, 거기에서 처형당했다. 이 성은 사해 동쪽 언덕 꼭대기에 위치해 있고, 최근에 발굴되었다. 위의 사진은 발굴팀이 그린 것으로 마케루스 성이 요한 시대에 어떠한 모습이었는지를 보여준다.

본질적으로, 안티파스는 요한을 경건한 선지자가 아니라, 민중 봉기를 일으킬 능력을 지닌, 정치적으로 매우 위협적인 존재로 이해했다.

마가복음 6:6b-29:
"세례 요한이 죽은 자 가운데서 살아났도다"

죽음의 그림자로서의 안티파스

마가가 우리에게 "헤롯 왕"(6:14)을 소개할 때, 안티파스는 이미 예수의 죽음과 관련된 인물이었다. 우리는 마가복음 3:6에서 "헤롯당"이 바리새인들과 더불어 예수를 죽이려고 공모했다는 내용에 대해 들은 바 있다. 또한 우리는 요한의 이야기가 갑작스럽게 끝나게 되리라는 것도 이미 예상한다. 왜냐하면 요한의 설교와 세례 사역에 대한 첫 묘사(1:4-11)가 요한이 잡혔다는 마가의 진술로 끝나기 때문이다(1:14).

마가는, 예수께서 열둘을 그들의 첫 독자적인 선교 여행으로 보내신 이야기(6:7-13)와 그들이 여행을 마치고 돌아온 이야기 사이에서, 이 적절한 지점에 이르기까지 감옥에 있는 요한에게 실제로 무슨 일이 일어났었지에 대해 우리로 하여금 마음을 졸이게 만든다. 여기서 요한의 이야기를 시작하는 이유는, 아래에서 우리가 보게 되듯이, 신학적으로 풍부한 의미가 있기 때문이다. 우선 우리는 요세푸스가 이해하도록 도와준 설명에 주목하려고 한다. 그 설명에 따르면 요한의 경우와 마찬가지로 예수께서도 자신의 성공적인 사역으로 인해 안티파스 체제에 위협이 되었다. 군중들이 예수께서 계신 곳마다 모여들었고(1:32, 38-39; 4:1을 보라), 열둘이 떠난 선교 여행(6:7-13)의 결과로 예수의 명성은 최고조에 이르게 되었다(6:30-34). 이 지점에서 예수께서는 티베리아스의 통치자(헤롯 안티파스를 말함—역주)의 주목을 받으셨다. 그는 이미 널리 알려진 예수의 이름을 잘 알고 있었다(6:14).

안티파스가 받은 보고는 한 가지 중심 문제—예수의 정체성—와 충돌한다. 이것은 마가가 우리로 하여금 주목하길 바라는 문제이다. 예수는 누구인가? 그는 죽은 자 가운데서 부활한 요한인가, 엘리야인가, 아니면 선지자 중에 하나인가? 안티파스 자신은 "내가 목 벤 요한 그가 살아났다"(6:16)는 소문에 반응했다. 이 논평은 마가로 하여금 우리에게 요한의 참수 이면에 있는 이야기, 즉 요한의 참수에 대한 책임을 안티파스의 두 번째 아내인 헤로디아에게 전가하는 이야기를 하도록 촉구한다. 헤로디아는 요한이 안티파스와 자신의 결혼을 비판한 것으로 인해 그가 죽임당하기를 원했다. 헤로디아는 안티파스와 결혼하기 위해 그의 이복동생인 빌립(분봉 왕 빌립과 다른 인물)과 이혼했다. 또한 그 둘의 결혼은 형제의 아내와 성적인 관계를 가지지 말라는 율법을 노골적으로 위반한 것이었다(레 18:16).

안티파스는 요한을 "의롭고 거룩한 사람"으로 알아 그를 두려워한 것으로 묘사된다(6:20). 안티파스는 심지어 요한의 말을 들을 때에 "크게 번민하면서도", "달갑게 들었다"(6:20). 그러므로 헤로디아는 요한을 자기 마음대로 하기 위해서는, 딸의 춤추는 능력을 사용함으로써 안티파스를 속여 그를 유혹해야만 했다. 헤로디아의 계획은 성공했다. 요한은 즉시 처형되었고, 그의 머리는 소반에 얹어 건네졌다(6:27-28).

마가와 요세푸스를 비교해보면, 문학적이고 역사적 측면에서 몇가지 유사한 점이 있는 것은 분명하다. 두 저자의 이야기는 헤롯 안티파스가 요한의 정체를 이해하지 못하는 문제 주변을 맴돈다. 두 저자 모두 요한의 의롭고 선한 인격, 그의 설교와 세례 사역, 그를 따르는 수많은 사람들, 그를 두려워하는 안티파스, 그의 처형에 대한 부당함을 이야기한다. 그러나 요세푸스는 요한의 사역이 가지는 정치적인 함의를 더 강조하는 반면에, 마가는 안티파스에 대한 요한의 윤리적이고 종교적인 비평에 더 강조점을 둔다. 그럼에도 불구하고 요세푸스의 이야기는 마가가 그리는 요한과 예수의 사역 안에 내포되어 있는 정치적 잠재력을 이해할 수 있도록 돕는다. 안티파스는 로마 종속국의 지도자로서, 요한을 따르고(1:5) 예수를 따르는 사람들이 반란을 위해 단결하지 않도록 확실히 단속하는 임무를 "부여"받았다. 이후에 예수와 같은 죄명("폭도", 15:7)으로 소개된 바라바의 경우처럼 말이다.

마가가 이 이야기를 포함시킨 목적

이제 조각들을 맞추어보자. 겉보기에 이상하게 보이는 안티파스와 요한에 대한 이 이야기가 마가복음에서는 부적절해 보이는가? 그렇지 않으면 이 이야기가 마가복음 내러티브의 심층에 흐르는 논리에 심겨져 있는가? 나는 후자가 옳다고 주장할 것이다. 한편으로, 요세푸스의 독자적인 내러티브는, 마가복음에서 안티파스가 요한에게 그랬던 것처럼, 어떻게 예수와 제자들에게 "죽음의 그림자"로 다가오는지를 우리로 알 수 있게 해준다. 다른 한편으로 마가는 신학적인 측면에서 그의 내러티브의 주요한 질문인 '누가 예수의 정체를 정확히 이해하는가?'를 도드라지게 하려고 안티파스를 사용한다. 결국 안티파스는 예수를 바르게 인식하지 못했다. 그는 예수에게 "오해의 그림자"를 드리우게 하는 자들의 전형이 되었다. 몇 가지 방식으로 이점은 분명하다.

첫째로 죽음의 그림자로서의 안티파스와 관련하여 요한의 살해는 예수의 죽음, 그리고 결국 그의 뒤를 따르게 될 제자들의 죽음을 미리 암시하는 역할을 한다(10:39). 이러한 궤적은 헤롯당이 예수를 죽이려고 공모한 것뿐 아니라(3:6), 요한의 투옥과 예수의 공생애 사

이의 연관성에 의해 이미 촉발되었다(1:14). 지금도 요한의 근거 없는
죽음으로 인해 같은 것이 부각되고 있다. 그러면 예수에게도 같은 일
이 일어나지 않을까? 게다가 요한이 그의 소명을 성취한 것 때문에
처형되었다면, 제자들이 그들 자신의 십자가를 질 때(8:34), 그들에게
도 같은 일이 일어나지 않을까? 예수께서 제자들을 보내신 내용과
그들이 돌아오는 내용(6:7-13, 30-31) 사이에 삽입된 이야기에 나타나는
이러한 위협은 절대 놓쳐서는 안 되는 것이고, "헤롯의 누룩"(8:15)에
대한 예수의 경고 또한 마찬가지이다.

둘째로, 예수의 정체성과 관련하여, 예수에 대한 안티파스의 오
해는(6:14-16), 분명히 요한에 대한 이야기를 유발시켰고, 예수께서 사
람들이 자신을 누구라고 말하는지 물으셨을 때 제자들이 대답한 내
용인 "세례 요한이라 하고 더러는 엘리야, 더러는 선지자 중의 하나
라"(8:28을 참조하라)는 진술을 미리 내다보게 한다. "주는 그리스도시
니이다"(8:29)라는 베드로의 고백은 안티파스가 예수를 보고 "요한
그가 살아났다"(6:16)고 말하며 잘못 알아본 것과 분명히 대비된다.

셋째로, 요한이라는 존재를 쉽게 받아들이지 못하는 안티파스의
모습은(6:20에 크게 번민했다는 내용을 참조하라), 동시에 베드로가 예수의
선교를 이해하지 못한 것에 대한 관련성을 강조한다(8:32를 참조하라).
결국 안티파스가 요한을 처형하게 만든 번민은 베드로가 예수의 선
교를 의심하는 것과 매우 흡사하다. 결국 이 의심으로 인해 안티파스
의 경우와 비슷하게 베드로도 예수를 부인하게 된다(14:66-72).

마지막으로, 아주 세부적인 부분에 몇 가지 두드러진 대조들이
존재한다. 제자들의 초라한 겉모습(6:8-9)이 부유하고 권력이 있는 자

들과 어울리는 안티파스의 모습(6:21)과 대조되듯이, 안티파스의 호화로운 연회는 예수께서 진설하신 수수한 연회(6:32-44)와 극명하게 대조된다.[1] 예수께서 누구시든지 간에, 그분이 헤롯 안티파스와는 매우 다른 종류의 왕이고, 매우 다른 종류의 나라를 출범시키는 분이라는 것은 분명하다.

요약하면, 헤롯 안티파스와 세례 요한의 이야기는 하찮게 여겨질 이야기나 단순히 마가의 내러티브에 무심코 던져진 꾸며낸 이야기도 아니다. 반대로, 이 이야기는 마가가 제자들로 하여금 생각하기를 원하는 두 가지 주요 주제를 강조하는 역할을 한다. 첫째는 "죽음의 그림자"가 선교로 파송된 예수를 따라다닌 다는 것이고, 둘째는 예수의 메시아적 정체성의 기반이 되는 "하나님 나라와 십자가"라는 이상하고 지금까지 잘 알려지지 않은 조합 위에 드리운 "오해의 그림자"다. 마가에게 예수의 왕국은, 다른 예수(바라바; 마 27:16-17을 참고하라)의 경우처럼 민중의 폭동에 의해서가 아니라 십자가와 부활로 출범된다(8:27-9:1). 안티파스가 이를 제대로 파악하지 못함으로 인해, 독자들은 다음과 같은 훨씬 더 중요한 질문에 주의를 기울이게 된다. "만약 이해하는 사람이 있다면(14:27을 참조하라), 대체 누가 하나님 나라와 십자가의 '새로운'(2:21-22을 참조하라) 조합을 완전히 이해할까?"

1.　Adela Yarbro Collins, *Mark: A Commentary*, Hermeneia (Minneapolis: Fortress, 2007), 296을 보라.

더 읽을거리

추가적인 고대 문헌

안티파스와 세례 요한의 관계는, 그가 예수와 상호 작용을 하듯이(마 14:1-2; 막 8:15; 눅 9:7-9; 13:31-33; 23:6-12, 15; 행 4:27을 참고하라), 마태복음(마 14:1-12)과 누가복음에(눅 3:18-20; 9:7-9)도 묘사되어 있다. 요세푸스가 전하는 안티파스가 요한을 죽인 이야기를 에우세비오스(Eusebius)도 이야기한다(*Hist. eccl.* 1.11). 일반적으로, 요세푸스는 안티파스와 관련된 수많은 이야기를 포함시켰다(『유대전쟁사』 2.170, 178, 181-83; 『유대고대사』 18.36-38, 101-25, 136, 148-50, 240-55; 『생애』 64-69을 보라).

영역본과 비평판

Josephus. Translated by H. St. J. Thackeray et al. 13 vols. LCL. Cambridge: Harvard University Press, 1926–65.

Mason, Steve, ed. *Flavius Josephus: Translation and Commentary.* 10 vols. The Brill Josephus Project. Leiden: Brill, 2001.

이차문헌

Hoehner, Harold W. *Herod Antipas: A Contemporary of Jesus Christ.* Grand Rapids: Zondervan, 1980.

Jensen, Morten Hørning. *Herod Antipas in Galilee: The Literary and Archaelogical Sources on the Reign of Herod Antipas and Its Socio-Economic Impact on Galilee.* 2nd ed. WUNT 2/215. Tübingen:

Mohr Siebeck, 2010.

_____. "HerodAntipas.com: Research on Galilee in the Roman Period." www.herodantipas.com.

Mason, Steve. *Josephus and the New Testament*. Peabody, MA: Hendrickson, 2003 [=『요세푸스와 신약성서』, 대한기독교서회, 2002].

제9장
『위로의 말들』과 마가복음 6:30-56
새 출애굽의 이미지

홀리 비어스(Holly Beers)

마가복음 6:30-56에서 복음서 기자는 예수께서 오천 명을 먹이시고 물 위를 걸어가신 것을 서술한다. 이 두 사건이 소개하는 주요 쟁점은 예수의 정체성과 관련된 질문이다. 누가 그러한 행위를 수행할 권위를 가졌는가? 그리고 이 두 사건이 어떤 성격의 친근한 이미지를 떠올리게 하는가? 특히 예수께서 그의 제자들을 먹이시고 물위로 (또는 지나서) 걸어오심을 말하는 본문의 내용에는, 구약에 나타난 이스라엘 역사에 대한 어떤 함축적 의미를 표면화하는가?

하나님께서 그의 백성들을 먹이시고 그들이 물을 통과하게 하여 구출하신, 구약에서 가장 유명한 이야기는 출애굽이다. 이스라엘이 애굽을 떠난 후, 바로의 군대는 그들을 추격했고(출 14:5-9), 이스라엘은 겉보기에 넘을 수 없는 장애물처럼 보이는 장소인, (전통적으로 홍해로 알려진) 큰 바다에 다다랐다. 그러나 하나님께서는 이스라엘이 건널 수 있도록 바다를 가르심으로써 그들을 구출하셨다(출 14:21-31). 이어서 그들이 광야에 있게 되었을 때, 하나님께서 만나와 메추라기로 몇 번이나 기적적으로 그들을 먹이신 이야기는 매우 유명하다(출 16:1-36).

이러한 구원 행위는 학자들이 종종 "새 출애굽"이라고 부르는 것을 바라보는 이사야 후반부의 여러 장을 포함하여 구약 전체의 다양한 본문에 나타난다. 여기에서 첫 출애굽은 야웨의 귀환, 물 가운데에서의 구원, 음식과 물의 공급을 포함하는 언어 및 이미지들과 함께 상기된다.

예수 시대에 더 가까운, 쿰란에 사는 유대인들은 출애굽기와 이사야에 나오는 하나님의 구원 이야기를 여과하여, 그 이야기를 하나의 주제로서 자신들의 텍스트와 공동체의 삶으로 통합시켰다. 그러한 텍스트 중 하나가 『위로의 말들』이다. 이 텍스트는 이사야 후반부에서 가져온 열한 개의 인용문과 더불어 적어도 열세 개의 구약 인용문을 담고 있는 목록으로 하나님의 신실한 백성에게 주시는 하나님의 위로라는 주제에 관한 내용이다. 이 장에서는 『위로의 말들』의 "물 본문"(water text)의 사용과 마가복음이 전하는 예수께서 물 위를 걸으시는 이야기를 비교하고 대조할 것이다.

『위로의 말들』(4QConsolations = 4Q176):
"그리고 이사야서에 이르되, 위로의 말이라"

『위로의 말들』은 사해문서에 속해 있다.[1] 저자는 미상이다. 이 문서는 이 분파의 한 구성원이 쿰란 지역에서 작성한 것일 수 있고, 다른 곳에서 기록되고 쿰란 지역으로 옮겨진 것일 수도 있다. 적어도 두 명의 다른 필사자가 쿰란 네 번째 동굴에서 발견된 이 파편들을 옮겨 적었다. 이는 두 가지 다른 문체에 의해서 입증된다. 이 두 문체는 이 문서를 옮겨 적은 시기를 적어도 주전 100-50년대의 것으로 보게 한다.

이 텍스트의 정확한 장르는 논쟁 중에 있다. 특히 학자들이 복원한 이 텍스트의 순서 때문에 그렇다. 본래의 도입부는 유실되었지만, 보존된 첫 부분은 제사장들을 포함하여 황폐화된 예루살렘을 애도하며 하나님께 부당한 피 흘림에 대한 복수를 호소하는 본문인, 시편 79:1-3의 인용문(또는 거의 인용문이라고 할 수 있는 것)을 사용한 논평으로 시작한다. 본문은 이렇다. "그리고 당신의 기사(wonder)를 행하소서. 당신의 백성들 사이에서, 그리고 … 당신의 성소에서 정의를 행하소서. 나라들과 싸우소서. 이는 [그들이] 예루살렘이 … 피를 흘리게 했기 때문입니다. 당신의 제사장들의 시체를 보소서. … 그들을 묻어줄 자가 없나이다."[2]

---

1. 사해사본에 대한 소개를 위해서는 이 책의 제1장에 있는 릭 와츠(Rikk Watts)의 글을 보라.
2. 이 번역은 나의 것이다.

이사야의 새 출애굽

이어서 저자는 "그리고 이사야서에 이르되, 위로의 말이라"는 진술과 함께 여러 개의 이사야 인용문을 도입한다. 그러나 인용문을 "위로의 말"이라고 언급한 것은 여기에서 유일하게 주어진 해석적 논평이다. 왜냐하면 인용문들이 어떤 추가적인 해설도 없이 연이어 나타나기 때문이다. 현재 이 텍스트는 대부분 인용문이 아니지만, 성경적 주제들로 가득한 내용으로 끝이 난다. 그 주제들은 하나님의 세계 창조, 하나님께서 인간의 운명을 정하심, 그를 미워하는 자들을 파멸하시고 그를 사랑하는 자들에게 정의를 베푸시는 하나님을 포함한다. 유일한 직접적인 인용(또는 암시)은 (이사야 52장의 언어와 더불어) 스가랴 13:9이다.

	도입부	중심부	종결부
사용된 구약 본문	시편 79편	이사야 40-54장에서 가져온 11개의 인용	스가랴 13장과 이사야 52장
주제	(죽임당한 제사장들을 포함하여) 황폐화된 예루살렘을 위한 애가와 하나님의 정의에 대한 요청	출애굽을 떠올리게 하는 언어로, 고난 후에 하나님의 신실한 백성들을 회복시키겠다는 위로의 말들과 약속의 말들	(암시/인용을 포함하여) 압제와 파괴, 하나님의 세계 창조, 하나님께서 인간의 운명을 정하심, 하나님의 정의에 대한 비성경적인 내용

학자들이 복원한 『위로의 말들』의 순서

이사야 인용문은 40:1-5로 시작한다. 이 본문은 의인들을 위한 위로의 약속을 담고 있고, 심판과 압제 후에 회복을 약속하는, 이사야의 새로운 부분(40-55장)을 시작하는 지점에 위치한 것으로 유명한 본문이다. 이 인용문의 첫 줄은 이렇다. "[위로하라, 나의 백성을 위로하라], 너희의 하나님께서 말씀하신다. 예루살렘의 마음에 닿도록 말하며, [그녀에게 외치라], 네 [형벌이 끝났고] 네 죄악이 사함을 입었으며, 야웨의 손에서 네 모든 죄에 대한 형벌을 배나 받았느니라"(대괄호 안의 내용은 유실된 내용을 복원한 것이다).

인용된 다른 이사야 본문들은 이사야 41, 43, 44, 49, 51, 52, 54장에서 온 구절들을 포함한다. 이 텍스트들의 연결성은, 쿰란 공동체가 이것들을 하나의 공통된 주제(히브리어로 "위로의 말들")로 서로 관련된 것으로 보았고, 그래서 이것들을 함께 놓고 읽었다는 점을 시사한다. 이사야에 약속된 회복은 출애굽 뉘앙스를 전하지만, 이사야에 기록된 이 새로운 출애굽은 처음 것을 능가하는 구원 행위가 될 것이다.

물을 통과한 새 출애굽의 구원

『위로의 말들』에 인용된 이사야의 새 출애굽 약속들 중에 하나는 이사야 43:1-6에서 온 것이고, 3-5번째 단편들은 다음과 같이 기록되어 있다.

[그러므로, 이제] [너 야곱을 창조하시고 너 이스라엘을 지으신] 야웨께서 말씀하신다. "[두려워하지 말라.] 이는 내가 너를 구속하였음이라. [나는 네 이름으로 너를 불렀고, 너는 나의 것이라. 네가 물 가운데로 지날 때에] 내가 너와 함께 있었고, [큰 물] 가운데서도 그것이 너를 삼키지 못하게 할 것이다. [… 내가 네 대신 사람을 내주었

고, 너의 생명을 대신하여 다른 민족들을 내주었다.] 두려워하지 말라. [내가 너와 함께 함이라.] 동쪽에서부터 나는 네 후손들을 데리고 올 것이며, 서쪽에서부터 내가 너를 모으리라. 내가 북쪽에 말할 것이다. ['그들을 내놓아라.' 그리고 남쪽에도 말할 것이다.] '가두어두지 말고, [내 자녀들을 먼 곳에서 돌아오게 하고, 내 딸들을 땅 끝에서 돌아오게 하라.]'"

마가복음 6장과 비교해볼 때, 이 장황한 인용문은 적어도 두 가지 이유로 인해 중요하다. 첫 번째는 이 인용문이 혼돈의 시기에 하나님께서 그의 백성과 함께하신다는 약속뿐만 아니라, (첫 번째 출애굽을 떠올리는) 물과 큰 물 가운데로 지나간다는 말을 사용한다는 점이다. 두 번째는 '두려워하지 말라'는 반복된 권고가 등장한다는 것이다.

이사야와 정체성

쿰란 공동체는 이사야에 나오는 이 새로운 출애굽의 축복이 자기들을 위한 것이라고 주장했다. 바꿔 말하면, 『위로의 말들』이 이사야를 사용하는 방식이 일반적으로 쿰란에서 이사야를 사용하는 방식, 즉 이 쿰란 공동체의 정체성을 이스라엘의 "의로운 자들"로 규정하고 정당화하는 데 사용하는 방식과 일치하는 것 같다. 이 쿰란 공동체는 (그들의 제사장을 살해하는 것을 포함하여) 다양한 형태의 고통과 압제를 경험했음이 분명하고, 이사야 본문들은 그들에게 **종말론적인** 소망을 주었다. 이 시기의 유대교 종말론이 그 자체로 세상의 끝에 초점을 맞추고 있기보다 이스라엘의 의인들을 위한 축복과 평화의 새 시대를 시작하는 것과 결합되어 있는 바, 악인들에 대한 하나님의 임박한 심판이라는 소망에 초점을 맞추고 있다. 쿰란 분파는 스스로를 의로운 자들로 간주하면서 위로의 새 시대의 선봉에 서 있는 것으로 생각했다.

마가복음 6:30-56:

"내니 두려워하지 말라"

광야에서의 새 출애굽 식사

예수께서는 마가복음 6장에서 기적적으로 오천 명을 먹이시고 (6:30-44), 바다 위를 걸으신다(6:45-56). 구약에 익숙한 사람들은 이 두 에피소드에서 모세와 출애굽에 대한 수많은 암시(allusions)를 듣게 될 것이다. 예를 들면, 예수께서 찾으시는 "조용하고", "적막한", "외딴" 장소(6:31-32, 35)는 이스라엘 백성들이 출애굽 이후에 여행했던 광야를 떠올리게 한다(출 15:22; 16:1-3; 19:1-2). 예수를 따르는 큰 무리를 "목자 없는 양"에 비유하는 것은, 모세와 여호수아, 그리고 야훼의 것으로 여겨지는 목자로서의 역할뿐만 아니라(민 27:15-23; 사 40:11; 63:11), 모세가 광야에서 이스라엘을 이끌 지도자의 부재로 인해 슬퍼했던 내용을 말하는 민수기 27:17에 나오는 것과 같은 표현을 반향한다. 예수께서 떡 다섯 개와 물고기 두 마리를 (오천 명이 먹을 수 있도록) 불리신 것(6:38, 41)은 하나님께서 그의 방황하는 백성들을 위해 만나와 메추

라기를 공급하신 것을 생각나게 한다(출 16:1-36).³ 예수께서 무리들을
"떼로 백 명씩 또는 오십 명씩" 앉도록 지시한 것(6:39-40)은, 모세가
(천부장과 백부장과 오십부장과 십부장을 세워) 이스라엘 백성들을 비슷한 수
량으로 모이게 한 것과 평행을 이룬다(출 18:21).⁴ 마지막으로, 예수께
서 무리들과 작별하신 후에 "기도하시려고 산에 올라가신 것"은
(6:46), 모세가 시내산에 올라갔던 것을 생각나게 한다(예, 출 19:3, 20;
24:12-18; 34:2-4). 따라서 우리가 이 장면에서 보게 되는 것은 '기적적인
먹이심'(miraculous feeding)이다. 이 먹이심은 하나님의 백성들에 대한
그분의 종말론적인 구속을 상징하는 새로운 출애굽을 하나님께서
개시하셨음을 다양한 방식으로 생각나게 한다.

물을 지나는 새 출애굽의 구원

이어지는 내러티브에서 예수께서는 그의 제자들을 자신보다 앞
서서 배를 태워 벳새다로 보내신 후에(6:45), 뭍에 계시면서 제자들이
강풍 때문에 배에서 안간힘을 쓰고 있는 것을 보신다(6:47-48). 예수께
서는 호수 위로 걸어서 그들에게 가시고, 그들을 지나가려고 할 때에

---

3.   이사야는 하나님께서 음식을 공급하신다는 이 주제를 기대하고 강조하며,
     이스라엘이 "길에서 먹겠고 모든 헐벗은 산에도 그들의 풀밭이 있을"(사
     49:9), 그리고 "주리거나 목마르지 아니할"(사 49:10; 참조, 35:6-7; 41:17-
     19; 43:19-20; 48:21) 시기로서의 새 출애굽을 묘사한다. [그때에는 하나님의
     공급하심으로] 어떤 양식도 부족하지 않을 것이다(사 51:14).
4.   사해문서 공동체도 그들 스스로를 오십 명씩, 백 명씩으로 구성된 집단으로
     배치하는데, 이것은 아마도 자신들을 새 출애굽 때에 진정한 이스라엘 모임
     으로 나타내기 위함이었을 것이다(다메섹 문서 13:1; 공동체 규율 2:21-22;
     전쟁 두루마리 4:1-5; 참조, 메시아 묵시(4Q521 1 2:13b).

제자들은 예수를 보고 유령인가 생각하고 겁에 질린다(6:49). 예수께서는 말씀하신다. "안심하라 내니 두려워하지 말라"(6:50). 그리고 예수께서는 배에 오르시고, 바람은 그친다(6:51).

물 위를 걸으시는 예수, 그분의 정체에 대한 위로가 되는 응답("내니" 혹은 "나다"–역주), 그리고 두려워하지 말라는 격려에 대한 의미는 앞선 본문에 나타난 (새) 출애굽의 함축적인 의미가 없이는 분명해질 수 없다. 하지만 그 함축적 의미를 염두에 두면, 출애굽에서 하나님께서 이스라엘을 구원하신 중요한 순간, 즉 바다를 건너는 사건이 생각날 것이다. 물론, 모세가 이스라엘이 바다를 지나도록 이끌었고 그들을 구원했지만(출 14:15-31; 15:10, 19-21), 바다를 다스리는 힘의 원천(originating power)은 야웨이시다.

예수의 정체

이러한 출애굽과 평행하는 요소들은 예수의 정체에 대해서 우리에게 무엇을 말해주는가? 예수께서는 물 위를 걸어서 제자들에게 가심으로 오직 하나님만이 하실 수 있는 것을 보여주시고 있는 것이다 (욥 9:8; 또한 사 43:16-17; 44:27; 50:2; 51:10; 63:11-12; 시 77:19-20을 보라). 두려워하는 제자들에 대한 응답으로, 예수께서는 "내니 두려워하지 말라"고 선포하신다. 이 "내니"라는 말은 영어로 "I am"이라고 번역될 수도 있는데, 구약에 친숙한 사람들은 출애굽기 3:13-15에서 모세에게 계시된 하나님의 신명, "나는 스스로 있는 자니라"(I am who I am)을 떠올린다. 의미심장하게도, 이사야 43:1-11은 "내니"라는 말과 "두려워하지 말라"는 말을 둘 다 사용한다. 그리고 마가복음 6장이 이사야

43장을 암시하고 있을 수 있겠지만, 『위로의 말들』은 이 본문을 인용한다.

> [그러므로, 이제] [너 야곱을 창조하시고 너 이스라엘을 지으신] 야웨께서 말씀하신다. ["**두려워하지 말라.**] 이는 내가 너를 구속하였음이라. [나는 네 이름으로 너를 불렀고, 너는 나의 것이라. 네가 물 가운데로 지날 때에] 내가 너와 함께 있었고(I am), [큰 물] 가운데서도 그것이 너를 삼키지 못하게 할 것이다. [… 내가 네 대신 사람을 내주었고, 너의 생명을 대신하여 다른 민족들을 내주었다.] **두려워하지 말라. [내가 너와 함께 함이라.**] (3-4번째 단편에 있는 1-2, 4-5번째 행. 강조는 저자의 것.)

그러므로 예수가 누구인지를 가장 잘 보여주는 인물은 모세가 아니다. 하나님이시다.[5] 특정한 순간에, 특정한 이유—새로운 출애굽을 일으키시고자 하시는 이유—를 가지고 돌아오시는 하나님이 바로 예수시다.

바람이 그친 후, 마가는 제자들이 "그 떡 떼시던 일을 깨닫지 못하고 도리어 그 마음이 둔하여졌기 때문에 마음에 심히 놀라니"라고

---

5. 마가복음 6:48에 사용된, 예수께서 그들을 "지나가려고 하시매"라는 언어는 예수의 신적 정체성을 가리킬 가능성이 높은 암시다. 왜냐하면 출애굽기 33:19-23; 34:6과 열왕기상 19:11에서 '지나가시는 분'이 하나님이시기 때문이다. 예수께서 실제로 그들 옆을 지나가신 것이 아니고, (제자들이 도움을 요청하고 예수께서 그들을 구하셨을 때) 그분이 왜 그러셨는지가 명확하지 않기 때문에, 이 언어가 신적 함의를 지닐 가능성이 매우 높다.

서술한다(6:51-52). 이러한 둔한 마음은 출애굽을 떠올리게 할 뿐만 아니라(바로의 완악함; 예, 출 4:21; 8:15), 이사야의 새 출애굽 또한 떠오르게 한다. 왜냐하면 하나님께서 이사야 6장(참조, 사 6:9-10)에 나오는 이스라엘의 둔한 마음을 뒤집어엎으시는 곳이 이사야 40장과 그 이후에 나오는 내용이기 때문이다.

마가복음과 『위로의 말들』

이 새 출애굽은 『위로의 말들』의 소망이기도 하다. 비록 이 소망이 쿰란 공동체에서는 아직 실현되지 않은 소망처럼 보이기는 하지만 말이다. 이러한 사실은 『위로의 말들』과 마가복음 사이의 중요한 차이점을 보여준다. 왜냐하면 마가복음은 예수께서 회복을 가져오시는 분이심을 내러티브를 통해서 강조하고 있기 때문이다. 그 소망은 단순한 소망이 아니라, **실현된** (또는 적어도 개시된) 소망이다. 그리고 사실 예수께서는 모세보다 크시다. 이는 예수 안에 야훼 자신이 현존해 있으시기 때문이다. 물론 『위로의 말들』과 마가복음이 이사야 본문을 사용하는 방식에 있어서 유사한 점들이 있다. 예를 들면, 둘 다 이사야를 가치 있게 여기며, 과거뿐만 아니라 그들의 현재 상황(혼돈의 "물" 가운데 있는 시기를 포함하여)과 정체성을 형성하는 권위 있는 텍스트로 사용한다. 그러나 『위로의 말들』에서 하나님의 신실한 자들로 구성된 공동체는 쿰란 분파이지만, 마가복음에서는 예수께 헌신된 제자들 집단이다. 제자들은 (쿰란 분파처럼) 제한된 장소가 아닌 사회 전체에서 모집된 자들이다(예, 6:6-13; 7:24-37).

	이사야 43장	하나님의 신실한 백성들의 정체	새 출애굽의 소망
『위로의 말들』	권위 있는 텍스트로 인용됨	유대교로부터 분리된 쿰란 분파	실현되지 않음
마가복음 6장	권위 있는 텍스트로 암시됨	사회 전체에서 모집된 예수의 제자들	(예수를 통해) 실현됨

『위로의 말들』과 마가복음 6장 사이의 유사점과 차이점

더 읽을거리

추가적인 고대 문헌

오천 명을 먹이시고 물 위를 걸으시는 이야기의 평행 본문은 마 14:13-21, 눅 9:10-17, 요 6:1-21에 나온다. 예수께서는 막 8:1-10과 마 15:32-39에서 사천 명을 먹이신다. 게다가 예수께서는 막 4:35-41과 마 8:18, 23-27과 눅 8:22-25에서 폭풍을 잠잠하게 하신다. 제2성전 유대 문헌에서, 쿰란 공동체는 『공동체 규율』(1QS) 2:21-22과 『다메섹 문서』(CD) 13:1과 『전쟁 두루마리』(1QM) 4:1-5에서 그들 자신을 오십 명씩, 백 명씩으로 구성된 집단으로 조직한다. 『바룩2서』 29:1-8은 하나님께서 공급하실 (만나를 포함한) 종말론적인 음식 공급을 묘사한다.

영역본과 비평판

Allegro, John M., with Arnold A. Anderson. *Qumrân Cave 4.I (4Q158– 4Q186)*. DJDJ 5. Oxford: Clarendon, 1968. Note: Scholars use this in conjunction with John Strugnell, "Notes en marge du volume V des 'Discoveries in the Judaean Desert of Jordan,'" *RevQ* 7 (1970): 163–276. A revised edition of Allegro's work is in preparation by Moshe Bernstein and George Brooke, with the assistance of J. Høgenhaven: *Qumran Cave 4.I: 4Q158–186*, DJD 5a, rev. ed. (Oxford: Clarendon, forthcoming).

García Martínez, Florentino, and Eibert J. C. Tigchelaar, eds. *The Dead Sea Scrolls: Study Edition.* 2 vols. Leiden: Brill; Grand Rapids: Eerdmans, 1997–98 [= 『사해문서』, 1-4권, 나남출판사, 2008].

Lichtenberger, Hermann. "Consolations (4Q176 = 4QTanh)." Pages 329–49 in *The Dead Sea Scrolls: Hebrew, Aramaic, and Greek Texts with English Translations*, Volume *6B: Pesharim, Other Commentaries, and Related Documents.* PTSDSSP 6B. Edited by James H. Charlesworth. Tübingen: Mohr Siebeck; Louisville: Westminster John Knox, 2002.

Parry, Donald W., and Emanuel Tov, eds. *The Dead Sea Scrolls Reader 1: Texts Concerned with Religious Law, Exegetical Texts and Parabiblical Texts.* 2nd ed. Leiden: Brill, 2014.

이차문헌

Campbell, Jonathan G. *The Exegetical Texts.* Companion to the Dead Sea Scrolls 4. London: T&T Clark, 2004.

Hays, Richard B. *Echoes of Scripture in the Gospels.* Waco, TX: Baylor

University Press, 2016 [=『복음서에 나타난 구약의 반향』, 감은
사, 2022 근간].

Høgenhaven, Jesper. "4QTanhumim (4Q176): Between Exegesis and
Treatise." Pages 151–67 in *The Mermaid and the Partridge: Essays
from the Copenhagen Conference on Revising Texts from Cave Four.*
Edited by George J. Brooke and Jesper Høgenhaven. STDJ. Leiden:
Brill, 2011.

_____. "The Literary Character of 4QTanhumim." DSD 14 (2007):
99–123.

Stanley, Christopher D. "The Importance of 4QTanhumim (4Q176)."
RevQ 60 (1992): 569–82.

Watts, Rikki E. *Isaiah's New Exodus in Mark.* Grand Rapids: Baker
Academic, 2000.

제10장
『아리스테아스의 편지』와 마가복음 7:1-23
부정 개념의 발전

사라 휘틀(Sarah Whittle)

고대 세계에서 정결과 더럽혀짐의 중요성은 아무리 강조해도 지나치다고 할 수 없다. 정결을 유지하고 더럽혀짐을 피하기 위해 고안된 규례들은, 탄생과 죽음, 성, 관계, 공간 접촉, 사람이 먹을 수 있는 음식, 도덕적 삶과 같은 모든 것을 통제했다. 마가복음 7:1-23을 보면, 예루살렘에서 내려온 바리새인들과 서기관들은 예수의 제자들이 "더럽혀진 손 곧 씻지 아니한 손으로"(7:2) 먹고 있는 것에 주목했다. (여기서 '더럽혀진'으로 번역된 그리스어는 "깨끗하지 않은", "평범한", "하나님께 바쳐지지 않은 무언가"를 의미한다.) 예수께서는 그러한 전통을 따르는 것이 논리상 토라에 순종하지 못하게 한다는 사실을 보여줌으로써, 바리새인들의 공격을 약화시키신다(7:8-9).

그리고 나서 예수께서는 정결에 관한 판결을 직접 내리셨다. "무엇이든지 밖에서 사람에게로 들어가는 것은 능히 사람을 더럽게 하지 못하되 사람 안에서 나오는 것이 사람을 더럽게 하는 것이니라"(7:15). 예수께서는 몸의 기능을 통해 상세하게 설명하신다. "이는 마음으로 들어가지 아니하고 배로 들어가 뒤로 나감이라. … 사람에게서 나오는 그것이 사람을 더럽게 하느니라"(7:18-20). 예수께서는 제자들을 변호하시며 바리새인들의 판단을 거부하신다. 씻지 않은 손으로 먹는 것은 중요하지 않다. 왜냐하면 그것이 장로들의 전통이기 때문이고, 더렵혀짐은 외적인 것이 아니라 내부에서부터 발생하기 때문이다(7:21-23).

우리가 예수께서 의식적으로(ritual) 깨끗하지 않은 것(uncleanness)을 도덕적으로 깨끗하지 않은 것으로 바꾸어 말씀하셨다고 결정 내리기 전에, 예수께서 여전히 문자 그대로의 언어(literal language)를 사용하고 있으신지 생각해 보아야 한다. 시체로 인한 부정, 나병, 생식기를 통한 유출, 월경혈은 모두 안에서부터 발생해서 (다른 것들을) 더럽힌다.[1] 그러나 초기 기독교인들은 분명히 이러한 말씀들을 윤리적인 관점에서 해석했고, 이 단락의 끝부분에 나오는 악덕 목록은 도덕 체계를 뒷받침해준다. 안에서부터 발생되는 부정은 **마음**에서부터 나오고, 악한 생각, 음란, 도둑질, 살인, 간음과 같은 것들로 이루어진다.

그러나 우리는 또한 19절의 문제를 가지고 있다. "예수께서는 이런 말씀을 하여 모든 음식은 깨끗하다고 하셨다." 여기에서 마가는, 유대인들이 먹을 수 있고 먹을 수 없는 음식을 분류하고 구별하는 의식적 정결 체계인, 토라의 음식 규정을 폐지하는 것처럼 보인다. 레

1.　Roger P. Booth, *Jesus and the Laws of Purity: Tradition, History and Legal History in Mark 7*, JSNTSup 13 (Sheffield: JSOT Press, 1986), 205-13.

위기 11:1-47과 신명기 14:1-20은, 되새김질을 하고, 굽이 갈라져 있
거나, 지느러미나 비늘을 가지고 있거나, 떼 지어 다니는 것과 같은
짐승들의 특징에 따라 깨끗하거나 깨끗하지 않은 것으로 분류된 동
물들의 목록을 담고 있다. 성경에 따르면 부정한 짐승의 사체를 만지
는 것조차도 일시적인 더럽힘을 일으켰다.

　이방인들이 이러한 규례들을 따라야 했었는지는 초기 교회를 떠
들썩하게 했던 쟁점이었다.[2] 그리고 이러한 쟁점은 마가복음을 음식
과 관련된 의식적인 정결을 분명하게 폐지하는 것으로서 해석하는
지에 대한 문제이기도 하다. 이 해석을 액면 그대로 받아들이면, 확
실히 마가는 예수께서 의식적으로 깨끗하지 않은 음식을 피해야 한
다는 요구를 거부하셨던 분으로 보이는 것 같다. 겉보기에는 이러한
(의식에서) 도덕으로의 방향 전환이, 부분적으로 "거룩한 자"(1:24)로서
의 예수의 정체성과 하나님 나라를 위한 예수의 대안적 정결 실천(al-
ternative purity practices)의 의미를 보여주려는 마가의 광범위한 전략으
로 보인다. 우리가 비교할 문서는 마가의 더렵혀짐에 대한 담론에,
특히 의식적이고 도덕적인 측면 사이의 관계에, 새로운 실마리를 던
져줄지 모른다.

2.　행 10:9-16; 15:29; 롬 14:20-21; 고전 8:7-9; 10:27; 골 2:16, 21; 딤전 4:1-5.

『아리스테아스의 편지』:
"그(모세)는 정결 규정들로 우리에게 울타리를 둘러주었다."

우리가 가진 사본들은 "아리스테아스(Aristeas)가 필로크라테스(Philocrates)에게" 보내는 편지를 『아리스테아스의 편지』라고 명명한다. 이 편지는 오경을 히브리어에서 그리스어(칠십인역)로 번역한 이야기를 담고 있는 것으로 유명하다. 이 번역은 주전 3세기 중엽에 이루어졌다고 전해지는데, 이집트 왕 프톨레마이오스 2세 필라델포스(주전 282-246년)가 알렉산드리아의 위대한 도서관을 위해서 의뢰된 것이었다. 아리스테아스의 형제인 필로크라테스에게 보내진 이 『아리스테아스의 편지』는 유대교 율법에 대한 광범위한 변증 부분뿐 아니라, 역사 기록학적인 요소들도 담고 있다. 저자는 프톨레마이오스의 이방인 조신(courtier)으로 나타나는데, 이 사람은 대제사장 엘레아자르(주전 260-245년)에게서 72명의 유대교 번역가를 데리고 오도록 예루살렘으로 파견된다. 사실 이 작품에는 명백한 유대적인 관심사와 유대인의 삶과 관습에 대한 상세한 지식이 담겨 있기에 이교도적이기보다는 유대적이며, 또한 주전 150-100년 사이에 유대-헬레니즘적 변증서(Jewish-Hellenistic apologetic)로 작성되었을 가능성이 높다. 이 문서는 위경(pseudepigraphon)으로서 저자를 과거의 인물로 돌린다. 그래서 우리는 저자를 "위-아리스테아스"(Pseudo Aristeas)라고 부를 것이다.

견고한 성벽과 철벽

우리가 집중적으로 살펴볼 본문은 율법에 대한 엘레아자르(Elea-

zar)의 변증/해설(apology) 부분이다(아리스테아스의 편지 128-71). 이 부분은
특별히 음식법(dietary law)에 대한 확장된 해석으로, 레위기 11장과 신
명기 14장에 기반을 두고 있다. (저자인) 위-아리스테아스는 이러한 율
법들이 실제로 헬레니즘의 도덕을 구현하는 것임을 보여주기 위해
율법을 해석하는 방식들(methods of interpretation)을 사용한다. 『아리스
테아스의 편지』는, 음식과 음료, 그리고 깨끗하지 않다고 여겨지는
짐승들에 대한 질문을 도입하고(128), "우리의 입법자[인 모세]가, 우리
가 어떤 일에서도 다른 민족들과 어울리지 않고 몸과 영혼을 정결하
게 유지할 수 있도록, 견고한 성벽과 철벽으로 우리를 둘렀다"(139)는
사실에 기초해 있다.[3] 그래서 "그는 정결 규정들로 우리에게 울타리
를 둘러주었고, 이것은 우리가 먹고 마시는 것이나 만지는 것, 그리
고 듣고 보는 것 모두에 영향을 끼쳤다"(142). 그러나 사실 이것은 깨
끗하거나 그렇지 못한 짐승들 그 자체에 대한 것이 아니라, "의(righ-
teousness), 즉 덕을 추구하고 인격을 완전케 하는 것을 돕는 의를 위한
것이다"(144-45).

먹는 것이 허용되는 새들의 목록이 있다. 그러한 새들은 곡물을
먹고, 온순하며, 깨끗한 것이 특징이다(146). 이와는 대조적으로 금지
되고 깨끗하지 않은 새들은 육식성이고, 난폭하며, 다른 새들에게 횡
포를 부린다(147). 이 새들은 유대인들이 공의와 정의를 행해야 하고
잔인함과 폭력을 삼가야 한다는 것을 의미하는 **표지**(sign)다. 이 규례

---

3. 여기에 나오는 『아리스테아스의 편지』의 번역과 다음 두 단락의 번역은 다
     음에서 온 것이다. R. H. Charles, *The Apocrypha and Pseudepigrapha of the Old
     Testament*, 2 vols. (Oxford: Clarendon, 1913), 2:83-122.

들은 "우리에게 도덕적 교훈을 가르칠"(150) 목적으로 주어졌다. 게다가 굽이 갈라지고 발톱이 갈라졌다는 것은, 유대인들이 덕을 행하기 위해 그들의 행위를 구별해야 함을 가르친다.

저자는 144절에서 처음으로 소개되었던 족제비(개역개정에서는 '두더지'로 번역―역주)와 쥐를 다시 언급한다. 이것들은 레위기 11:29에 나오는 땅을 기어 다니는 것들 중에 **가장** 깨끗하지 못한 짐승들이다. 『아리스테아스의 편지』는 그것들을 파괴적이라고 묘사하고, 쥐는 "모든 것들을 더럽히고 훼손한다"(164)고 한다. 족제비에 대한 언급은 그 임신 방식에 대한 고대의 전기적 전통에 의존한다.[4] 족제비는 "귀를 통해 임신하고, 입으로 (새끼를) 낳기"(165) 때문에 특히 더럽다. 그리고 이 때문에 "인간에게 있어서 이와 유사한 행동이 깨끗하지 않은 것으로 선언된다"(166). "인간들은 귀를 통해 받은 모든 것을 말로 구체화시킴으로써, 다른 사람들을 악한 행위로 끌어들이고, 심각한 부정을 초래하며, 말하는 그들 자신은 불경건의 오염으로 완전히 더럽혀진다"(166). 여기서 악과 부정과 더럽혀짐이라는 언어가 겹치고 있다. 결론적으로, "고기, 깨끗하지 않은 것들, 기어 다니는 것들, 사나운 짐승들에 관련된 이 전체 체계는 의와 사람들 사이의 의로운 관계를 목적으로 한다"(169).

해석 기법

이런 식으로 율법을 해석하는 목적은 음식 규정들에 구체화된

---

4. Aristotle, *Gen. an.* 3.6.2; Ovid, *Metam.* 9.322–23; Plutarch, *Is. Os.* 72을 보라.

긍정적인 도덕적 가치들을 가리키는 데에 있다. 여기에는 적어도 네 가지 개념이 작동하고 있다.

1. 새와 동물들은 인간에 대한 비유의 역할을 할뿐만 아니라, 새나 동물 그 자체가, 포악함과 잔인함이라는 부정적인 도덕적 특징이나, 온순함과 깨끗함과 같은 미덕을 부여받기도 한다.

2. 새들과 동물들이 정하고 깨끗하고 그렇지 않은 것으로 지정되어 나뉘어야 했듯이, 유대인들과 이방인들도 나뉘어야 했다.

3. 특히 심한 더렵혀짐은 안에서부터 발생되고 악한 말로 입을 통해 나온다.

4. 엘레아자르의 해석은 율법에 대한 모세의 원래 의도다.

내레이터는 해석 기법에 집중하면서 새들과 동물들에 대한 이러한 규례들이 "표상적으로(figuratively) 제시되었다"(150)고 설명한다.[5] 이것이 종종 "알레고리의 방식으로"라고 번역되곤 하지만, 『아리스테아스의 편지』는 알레고리를 말할 때 보통 그 단어를 사용하지 않는다는 사실이 지적되어왔다. 저자는 오히려 "도덕적 요소를 가지고 있는 표상적 의미"라는[6] 말을 사용한다. 우리도 무언가를 의미하고 지시하고 가리키고 있는 표지와 상징을 마주치게 된다. 라이트(Wright)는 "아마도 이것이 유대교 경전에서 표상적이거나 알레고리

5.　여기의 번역은 Benjamin G. Wright III, *The Letter of Aristeas*, CEJL (Berlin: de Gruyter, 2015), 280에서 온 것이다.

6.　Ibid.

적인 의미를 드러내는 기법을 사용한 최초의 유대교 작품이다"라고[7] 말한다. 그래서 이것은 우리가 가진 마가복음 텍스트에 중요한 전거 (precursor)가 된다. 그러나 우리는 『아리스테아스의 편지』가 실천(practice)을 강화하기 위해 고안된 것임을 잊지 말아야 한다. 다시 말하면, 위-아리스테아스의 해석은 정결법의 문자적인 준수를 지키기 위하여 합리적 기초를 확고히 하는 것과 관련이 있음을 잊지 말아야 한다는 것이다.

마가복음 7:1-23:
"사람 안에서 나오는 것이 사람을 더럽게 하는 것이니라"

유대교 성전은 거룩과 정결의 중심이다. 마가는 제의-의식적(cultic-ritual) 정결(성전에 가서 자신을 보여야 하는 나병환자의 정결, 1:44)에 대한 관심사를 보여주지만, 일상에서의 정결을 어떻게 다루어야 하는지에 대해서도 설명한다. 마가 내러티브는 깨끗하지 못한 짐승들(5:11-12)과 더러운 영들(3:11), 혈루증(5:25)과 나병(1:40) 때문에 더러워진 사람들, 깨끗하지 않은 물건들(7:4)에 관한 내용을 담고 있다. 거라사 군대귀신 들린 자에 대한 이야기에는 이방 땅, 무덤, 돼지 떼, 더러운 귀신 들린 자가 나오는데, 이는 하나의 지리적 내러티브 배경에 다양한 부정의 원인들이 모여 있는 것이다(5:1-19).

---

7.   Ibid.

우리가 중점적으로 살펴보고자 하는 본문인 마가복음 7:1-23은 부정의 위험성에 대한 일반적인 위협의 문제와 예수의 적대자들로서의 바리새인들을 함께 제시한다. 정결에 관해 가르치시는 예수에 대한 모든 사건들은 먹는 것에 관한 바리새인들의 전통과 관계되어 있다(마 15:1-20; 23:25-26; 눅 11:37-41). 그래서 "공관복음서는 독자들에게 주인공들의 유대교 정결 행위들에 관해 가르친다"고[8] 주장되어 왔다. 이와는 대조적으로, 예수께서는 "거룩한 자"(1:24)로 그려진다. 심지어 더럽게 만드는 원천들을 마주치실 때도, 예수께서는 부정에 오염되지 않으셨다. 예수께서는 정결 의식을 행할 필요가 없으셨다. 예수께서 깨끗하지 못한 사람들과 접촉하셨을 때 그들을 깨끗하게 회복시키셨다. 정결에 대한 이러한 측면은 마가의 기독론에서 매우 중요하다.

최근까지 일치되고 있는 견해는 정결에 특별한 관심을 가지고 있는 분파인 바리새인들이 성전 제사장들이 하는 일을 모방했다는 것이다. 즉, 바리새인들의 손을 씻는 의식은, 거룩한 음식이 희생 제물로 바쳐지기 전에 제사장들이 의식적으로 손을 씻어야 하는 필요성에서 확대 적용된 것이다(민 18:8-13). 그러나 바리새인들뿐만 아니라 보통 유대인들도 이러한 방식으로 정결을 유지해야 한다고 요구받지 않았음에도, 갈수록 더욱 더 의식적 정결을 준수하고 목욕 의식과 손을 씻는 행동을 했다. 이 경우에 문제가 되는 것은 부정한 손이 음식을 더럽히고, 그 (더렵혀진) 음식이 이차적인 의미에서 몸을 더럽

8.　Arseny Ermakov, "Purity in the Synoptic Gospels," in *Purity: Essays in Bible and Theology*, ed. A. B. Latz and A. Ermakov (Eugene, OR: Pickwick, 2014), 89-113, at 94.

힐 수 있다는 믿음이다. 그런 의미에서 이것은 씻지 않은 손에 대한
관심사를 넘어섰다. "문제가 되는 것은 평범한 음식 그 자체에 대한
정결이 아니었다. 한 전인(whole person)이 정결하냐, 그렇지 않냐의 성
패가 달린 문제였다."[9]

마가의 예수는 바리새인들의 논리를 거부할 뿐 아니라, 자신의
정결법을 제시한다. 밖에서 사람에게로 들어가는 것은 사람을 더럽
게 하지 못한다. 하지만 밖으로 나오는 것은 사람을 더럽게 한다. 이
선언으로, 예수께서는 더러워진 음식이 사람을 더럽힐 수 있다는 바
리새인들의 주장도 거부하셨다. 그리고 더러워진 음식이 오염시킬
수 없다면 음식은 깨끗하다. "예수께서는 이런 말씀을 하여 모든 음
식은 깨끗하다고 하셨다"(7:19). 그러나 밖으로 나오는 것의 더럽히는
힘, 즉 안으로부터 발생된 부정도, 더 중요하지는 않더라도, 마찬가
지로 중요하다. "속에서 곧 사람의 마음에서 나오는 것은 악한 생각
곧 음란과 도둑질과 살인과 간음과 탐욕과 악독과 속임과 음탕과 질
투와 비방과 교만과 우매함이니 이 모든 악한 것이 다 속에서 나와서
사람을 더럽게 하느니라"(7:21-23). 손을 씻는 것과 더럽혀진 음식에
대한 논의―즉, **의식적** 문제―를 안으로부터 나오는 더럽힘에 대한
진술―즉, 우리가 『아리스테아스의 편지』에서 관찰했던 방식의 **도덕
적인** 문제―로 바꿈으로써, 마가는 우리를 어디에 남겨두는가?

정결함과 더러워짐의 신체적이고, 의식적이고, 도덕적이고, 표상
적인 측면을 분리하는 것이 어렵다는 사실은, 의식적 정결(ritual-purity)

---

9.   Ermakov, "Purity," 105-6.

텍스트에 대한 유대교의 표상적 해석의 아마도 가장 초창기의 사례인 『아리스테아스의 편지』뿐만 아니라 마가복음에서도 분명하게 나타난다. 일반적인 주장에 따르면, 의식적이고 도덕적인 더럽혀짐은 각각 개별적인 기원 및 규정된 처리 방법을 가지고 있다. 의식적 부정을 일으키는 근원들은 일반적으로 자연적이고 불가피한 것이다. 전염되는 것은 죄스러운 것이 아니고, 영구적인 것도 아니다. 씻음 의식(ritual washing)으로 처리될 수 있고, 시간이 지나면 괜찮아진다. 반면에 도덕적 부정은 큰 죄를 저지르는 것—즉, 심지어 성적인 죄, 우상 숭배, 살인의 범주에 속한 행위를 저지르는 것—을 포함하고, 그 죄를 저지른 사람과 땅과 성소에 영향을 끼친다. 이러한 죄는 접촉으로 인한 전염은 없고, 형벌이나 제물을 통한 속죄로 처리될 수 있다.[10] 그러나 비록 우리가 뚜렷이 구별할 수 있는 전문 용어를 만들어낼 수 있다면, 우리는, 『아리스테아스의 편지』에 소개된 것과 마찬가지로, 비유보다 더 깊은 차원에서, 의식적 텍스트(ritual texts)를 도덕적으로 적용할 수 있게 된다. 그래서 이러한 뚜렷한 구분으로 인해 제2성전기 유대교에서 사용된 실제 용례는 더 생각할 것이 많아진다.

완벽하지는 않지만, 마가복음의 말씀을 이해하기 위해 내부/외부 접근법(inside/outside approach)이 사용되곤 한다. 마가는 마음(7:19, 21)이 내부(7:21, 23)에 있고, 이것이 외부(7:15, 18)와는 대조된다는 점을 나타낸다. 앞선 본문에서 예수께서는 바리새인들에 대항해서 성경을

---

10. Jonathan Klawans, *Impurity and Sin in Ancient Judaism* (New York: Oxford University Press, 2000), 26.

인용하셨다. "이 백성이 입술로는 나를 공경하되 마음은 내게서 멀도다"(7:6; 참조, 칠십인역 사 29:13). 마음은 더럽힘을 일으킬 수 있다. 그리고 정결을 몸의 지도상에 두는 자들에게, 마음의 정결/더럽힘이라는 개념은 중요하다. 제롬 네이리(Jerome Neyrey)가 말했듯이, "바리새인들의 관심은 몸의 구조와 손과 외관과 입술에 대한 것이다. 이것들은 예수에게 있어서 지배적인 몸의 부분인 마음과는 극명하게 대조된다."[11]

비록 우리가 부정한 손과 그에 따라 오염된 부정한 음식 때문에 발생할 수 있는 더럽힘의 가능성으로 시작했지만, 마가복음 내러티브의 목적은 제자들이 부정한 물건들로 인해 발생되는 더럽힘을 염려하기보다는 오히려 마음으로부터 나오는 더럽힘을 신경써야 한다는 것이다. 지금까지는 순조로웠다. 그러나 더럽혀진 손에 대한 바리새인들의 입장보다 훨씬 더 중요한 것은 우리가 『아리스테아스의 편지』에서 읽은 깨끗하지 않은 음식의 더럽히는 힘에 대한 문제—레위기의 음식법—다. 『아리스테아스의 편지』에서 음식법에 대한 도덕적인 해석은, 정의와 공의를 가리키는 그들의 적합성과 합리적 기준을 강화하는 역할을 한다. 마가는, "이러므로 모든 음식물을 깨끗하다 하시니라"(7:19)는 예수에 대한 해석적인 언급을 상대적으로 이해하게 하여 내면을 우선시하게 했을까, 아니면 의식 준수를 폐지하고 있는 것일가?

---

11.   Jerome H. Neyrey, *Render to God: New Testament Understandings of the Divine* (Minneapolis: Fortress, 2004), 39.

아무래도 후자가 맞는 것 같다. 명백하게도, 『아리스테아스의 편지』는 도덕적 정결과 유대인과 이방인 사이를 분리하기 위해 의식법을 지키는 것을 권장하는 반면에, 마가복음은 분리를 반대하고 그의 청중들이 자유롭게 모든 음식을 먹는 것에 찬성한다. 여기에는 마가가, 『아리스테아스의 편지』가 하는 것처럼, 음식법을 지키는 것이 도덕적 정결을 유지하는 것과 연결되었다고 생각한다는 암시는 전혀 없다. 예수께 있어서, 외부적인 모든 것은 더러워질 수 없다. 정결은 마음의 문제다. 그리고 만약 정결 체계가 경계를 유지했다면, 이것은 새로운 경계였다. 예수께서 서기관들과 바리새인들이 토라의 권위를 해치는 것 때문에 질책하셨지만, 예수께서는 직접 이러한 행동으로 레위기의 음식 규정들에 매우 다른 종말론적인 목표를 부여하셨다. 물론 『아리스테아스의 편지』와 더불어, 예수께서도 이것이 율법에 대한 모세의 원래 의도에 충실한 것이라고 주장했었을 것이다. 마가에 따르면, 거룩과 정결의 중심으로서의 성전은 예수에 의해 대체되고, 예수의 공동체는 "손으로 짓지 아니한"(14:58) 한 (다른) 성전이 된다.

더 읽을거리

추가적인 고대 문헌

구약, 특히 레위기가 증거하듯이, 정결은 유대인들의 생활에서 매우 중요하다. 이것은 제2성전 시기에 『다메섹 문서』(CD 10)에서 그렇듯이 그릇들을 씻는 것으로 나타난다. 예루살렘과 쿰란에서 제2성전기

의 것으로 추정되는 수많은 '미크바오트'(*miqwaòt*, 의식용 욕조)의 발견
은 당시 사람들이 정결을 얻기 위해서 어느 정도로 노력했는지를 보
여준다. 또한 필론의 『특별한 법들에 대하여』 1.256-61와 『희년서』
22:16과 요세푸스의 『유대고대사』 2.129을 보라. 부정은 특히 이방인
들과 관련이 있고, 그들이 예루살렘 성전에 가까워질수록 더욱 분명
해진다. 예를 들면, 솔로몬의 시편 1-2편을 보라.

영역본과 비평판

Pelletier, André. *Lettre d'Aristée à Philocrate: Introduction, texte critique, traduction et notes.* Sources Chrétiennes 89. Paris: Éditions du Cerf, 1962.

Shutt, R. J. H. "Letter of Aristeas." Pages 7–34 in vol. 2 of *Old Testament Pseudepigrapha.* Edited by James H. Charlesworth. Garden City, NY: Doubleday, 1985.

이차문헌

Douglas, Mary. *Purity and Danger: An Analysis of Concepts of Pollution and Taboo.* London: Routledge, 2002 [=『순수와 위험』, 현대미학사, 1997].

Ermakov, Arseny. "Purity in the Synoptic Gospels." Pages 89–113 in *Purity: Essays in Bible and Theology.* Edited by Andrew Brower Latz and Arseny Ermakov. Eugene, OR: Pickwick, 2014.

Klawans, Jonathan. *Impurity and Sin in Ancient Judaism.* New York: Oxford University Press, 2000.

제11장
『희년서』와 마가복음 7:24-37
인종의 장벽을 넘어서

켈리 R. 아이버슨(Kelly Iverson)

마가복음에서 가장 뚜렷한 특징 중에 하나는 예수께서 전통적인
유대교 경계를 침범하시는 방식이다. 다른 복음서들에 이러한 내용
이 아예 없는 것은 아니지만, 마가복음은 예수께서 경계를 허무는 사
역을 강조하는 활동과 말씀에 특별히 중점을 둔다. 유대교 정체성 표
지(Jewish identity markers)를 탐구하려는 마가의 관심은 내러티브의 수많
은 장소에 분명하게 나타나지만,[1] 이 문제는 마가복음 7:1-37에서 극
명하게 두드러진다. 여기에서 예수께서는 종교 기득권층과 교류하시
고, 수로보니게 여인의 딸을 치유하시며, 귀 먹고 말 더듬는 자를 회
복시키신다. 언뜻 보기에는 이 에피소드가 서로 관련이 없어 보이지
만, 사건들의 연속적인 순서는 신학적인 목적을 위해 배열되었다.
"죄인들을 부르러 왔지 의인들을 부르러 온 것이"(2:17) 아니라는 예

1.　예, 1:29-31, 40-44; 2:1-12, 15-17, 23-28; 3:1-6; 5:1-20, 25-34, 35-43을 보라.

수 선교의 일부로서, 마가복음의 예수는 의사가 필요한 모든 자들에 대한 동정심을 드러내기 위해(2:17) 사회적이고 문화적이고 인종적이고 종교적인 경계를 초월한다. 마가복음 7:1-37을 살펴보기 전에, 이러한 묘사를 바라보는 관점을 제공하는 제2성전기 문헌을 먼저 살펴보는 것이 도움이 될 것이다. 마가의 내러티브는 현대적인 관점에서 볼 때 상대적으로 문제가 없어 보이지만, 보다 넓은 관점에서 보면 예수에 대한 묘사를 제대로 인식할 수 있는 문맥을 확인할 수 있다.

『희년서』:
"이방인들에게서 떨어져라
이는 그들의 행위가 깨끗하지 못하기 때문이다"

『희년서』는 주전 2세기의 어떤 시기에 기록된 유대 문서다. 전해지는 바에 따르면 『희년서』는 위경에 속한 이야기로 모세가 시내 산 정상에서 사십 일 동안 머무르면서 받은 것이다(희년서 1:1-4). 이 책의 이름인 "희년"은 이 문서에 나오는 많은 사건의 연대를 추정하기 위해 측정 단위(예, 49년; 참조, 레위기 25장)로 사용된 연대기적 체계로부터 비롯했다. 『희년서』의 내용은 성경 내러티브를 선택적으로 다시 들려주며, 창조부터 율법 수여까지 확대된다(창세기-출애굽기). 저자는 성경 이야기를 기본 틀로 사용하지만, 내러티브를 풍요롭게 하고 저자의 신학적 의도를 드러내는 확장, 첨가, 설명을 포함시킨다.

율법에 대한 관심

율법은 제2성전기 문헌에서 자주 언급되는 논제인데, 『희년서』는 토라의 고대성(antiquity)을 강조함으로써 율법의 중요성을 힘주어 말한다. 특히 율법의 이러한 측면은 창세기 내러티브와 소위 하늘의 서판(heavenly tablets)이라고 불리는 것에 대한 묘사를 통해 강조된다.

『희년서』에 나타나는 흥미로운 특징 중의 하나는 (출애굽기의) 율법이 창세기 이야기에 거꾸로 투사된다(retrojected)는 것이다. 예를 들면, 노아는 방주를 떠난 후에, "땅의 모든 죄를 속죄하기 위해서" 희생 제물을 드린다(희년서 6:1-2).[2] 창세기 8:20-21이 노아가 드린 제사(속죄제가 아니라 번제)를 묘사할지라도, 『희년서』는 후대의 레위기에 나오는 관행을 연상시키는 사상의 발전을 보여준다. 창세기에 나오는 일반적인 묘사와는 달리 『희년서』의 저자는 기름과 포도주와 유향을 사용하는 것과 더불어 희생 제사와 관련된 특정 짐승들의 목록을 기록한다(희년서 6:3). 이것은 이 장면을 분명하게 하려는 시도처럼 보일 수 있지만, 이 제사는 출애굽기 29:40과 레위기 2:2-15에 나오는 제의 명령(cultic mandates)과 놀랄 만큼 닮았다.

시내산의 계시를 거꾸로 적용시키려는 충동은 심지어 창세기 내러티브를 넘어서까지 확장된다. 토라가 돌판에 성문화되었다는 성경의 전승과는 다르게, 『희년서』에서는 땅의 서판(earthly tablets)이 하늘 나라(heavenly realm)에 새겨졌음을 이야기한다. 이러한 "하늘의 서판"

---

2. 모든 『희년서』 번역은 R. H. Charles, ed., The *Apocrypha and Pseudepigrapha of the Old Testament in English*, 2 vols. (Oxford: Clarendon, 1913), 2:1-82에서 각색한 것이다.

은『희년서』에 나오는 사건들(희년서 1:28)을 포함한 모든 인간 역사의
기록(희년서 32:21; 45:14)을 담고 있으며, 유대력을 정하는 연대기적 체
계 규정도 포함하고 있다(예, 희년서 6:17; 16:28-29; 32:27-29). 하늘의 서판
이 모세의 율법을 포함하는 반면에(예, 희년서 3:9-11; 4:5; 33:10-12),『희년
서』는 추가적인 율법을 전하는데, 이것은 하늘의 서판에도 똑같이
기록되어 있는 것으로 토라와 나란히 배치되어 있다. 하늘의 서판에
대한 묘사는 율법이 그 공동체가 순종해야 하는 하나님의 방식들을
영구적으로 표현한 것이라는 사실을 돋보이게 한다.

이방인의 부정

『희년서』에는 율법의 다양한 측면들이 해설되어 있지만, 마가복
음을 이해하는 데 있어서는 이방인에 대한 묘사가 가장 중요하다. 전
체적으로 볼 때,『희년서』는 확실히 이방인에 대해 부정적인 태도를
보이면서 외국인들과 교류하는 것에 대해 강하게 경고한다. "이방인
들에게서 떨어져라, 그리고 그들과 함께 먹지 말고, 그들의 행위를
따르지 말며, 그들의 친구가 되지 말라. 이는 그들의 행위가 깨끗하
지 못하기 때문이다"(희년서 22:16).

이방인을 향한 이러한 태도는 창세기 34장에 대한 재서술(retell-
ing)에 가장 잘 나타난다.『희년서』는 디나의 이야기(희년서 30:1-6)를
요약한 후에 여기에 담긴 법적인 함의(legal implications)를 언급한다.
『희년서』에 따르면 이스라엘의 자녀들은 예외 없이, 개종한 이방인
들을 포함한 모든 이방인들과 결혼을 하지 말아야 한다(희년서 30:11).
왜냐하면 그것이 "하늘의 서판에 기록되어" 있기 때문이다(희년서

30:9). 이 법규를 어기는 모든 남성은, "영원한 삶"(no limit of days, 30:10)
을 얻지 못하고, 돌로 쳐 죽임을 당해야 하며, 이방인에게 시집을 가
는 모든 여성은 "불로" 태워질 것이다(희년서 30:7-9). 이 치욕적인 행위
는 가정을 더럽힐 뿐만 아니라, 나라 전체를 더럽히며, "전염에 전염
을, 그래서 저주에 저주를" 일으킬 것이다(희년서 30:15). 율법을 이런
식으로 위반하는 것에는 죄에 대한 사면이나 용서가 없다. 오직 그
죄에 가담한 자들을 제거하거나 처벌할 뿐이다.

이방인들과 어울리는 것뿐 아니라, 그들과 결혼하는 것에 대한
금지령은(희년서 22:16) 이방인들이 저지를 것으로 추정되는 행위에 근
거를 두고 있다. 『희년서』의 저자에게 있어서 이방인들은 벌거벗음
의 수치 속에서 흥청거리며 놀아나고(희년서 3:31), 자신을 걱정하는 것
이 부족하며(희년서 15:34), 자비와 동정심 따위는 전혀 없고(희년서
23:23), 하나님의 백성들을 압제하며(희년서 1:13), 거짓된 신들을 숭배한
다(희년서 1:9). 이 때문에 그들은 율법을 어긴 "죄인들"이고, 하나님의
수치이다(희년서 23:24; 24:28). 이러한 묘사의 기초를 이루고 있는 것은
이방인들이 하나님의 백성들의 행복에 위협을 가한다는 믿음과 (이
방) 나라들이 악한 영들에 의해 잘못된 길로 엇나가게 되었다는 신념
이다(희년서 15:31-32). 외국인들과 어울림으로 율법을 어기게 되는 것
은 결과적으로 개인들을 더러움에 노출시키고, 궁극적으로 이스라엘
의 형벌을 초래할 수 있다.

이방인에 대한 이러한 묘사는 가혹한데, 다른 제2성전기 문헌들
은 (이방인에 대한) 좀 더 호의적인 묘사를 제공한다. 그럼에도 어떤 사
람들에게는 『희년서』가 어느 정도 영향력을 가진 텍스트였다(예, 쿰란

공동체). 그리고 『희년서』는 마가복음을 쓰는 동안 나돌던 한 가지 관점에 대한 전형을 제공한다. 적어도 『희년서』는 마가복음에 나타나는 예수 묘사를 이해할 수 있는 배경을 제공한다.

마가복음 7:24-37:
"상 아래 개들도 아이들이 먹던 부스러기를 먹나이다"

『희년서』에 나오는 이방인에 대한 묘사가 부정적이지만 마가복음은 완전히 다른 방향으로 나아간다. 사실 마가는 예수를 하나님의 복을 이방인들에게 확장하기 위해 인종적이고 종교적이고 사회적인 경계를 의도적으로 넘어가시는 분으로 묘사한다. 하나님 나라의 확장은 마가복음 7:24-37의 중심축이다. 하지만 이 본문은 앞선 내러티브(7:1-23)의 맥락에서 이해되어야 한다.

모든 음식을 깨끗하다 선언하심

마가복음에는 예수께서 종교 기득권층과 갈등을 겪으시는 이야기가 자주 나타난다(예, 2:1-12, 15-17, 18-22, 23-28; 3:1-6). 마가복음 7장은 비슷한 방식으로 시작하지만, 대결을 촉발시키는 쟁점은 손을 씻는 문제로 인해 발생한다. 바리새인들과 서기관들은 제자들이 씻지 않은 손으로 떡을 먹는 것을 보고 나서는 제자들이 장로들의 전통을 지키지 않음에 대해 질문한다(7:5). 마가는, 청중의 일부가 이 전통에 친숙하지 않다고 가정하고서, 이 관행을 설명하고 정결 전통이 심지어

(잔과 주발과 놋그릇과 같은) 조리 기구를 씻는 데까지 확장되었다는 사실을 말하기 위해, 편집자의 방백(editorial aside: 개역성경에서 괄호로 처리된 내레이터의 말을 말함—역주)을 제공한다(7:3-4).

예수께서는 종교 지도자들에게 답하시지만 손을 씻는 문제는 다루지 않으신다. 대신에 예수께서는 권위자들을 향해 "외식하는 자"라고 선언하신 후에(7:6), 고르반 문제를 제기하신다. 이 고르반은 재산을 하나님께 드림이 되었다고 선언하는 전통이다. 종교 지도자들은 이 전통을 받아들였지만 예수께서는 이 전통이 부모를 부양해야 하는 것을 거부하기 위해 사용되었다고 주장하셨다. 이것은 "네 부모를 공경하라"는 성경의 명령과 충돌했다(7:10). 이런 의미에서 인간의 전통을 통해서 제정된 것은 하나님의 명령을 어기는 것이다. 이러한 (예수의) 대답이 원래 질문에 대해 공식적으로 반박한 것은 아니지만 이 문제는 손을 씻는 것과 긴밀히 연결되어 있다. 여기에 담긴 의미는 사람들의 유익을 위해서 의도된 관행들과 전통들조차도 율법의 정신을 잃어버리고 바라던 결과를 내지 못했다는 것이다.

예수께서는 자신을 비판하는 사람들을 꾸짖으신 직후, 무리를 자신에게로 부르시고 다소 수수께끼 같은 말씀을 하셨다. "무엇이든지 밖에서 사람에게로 들어가는 것은 능히 사람을 더럽게 하지 못하되 사람 안에서 나오는 것이 사람을 더럽게 하는 것이니라"(7:15-16). 이 말씀에 대한 어떠한 설명도 무리에게는 제공되지 않지만, 예수께서는 제자들과 함께 한 집에 들어가셔서 이 비유를 해석하신다. 일단 음식이 안으로 들어가고 나면, 몸으로 들어간 음식은 사람을 더럽힐 수 없다. "이는 마음으로 들어가지 아니하고 배로 들어가"기 때문이다(7:19). 마음으로부터 나오는 것—음란과 도둑질과 살인과 간음과 탐욕과 악독과 속임과 음탕과 질투와 비방과 교만과 우매함—은 사람을 더럽히는 원인이다(7:21-22). 깨끗하지 못한 물건이나 사람이 사람을 오염시킬 수 있다고 생각한 종교 지도자들과는 달리 마가의 예수는 더럽힘의 기원을 인간의 마음에 위치시킨다. 결과적으로 한 사람은 깨끗하지 않은 것에 근접하거나 그것에 접촉해서 더럽혀질 수 없다. 왜냐하면 음식(7:19)과 사람을 포함해서 그 어떤 것도 본질적으로 부정하지 않기 때문이다.

자녀들의 떡을 나누심

음식과 관련된 율법을 뒤집으신 후에 예수께서는 두로 지역으로 여행하신다. 그리고 여기에서 예수께서는 수로보니게 여인을 만나시는데, 이 여인의 딸은 더러운 영으로 인해 고통당하고 있었다. 마가복음 내러티브에 비슷한 만남이 있었지만(예, 1:29-31; 2:1-12; 5:21-24; 8:22-26), 이 장면이 전개되는 방식은 마가복음 전통에 나오는 어떤 다른 이야기들과도 다르다. 특히, 수로보니게 여인을 만나신 이야기는 두 가지 이유로 주목할 만하다. 첫째로, 이 여인이 반복적으로 간청하자(7:27) 예수께서는 요청을 거절하시는 방식으로 반응하시는 것처럼 보인다. 둘째로, 예수께서 마가복음에서 많은 사람을 고치셨는데, 오직 여기에서만 간청하는 자에게 비유 형식(7:27), 곧 의미를 감추고 모호하게 하기 위해 의도된 의사소통 방식으로 답하셨다(참조, 4:11-12). 어째서 이 에피소드만 전형적인 치유 내러티브에서 벗어나고 있는가? 이 역학(dynamics)을 이해하려면, 예수의 대답("자녀로 먼저 배불리

먹게 할지니 자녀의 떡을 취하여 개들에게 던짐이 마땅치 아니하니라", 7:27)이 구속사에서 이스라엘(예, "자녀")의 독특한 지위를 보여주는 비유적 묘사라는 것을 반드시 이해해야 한다. 이방 나라들(예, "개들")과는 대조적으로, 이스라엘의 자녀들은 하나님의 축복(예, "떡")에 대한 제1차 수혜자다. 그러므로 예수의 거절은 이스라엘이 하나님과 특별한 관계를 가진다는 배경에서 표현된(framed) 것이다.

이것이 예수께서 보이신 반응의 주된 취지라면, 이것은 여전히 왜 예수께서 여인의 요청을 거절하신 것처럼 보이는지에 대한 문제를 제기한다. 마가 내러티브의 어떤 지점에서도 예수께서는 치유를 위한 진정성 있는 요청을 거부하지 않으셨다. 게다가 이런 반응은 예수께서 이방인들을 고치셨고(3:7-12) 이방 지역, 즉 여인의 딸과 비슷한 상태에 있는 한 사람(거라사의 군대 귀신들인 자를 말함—역주)에게 치유를 베푸신 그 이방 지역(참조, 5:1-20)으로 여행을 개시하셨다는 더 넓은 문맥과도 일치하지 않는다. 이스라엘은 "먼저"가 될 수는 있지만(7:27), 마가 내러티브에 나오는 어떤 내용도 이방인들이 하나님 나라의 혜택에서 배제되어야 한다고 말하지 않는다.

예수의 대답을 은근한 거절로 보는 것 대신에, 이 진술을 해석하는 더 나은 방법은—적어도 내러티브의 논리를 따른다면—이를 "시험"으로 이해하는 것이다. 왜냐하면 비유의 본질 자체와 이 비유의 특징들을 풀어내는 일은 말로 사람을 도전하는 것(verbal challenge)으로 여겨지기 때문이다(4:11-12). 이러한 해석은 전개되는 내러티브와 잘 들어맞는 것처럼 보인다. 예수께서는 전개되는 내러티브에서 모든 음식이 깨끗하다 하시고 한 사람의 영적 상태가 마음에 의해 결정된다고 확언하셨다. 이러한 가르침과 예수께서 이미 이방인들에게 한 번 이상 치유를 베푸셨다는 사실에 비추어볼 때, 이 에피소드를 "시험"으로 보는 것이 바람직하다. 왜냐하면 인종과 음식법은 모두 사람을 더럽힐 수 없기 때문이다. 사람에 대해 본질적으로 부정한 것은 어떤 것도 없다는 사실을 고려해볼 때, 여인이 예수를 "주"라고 부르는 그녀의 태도(7:25)와 누가 봐도 거절처럼 보이는 행위에 대한 여인의 반응("상 아래 개들도 아이들이 먹던 부스러기를 먹나이다", 7:28)은 그녀의 순수성, 인내심, 예수에 대한 신뢰를 나타낸다. 사실 여인의 답변은 마가복음에서 비할 데 없는 통찰력을 보여준다. 여인은 비유를 통한 도전(parabolic challenge)의 참 의미를 이해했을 뿐 아니라—제자들은 이 것을 이해할 수 없었다(7:17-18)—하나님의 계획 속에서 이방인의 자리를 포함시키는 데까지 이 시나리오를 확장시키기까지 했다. 예수께서 여인의 믿음을 인정하시고 그녀의 딸을 치유하심으로, 실제로 그녀가 "시험"을 통과했음이 분명해졌다(7:29).

수로보니게 여인 에피소드는 이방인을 구원에 포함시키는 것에 대한 마가의 우려를 보여주는 가슴 아픈 사례다. 그러나 이 에피소드가 이 주제와 관련된 유일한 본문은 아니다. 바로 다음 장면에서 예수께서는 데카폴리스 지방—이방인들의 영토에 있는 장소—으로 여행하신다. 예수께서는 그곳에서 귀 먹고 말 더듬는 자를 치유하신다 (7:31-37). 예수께서 이방인들과 추가적으로 접촉하신 이 사건은, 예수께서 물 위를 걸으셨듯이, 하나님 나라를 "들을 귀"(4:9, 23)를 가진 모든 사람들에게 전하기 위하여 계속해서 문화적 기준을 침범하고 계시는 것을 드러낸다.

마가복음과 『희년서』에서 제시된 바와 같이 유대인과 이방인의 관계는 고대 세계에서 중요한 쟁점이었다. 유대인과 이방인이 공존하기는 했지만, 그 관계는 긴장 상태 가운데 있곤 했다. 적어도 몇몇 유대인들에게 외국인들은 그들과 다를 뿐만 아니라, 관계를 맺는 것이 가능하다면, 조심스럽게 관계를 맺어야 할 사람들이었다. 『희년서』가 외부자들에 대한 악명 높은 두려움(proverbial fear)—고대/현대 수사학에서 흔한 상투어—을 보여주고 있는 반면에, 마가복음은 이러한 관점을 가진 자들에게 창피를 주고 마가복음을 듣는 청중들에게 새로운 사고방식을 제시한다. 마가의 예수는 고정관념을 부추기는 대신에 종교적이고 문화적인 장벽을 계속적으로 넘어가심으로써 사람들의 기대를 뒤집어엎으시고, 정결이 마음의 문제이지 인종이나 음식이나 씻지 않은 손에 대한 것이 아님을 보여준다. 이스라엘이 구속사에서 특별한 지위를 가지긴 했지만, 하나님 나라는 특정한 민족과 동일시될 수 없다. 『희년서』와는 대조적으로 마가의 예수는 하나님 나라의 축복을 유대 공동체 외부에 있는 자들에게 확장시키고, 동시에 이방의 "개들"에게 교회를 확장시킬 길을 연다.

더 읽을거리

추가적인 고대 문헌

『희년서』와 동일한 방식으로 이방인을 특징짓는 다른 텍스트에는 『아브라함의 묵시』, 『에스라4서』가 있다. 약간 더 호의적인 묘사는

『에녹1서』와 『바룩2서』에 나타난다.

영역본과 비평판

VanderKam, James C. *The Book of Jubilees: A Critical Text*. 2 vols.
CSCO 510. Leuven: Peeters, 1989.

Wintermute, O. S. "Jubilees: A New Translation and Introduction." Pages
35–142 in vol. 2 of *The Old Testament Pseudepigrapha*. Edited by
James H. Charlesworth. Garden City, NY: Doubleday, 1985.

이차문헌

Donaldson, Terence L. *Judaism and the Gentiles: Jewish Patters of
Universalism (to 135 CE)*. Waco, TX: Baylor University Press, 2007.

Iverson, Kelly R. *Gentiles in the Gospel of Mark: "Even the Dogs under
the Table Eat the Children's Crumbs."* LNTS 339. London: T&T
Clark, 2007.

Juel, Donald H. *Master of Surprise: Mark Interpreted*. Minneapolis:
Fortress, 1994.

Segal, Michael. *The Book of Jubilees: Rewritten Bible, Redaction,
Ideology and Theology*. JSJSup 117. Leiden: Brill, 2007.

Sim, David C., and James S. McLaren, eds. *Attitudes to Gentiles in
Ancient Judaism and Early Christianity*. LNTS 499. London:
Bloomsbury, 2013.

VanderKam, James C. *The Book of Jubilees*. GAP. London: T&T Clark,
2001.

제12장
『다메섹 문서』와 마가복음 8:1-26
"길" 위에서의 눈멂과 봄

수잔 와츠 핸더슨(Suzanne Watts Henderson)

마가복음에서 예수와 그 사명에 대해 분명하게 이해하기란 누구나 예측할 수 있는 간단한 문제가 아니다. 예수와 가장 가까운 사람들조차도 가장 확고한 적대자들만큼 둔감하고 굳은 마음을 가진 것처럼 보이곤 한다. 반면 이름도 없이 등장하는 보잘것없는 인물들—심지어 악한 영들조차도—이 예수의 정체와 그의 사명을 정확하게 포착한다. 결국 예수를 "하나님의 아들"이라고 부른 유일한 인물은 그를 처형했던 로마 군대에 속한 한 사람뿐이었다(15:39).

마가복음 중심에 위치한 8:1-26은 제자들, 적대자들, 그리고 이름 없는 맹인과 소통하시는 예수에 관한 이야기들로 이루어져있다. 이 이야기들을 함께 놓고 보면 명확하지는 않지만, 예수께서 마가복음에서 무엇을 하고 계시는지를 암시적으로나마 알 수 있다. 예수께서 두 번째로 무리들을 먹이신 기적(8:1-10; 참조, 6:30-44)은 다음 장면에서 몇몇 바리새인들이 요구한 바로 그 "하늘로부터 오는 표적"으로 보인다(8:11-13). 그러나 예수께서는 하늘로부터 오는 표적을 단호하게 거부하시고, "이 세대에 표적을 주지 아니하리라"(8:12)고 말씀하신다. 이어서 예수께서는 제자들과 함께 배를 타고 가시면서 바리새인들과 헤롯의 "누룩"에 대해 경고하실 뿐만 아니라, 제자들을 "외인들"(깨닫지 못하고, 마음이 완악하고, 듣고 보지 못함)에 비유함으로 그 몰지각함을 꾸짖으셨다(8:14-21; 참조, 3:5; 4:11-12).

예수와 제자들이 벳새다에 이르렀을 때 분명한 내러티브 단절이 발생한다. 학자들은 마가복음 8:22-26을 마가복음의 중심에 위치한 문학적 경첩(literary hinge: 이 본문은 전반부를 결론 지으면서 동시에 10:46-52과 함께 "길" 단락을 형성한다—역주)으로 여긴다. 이 단락에서 마가복음 이야기는 갈릴리와 그 주변 사역에서 방향이 전환되어 예루살렘에서 맞이할 운명으로 나아간다. 이 단락에서 무명의 맹인이 두 단계로 치유받게 되는 것이 특히 눈에 띈다. 첫 시도에서 예수께서는 단지 부분적이고 흐릿한 시력만 회복시키셨고, 두 번째 시도 때에 비로소 맹인이 "모든 것을 밝히" 보게 되었다(8:25). 이 이야기 마지막 부분에서 예수께서는 그 남자를 집으로 보내셨고, "마을에는 들어가지 말라"고 단호하게 말씀하셨다(8:26). 이 기이한 본문은 밝히 보는 것에 대한 이 장(8장)의 관심사에 기반을 두고 있고, 마가복음의 중심 단락(8:27-10:52), 즉 예수께서 십자가가 자신의 사명의 핵심임을 분명히 하시는 단락으로의 전환을 기대하게 한다. 그러므로 우리의 논의는 마가의 인식론(epistemology)으로 들어가는 "입구격"인 이 모호한 치유 이야기에 집중될 것이다.

『다메섹 문서』:
"내게 와서 들으면, 내가 네 눈을 뜨게 하리라."

유대교의 예언자 전승은 신실하지 못한 이스라엘과 하나님의 의로운 길을 분별하고 반영하는 자들을 대조하기 위해 눈멂과 봄에 대한 비유를 사용하는 텍스트로 가득하다(예, 사 6:10; 렘 5:21을 보라). 더욱이 눈먼 자들이 회복되어 다시 보게 되는 것은 땅 위에 해방된 하나님의 권능의 표지다(예, 사 29:18; 35:5; 42:7). 이 본문들을 포함한 여러 본문들은 아마도 『다메섹 문서』(CD)의 배경이 되기도 할 것이다. 이 문서는 사해문서에서 단편 조각의 형태로 발견된 것으로, 우리가 다룰 마가복음 이야기를 위한 길잡이 텍스트로서 역할을 할 것이다.

("사독의 단편"[Zadokite Fragments]으로도 알려진) 『다메섹 문서』는 쿰란 근처에서 발견된 유일한 분파적 텍스트(sectarian text)로, 1896년 카이로의 한 회당에서도 발견되었다. (그래서 카이로 다메섹[Cairo Damascus] 문서라는 이름을 뜻하는 약자인 "CD"로 불리는 것이다.) 이 문서는 "다메섹 땅에서 새 언약에 들어온" 자들을 위한 권고와 법률 조항들을 결합시킨다(6:19).[1] 학자들은 지리적이고 연대적인 배경에 대해서는 서로 의견을 달리하지만, 이 텍스트는 이 공동체가 예루살렘의 제2성전기 종

1.　『다메섹 문서』의 번역은 다음에서 가져 온 것이다: Florentino García Martínez and Eibert J. C. Tigchelaar, eds., *The Dead Sea Scrolls: Study Edition*, 2 vols. (Grand Rapids: Eerdmans, 1997-98), 1:551-74 [= 『사해문서』, 1-4권, 나남출판사, 2008].

교 지도자들의 방식을 거부하고, '의의 교사'로 알려진 인물을 따른
다는 것을 분명하게 나타낸다.

손을 더듬으며 길을 찾는 눈먼 사람들

『다메섹 문서』는 눈멂과 봄을 비유적으로 사용하는 것만이 아니
라, 적어도 세 가지 이유로 우리가 다루는 마가복음 본문과 적절하게
대비되는 요소를 제공한다. 마가복음처럼 이 텍스트는 하나님의 통
치가 곧 이 땅에 뿌리를 내릴 것이기 때문에, 역사가 완전한 계시로
돌진하고 있다고 보는 묵시적인 틀에 호소한다. 마가복음에서처럼
『다메섹 문서』 저자는 청중을 시간이 지날수록 의(faithfulness)를 향하
여 나아가는 자들로 간주한다. 그리고 마가복음처럼 이 문서는 의의
길을 걸으라는 반문화적인 요청을 하는 중요한 인간 인물(human fig-
ure)을 특색 있게 다룬다. 이제 마가복음의 이해하기 어려운 본문에
대한 우리의 연구를 위해 해석학적인 단서들을 제공하는 몇몇 발췌
문들을 살펴보자.

시작하는 부분에서 저자는, 바벨론 유수 이후 390년이 지나서,
하나님께서 "그분의 나라를 소유하시고 그 땅의 좋은 것들로 가득하
게 하시려고 이스라엘과 아론에게 심은 것을 자라게 하셨음"(CD 1:5-
8)에 주목함으로써 시간적 무대를 설정한다. 그러나 신실한 남은 자
들이 아직 부당함과 맞서 싸우고 있기에 이러한 운명은 다가오지 않
은 것처럼 보인다. 그러므로 우리는 "그들이 눈먼 자들과 같고, 20년
넘게 손을 더듬어서 길을 찾고 있는 자들 같다"는 것을 알게 된다(CD
1:9-10). 하나님께서는 그들이 이러한 눈멂의 상태에 있는 동안 "그들

을 하나님의 마음에 합한 길로 인도하기 위해서 그들을 위해 의의 교사(Teacher of Righteousness)를 세워주셨다"(1:11).

하나님의 행적들을 보고 이해하라

가르침의 역할을 맡은 의의 교사는 공동체에 다음과 같이 권고한다. "내게 와서 들으면, 내가 네 눈을 뜨게 하리라. 그래서 네가 하나님의 행적들을 보고 이해할 수 있고, 그분의 모든 길로 완전하게 걷도록 하리라"(CD 2:14-16). 그리고 의의 교사는 『다메섹 문서』 전체에서 "선조들이 가르침을 받았던 율법에 대한 정확한 해석"(CD 4:8; 참조, 6:14, 18)을 촉진시키는 "율법의 해석자"(CD 6:7)로 등장한다. 의의 교사의 관점에서 볼 때, 이러한 언어는 공동체를 예루살렘에서 정권을 쥐고 있는 종교 지도자들과 불화하게 만든다. 이 종교 지도자들은 "쉬운 해석을 추구하고, 헛된 환상(illusions)을 선택하며, 빠져나갈 구멍을 세심히 살피는" 자들이다(CD 1:18-19). 학자들은 일반적으로 저자가 바리새인들을 겨냥하고 있다고 생각한다. 바리새인들의 구전 전승은 많은 사람들에게 "매우 느슨한" 율법 해석으로 간주되었기 때문이다. 게다가 다메섹 공동체는 보수적인 공동체로, 저자가 "벨리알의 세 가지 그물들"이라고 부르는 것들, 즉 우상숭배, 부, 더러워진 성전을 경계해야 하기도 한다(CD 4:15-18).

그러므로 『다메섹 문서』는 눈멂에서 벗어나 봄으로 나아가는 한 공동체를 다룬다(또한 CD 16:2을 보라). 저자의 견해에는 두 가지 조건이 공존한다. 공동체는 의의 교사의 계속되는 가르침을 통해 더욱 분명한 이해에 이르게 되었을 때에도, 공동체에 들어가는 시점에서는

"모세의 율법으로 되돌아갔다." 의의 교사는 예루살렘에 횡행하는 부패하고 음탕한 방식들을 거부하면서 공동체 내에 유대교 율법에 대한 엄격한 해석을 수반하는 치료제를 제공한다. 『다메섹 문서』의 인식론은 토라뿐 아니라, 기본 언약에 대한 특정한—엄격한(exacting)—해석에도 단단히 기반을 둔다. 볼 수 있는 눈을 가진 이들은 궁극적으로 "[하나님의] 땅을 차지하게 될 것이고 … 그분의 땅의 좋은 것들로 충만하게 될 것임"을 저자는 은연중에 말하고 있다(1:7-8).

마가복음 8:1-26:
"너희가 눈이 있어도 보지 못하며 귀가 있어도 듣지 못하느냐?"

『다메섹 문서』에서 다루어지는 공동체처럼, 마가의 청중들도 아마 주류 유대교의 사상 및 실천과 적대적인 관계에 있었을 것이고, 물리적으로도 유대교와 동떨어진 사람들이었을 것이다. 마가복음의 이 중요한 단계에서 우리는 단번에 일어나기 보다는 단계적으로 일어나는 시력 회복에 대한 이야기를 마주하게 된다. 이 예수와 한 맹인의 만남 이야기는 예수의 치유 권능을 증거하는 데 멈추지 않고 비유적으로 작동하여 예수 시대와 오는 세대에 그분을 따르는 자들을 위한 제자도의 길을 분명히 알려주기도 한다. 우리의 논의에서는 『다메섹 문서』와의 역동적인 상호 연결 속에서 점점 더 명확해지는 마가복음 8:22-26의 네 가지 차원을 탐구하게 될 것이다.

"마을 밖으로"

여기에서 치유는 처음부터 끝까지 사회 체제의 주변부에서 일어
난다. 이 본문은 벳새다에 계신 예수와 함께 시작하는데, 그곳에서
이름 없는 후견인들(patrons)이 예수께 맹인에게 "손대시기를" 간청한
다. 그러나 예수께서는 마을 안에서 그 맹인 남성의 시력을 회복시키
는 것이 아니라 그의 손을 붙잡고 "마을 밖으로"(8:23) 데리고 나가신
다. 이것이 예수의 첫 번째 손을 대심이다. 게다가 이 이야기는 예수
께서 맹인에게 "마을에는 들어가지 말라"(8:26)는 다소 이상한 금지
명령으로 마무리된다. 왜 예수께서는 마을 안에서 마을 밖으로 위치
를 바꾸셨을까? 지리적 위치(geography)가 본문 이해(epistemology)와 무
슨 관계가 있는가?

여기에서 마가가 묵시적 세계관을 작동시키고 있지만 약간 비틀
어서 그렇게 하고 있다. 한편으로 마가복음의 예수는 내부자와 외부
인을 예리하게 구분하곤 한다. 예를 들면, "예수 주변에 있는" 자들에
게만 하나님 나라의 비밀이 주어지지만, "외부에 있는 자들"에게는
그 비밀을 "깨닫는" 것이 금지된다(4:10-12). 그러나 이러한 엄격한 구
분은 마가복음의 다른 곳에서는 모호해지는데, 제자들이 예수와 함
께했음에도 알아보지 못했다는 내용이 나타나는 8장에서는 특히 그
렇다(8:17-18). 쿰란 문서와 마찬가지로, 맹인—그리고 마가의 청중들—
의 "외부인"으로서의 지위는, 밝히 보는 능력에 있어서 어떤 역할을
하는 것처럼 보이며, 역설적이게도 사회적 위치가 뒤바뀜으로써(dis-
oriented) 진짜 "내부자로서의" 시력이 발생된다.

"그의 손"

회복된 시력에 관한 질문에서 예수께서는 마치 의의 교사가 행한 것 같은 필수적인 역할을 하시지만, 예수의 접촉을 이용한 접근은 의의 교사의 "정확한 해석"과는 매우 대조적이다. 마가는 이 짧은 본문에서 신체적인 접촉을 세 번이나 언급한다. 예수께서는 맹인의 "손을 붙잡으시고" 마을 밖으로 데리고 나가셨고(8:23), 그에게 두 번이나 "안수"하셨다(8:23, 25). 마가복음에서는 시종일관 예수께서 인간적인 접촉을 통해 하나님 나라의 권능을 행하시는데, 가장 가깝게는 예수께서 제자들을 통해 허기진 무리들에게 떡 덩이를 나누심으로써 그렇게 하신다(8:6).

이러한 신체 접촉을 통해 온전함(wholeness)을 옮기는 것은 마가에게 있어서 하나님께서 땅에서 다스리심에 대한 인식이 마음이나 영혼뿐만 아니라 몸도 포함한다는 것을 나타낸다. 참된 인식(Epistemology)은 인간의 행복(well-being)을 일으키시는 하나님의 권능이 드러날 때 인식의 영역을 넘어서 적극적인 신체적 참여까지 포함함으로써 이르게 된다. 결국 예수께서는 제자들에게 각각의 급식 기적이 있은 후 풍성하게 남은 음식을 떠올리게 하셨을 때, 두 번이나 철저하게 "너희는 남은 빵 부스러기를 몇 광주리/바구니나 가득 **거두었느냐?**"(8:19, 20)고 질문하신다. 제자들이 "알지 못하며 깨닫지 못하는"(8:17) 것은, 예수께서 하나님 나라의 권능을 드러내실 때 그들 자신의 촉각적인 부분을 고려하지 않는 데에서 비롯되는 것처럼 보인다.

"걸어다니는 나무처럼"

첫 접촉이 일어나자 그 남자는 시력을 되찾는데 완전히 되찾은 것이 아니다. 자신들의 죄악을 알게 된 이후에도 "길을 더듬어 찾는" 『다메섹 문서』에 나오는 공동체처럼, 이 남자는 과도기적 상태에서 사람들을 "걸어 다니는 나무처럼"(8:24) 보는 것이기는 하지만 아예 못 보는 것은 아니다. 학자들은 일반적으로 보이는 듯 하면서도 보이지 않는 이 중간 상태를 제자들, 더 나아가 마가 공동체를 상징하는 것으로 여긴다. 마가복음은 제자들의 어두운 이해력을 이미 중요하게 다루어왔을 뿐만 아니라(6:52; 8:17-18), 이어지는 본문에서는 베드로가 예수를 "메시아"(8:29)로 확언하는 것과 예수께서 고통당하실 운명을 노골적으로 거절하는 내용을 결합시키는데, 결국 예수께서는 후자를 사탄의 영향 탓이라고 하신다(8:32-33).

마가 공동체의 과도기적 현실은 이러한 부분적 시력에 대한 경험을 더욱 분명히 해줌이 틀림없다. 결국 그들은 한 처형된 범죄자(예수를 말함—역주)에게 충성을 표했고, 결과적으로 우리는 마가복음으로부터 그들이 박해받았음을 추론하게 된다. 그들은 하나님께서 이 땅에서 자신의 통치를 완전히 드러내신다는 것에 있어서 거의 자포자기의 상태였음이 틀림없지만, 그들은 신앙의 길 위에서 비틀거릴지라도 부분적이지만 어둠 속에서 길을 만들었음이 확실하다. 맹인이었던 자의 흐릿한 시력을 밝히 보는 시력으로 가는 길의 중간 단계로 제시하는 이 이야기는, 어려운 상황에 있는 사람들에게 틀림없이 은혜와 희망의 말을 더해주었을 것이다.

"모든 것을 밝히 보는지라"

예수께서 두 번째 만지시자 맹인이 명확하게 보게 되었다. 언뜻 봤을 때는 발생한 일에 대한 마가의 설명—"그리고 그가 **자세히 보더니** 회복되어서 모든 것을 **탁 트이게**(expansively) **보더라**"(8:25에 대한 저자의 번역)—이 반복적인 것처럼 보인다. 마가는 보는 것을 의미하는 두 개의 그리스어 복합동사를 통해 무엇을 전달하려고 했을까? 그리고 예수께서 행하신 이 치료는 어떤 종류의 탁 트인 시력(expansive vision)을 확보해주는가?

조엘 마커스(Joel Marcus)가 보여주듯이, 고대 작가들은 분명한—그리고 통찰력이 있는—시력을 "시각의 유출설"(extramission theory of vision: 프톨레마이오스의 견해로 눈에서 감각적 형상들을 향해 나아가는 힘이 그것들의 형태를 지각하는 것을 말함—역주)과 관련짓곤 한다.[2] 이 견해에 따르면, 시력이라는 것은 내부에서부터 발생해서 밖으로 나가고, 명료함(perspicuity)이라는 것은 명확함(clarity)으로 나아가는데 내면에 방해가 되는 것이 없는 것에 달려있다(또한 마 7:5; 눅 6:42을 보라). 이러한 관찰은, 단순히 "그의 눈이 열렸다"고만 말하는 NIV 성경에는 없는 중요한 차원을 이 이야기에 더해준다. 맹인은 명확한 시력을 수동적으로 받기만 하는 사람보다는 자기 자신의 인식의 진보에 있어서 능동적으로 참여하는 사람으로 나타난다.

예수의 신체적인 접촉이 치유의 권능을 전달하는 방법이라면, 그 힘은 그 맹인이었던 자가 자신의 외부에 있는 광활한 세상을 "자세

---

2.   Joel Marcus, "A Note on Markan Optics," *NTS* 45 (1999): 250–56, at 251.

히 살펴볼"(looked through) 때에서야 작동된다. 『다메섹 문서』의 관심사와는 명백히 대조적으로 마가의 분명한 시력에 대한 관심은 분파적 특징을 유지하는 문제를 넘어선다. 이 남자에게 있어서 회복된 시력은 "모든 것"—즉, 하나님의 회복시키는 권능이 작동하는 광활한 지평으로서의 창조 세계—을 보게 한다.

물론, 마가의 이야기에서 이 지평은 십자가를 가장 중요하게 다룬다. 이 십자가는 예수만이 아니라, 그의 길을 걷는 자들을 위한 것이기도 하다(8:34-38). 『다메섹 문서』에서 의의 교사의 죽음(20:1, 14)은 "완벽한 거룩"의 기준에 근거한 마지막 심판의 시대를 시작하는 반면에(예, 20:2), 마가복음에서의 예수의 죽음은 진정한 제자도의 기준이자 구원의 수단으로서의 하나님 통치(power)의 희생적인 모범을 확립한다. 그러므로 분명한 시력에는 희생이 따른다. "꿰뚫어 보는 것은"(seeing through) 로마나 예루살렘보다는 하나님의 통치에 충성을 다하는 것을 의미한다. 그리고 여기에 이 복음서의 가장 독특한 주장이 있다. "누구든지 자기 목숨을 구원하고자 하면 잃을 것이요 누구든지 나와 복음을 위하여 자기 목숨을 잃으면 구원하리라"(8:35).

더 읽을거리

추가적인 고대 문헌

마가복음 안에서 이 치유 이야기는 맹인 바디매오의 치유 이야기(10:46-52)와 함께 마가복음의 중심 단락을 묶어주는 한 쌍의 내러티브 북엔드의 역할을 한다. 다른 신약 복음서 중에 어떤 것도 이러한 두 단계 치유를 말하고 있지 않지만, 각 복음서는 예수께서 인간의 시력을 회복시키신 사례들을 보도하고(예, 마 9:27-31; 눅 18:35-43; 요 9:1-12); 그들(시력이 회복된 자들)은 예수와의 만남 속에서 그의 메시아적 권능의 증거를 알아차리게 된다(예, 마 11:5; 눅 7:22). 마가의 이야기는 토비트 11:7-15과 평행되는 부분이 있다. 거기에 보면 동일한 순서의 치료 전술—이 경우에 침을 뱉는 것보다는 숨을 쉬고, 그 후에 단순히 만지는 것보다는 연고를 바른다—이 있고 난 후에 시력이 돌아온다. 마지막으로, 필론은, 신과 인간들 둘 다를 위한, 안에서 밖으로 나가는 분명한 시력에 대한 깊은 관심을 보여준다(예, *Migr.* 39; *Post.* 57).

영역본과 비평판

Eisenman, Robert. "The Damascus Document." Pages 355–78 in *The Dead Sea Scrolls and the First Christians: Essays and Translations.* Edison, NJ: Castle Books, 2004.

Garcia Martínez, Florentino, and Eibert J. C. Tigchelaar, eds. *The Dead Sea Scrolls: Study Edition.* Volume one. Grand Rapids: Eerdmans, 1997 [= 『사해문서』, 1-4권, 나남출판사, 2008].

이차문헌

Glenney, Brian, and John T. Noble. "Perception and Prosopagnosia in Mark 8.22–26." *JSNT* 37 (2014): 71–85.

Keller, Marie Noël. "Opening Blind Eyes: A Revisioning of Mark 8:22–

10:52." *BTB* 31 (2001): 151–57.

Larsen, Kevin W. "A Focused Christological Reading of Mark 8:22–9:13." *Trinity Journal* 26 (2005): 33–46.

Marcus, Joel. "A Note on Markan Optics." *NTS* 45 (1999): 250–56.

Matera, Frank J. "The Incomprehension of the Disciples and Peter's Confession (Mark 6:14–8:30)." *Biblica* 70 (1989): 153–72.

Wise, Michael O. "The Origins and History of the Teacher's Movement." Pages 92–122 in *The Oxford Handbook of the Dead Sea Scrolls*. Edited by Timothy H. Lim and John J. Collins. Oxford: Oxford University Press, 2010.

제13장
시락서와 마가복음 8:27-9:13
엘리야와 종말

시구르드 그린드하임(Sigurd Grindheim)

이제 마가의 이야기는 중요한 전환을 맞이하게 된다. 베드로의 신앙고백에 이르기까지 예수의 행동들로 인해 등장인물들은 말문이 막힐 정도로 놀라면서 그분이 누구인지 궁금해 했다(1:27; 2:7; 4:41; 7:37). 사람들은 예수를 세례 요한, 엘리야, 그리고 선지자들 중에 하나로 생각했다(8:28; 참조, 6:14-15). 이제 예수께서 제자들과 대화하시며 자신의 정체에 대해 말씀하실 때가 왔다. 베드로는 자신의 입장을 밝혀야 했을 때, 나서서 예수께서 메시아임을 단언했다(8:29). 이미 마태복음을 읽은 독자들은 베드로의 고백이 훌륭한 고백이라고 성급한 결론에 이를지 모르지만(참조, 마 16:17), 마가의 설명이 훨씬 더 억제되어 있다는 사실을 놓쳐서는 안 된다. 마가복음에서 베드로는 전혀 칭찬을 받지 못하고, 제자들은 아무에게도 말하지 말라는 경고를 받는다(8:30). 마가복음의 독자들은 베드로의 고백이 옳다는 것은 알고 있다. 하지만 메시아 칭호의 의미는 적절하게 이해될 필요가 있다.

예수께서는 직접 이 칭호의 첫 번째 의미에 대해서 말씀해주신다. 즉, 자신이 부활하기 전에 고난을 받고 버린 바 되어 죽임을 당하실 것을 설명하셨다(8:31). 마가의 메시아는 고난받는 메시아다. 예수의 진짜 정체는 로마 백부장이 "이 사람은 진실로 하나님의 아들이었도다"(15:39)라고 선포할 때 십자가에서 완전히 드러난다. 이러한 메시아 이해의 결과로서 제자도(discipleship)에도 역시 고난이 포함되어 있다고 이해되어야 한다(8:34-38).

메시아에 대한 두 번째 의미는 예수께서 변형되신 이야기에 나온다(9:2-8). 이 본문과 앞선 내러티브는 밀접하게 관련지어 읽을 필요가 있다. 왜냐하면 두 본문이 "엿새 후에"(9:2)라는 말로 서로 연결되어 있기 때문이다. 예수께서는 베드로와 야고보와 요한을 데리시고 높은 산에 올라가시는데, 그곳에서 예수의 옷이 빛나는 흰색이 되었고, 엘리야와 모세가 나타나서 예수와 대화를 했다. 그리고 예수의 세례 때 들렸던 소리를 반향하는 한 소리가 구름으로부터 나왔다. "이는 내 사랑하는 아들이니 너희는 그의 말을 들으라"(9:7). 메시아는 하나님의 사랑을 받는 아들이자 대변자이기도 한 것이다.

산에서 예수와 함께 엘리야(와 모세)가 나타난 것은 설명이 필요하다. 이는 엘리야와 그가 종말에 맡은 역할에 대해 유대인들이 가지고 있는 생각들을 알도록 도와줄 것이다.

시락서:

"당신은 하나님의 진노를 누그러뜨리고 … 야곱의 지파들을 회복시키기 위해 임명되었다."

엘리야에 대한 가장 광범위한 증거는 집회서(Ecclesiasticus, 이 명칭은 아마도 "교회의 책"을 의미하는 라틴어에서 온 것 같다)라고 불리기도 하는 시 락서에서 발견된다. 지혜의 말 모음집인 이 작품은 구약의 잠언과 공 통점이 매우 많다. 저자는 시락의 아들인 엘레아자르의 아들 예수인 데(시락 50:27), 이 사람은 주전 196년과 175년 사이에 히브리어로 이 책을 썼다. 그의 손자는 이 작품을 주전 132년 후 어느 땐가 그리스어 로 번역했다(머리말). 많은 학자들은 시락서가 사두개인들이 가지고 있는 관점과 비슷한 신학적 관점을 나타낸다고 믿는다. 시락서는 고 대 유대인들이 널리 읽기는 했지만, 유대교에서 결코 정경으로 인정 되지 않았고, 가톨릭과 동방 정교회 전통에서 소위 제2정경이라고 불리는 책들에 포함되었다. "시락서"(Sirach)는 히브리어 "시라"(Sira)의 그리스어 형태이기에, 이 책은 자주 "벤 시라"(Ben Sira)로 언급되기도 한다("벤"은 히브리어로 "아들"을 의미한다).

시락서 44:1-50:24은 이스라엘의 과거 역사에 나타난 위대한 남 성들을 칭송하는 내용을 담고 있다(저자는 여성을 위한 자리를 마련하지 않 는다). 그들 중에 하나가 바로 엘리야인데, 여기서 엘리야는 광범위하 게 다루어진다(시락 48:1-11).

[1] 그때 엘리야가 일어났다. 그는 불과 같은 선지자였고, 그의 말은

횃불처럼 타올랐다. [2] 엘리야는 그의 열심으로 그들[이스라엘 백성들]에게 기근을 내렸고, 그들이 적은 수가 되게 하였다. [3] 주의 말씀으로 엘리야는 하늘을 닫았다. 같은 방식으로 그는 세 번씩이나 불을 내렸다. [4] 엘리야여, 당신의 놀라운 역사들 가운데 당신은 얼마나 영광스러운지요! 누가 당신의 자랑스러움과 견줄 수 있겠습니까? [5] 당신은 지극히 높으신 분의 말씀으로 무덤에서 그리고 죽은 자들의 영역에서 한 죽은 사람을 일으키셨습니다. [6] 당신은 많은 왕들을 멸망시키고 명망 있는 자들을 잠자리에서 파멸에 이르게 하셨습니다. [7] 당신은 시내산에서 책망을 들었고 호렙산에서 보복을 가져오는 심판에 대해서 들었습니다. [8] 당신은 왕들을 기름 부어서 복수를 행하게 했고, 선지자들을 기름 부어서 당신을 계승하게 했습니다. [9] 당신은 불마차를 타고 불 소용돌이 속에서 데려감을 입었습니다. [10] [하나님의] 진노가 터지기 전에 그 진노를 누그러뜨리고, 아버지의 마음을 그의 아들에게로 돌리며 야곱의 지파들을 회복시키기 위해, 당신이 임명되었다고 기록되어 있습니다. [11] 당신을 본 사람들과 [당신에 대한] 사랑 안에서 죽은 자들은 복됩니다. 이는 우리가 분명히 살게 될 것이기 때문입니다.[1]

엘리야의 초자연적인 행위들

엘리야에 대한 위의 묘사는 열왕기상하에 나오는 초자연적인 행위로부터 나온 것이다. "엘리야는 불과 같은 선지자였다." 왜냐하면

---

1.   나의 번역.

하늘에서 불을 내려 아하시야 왕이 보낸 군사 오십 명을 태워버렸기 때문이다(왕하 1:10, 12). 엘리야가 아합 왕에게 수 년 동안 비도 이슬도 있지 아니할 것이라고 말했을 때(왕상 17:1) 기근이 일어났다(왕상 18:2). 엘리야가 바알 선지자들과 대결하는 동안에는 하늘로부터 불을 내리게 해서 제단에 준비된 번제물을 태웠다(왕상 18:38). 엘리야가 사르밧에 머무는 동안 한 과부가 음식을 주었을 때, 그 과부의 아들이 죽게 되었다. 하지만 엘리야의 기도로 인해 죽은 아들의 생명이 돌아왔다(왕상 17:22). 엘리야는 "개들이 나봇의 피를 핥은 곳에서 네 피 곧 네 몸의 피도 핥으리라"(왕상 21:19)고 아합 왕에게 그의 죽음에 대해 말함으로써, 왕들의 멸망에 대한 예언을 성취했다. 엘리야가 아하시야 왕에게 그가 결코 올라간 침상에서 내려오지 못할 것이라고 말했을 때, 그는 부상당해 침상에 누워있었다(왕하 1:4; 참조, 1:16). 호렙산에서 엘리야는 하나님의 말씀을 받고 자신을 계승할 선지자뿐 아니라 아람과 이스라엘의 왕들에게 기름을 부으라고 보냄을 받았다(왕상 19:9-18). 결국 엘리야는 죽지 않고 "불 수레와 불 말들"을 타고 하늘로 올라갔다 (왕하 2:11).

이스라엘의 회복에 있어서 엘리야의 역할

선지자 말라기가 선포했듯 엘리야는 주의 날이 이르기 전에 돌아와 "아버지의 마음을 자녀들에게 자녀들의 마음을 그들의 아버지에게로 돌이키게"(말 4:6a) 할 것이다. 그렇게 함으로써 엘리야는 하나님의 진노를 막을 것이다. "만약 그렇지 않으면 내가[하나님께서] 와서 이 땅을 완전히 파괴시킬 것이다"(말 4:6b). 동시에 엘리야는 "야곱의 지파들을 회복할" 것이다. 이러한 생각은 이사야 49:6을 반향한다. 거기에 이 과업은 주의 종에게 주어지고 포로 귀환 및 이스라엘 백성들의 윤리적이고 종교적인 회복과 관련된다. 위에 인용한 시락서 본문의 마지막 구절(시락서 48:11)의 의미는 불명확하다. 우리는 남아 있는 히브리어 사본들로부터 "살게 된다"는 동사의 주어가 누구인지 확신할 수 없다. 위의 번역은 시락서의 그리스어 번역을 따른 것이다. 그러나 시락서가 사후 세계를 믿었을지에 대해서 확실히 알 수 있는 것은 아무것도 없다.

마가복음 8:27-9:13:
"엘리야가 과연 먼저 와서 모든 것을 회복하거니와"

마지막 때의 인물인 엘리야

시락서의 설명은 엘리야가 마지막 때에 나타날 것이라는 기대를 보여주는데 이는 말라기 예언에 뿌리박고 있다. 마가는 이러한 엘리야 이해를 공유하는 것처럼 보인다. 마가복음은 세례 요한을 등장시키면서 선지자 말라기를 인용한다(1:2; 참조, 말 3:1). 이는 세례 요한이 말라기에 의해 예언된 종말론적인 사자(messenger), 곧 나중에 엘리야로 밝혀지게 될 인물임을 의미한다(말 4:5). 다시 말해, 마가는 엘리야를 마지막 때의 인물로 보는 전승과 친숙했다는 것이다. 제자들도 이러한 전승에 대해서 알고 있었다. 그래서 예수께서 산에서 변화되셨을 때 엘리야가 나타난 사건은 종말론적인 암시를 갖는다. 모세도 하

나님께서 "그와 같은 선지자"를 일으키실 것이라 약속하셨기에 마지
막 때와 관련되어 있다(신 18:18). 말라기 4:4-6에서 모세와 엘리야가
모두 언급된다. 그러므로 마가의 이야기에서 엘리야와 모세가 함께
등장하는 것은 하나님의 종말론적인 개입이 이제 막 일어나게 될 것
이라는 사실을 우리로 하여금 의식하게 한다. 하나님께서는 놀라운
방식(twist)으로 그의 사랑하는 아들에게 종말론적인 계시를 위임하실
것이라고 선포하신다(9:7).

주연이 아닌 엘리야

마가복음과 시락서 사이의 가장 주목할 만한 대조는 마가복음이
엘리야에게 어떤 특정한 존경심을 보여주지 않는다는 것이다. 엘리
야는 언급되고, 예수께서 변형되실 때 모세와 함께 등장한다. 그러나
엘리야와 모세는 모두 특별히 주목받지도 찬사받지도 않는다. 그들
은 단지 거기에 있을 뿐이다. 대신에 모든 초점은 예수를 향한다. 마
가의 변화산 이야기는 "문득 둘러보니 아무도 보이지 아니하고 오직
예수와 자기들뿐이었더라"(9:8)는 의미심장한 기록으로 종결된다.

시락서의 엘리야 칭송에 비교하자면 마가복음에서는 아무것도
들리지 않는다. 예수께서 변화되시는 장면에서 엘리야와 모세는 모
두 무언의 엑스트라로 격하된다. 시락서에 따르면 어느 누구도 엘리
야와 비교될 수 없고(시락서 48:4) 모세 역시 유대교 전승에서 매우 고
상한 인물로 간주된다. 하나님께서는 모세에게 "내가 너를 바로에게
신 같이 되게 하였은즉"(출 7:1) 이라고 말씀하셨는데, 필론은 모세가
"신"으로 불릴 수 있었다는 것이 무엇을 의미하는지 광범위하게 논

의했다(*Mut*. 128; 참조, 4Q374 2.2.6). (모세의 영광은 시락서 44:23-45:5의 주제이기도 하다.) 누구도 모세가 어디에 묻혔는지를 알지 못하고(신 34:6) 어떤 유대교 전승(모세의 승천)은 그가 엘리야처럼 하늘로 들림받았다고 주장한다. 그러나 마가복음에서 엘리야와 모세는 둘 다 예수께 비견될 만한 어떤 중요한 존재가 아니다. 이는 적어도 예수께서 하나님의 최후의 대변자이자 하나님의 계시를 정점에 이르게 하는 최후의 사자임을 의미한다.

그러나 우리가 마가의 예수 묘사에 대한 훨씬 더 깊은 의미를 알게 될 때 이 점이 더 분명해진다. 만약 예수께서 가장 위대한 인간적 존재들보다 훨씬 더 위대하신 분이시라면, 그렇다면 그분은 누구실까? 마가의 설명은 힌트를 제공한다. "그 옷이 광채가 나며 세상에서 빨래하는 자가 그렇게 희게 할 수 없을 만큼 매우 희어졌더라"(9:3). 학자들은 예수의 광채에 비견될 만한 것들을 많이 제시했지만, 그들은 종종 가장 중요한 점을 무시했다. 구약에서 오직 한 인물만이 그의 놀랍도록 하얀 의복으로 두드러진다. 선지자 다니엘은 옛적부터 계신 이(예, 하나님)에 대한 환상을 보았다. 그분의 옷은 "희기가 눈 같고 그의 머리털은 양의 털처럼 하얗다"(단 7:9). (신약에서 천사들도 하얀 옷을 입고 있는 것으로 나타나지만 구약에서는 그렇지 않다.) 마가가 예수의 옷이 "세상에서 빨래하는 자가 그렇게 희게 할 수 없을 만큼 매우 희어졌더라"고 덧붙였을 때, 이것은 예수의 땅에 없는 본성(즉, 하늘의 본성)을 나타내는 추가적인 암시일 수 있다.

엘리야와 메시아

마가가 엘리야에 대해 말하지 않는 것은 매우 중요하다. 그러나 시락서가 엘리야에 대해 말하지 않은 부분도 주목할 가치가 있다. 일반적으로 엘리야는 메시아의 선구자로 알려져 있다. 마태복음에서 세례 요한은 엘리야와 동일시되기에(마 11:14; 참조, 눅 7:27; 막 1:2) 세례 요한은 예수의 선구자다. 그러므로 엘리야가 메시아의 선구자라는 결론은 자연스러워 보인다.

그러나 시락서에는 메시아에 대한 언급이 나타나지 않는다. 시락서는 엘리야가 마지막 때 역할을 가지고 있다고 말하는 것 같다. 엘리야는 "하나님의 진노가 터지기 전에 그 진노를 누그러뜨리고 아버지의 마음을 그의 아들에게로 돌리며 야곱의 지파들을 회복시키기 위해 임명되었다"(시락서 48:10). 여기서 터지는 진노는 하나님의 진노, 곧 하나님의 최후 심판의 진노임에 틀림없다. 이 마지막 심판이 있기 전에 엘리야는 자신의 역할을 하게 될 것이다. 즉, 백성들을 회개시킴으로 하나님의 진노를 누그러뜨릴 것이다. 엘리야는 서로 싸우는 가족 구성원들 사이에 화해를 가져오게 할 것이다. 이러한 방식으로 엘리야는 이스라엘 백성들에게 회복을 가져올 것이다. 그 회복은 백성들이 하나님께로 돌아올 때에 일어날 것이다. 세례 요한은 닥쳐올 진노를 선언함으로써(눅 3:1-20) 백성들을 회개케 할 때 "모든 것들을 회복한다"(9:12). 그래서 우리는 세례 요한이 엘리야와 동일시된다는 것을 이해할 수 있다. 하지만 이것이 구약만으로 엘리야가 메시아의 선구자라는 결론에 이르게 하는 것은 아니다.

엘리야에 대한 기대는 선지자 말라기에서 비롯된다. 말라기를 통

해 하나님께서는 "내가 내 사자를 보내리니 그가 내 앞에서 길을 준
비할 것이요. 또 너희가 구하는 바 주가 갑자기 그의 성전에 임하시
리니 곧 너희가 사모하는 바 언약의 사자가 임하실 것이라"(말 3:1)고
선포하신다. 이후 이 선지자는 하나님으로부터 온 메시지를 전한다.
"보라, 여호와의 크고 두려운 날이 이르기 전에 내가 선지자 엘리야
를 너희에게 보내리니. 그가 아버지의 마음을 자녀에게로 돌이키게
하고 자녀들의 마음을 그들의 아버지에게로 돌이키게 하리라. 돌이
키지 아니하면 두렵건대 내가 와서 저주로 그 땅을 칠까 하노라"(말
4:5-6). "내 사자"와 "엘리야"는 동일 인물로, "여호와의 크고 두려운
날"이 이르기 전에 임할 자다. 말라기의 문맥에서 이 날은 메시아의
날이 아니라 하나님의 종말론적인 심판의 날이다. (말라기는 메시아에 대
한 분명한 언급을 하지 않는다.)

신약보다 앞선 시기의 유대교 자료들에서 엘리야와 메시아 사이
의 어떤 관련성도 나타나지 않지만, 마가복음에 나타나는 제자들의
질문("어찌하여 서기관들이 엘리야가 먼저 와야 하리라 하나이까?", 9:11)에는 그
연관성이 암시되어 있다. 하지만 제자들이 엘리야를 언급했던 이유
는 예수를 메시아로 확인했기 때문이 아니라 예수의 부활에 대한 언
급 때문이었다. 부활을 믿었던 유대인들은 모든 죽은 자들이 하나님
의 심판 때에 되살아날 것으로 생각하기는 했지만(참조, 단 12:2), 예수
시대의 유대인들이 메시아 개인의 부활을 믿었다는 기록은 발견하
기 어렵다. 그러므로 유대교에서 엘리야의 도래는 메시아와 어떤 특
별한 관계를 가지는 것이 아니라, 하나님께서 마지막 때에 행하실 것
과 관련이 있다.

산에서 엘리야가 나타난 것은 예수의 정체와 사역의 본질에 중
요한 단서들을 제공한다. 이것은 하나님께서 심판과 구원을 가져오
시는 종말에 이 땅에 개입하신다는 예언을 예수를 통해 성취하신다
는 것을 보여준다.

더 읽을거리

추가적인 고대 문헌

엘리야의 종말론적인 역할은 다음 고대 유대교 문헌들에 간략하게
언급된다: 4Q558 1.2.4; CD-A 6:11(이름은 언급되지 않지만, "정의를 가르치
는 자"가 엘리야일 수 있다.); 『에녹1서』 90:31(여기에도 이름은 언급되지 않지만,
숫양[ram]이 엘리야일 수 있다); 미쉬나 소타 9:15; 소페림 19:9; 바벨론 에
루빈 431-b; 페시크타 랍바티 35:4; 타르굼 위-요나탄 출애굽기
40:10; 타르굼 위-요나탄 신명기 30:4; 타르굼 예레미야애가 4:22.

영역본과 비평판

NETS

NRSV

Beentjes, Pancratius C. *The Book of Ben Sira in Hebrew: A Text Edition
    of All Extant Hebrew Manuscripts and a Synopsis of All Parallel
    Hebrew Ben Sira Texts.* VTSup 68. Leiden: Brill, 1997.

Ziegler, Joseph, ed. *Sapientia Iesu filii Sirach.* 3rd ed. Septuaginta 12.2.

Göttingen: Vandenhoeck & Ruprecht, 2016.

이차문헌

Allison, Dale C., Jr. "Elijah Must Come First." *JBL* 103 (1984): 256–58.

Bryan, Steven M. *Jesus and Israel's Traditions of Judgement and Restoration.* SNTSMS 117. Cambridge: Cambridge University Press, 1992.

Faierstein, M. M. "Why Do the Scribes Say That Elijah Must Come First?" JBL 100 (1981): 75–86.

Fitzmyer, Joseph A. "More about Elijah Coming First." *JBL* 104 (1985): 295–96.

Grindheim, Sigurd. *Christology in the Synoptic Gospels: God or God's Servant?* London: T&T Clark, 2012.

_____. *God's Equal: What Can We Know about Jesus's Self-Understanding?* LNTS 446. London: T&T Clark, 2011.

Miller, David M. "The Messenger, the Lord, and the Coming Judgement in the Reception History of Malachi 3." *NTS* 53 (2007): 1–16.

Skehan, Patrick W., and Alexander A. Di Lella. *The Wisdom of Ben Sira: A New Translation with Notes and Commentary.* AB 39. New York: Doubleday, 1987.

제14장
토비트와 마가복음 9:14-29
불완전한 믿음

자넷 헤이건 파이퍼(Jeanette Hagen Pifer)

마가복음 저자는 중심적이면서도 동시에 변치 않는 마가복음 주제로 믿음을 강조한다. 이 믿음이라는 주제는 그리스도께서 하나님 나라에 대해 선포하신 것과 더불어 마가복음 내러티브의 맨 처음부터 분명하게 나타난다. "이르시되 때가 찼고 하나님의 나라가 가까이 왔으니, 회개하고 복음을 **믿으라** 하시더라!"(1:15). 이 하나님 나라 선포는 치유와 축귀를 통해 그리고 결국 예수의 죽음과 부활을 통해 나타날 그리스도의 하나님 나라 통치를 드러내기 위한 기초를 마련한다. 각각의 기적에서 마가는 믿음이 분명하게 나타난 이후에야 비로소 예수께서 놀라운 권능을 드러내신다는 것을 분명히 한다(2:5; 5:34). 반면에 그리스도께서는 많은 이들이 보여준 믿음의 부족함에 놀라신다(4:40; 6:6). 전체적으로 볼 때 대다수 이스라엘에게 없었던 이 믿음은 그리스도를 따르는 제자도에 있어서 필수적으로 갖추어야 할 태도다.

마가 내러티브의 위치와 믿음에 대한 고유한 해설에 근거해볼 때 마가복음에 나오는 한 가지 치유 이야기는 특별히 주목할 만한 가치가 있다. 9장에서 마가는 말 못하게 하는 귀신 들린 아이를 치유해 달라고 예수께 간청하는 한 아버지에 대한 이야기를 전한다(9:14-29). 이 논문에서 우리는 새 언약의 믿음이 어떠한 것인지, 그리고 무엇으로 인해 그 믿음이 독특한 것인지 알아보기 위해 이 단락을 살펴볼 것이다.

마가복음에 나타난 믿음에 대한 우리의 논의를 준비하기 위해, 우리는 제2성전 시기의 또 다른 유명한 신앙 이야기인 토비트의 이야기를 살펴볼 것이다. 토비트서는 주전 250년과 175년 사이에 기록된 외경에 속한 내러티브다.[1] 이 이야기는 주전 722년에 앗수르가 북이스라엘을 정복한 후 가족들과 함께 포로로 끌려간 납달리 사람 토비트의 경건과 고난을 다룬다. 토비트 이야기는 귀신 들린 자와의 독특한 만남뿐만 아니라 역경에 맞닥뜨렸을 때 기도와 믿음의 모습을 보여줬다는 측면에서 마가복음 9:14-29와 잘 어울린다.

---

1.   이 텍스트는 처음에 아마도 아람어로 기록되었지만, 현대 번역은 시나이 사본(Codex Sinaiticus)의 그리스어 텍스트에 의존한다.

토비트:
"하나님께서 하신 모든 말씀이
다 이루어지리라는 것을 나는 알고 또 믿는다."

토비트서는 세 명의 주요 인물인 토비트와 아들 토비아스, 그리고 친척 사라의 삶을 다룬다. 토비트서는 토비트가 (평생토록) 진리와 의의 길을 걸어왔다는 자신의 신실함을 증언하면서 시작된다(토비트 1:3). 그러나 평생 동안 신실하게 살아왔던 삶이 고난을 면하게 해주지는 않았다. 어느 날 저녁, 토비트는 한 이스라엘 사람이 살해되어 거리에 버려져 있는 것을 알고서 자발적으로 그 시체를 가져다가 적당히 묻어주었다. 같은 날 밤 어떤 참새가 토비트의 눈에 똥을 쌌고 그의 눈은 멀게 되었다(토비트 2:10). 이 손상의 결과로 토비트는 아내에게 재정적으로 의존하게 되었고, 그러면서 자신의 경건의 가치에 대해 의문을 갖게 되었다. 이러한 상황으로 인해 절망한 토비트는 죽게 해달라고 빌며 기도했다(토비트 3:6).

아주 유사한 이야기가 토비트의 친척인 사라의 삶에서도 나타난다. 이 젊은 여성은 아스모데우스(Asmodeus)라는 이름을 가진 귀신의 손아귀에서 고통을 당했다. 이 귀신은 사라를 사랑하였고 시기심에 불타 결혼식이 이루어지던 밤에 신랑 일곱 명을 연달아 죽였다. 사라 또한 사는 것을 절망스럽게 여기며 죽게 해달라고 기도했다(토비트 3:10, 13-15).

이들의 자포자기한 기도에 대한 응답으로 하나님께서는 천사 라파엘을 보내셨다(토비트 3:16-17). 라파엘은 사라의 동족으로 가장하여

토비아스와 함께 여행길에 올랐다. 어느 날 밤 티그리스 강가에서 쉬
고 있을 때 한 커다란 물고기가 물에서 뛰어올라 토비아스의 발을 삼
키려고 했다. 이것은 하나님의 섭리임이 분명한 이상한 사건이었다.
천사 라파엘은 물고기를 잡고 갈라서 열고 담즙과 심장과 간을 제거
하라고 말했다. 이것들은 사라를 구원할 수 있고 토비트를 치유할 수
있는 수단이 되었다.

여행이 계속 진행되면서 라파엘은 토비아스를 사라의 아버지 라
구엘의 집으로 데리고 간다. 이는 아름다운 사라를 젊은 토비아스의
적법한 신부로 소개하기 위함이다. 라파엘은 토비아스를 위해 하나
님의 자비와 안전을 기도하고 난 후 그 물고기의 간과 심장을 태우면
그가 결혼식 날 밤 이후에도 살아남을 것이라는 확신을 심어주었다
(토비트 6:18). 토비아스는 라파엘의 지침을 따랐고 사라와 기도로 무릎
을 꿇었으며 물고기를 태운 냄새로 귀신을 내쫓았다(토비트 8:3). 마침
내 이 여행자들은 토비트의 멀게 된 눈을 고치기 위한 물고기의 담즙
을 가지고 그에게로 떠났다. 토비트의 눈에 이 '약'을 바르자, 두 눈
이 열리고 하나님을 찬양했다.

기도와 순종을 통해 표현된 믿음

이 이야기에서 믿음에 대해 배워야 할 내용들이 많이 있다. 토비
트, 사라, 토비아스는 각각 하나님께 대한 그들의 신뢰를 청원 기도
로 표현했고, 각각의 경우에 하나님께서는 측은하게 반응하셨다. 그
러나 하나님께서는 죽게 해달라는 자포자기 기도에 그대로 응답하
는 대신, 토비트의 눈을 기적적으로 치유해주셨고 사라를 귀신의 압

제에서 해방시켜주셨다. 토비아스 또한 결혼식 날 밤에 구원을 위한 기도를 통해, 그리고 라파엘의 지시에 순종함으로 믿음을 표현했다.

하나님의 계획과 권능에 대한 믿음

우리는 이 이야기에서 개인적인 필요보다 더 큰 무언가에 대한 믿음도 발견할 수 있다. 토비트와 가족의 운명은 이스라엘 나라의 운명을 나타낸다고 지금까지 널리 인정되어 왔다. 토비트의 고난은 언약의 저주와 포로됨을 상징하고, 그의 치유는 이스라엘 나라의 축복과 회복을 상징한다.[2] 이처럼 토비트는 마지막 장면에서 하나님의 회복 능력을 직접 목격한 후에 하나님의 말씀에 대한 자신의 믿음을 선포한다. "하나님께서 하신 모든 말씀이 다 이루어지리라는 것을 나는 알고 또 **믿는다**. 그리고 선지자들이 전한 말씀 중에 한 말씀도 실패하지 않을 것이다"(토비트 14:4).[3] 토비트는 이스라엘의 자녀들이 이스라엘 땅에 영원히 거주하기 위해 돌아올 것이고 그들의 압제자들이 벌을 받게 될 것이라는 하나님의 약속들을 믿었다. 성전은 재건되고 세상의 모든 나라들이 돌아와 궁극적으로 모든 자들이 진리 안에서 하나님을 예배하게 될 것이다(토비트 14:5-7). 이 절정에 이른 연설에서 우리는 토비트서에 나타나는 하나님의 권능과 능력에 대한 믿음이 개인과 국가 모두를 치유하는 믿음임을 알게 된다.

---

2. Richard Bauckham, "Tobit as a Parable for the Exiles of Northern Israel," in *Studies in the Book of Tobit: A Multidisciplinary Approach*, ed. M. Bredin, LSTS 55 (London: T&T Clark, 2006), 140–64.

3. 토비트의 번역은 나의 것이다.

우리는 이 이야기를 통해 믿음이 하나님의 권능과 바람에 대한 개인 차원의 신뢰를 포함한다는 것을 알게 된다. 믿음은 기도와 순종으로 표출된다. 탄원하는 사람은 기도로 하나님의 자비와 권능에 대한 의존을 나타낸다. 또한 우리는 개인적인 필요와 갈망의 성취를 넘어서는 더욱 큰 차원이 있다는 것도 알게 된다. 믿음은 하나님의 백성들의 회복, 즉 궁극적으로 하나님의 영광을 드러내고 그 영광에 대한 인간의 반응을 불러일으키는 회복에 대한 그분의 계획을 신뢰하는 것이다. 우리는 이제 마가복음의 믿음 이야기에 나오는 동일한 강조점들을 살펴볼 것이다.

마가복음 9:14-29:
"내가 믿나이다. 나의 믿음 없는 것을 도와주소서!"

마가복음의 전반부 여덟 장에서 기적들이 연속적으로 전개되어 온 후에, 베드로가 예수를 그리스도로 선언하는 8:29에서 절정에 이른다. 예수를 하나님의 구속 계획을 성취하는 자로 인지하는 것은 믿음과 관련한 새 언약적 개념을 이해하는 데 매우 중요하다. 이 지점부터 예수께서는 제자들에게 자신의 십자가형을 준비시키면서 자신이 "많은 고난을"(8:31) 받아야 함을 가르치기 시작하셨다. 게다가 예수께서는 그들에게 진정한 제자는 "자기를 부인하고 자기 십자가를 지고 따라야" 한다고도 말씀하셨다(8:34).

예수께서 말 못하는 귀신 들린 아이를 치유하신 이야기(9:14-29)는

8장에 언급된 주제들인 고난, 죽음, 부활, 제자도에 대해 더 상세히 말해준다. 이 단락은 예수께서 변형되셨던 산에서 내려오시면서 시작된다. 예수께서는 제자들이 큰 무리와 더불어 변론하고 있는 것을 보신다. 제자들이 귀신을 쫓아낼 수 없었기 때문에 변론이 발생했던 것이다. 이 상황에 대한 "믿음이 없는 세대여 내가 얼마나 오랫동안 너희와 함께 있어야 하겠느냐?"(9:19)라는 예수의 반응은 믿음에 대한 교훈의 자리를 마련한다.

할 수 있는 자에 대한 믿음

아이 아버지의 믿음은 예수께 간청할 때 처음으로 분명히 드러난다. "그러나 무엇을 하실 수 있거든, 우리를 불쌍히 여기사 도와주옵소서"(9:22). "할 수 있음"의 주제가 이 본문에서만 다섯 번 반복되고, 마가복음 전체에 걸쳐서 마가는 자연 세계와 영적인 세계에 대한 예수의 권능을 강조한다. 마가가 묘사하는 가장 첫 번째로 기록된 예수의 공생애 사역의 기적은 안식일 날 가버나움 회당에서의 축귀다(1:21-28). 이것과 이어지는 일련의 기적적인 치유와 축귀는 하나님의 아들로서의 예수의 독특한 권능을 보여준다(1:24; 5:7).[4] 그리스도만이 귀신들을 도망가게 하고 질병을 사라지게 하는 권능과 권세를 가지신 분이시다.

아버지의 도와달라는 부르짖음(9:22)은 믿음에 대한 예수의 요청

---

4.   마가복음 전체에서 예수께서 귀신과 마주한 사건들은 하나님 나라의 권능과 통치를 나타내는 역할을 한다(참조, 슥 13:2).

을 재촉한다. "믿는 자에게는 능히 하지 못할 일이 없느니라"(9:23).
몇몇 사람들은 모든 것을 가능하게 하는 믿음이 예수의 믿음인지 아
니면 간청자(아버지)의 믿음인지 의문을 갖지만, 이 텍스트는 필요한
사람의 측면에서 믿음의 필요성을 분명히 한다. 이러한 믿음은 모든
것에 대한 권세를 가지신 분의 권능을 붙잡는 것이다. 토비트가 죽기
직전에 한 "하나님께서 하신 모든 말씀이 다 이루어지리라"는 선언
은 하나님의 전능하심에 대한 같은 종류의 신뢰를 나타내는 것이다
(토비트 14:4).

불완전한 믿음

"내가 믿나이다. 나의 믿음 없는 것을 도와주소서!"(9:24)라는 아
버지의 반응은 믿음의 본질에 깊은 통찰을 제공한다. 이것은 인간 믿
음의 불완전함을 드러내고, 따라서 의존과 겸손이 필수적인 태도임
을 강조한다. 아버지의 믿음은 아들의 치유를 보고자 하는 집요한 마
음과 그리스도께서 진정한 치유의 근원이심을 믿는 마음으로 표현
된다. 그러나 완벽한 믿음을 가지지 못한 이 아버지는 스스로를 자신
의 아들을 구원할 수 있는 권능을 지니신 유일한 분에게 의존하는 자
로 묘사한다.

조엘 마커스(Joel Marcus)는 믿음의 존재와 부재를 둘 다 인정하면
서, 마르틴 루터(Martin Luther)를 반향하여 이 아버지를 "의인인 동시
에 죄인"(simul justus et peccator)으로 언급한다. 마커스는 다음과 같이 말
한다. "그러므로 간질병에 걸린 소년의 아버지는 이러한 두 마음을
가지고 있다는 점에서 기독교 제자의 완벽한 상징이다. 논리적으로

는 믿음과 믿음 없음이 정반대의 것이기는 하지만, 기독교인들의 경험에서 이 둘은 동시에 나타나는 실재(simultaneous realities)다. 믿는 자는 믿지 못함과의 사투에 동시적으로 연루된다."[5] 예수를 진정으로 믿는 것이란, 겸손과 의존을 마음에 계속 품고서 믿음의 부족을 정직하게 인정하는 것이다. 동일한 방식으로 우리는 토비트와 사라가 불완전한 믿음을 드러낸 것을 보게 된다. 그들은 자신들의 요구가 구원하고자 하시는 하나님의 계획에 미치지 못한다 하더라도 절망 가운데서 하나님께 의지했다.

기독론적 믿음

겸손과 의존이 약함으로 묘사되기는 하지만 마가복음에서 이러한 종류의 믿음은 예수의 죽음 및 부활과 완전하게 연결되어 있는 승리를 가져온다. 이러한 연결점은 이 에피소드(9:14-29)를 그리스도께서 자신의 죽음과 부활을 (처음으로) 계시하신 내용(8:31)에 뒤이어 시작하는 방식으로, 뒤따라 나오는 그리스도께서 자신의 죽음과 부활을 두 번째로 말씀하신 내용(9:30-31)을 준비하며, 또 그 두 번째 내용에 의해 강화된다. 이러한 방식으로 예수의 죽음과 부활은 믿음에 관한 교훈으로 수미상관(inclusio)을 이룬다.

이러한 기독론적인 수미상관은 단순히 문학적인 기교를 넘어선다. 이는 마가가 축귀의 결과를 묘사하는 방식에서도 분명하게 나타

---

5.   Joel Marcus, *Mark 8–16: A New Translation with Introduction and Commentary*, AYBC 27A (New Haven: Yale University Press, 2009), 663 [= 『앵커바이블 마가복음 II (8-16장)』, CLC, 2016]

난다. "그 아이가 죽은 것 같이 되어 많은 사람이 말하기를 죽었다 하나"(9:26). 이 구절 다음에는 곧바로 부활과 유사한 장면이 이어진다. "예수께서 그 손을 잡아 일으키시니 이에 일어서니라"(9:27). 이 장면은 믿음과 그리스도의 죽음 및 부활 사이에 상징적인 연결성이 있음을 전한다. 십자가와 부활에서 우리가 보게 되는 바 약함과 권능이 나란히 오는 것(juxtaposition)은 신자의 믿음을 묘사하기까지 한다. 그리스도를 믿는 것은 죽으시고 새 생명 가운데 거하시는 그리스도에 공감하는 것이다. 믿음이라는 것은 이러한 방식으로 자신에 대한 연약함과 예수 그리스도를 통한 신적 권능에 대한 의존을 독특하게 표현한 것이다. 믿음에 대한 마가복음의 이러한 이해는 토비트서가 보여준 믿음으로부터 매우 중요한 의미 있는 발전이 있었음을 보여준다. 토비트서는 하나님께서 궁극적으로 백성들을 회복시키시고 자신의 영광을 드러내실 것이라고 확신하지만, 마가복음은 종말론적인 회복을 가져오는 주체를 예수 그리스도로 계시한다.

믿음과 기도

소년이 극적으로 치유받은 후에, 예수께서는 제자들과 함께 물러나셨고, 제자들은 예수께 "우리는 어찌하여 능히 그 귀신을 쫓아내지 못하였나이까"라고 물었다. 예수의 대답은 아버지가 보여준 불완전하지만 의존하는 믿음에 대해 상세히 부연하신다. 예수께서는 "기도 외에 다른 것으로는 이런 종류가 나갈 수 없느니라"고 대답하신다(9:29). 우리는 예수께서 소년이 낫도록 직접 기도했다는 어떤 증거도 갖고 있지 않다. 비록 예수가 기도의 주체가 아니라 대상이라는 사실로 설명된다고 할지라도 말이다. 그러나 소년의 아버지는 기도 했고(9:24), 그의 "믿으면서도 믿지 못하는 태도"(believing-yet-disbelieving posture)는 기독교인들이 기도로 하나님 앞에 서는 방식의 모범을 만들기 위해 의도되었다.[6] 기도는 믿음의 표현이다. 이와 유사하게, 토비트와 사라와 토비아스도 각각 기도로 그들의 믿음을 표현했고, 하나님께서 그들의 필요에 응답해주실 것을 적극적으로 간청했다.

요약

우리는 토비트서와 마가복음을 연구하면서 믿음이 하나님의 선하심과 권능에 의존하는 것으로 일관되게 제시됨을 살펴보았다. 두 텍스트는 모두 믿음의 개인적이고 보편적인 차원을 강조했다. 믿는 자는 하나님의 이러한 권능을 개인적으로 경험할 수 있지만, 궁극적으로 믿음이라는 것은 하나님께서 백성들을 압제 가운데서 구원하시려는 계획을 믿는 것과 관련된다. 토비트서에서는 이스라엘이 압제국인 앗수르로부터 구원받을 것에 대한 믿음이 나온다. 마가복음은 그리스도 예수를 통해 죄와 마귀와 죽음으로부터 하나님을 믿는 모든 자들을 구원하시는 그분의 궁극적인 계획을 강조했다. 마가는 예수께서 불완전하지만 기도를 통해 표현된 겸손하고 의존적인 믿음에 응답하시는 것을 독특하게 강조한다.

궁극적으로 예수의 죽음과 부활은 기독교 믿음의 토대를 형성한다. 심지어 십자가형 이전의 이 사건에서도 마가는 상징적으로 그리

---

6. Marcus, *Mark 8–16*, 665.

스도의 죽음과 부활을 믿음의 목적이자 표출로 묘사한다. 믿음은 그리스도의 죽음과 부활에 있어서 그리스도에 공감하는 것이다. 이는 신자를 위한 새로운 실재, 영적인 죽음을 극복하고 그리스도 안에서 새로운 생명을 받는 그 실재이기 때문이다.

더 읽을거리

추가적인 고대 문헌

믿음에 대한 유대교의 이해를 더 살펴보려면 아브라함의 믿음을 살펴봐야 한다. 많은 텍스트들이 아브라함의 믿음을 구체적으로 다루고 있다: 필론, 『아브라함의 생애에 대하여』; 마카베오1서 2:52; 시락서 44:19-20을 보라. 마가복음에 나오는 믿음과 관련된 본문은 다음과 같다: 1:15; 2:5; 4:40; 5:21-43; 10:46-52; 11:20-24; 11:27-33; 16:9-18.

영역본과 비평판

NETS

NRSV

Hanhart, Robert. *Tobit*. Septuaginta 8.5. Göttingen: Vandenhoeck & Ruprecht, 1983.

Weeks, Stuart, Simon Gathercole, and Loren Stuckenbruck, eds. *The Book of Tobit: Texts from the Principal Ancient and Medieval*

Traditions with Synopsis, Concordances, and Annotated Texts in Aramaic, Hebrew, Greek, Latin, and Syriac. FSBP 3. Berlin: de Gruyter, 2004.

이차문헌

Di Lella, Alexander A. "Two Major Prayers in the Book of Tobit." Pages 95–116 in *Deuterocanonical and Cognate Literature: Yearbook 2004.* Edited by Friedrich V. Reiterer. Berlin: de Gruyter, 2004.

Fitzmyer, Joseph A. *Tobit.* CEJL. Berlin: de Gruyter, 2003.

Marshall, Christopher D. *Faith as a Theme in Mark's Narrative.* SNTSMS 64. Cambridge: Cambridge University Press, 1989.

McDowell, Markus. *Prayers of Jewish Women.* WUNT 2/211. Tübingen: Mohr Siebeck, 1989.

Moore, Carey A. *Tobit: A New Translation with Introduction and Commentary.* AB 40A. New York: Doubleday, 1996.

Morgan, Teresa. *Roman Faith and Christian Faith: Pistis and Fides in the Early Roman Empire and Early Churches.* New York: Oxford University Press, 2015.

Schweizer, Eduard. "Portrayal of the Life of Faith in the Gospel of Mark." *Interpretation* 32.4 (1978): 387–99.

제15장
『공동체 규율』과 마가복음 9:30-50
재정의된 제자도

제프리 W. 어니(Jeffrey W. Aernie)

마가복음의 독특한 요소 중 하나는 예수와 제자들 사이의 관계에 대한 묘사다. 마가복음의 세 부분에서 예수께서는 죽음과 부활을 예고하시며(8:31; 9:31; 10:32-34), 제자들은 뚜렷하게 부정적인 방식으로 반응한다. 제자들은 마가복음 8:32-33에서 건방진 태도를 보이고, 9:32에서는 두려워하고 침묵하며, 10:35-41은 제자들의 그릇된 오만을 보여준다. 그러나 제자들의 오해를 다루는 각각의 에피소드에는 예수 사역의 본질에 대한 극적인 묘사가 이어진다(8:34-38; 9:35-37; 10:42-45). 이 세 부분에서 자신의 사역의 본질에 대한 예수의 분명한 진술은 재정의된 제자도의 패턴을 만들어낸다.

마가복음 9:30-50에는 예수께서 두 번째로 자신의 죽음과 부활을 예고하신 내용이 나온다. 예수께서 첫 번째 예고에서 베드로의 부정적 반응을 꾸짖으셨다는 사실에 비추어 보자면(8:32-33), 이 두 번째 단계에서 제자들은 두려워하며 침묵하는 것으로만 반응한다(9:32).

내러티브가 진행되면서, 두려워하는 제자들의 침묵은 갈릴리에서 가 버나움으로 가는 길에 그들의 대화 내용에 대한 예수의 질문에 대답 하지 못하면서 곧장 부끄러움의 침묵으로 바뀐다. 제자들이 그들 중 누가 제일 크냐고 쟁론하고 있었던 것을 알고 계신 예수께서는 "열 두 제자를 불러서 누구든지 첫째가 되고자 하면 뭇 사람의 끝이 되며 뭇 사람을 섬기는 자가 되어야 하리라"고 말씀하셨다(9:35). 이 짧막 한 선언에 예수의 재정의된 제자도 비전의 중심 요소가 포함되어 있 다. 예수를 따르는 자들은 문화적 지표에 따라 위대함(greatness)이 정 의되는 것이 아니라, 오히려 기꺼이 자기희생적인 겸손을 구현하는 모습으로 정의된다. 마가복음 9:36-41은 예수께서 문화적으로 볼 때 하찮은 어린 아이와 자신을 따르는 무리 밖에 있는 무명의 귀신 쫓는 사람을 환영하시는 모습을 통해 이러한 재정의된 제자도에 대한 추 가적인 예들을 제공한다. 이 단락의 마지막 부분(9:42-50)은 이러한 자 기희생적인 겸손이 수반하는 요구사항들, 즉 죄를 거절하고 평화를 추구하는 것을 강조하는 서로 밀접하게 관련된 일련의 경고들을 제 공한다.

이 단락에서 마가가 묘사하는 제자도의 독특한 성질은 제2성전 시기의 다른 유대교 공동체의 모습과 비교해볼 때 더욱 분명해진다. 제2성전 유대교 안에는 여러 가지 다양한 종류의 문화적이고 종교적 인 조직들이 있었다(예, 에세네파, 바리새파, 사두개파). 한 중요한 집단은 사해의 북서쪽 해변에 있는 쿰란 근처의 동굴에서 발견된 몇몇 사본 들과 관련된다. 이 공동체가 위계 구조에 집중하는 것은 마가복음 9:30-40에 나오는 제자도의 본질에 대한 예수의 주장과 흥미로운

유사점/차이점을 제공한다. 제2성전 유대교의 이 부분에 대한 본질
과 구조를 이해하기 위한 중요한 텍스트 중의 하나는 『공동체 규율』
(1QS)이다.

『공동체 규율』:
"어떤 이도 자기 위치에서 강등되지 않을 것이고,
어떤 이도 자기 자리 너머로 올라가지 않을 것이다."

『공동체 규율』은 사해사본이 발견된 쿰란 지역 근처에 살았던 공
동체(또는 공동체들)의 몇 가지 구조적이고 실천적인 요소들에 대한 통
찰을 제공하는 문서다. 『공동체 규율』은, 몇몇 사본 조각들의 증언으
로 인해(1QS; 4Q255-64; 5Q11; 5Q13), 공동체가 존재하는 동안 다양한 단
계에서 발전되어 온 것처럼 보인다. 이 텍스트의 남아 있는 사본 중
가장 오래된 것은 1QS가 분명한데, 이는 대략 주전 100-75년대의 것
으로 추정되고, 아마도 텍스트 전승 발전에 있어서 최종 단계를 보여
주는 것 같다. 1QS는 공동체가 시작된 이후에 나오게 된 복합 문서
(composite document)지만, 상당 부분은 본래 공동체에 참여하는 것을 확
고히 하고 지속시키기 위한 공식적인 규례들을 묘사한다. 이 텍스트
의 몇몇 부분들은 공동체의 공식 질서에 대한 특정한 통찰과 구성원
들이 어떻게 공동체의 삶과 의식에 통합되었는지에 대한 설명을 제
공한다. 공동체의 질서와 구조에 대한 이러한 설명은 마가복음
9:30-50에서 전개하는 묘사를 돋보이게 하는 역할을 한다.

규율 잡힌 입회

쿰란에 있는 이 종파 공동체에 들어가는 것은, 입회를 희망하는
자들의 정체성과 위치(position)를 형성하는 일련의 규율 잡힌 책무와
규례를 통해 결정되었다(1QS 1:16-2:19). 누군가를 공동체로 받아들일지
말지를 통제하는 규례들은 엄격했다. 입회 과정은 최소 2년의 수습
기간을 요구했고, 이 기간에 지도자들과 공동체는 입후보자들을 받
아들이는 것이 적합한지를 결정하기 위해 이들을 심사했다(1QS 6:13-
23). 만약 한 입회자가 이 수습 기간이 끝난 후 받아들여진다면, 그 사
람은 이 공동체 속으로 들어가 이 집단의 확립된 계층 구조 안에 적
절한 자리를 갖게 되었다. "공동체는 그를 입회시켜 율법과 정의와
정결의 측면에서 그에게 형제들 가운데 적절한 계급적 지위(rank)를
주고, 재산을 공유하게 할 것이다."(6:22).[1] 이렇게 입회자를 구조적으
로 받아들이는 것을 강조함으로써, 하나님을 온 마음과 영혼을 다해
구할 수 있는 공동체를 창조하고(1:1-2) 하나님께서 명령하신 모든 것
을 실행하고자 했다(1:17). 1QS의 더 넓은 내용은 이러한 목표들이 한
공동체의 독특한 정체성을 함양하는 특정한 신조들(beliefs)과 계율들
(disciplines)에 참여함으로 성취되었음을 말해준다.[2] 이러한 엄격한 입
회 자격요건들은 공동체가 구성원들의 진정성과 잠재적 기여를 결
정 짓도록 했다.

---

1.   1QS의 모든 번역은 내가 한 것이다.
2.   Carol A. Newsom, *The Self as Symbolic Space: Constructing Identity and Community at Qumran*, STDJ 52 (Leiden: Brill, 2004), 186-90.

이 공동체에 입회하는 과정에 대한 또 다른 묘사는 새로운 입회
자들의 지위(status)에 중점을 두고 있다. "그들 모두는 서로에게 복종
할 수 있도록 이해와 행위들에 따라 차례차례 질서 있게 입회되어야
한다"(5:23). 공동체 생활은 각 구성원의 위계적 지위라는 명확한 강
조점에 따라 좌우되었다. 각 개인들은 단지 확립된 계급 체계에서의
위치에 있어서만 공동체에 참여하도록 요구받았다. 구성원들의 지위
는 공동체 모임에 참여하는 것, 공동체 식사에 참여하는 것, 공동체
재산에 접근하는 것에 영향을 미쳤다. 공동체의 이러한 측면에 충실
히 참여하기를 원하지 않는 자들은 하나님의 백성 외부에 서 있는 자
들로 간주되었다(2:25-3:12). 공동체에 들어가는 것은 공동체 스스로가
만든 특정한 지침, 신념, 의식을 (자발적으로 따르는 데) 달려 있었다. 누
구든 이 공동체에 자진해서 들어올 수 있지만, 반드시 공동체의 질서
정연한 현실에 대해서 끈기 있는 헌신이 뒤따라야 했다.

규율 잡힌 지위

이 쿰란 공동체에 헌신하는 것은 입회 과정에 제한되어 있지 않
다. 각 구성원들은 공동체에 대한 헌신을 매년 새롭게 해야 했다.

[19] 그들은 벨리알이 다스리는 모든 날 동안 매년마다 다음과 같이
행할 것이다. 제사장들은 [20] 그들의 영적인 지위를 따라 이 순서의
제일 처음에 차례차례 들어갈 것이다. 레위인들은 제사장들을 뒤따
를 것이고 [21] 세 번째로 모든 공동체 구성원들이 천 명씩, 백 명씩,
오십 명씩, 열 명씩 차례차례 이 순서에 들어갈 것이다. [22] 그래서

각각의 이스라엘 백성들은 영원한 의회인 하나님의 공동체에서 자기 자신의 위치를 알게 될 것이다. [23] 어떤 이도 자기 위치에서 강등되지 않을 것이고, 어떤 이도 자기 자리 너머로 올라가지 않을 것이다. [24] 이는 그들 모두가 거룩한 의회 안에서 서로를 향해 진리와 진정한 겸손과 자비로운 사랑과 의로운 목적을 가진 공동체 안에 있기 때문이고, [25] 그들 모두가 영원한 관계 가운데 있기 때문이다.

(1QS 2:19-25)

갱신된 헌신에 대한 이러한 묘사는 공동체 구조에 대한 규율성 있는 현실을 강조한다. 이 갱신 과정은 공동체가 약속한 행위였고, 명확하게 규율 잡힌 순서를 통해 이루어졌다. 위에 언급된 제사장들에서 레위인들로 그리고 백성들로 이어지는 움직임은 공동체 내의 계급적 지위를 강조한다. 공동체에 들어가는 것은 자발적이지만, 각각의 구성원들은 집단 안에서 특정한 지위를 갖고, 거기에서 벗어나는 것은 부적절했다.

이어지는 1QS 단락은 공동체가 개최한 모임들에서 사용된 절차에 대해 묘사하며 규율 잡힌 계급적 지위에 대한 개념을 다시 한번 강조하며 되풀이한다.

[8] 제사장들은 첫 번째 자리에 앉을 것이고, 장로들은 두 번째에 앉을 것이다. 그리고 난 다음 나머지 [9] 모든 백성들이 그들의 위치를 따라서 앉을 것이다. 이 순서에 있어서 그들은 재판이나 검토할 것이나 많은 사람들과 관련된 문제를 요구받고, 각 사람은 자신의 지식을

[10] 이 공동체 의회에 전한다. 어떤 사람도 형제가 말을 끝내기 전까지는 이웃의 말을 중단하지 말아야 한다. [11] 누구도 더 높은 계급적 지위에 있는 사람을 앞서서 말하지 말아야 한다. (1QS 6:8-11)

여기에서 다시 이 공동체의 계급적 성질은 개별 구성원들의 사회적이고 공동체적인 계급적 지위—먼저는 제사장들, 다음은 장로들, 그리고 공동체의 나머지—에서 비롯된다. 제2성전 유대교의 다른 분파들과 그리스-로마 세계의 다른 제도들과 마찬가지로, 쿰란 공동체에 참여하는 것은 구성원들의 규율 잡힌 지위에 의존한다. 이 구조화된 실재와 어긋나게 되는 것은 아마도 공동체의 신학적 정체성과 구조에 대한 모욕으로 이해됐을 것이다. 충실하게 참여하지 않는 자들은 부정한 것으로 간주되었을 것이고, 공동체의 삶에서 받아들여지지 않았을 것이다.

마가복음 9:30-50:
"누구든지 첫째가 되고자 하면 뭇 사람의 끝이 되며 뭇 사람을 섬기는 자가 되어야 하리라"

재정의된 지위

마가복음 9:30-32에 나오는 예수의 죽음과 부활에 대한 두 번째 예고는 제자들로 하여금 예수의 사역이 창조하고자 하는 공동체의 재정의된 본질에 대해서 생각하게 만든다. 지위에 관한 제자들의 논쟁에 대한 답변으로, 예수께서는 하나님 나라 공동체에 포함될 사람들의 양상이 극적으로 뒤바뀌게 될 것임을 말씀하신다. 예수께서는 한 아이에게로 제자들의 주의를 끄시면서 "누구든지 내 이름으로 이런 어린 아이 하나를 영접하면 곧 나를 영접함이요"(9:37)라고 단언하신다. 주후 1세기의 문화적 맥락에서 어린이들은 대체로 사회적으로 열등하고 하찮게 여겨지곤 했다. 그러므로 예수께서 어린이를 예로 드신 것의 의미는 익명의 한 어린이가 가졌을 법한 겸손이나 천진함이 아니라 어린이에게는 사회적 지위가 없었다는 사실에 기초하고 있다. 제자들은 위대한 지위를 얻는 것에만 초점을 맞추고 있었지만 ("그들이 … 길에서 서로 누가 크냐 하고 쟁론하였음이라", 9:34), 예수께서는 제자들의 평가 중심을 뒤집어엎으려 하셨다. 예수를 따르는 자들은 예수 자신과의 관계에 따라서 평가되는 것이지 특정 계급 구조에 순응하는 것과는 아무 관련이 없다. 『공동체 규율』에서 전개하는 계급적 지위에 대한 강조와는 달리 예수를 따르는 자들로 이루어진 공동체는 십자가 처형—즉, 십자가에서 "뭇 사람을 섬기는 자"(9:35)의 모범을 보여주신 예수의 십자가 처형—에 나타난 사회적 역전 현상(social inversion)을 모방하는 것에 의해 정의된다. 이 공동체에 참여하는 자들은 사회적 계급에서 높은 위치로 나아가지 않고, 현재 상태에 머물지도 말아야 한다. 대신에 예수의 제자들은 자신들의 문화적이고 종교적인 배경에서 지위가 없는 자들과도 관계를 맺을 수 있도록 공동체 안에서 낮은 자리를 체현하여 살아내도록 요구받는다.

재정의된 입회

『공동체 규율』에서 전개하는 엄격한 공동체 경계들과는 달리, 예수를 따르는 자들로 이루어진 공동체의 본질적인 의미를 규정하는 경계들은 아주 허점투성이다. 이 공동체에 들어가는 것은, 후보자가이 집단의 생활에 참여하는 것이 적합한지를 결정 짓기 위해 사용되는 일련의 엄중한 요구 사항들을 통해서 정해지지 않는다. 비록 제자들은 (귀신을 쫓을 능력이 있는) "어떤 자"가 예수를 가장 가까이서 따르는 자들 중에 있지 않다는 사실로 인해—"우리를 따르지 아니하므로"(9:38)—그를 책망했지만, 예수께서는 제자들을 나무라셨다. 예수께서는 이 공동체의 구성원이 되는 방식을 다양하게 확립하셨다. 이 공동체에 들어오는 과정은 일련의 연간 입학시험(annual examinations)에 의해서가 아니라, 예수에 대한 헌신에 의해 결정되었다.

그러나 예수께서 개시하신 공동체에서 충실함이 요구되지 않는 것은 아니다. 마가복음 9:42-50에 나오는 서로 밀접한 관련이 있는 경고들은, 1QS에 나타나는 충실함에 엄격한 강조가 예수를 따르는 자들로 이루어진 공동체도 형성하고 있음을 강조한다. 쿰란 공동체를 특징짓는 진실하고 끊임없이 지속되는 헌신이 예수께서 제자들에게 하신 경고에도 나타난다. 손이나 발이나 눈이 하나님 나라에 들어가지 못하게 한다면 그것을 버리라는 예수의 과장된 요구는 『공동체 규율』에서 전개하는 정결에 대한 엄격한 요구를 생각나게 한다. 이 두 공동체의 형태와 각 공동체 참여자들의 지위는 매우 다양하지만, 보다 넓은 공동체에 대한 충실함을 강조하는 것은 마가복음과『공동체 규율』둘 다에 울려 퍼지는 특징이다.

마가복음 9:35에 나오는 예수의 극적 진술과 이어지는 예증 자료 (illustrative material)들은 가치들의 재정의를 보여준다. 예수의 제자가 되는 것은 한 사람의 전 존재를 방향 전환할 것을 요구한다. 예수께서 마가복음 9:30-50에서 창조하고자 하셨던 제자 공동체에서는 그 정체성과 정신을 주변 문화 환경과 현존하는 종교 구조에 기원을 두지 않는다. 이에 반해 이 공동체의 정체성은 예수 자신의 삶과 죽음과 부활의 희생적 섬김에 의해 특징지어진다. 하나님 나라 공동체의 순서는 계급적 지위가 아니라—먼저 된 자가 나중 되고 가장 위대한 자가 가장 적은 자가 되는—역전 현상(inversion)에 의해서 정의된다.

더 읽을거리

추가적인 고대 문헌

아마도 쿰란 공동체와 연결되어 있을 가능성이 높은 더 넓은 엣세네 파 운동에 대한 외부적 묘사를 위해서는 요세푸스(『유대고대사』 13.171-73; 18.19-22; 『유대전쟁사』 2.119-61)와 필론(*Prob.* 75-91)에 나오는 묘사를 보라. 『다메섹 문서』와 『전쟁 두루마리』와 같은 또 다른 분파적 문서들은 쿰란 공동체의 신학과 실천에 대한 추가적인 통찰을 제공한다. 마가복음 9:30-50은 마태복음 17:22-23; 18:1-9와 누가복음 9:43-50; 17:1-2의 평행 본문이다. 제자도의 재정의된 본질에 대해 마가복음의 다른 본문들을 살펴보려면, 마가복음 3:20-35; 8:31-38; 10:32-45; 12:28-34을 참조하라.

영역본과 비평판

Burrows, Millar, with the assistance of John C. Trevor and William H. Brownlee, eds. *The Dead Sea Scrolls of St. Mark's Monastery.* Volume II: Plates and Transcription of the Manual of Discipline. New Haven: American Schools of Oriental Research, 1951.

Charlesworth, James, ed. *The Dead Sea Scrolls: Rule of the Community and Related Documents (Hebrew, Aramaic, and Greek Texts with English Translations).* PTSDSSP. Tübingen: Mohr Siebeck, 1995.

García Martínez, Florentino, and Eibert J. C. Tigchelaar, eds. *The Dead Sea Scrolls: Study Edition.* 2 vols. Leiden: Brill, 1997–98.

Parry, Donald W., and Emanuel Tov. *The Dead Sea Scrolls Reader.* 6 vols. Leiden: Brill, 2004.

이차문헌

Hempel, Charlotte. "Community Structures in the Dead Sea Scrolls: Admission, Organization, Disciplinary Procedures." Pages 67–92 of vol. 2 in *The Dead Sea Scrolls after Fifty Years: A Comprehensive Assessment.* 2 vols. Edited by Peter W. Flint and James C. VanderKam. Leiden: Brill, 1998.

Henderson, Suzanne Watts. *Christology and Discipleship in the Gospel of Mark.* SNTSMS 135. Cambridge: Cambridge University Press, 2006.

Hurtado, Larry W. "Following Jesus in the Gospel of Mark—and Beyond." Pages 9–29 in *Patterns of Discipleship in the New Testament*. Edited by Richard N. Longenecker. Grand Rapids: Eerdmans, 1996.

Knibb, Michael A. *The Qumran Community*. Cambridge: Cambridge University Press, 1987.

Newsom, Carol A. *The Self as Symbolic Space: Constructing Identity and Community at Qumran*. STDJ 52. Leiden: Brill, 2004.

Tigchelaar, Eibert. "The Dead Sea Scrolls." Pages 204–27 in *Early Judaism: A Comprehensive Overview*. Edited by John J. Collins and Daniel C. Harlow. Grand Rapids: Eerdmans, 2012.

제16장
미쉬나 깃틴(이혼 증서)과 마가복음 10:1-12
결혼과 이혼

데이비드 인스톤-브루어(David Instone-Brewer)

예수와 바리새인들의 대화는 마가복음에서 점점 심화된다. 바리새인들은 이전에 예수께 세 가지 질문을 했다. 모두 음식과 관련된 질문이었다. 첫 번째는 누구와 먹었는지에 대한 질문이고(2:16), 두 번째는 왜 예수의 제자들이 안식일에 이삭을 자르고 있었는지에 관한 질문이며(2:23-24), 세 번째는 왜 제자들이 먹기 전에 손을 씻지 않았는지에 대한 질문이다(7:5). 그리고 마가는 이어지는 바리새인들의 세 가지 질문을 "시험"(test)이라고 특징짓는다. 첫 번째는 바리새인들이 예수의 지위를 시험하기 위한 표적을 요구했던 것이고(8:11), 마지막 세 번째는 바리새인들이 책잡기 위한 질문으로 예수를 시험했던 것이다(12:13-15). 중간에 나오는 두 번째는 이혼에 관한 질문("사람이 아내를 버리는 것이 옳으니이까?")인데, 이 또한 "시험"으로 불린다(10:2). 이는 아마도 바리새인들이 예수를 함정에 빠뜨려 대중적이지 않은 견해를 말하게 하려 했기 때문인 것 같다. 우리는 예수의 대답에서 그분이 가장 대중적인 이혼 유형(type)을 거절하셨다는 사실을 알 수 있다.
대부분의 사람들은 결혼 계약에 파기 조항이 있음을 확실히 하기 위
해 그 유형에 의존했다. (마 19:10에 따르면) 제자들조차도 파기 조항이
없이 결혼하는 것을 꺼렸다.

　　예수와 바리새인들의 이혼 논쟁은 고대 랍비들의 논쟁 기록에
자주 나오는 형태로 기록되어 있다. 전형적으로 간략한 이 설명에는
매우 축약된 주요 요점만을 담고 있다. 독자는 마음속으로 이 요점들
을 확대하고, 그것들 사이의 연결 관계를 정하며, 모든 암시들의 근
원을 인식해야 한다. 이 논문에서 우리는 이러한 암시들을 설명하기
위해 마가복음 10:1-12을 미쉬나에서 가져온 엄선된 논고들(tractates)
과 비교할 것이다.

미쉬나:
"남자는 …가 아니고서는 그의 아내와 이혼하지 말아야 한다."

　　랍비들의 논의는 먼저 구두로 전달되었고, 나중에 미쉬나(Mish-
nah), 토세프타(Tosefta), 그리고 두 개의 탈무드(Talmuds)로 기록되었다.
이 구전에서 비롯된 형태는 아마도 가장 고정된 형식이었을 것이다.
학자 공동체가 전승들을 암송하면서 서로 교정해주었기 때문이다.
나중에 글로 기록된 이러한 논의들에는 암송된 전승들 사이의 차이
에 대한 설명이 포함되었다(예, 미쉬나 훌린 8:1; 미쉬나 오할로트 8:1을 보라).
네 개의 기록된 자료들은 모두 동일한 구조를 따르고, 후자의 두 자

제16장 미쉬나 깃틴(이혼 증서)과 마가복음 10:1-12   **261**

료(두 탈무드–역주)는 미쉬나에 대한 주석이기에, 가장 초기의 전승은 하나 이상의 자료에 나타나는 경향이 있다.

텍스트	미쉬나	토세프타	예루살렘 탈무드	바벨론 탈무드
내용	가장 초기 전승들	미쉬나 + 추가된 전승들	(미쉬나로 가정됨) + 이에 대한 논의들	(미쉬나가 포함됨) + 이에 대한 논의들
기록 연대	약 주후 200년	약 주후 300년	약 주후 350년	약 주후 450년
기록 장소			예루살렘	바벨론

이혼에 관한 논의는 가장 긴 구두 자료, 즉 힐렐과 샴마이 학파들 사이의 600개가 넘는 일련의 논쟁들 사이에서 발견된다.[1] 이 논쟁은 미쉬나 논고인 깃틴(이혼 증서)에 기록되어 있다.

> 샴마이 학파는 한 남자가 그가 자신의 아내에게서 수치스러운 일을 발견한 경우를 제외하고 그녀와 이혼하지 말아야 한다고 말한다. 이 것은 "남편이 아내에게서 **수치스러운 일을 발견하여**"라고 기록되었기 때문이다[신 24:1]. 그리고 힐렐 학파는 아내가 남편의 요리를 망쳐도 (이혼의 사유가 될 수 있다고) 말한다. 왜냐하면 "남편이 아내에게서 **수치스러운 일을 발견하여**"라고 기록되었기 때문이다[신 24:1]. (미쉬나 깃틴 9:10)[2]

---

1. 랍비 힐렐과 샴마이는 주전 1세기에 살았고, 그들의 제자들은 복음서 저자들이 "바리새인"이라고 부르는 자 중에 있다.
2. 미쉬나의 모든 번역은 www.RabbinicTraditions.com/index.php?m.Git.9.10. Italics indicates citation of the OT에서 이용할 수 있는 텍스트에 대한 저자의 문자적인 번역이다.

이혼에 대한 알려진 근거

이 논쟁의 배경은 힐렐 학파가 창안한 이혼에 대한 새로운 입장으로, 이는 보통 "어떤 이유"로 인한 이혼이라고 불렸다. 이 이혼은 이혼에 대한 어떤 특정한 근거를 증명할 필요가 없기 때문에 현대의 "과실 책임자를 따지지 않는"(no-fault) 이혼에 해당된다. 이혼에 대한 알려진 근거는 (출 21:10-11에 근거한) 음식, 옷, 부부관계를 제공하겠다는 혼인 서약을 깨는 것뿐 아니라 (신 24:1에 근거한) 간통이었다. 이러한 의무들은 아래의 파피루스에 나오는 것과 같이 그 시대의 전형적인 결혼 계약에 명시되어 있었다.

> 모세와 유대인들의 율법에 따라 나는 너에게 먹을 것을 줄 것이고 네게 입을 옷을 마련해 줄 것이다. 나는 너에 대한 '케투바'(ketuvah)를 써서 너를 (내 집으로) 데려갈 것이다. 나는 너에게 당연히 지불해야 할 음식과 옷과 침대와 더불어 … 총 400데나리온(denarii)을 지불할 의무가 있다. (P. Yadin 10 [AD 126])[3]

'케투바'는 이러한 조항들을 지키지 못하여 결과적으로 아내와 이혼한 남편이 지불하는 돈을 나타낸다. 1세기 이후에는, 법정에서 남편이 아내와 이혼하기를 "원할" 때까지 그를 회초리로 때릴 수도 있었지만, 이혼에 대한 주도권을 가질 수 있는 것은 남자였다(미쉬나

3.　Yigael Yadin, Jonas C. Greenfield, and Ada Yardeni, "Babatha's Ketubba," *Israel Exploration Journal* 44 (1994): 75-101.

아라힌 5:6). 마찬가지로 남편들도 혼인 서약을 어긴 아내와 이혼할 수 있었고, 이 경우에 남편은 '케투바'를 지불하지 않았다. 그러나 힐렐 파 사람들은 남성이 어떤 서약도 어기지 않은 아내와 이혼하는 방법 을 찾아냈다.

"어떤 이유"로 인한 이혼

간통으로 인한 이혼의 근거를 제공하는 신명기 24:1의 표현은 히 브리어에서는 조금 낯설다. 이 표현을 글자 그대로의 영어로 옮기면 "만약 … 남편이 아내에게서 한 가지 일에서 수치스러움(indecency of a thing)을 발견한다면"이 된다. 샴마이파 사람들은 대부분의 영역본이 해석하듯 이 구절이 "한 가지 수치스러운 일"(a thing of indecency)을 말 하는 것처럼 해석하며, 이 표현이 간통을 언급하는 것으로 이해했다. 힐렐파 사람들은 이 표현이 간통을 나타낸다는 것에는 동의했지만, "일"(thing)이라는 단어가 불필요하고, 누구든 단어들의 순서를 진지 하게 고려한다면, "일"이 명시되지 않은 별도의 이혼에 대한 근거를 나타낸다고 결론 내릴 수 있다고 주장했다. '일'이라는 단어(히브리어 의 '다바르'[davar])는, "말"이라는 의미를 포함해서 넓은 의미 범위를 가 지고 있고, 법정적인 맥락에서는 "원인"을 의미할 수도 있다. 그러므 로 힐렐파 사람들은 신명기 24:1에 나오는 이 표현이 이혼에 대한 두 가지 이유, 즉 "간통"과 "어떤 이유"를 함축하고 있다고 말했다.

힐렐파 사람들이 새롭게 소개한 "어떤 이유"로 인한 이혼은 빠르 게 인기를 얻었다. 1세기 유대교 작가 필론과 요세푸스는 둘 다 그것 을 언급했고, 요세푸스는 두 번이나 언급하기까지 했다. 심지어 여성

들조차도 이 새로운 유형의 이혼을 좋아했다. 왜냐하면 이러한 이혼
에서는 여성들이 '케투바'를 지급받을 수 있었기 때문이고, 무엇보다
이러한 조건 아래에서는 법정 소송에서 자신들의 가정생활을 노출
시킬 필요가 없이 품위를 지킬 수 있게 해주었기 때문이다. 이는 아
마 요셉이 마리아와 "가만히" 이혼하기를 원하는 것으로 칭송받는
이유이기도 하다(마 1:19).

요세푸스 (『유대고대사』 4.253)	필론 (특별한 법들에 대하여 3.30)	바리새인 (마태복음 19:3)
함께 살고 있는 아내와 이혼하기를 원하는 자는, 어떤 이유로 …[4]	또 다른 명령은, 어떤 이유로 남편과 헤어진 한 여성이 …[5]	어떤 이유로 아내와 이혼하는 것이 합법적인가? (ESV)

마가복음 10:1-12
"남편이 아내를 버려도 됩니까?"

이혼의 근거

마가복음은 독자들이 위에서 언급한 이혼에 대한 랍비들의 논쟁
에 대해 모두 알고 있으며, 바리새인들의 질문인 "남편이 아내를 버
려도 됩니까?"(10:2)의 의미를 이해하고 있음을 전제하고 있다. 그런

---

4.   H. St. J. Thackeray and Ralph Marcus, trans., *Josephus: Jewish Antiquities, Books 4–6*, LCL (Cambridge: Harvard University Press, 1930).

5.   F. H. Colson, trans., *Philo: On the Decalogue. On the Special Laws, Books 1–3*, LCL (Cambridge, Harvard University Press, 1937).

데 이 질문은 "16살 아이가 마셔도 됩니까?"와 같은 질문처럼 오해의 소지가 있다. 왜냐하면 모든 인간은 마시는 것이 필요하기 때문이다. 그렇다고 이 현대적 표현에 "알코올 음료"라는 단어를 더하는 것은 지나치게 세세한 것에 얽매이는 것 같다. 모든 사람들이 이것이 질문의 주제라는 것을 알고 있기 때문이다. 마찬가지로 초기 1세기에 "남편이 아내를 버려도 됩니까?"라는 질문을 "어떤 이유"로 인한 이혼에 관한 것이라고 명시하는 것은 지나치게 세세한 것에 얽매이는 것이 되었던 것 같다. 왜냐하면 이는 당시의 큰 이혼 논쟁이었기 때문이다. 그러므로 모든 사람들은 이 정도의 내용이 함축되어 있다는 사실을 알고 있었다.

그러나 마태복음이 쓰일 무렵에는 "어떤 이유"로 인한 이혼이 우세했기 때문에 추가적인 내용이 포함될 필요가 있었고, 이 논쟁은 빠르게 잊혀졌다. 마태는 자신의 독자들을 돕기 위해 다음과 같은 표현을 더했다. "내가 너희에게 말하노니 누구든지 음행[즉, 수치스러운 일]한 이유 외에 아내를 버리고 다른 데 장가 드는 자는 간음함이니라"(마 19:9). 이 예외 조항은 우리가 소위 샴마이파 사람들의 슬로건이라고 부르는 것, 즉 "그가 그녀에게서 **수치스러운 일**을 발견하는 것 **외에**"(미쉬나 깃틴 9:10—이것은 특히 마 5:32의 그리스어와 비슷하다)에 대한 매우 문자적인 그리스어 번역이다. 삼마이파 사람들은 신명기 24:1에 이혼에 대한 추가적인 근거가 없다고 주장한다. 즉, 이 구절은 간통을 말하는 "수치스러운 일을 제외하고" 다른 어떤 것에 대한 이혼을 언급하지 않았다. 마태복음에서는 예수께서 이 문제와 관련해서 샴마이파 사람들의 편을 드셨다는 것은 분명하다. 마가의 결론도 같은 것을 나타낸다. "이르시되 누구든지 그 아내를 버리고 다른 데에 장가 드는 자는 본처에게 간음을 행함이요, 또 아내가 남편을 버리고 다른 데로 시집가면 간음을 행함이니라"(10:11-12).

이러한 예수의 입장은 거의 모든 사람들이 이미 새로운 힐렐파 사람들의 법을 사용하고 있었기 때문에 극적으로 중요했다. 예수께서 그 법을 거부하였을 때, 사실상 힐렐파 사람들의 이론이 무효하다고 말씀하셨던 것이다. 그러므로 예수께서 지적하셨듯, 만약에 그들이 나중에 다른 누군가와 "결혼"한다면, 사실상 "간통"을 저지르는 것이다. 왜냐하면 그들이 이전에 했던 결혼이 아직도 유효하기 때문이다. 이것은 "다시 결혼하는 이혼한 사람은 간통을 저지르고 있다"고 간단하게 말할 수 있다. 서로 약간의 차이가 있기는 하지만 이는 모든 공관복음에 나오는 요약문이다(마 5:32; 19:9; 막 10:11-12; 눅 16:18). 마가복음에서 이 결론은 단지 제자들에게만 사적으로 계시된다(10:10-12).

주후 70년에 예루살렘이 파괴당하고 샴마이파 사람들은 사라지게 되었다. 그래서 랍비 율법학자들조차도 이 논쟁을 잊어버렸다. 이것은 3세기 두 랍비들의 논쟁에 나타난다. 거기 보면, 그 둘은 샴마이파 사람들이 이혼을 간통의 경우에만 허용했다고 생각하면서 샴마이파 사람들의 "수치스러운 일 외에는 어떤 것도"라는 슬로건을 오해한다(예루살렘 소타 1.1, 1a). 그러나 우리는 샴마이파 사람들이 (출 21:10-11에 근거하여) 음식, 옷, 사랑의 의무를 이행하지 않은 것도 이혼의 근거로 인정하기도 했다는 것을 알고 있다. 왜냐하면 그들이 이전 전승에서 이혼을 초래할 수 있는 최저한도(minimum quantities)에 대해서 논의했기 때문이다(미쉬나 케투보트 5:5-8). 교부들도 동일한 방식으로 이 표현을 오해했다. 이는 놀라운 일이 아니다. 왜냐하면 교부들은 예수께서 샴마이 학파 사람들의 "수치스러운 일 외에는 어떤 것도"라는 슬로건을 인용하고 있으시다는 것을 깨닫지 못했기 때문이다(참조, 마 19:9). 이는 교부들이 이 논쟁의 원래 맥락이 신명기 24:1에서 얼마나 많은 이혼에 대한 원인을 발견할 수 있는지와 관련되어 있다는 것을 알지 못했음을 의미한다. 그리고 이것은 오늘날에도 많은 해석가들이 계속해서 놓치고 있는 문맥적 통찰이기도 하다.

결혼에 대한 지침

바리새인들에 대한 예수의 답변 대부분이 본래의 질문과 관계가 없다는 것이 마가의 요약에는 분명하게 나타난다. 예수께서는 이혼에 관한 질문을 받으셨지만, 결혼에 대해 말씀하심으로써 답하셨다. 예수께서는 두 가지 주제, 완악함(hard-heartedness)과 일부다처제(polygamy)에 관심을 가지셨는데, 여기에서 예수는 힐렐파 사람들만이 아니라, 거의 모든 유대인들과 의견이 일치하지 않으셨다.

대부분의 유대인들은 간통이 발생했다면 이혼하는 것이 옳고 심지어 경건하기까지 한 행동이라고 생각했다. 예수께서는 이것(이러한 생각)을 예레미야 3-4장에 묘사된 하나님께서 최종적인 이혼에 이르기 전까지(렘 3:8) 그분의 신부인 이스라엘의 반복된 부정함(infidelities)을 용서하신 방식과 대조하셨다. 예수께서는 마가복음 10:5에서 "완악한 마음"("너희 마음이 완악함으로", 개역개정)이라는 표현을 사용하심으로써 하나님께서 이스라엘을 다루셨던 것을 암시하셨다. 이 단어는 앞선 시기의 그리스어 문헌들에는 나타나지 않지만, 칠십인역 번역

자들은 이 단어를 만들어서 딱 세 번만 사용했다(신 10:16 칠십인역; 렘
4:4 칠십인역; 시락서 16:10). 이 중에서 예레미야에 사용된 용례만이 이혼
과 관련되어 있다. 그래서 고대의 유대교 독자들은 이 연결점을 놓쳤
을 리가 없었을 것이다. 이는 어떤 식으로든 레위기 16장을 언급하는
것이 없이 영어 단어 "희생양"(scapegoat)을 사용하는 것과 같았다. 사
실상, 예수께서는 이혼이 부끄러워할 줄 모르는 이스라엘의 반복된
죄악—그 죄들은 이따금씩 회개가 수반된 경범죄가 아니었다—과 마
찬가지로 혼인 서약을 깨고자 하는 "완악함" 때문에 허용되었음을
예레미야가 보여주었다고 말씀하신 것이다.

　또한 예수께서는 일부다처제에 반대하셨다. 이것은 팔레스타인에
사는 유대인들이 일반적으로 받아들이고 실천하는 것이었다. 이러한
사실은 가장 완전히 보존된 가족 문서(family archive)에 의해 입증된다.
이 문서는 고대에서 살아남은 것으로서 쿰란 근처의 동굴에 문서 바
구니를 묻은 바바타(Babatha)라는 여성의 것이다. 이 문서들은 그녀가
과부가 되었고, 이후에 이미 한 명의 아내가 있었던 남성과 결혼했다
는 것을 보여준다.[6] 일부다처제는 쿰란에 사는 자들과 팔레스타인 밖
에서 일부다처제를 불법으로 규정한 로마의 치하에서 살아가는 자들
모두가 반대하는 것이었다. 각각의 그룹은 다양한 방식으로 성경에
토대하여 자기주장을 했고, 예수께서는 이 둘을 모두 언급하셨다.

　쿰란의 『다메섹 문서』에는 다음 두 개의 구약 텍스트를 결합함으

6.　바바타의 혼인 계약에 대해서는 Yigael Yadin, Jonas C. Greenfield, and Ada
　　Yardeni, "Babatha's Ketubba," *IEJ* 44 (1994): 75-101을 보라. 그리스어로 되어
　　있는 바바타 문서들을 위해서는 http://papyri.info/ddbdp/p.babatha을 보라.

로써 일부일처제를 변호하는 내용이 있다.

> [4:21] 창조의 기초는 "그분이 창조하신 남자와 여자이다"[창 1:27].
> [5:1] 그리고 (노아의) 방주에 들어갔던 사람들은 둘씩 둘씩 그 방주로
> 들어갔다[창 7:9]. (CD 4:21-5:1)[7]

이들의 주장은 "남자와 여자"라는 표현이 두 성경 본문(창 1:27; 7:9)에서 같은 의미를 지니고 있고, 그래서 홍수 이야기는 우리에게 결혼이 언제나 한 쌍의 사람들로만 이루어져야 한다는 것을 말해준다는 것이다. 마가는 동일한 도입구인 "창조 때로부터"를 사용함으로써 그의 독자들이 이 수사 어구(trope)를 인식하도록 도왔다(10:6).

로마 치하에 있던 디아스포라 유대인들은 좀 덜 복잡한 방법을 사용했다. 그들은 창세기 2:24을 번역할 때, 마가복음 10:8에서 발견되는 것처럼("그 둘이 한 몸이 될지니라"), "둘"이라는 단어를 더했다. 이것은 칠십인역에 더해진 것이고, 후에는 시리아어와 라틴어에 더해졌고, 나중에는 아람어 타르굼에도 추가되었지만, 히브리어 텍스트에는 결코 존재하지 않았던 말이다.

이 매우 축약된 논쟁을, 고대 랍비들이 기록한 동일한 논쟁을 확

---

7.   J. M. Baumgarten and D. Schwartz, "Damascus Document (CD)," in *The Dead Sea Scrolls: Hebrew, Aramaic, and Greek Texts with English Translations, Volume 2: Damascus Document, War Scroll, and Related Documents*, ed. James H. Charlesworth, PTSDSSP 2 (Tübingen: Mohr Siebeck; Louisville: Westminster John Knox, 1995), 19, 21에서 가지고 온 번역이다.

대하기 위해 사용한 것과 같은 방법론을 활용하여, 확대하려고 할
때, 우리는 마가복음 10:1-12에 나오는 광범위한 논의를 발견하게 된
다. 몇몇 랍비들은 예수께 와서 힐렐파 사람들의 새로운 견해인 "어
떤 원인"으로 인한 이혼에 대한 입장을 물었다. 그러나 예수께서는
결혼에 대해서 말씀하시는데 관심이 있으셨다. 예수께서는 마가복음
10:5에서 하나님과 이스라엘의 결혼을 암시하셨다. 그 결혼은 이스
라엘이 그녀의 서약을 뉘우치지도 않고 반복적으로—즉, "완악하
게"(렘 4:4, 칠십인역)—깨뜨리고 나서야 비로소 이혼으로 끝나게 되었
다. 그리고 예수께서는 마가복음 10:6-8에서 다른 유대인들이 같은
목적으로 사용한 텍스트를 인용하심으로써 일부일처제를 옹호하셨
다(창 1:27; 2:24).

또한 예수께서는 하나님께서 모든 결혼에서 증인이시기 때문에
"사람이 나누지 못할지니라"고 말씀하기도 하셨다(10:9). 예수께서는
이 명령문(원문에는 명령법 χωριζέτω으로 되어 있고, 몇몇 영어 성경들은 let을 써서
이를 간접명령문으로 옮기고 있다—역주)을 사용하심으로써 이혼이 일어나
는 것이 불가능하다는 것을 말씀하시는 것이 아니다. 그러나 이 명령
문은 어떤 인간도 파경을 일으키지 **말아야 한다**는 것을 나타낸다. 이
것은 예수께서 힐렐파 사람들의 당사자 쌍방의 책임을 묻지 않는 이
혼(no-fault divorce: 즉, 어떤 이유로 인한 이혼—역주)에 반대하셨다는 것과 일
치하고, 이는 깨어진 혼인 서약을 이혼에 대한 유일한 근거로 만든
다. 예수의 가르침에서 부당한 취급을 받은 파트너가 이혼을 결심할
수 있지만, 단지 그 파트너가 완악한(hard-hearted) 파혼을 겪은 경우에
만 가능하다. 하지만 이런 일은 결코 일어나지 **말아야 한다**.

이 본문은 예수께서 도덕 문제를 다룬 유일한 곳으로 마가복음에서 두드러진다. 반면에 마태복음과 누가복음은 대부분 Q에 나타나는 또 다른 윤리적인 문제들을 다루었다.[8] 이 본문은 서신서에서 직접적으로 언급하는 예수의 유일한 윤리적 가르침이다(참조, 고전 7:10). 그러므로 이 가르침이 마가의 독자들에게 깊은 실천적인 영향을 주었을 가능성이 있다. 그러나 우리가 살펴보았듯이, 고대의 랍비 논쟁에 친숙해지는 것이 결혼과 이혼에 대한 예수의 가르침을 분명히 이해하는 데 필수적이다.

더 읽을거리

추가적인 고대 문헌

미쉬나 깃틴(이혼 증서) 9:10의 평행 자료는 신명기 시프레(Sipre Deuteronomy) 269와 예루살렘 탈무드 소타 1.1, 1a에서 발견된다. 또 다른 초기 유대교 혼인 계약(Naphtali Lewis, Yigael Yadin, Jonas C. Greenfield, eds., *The Documents from the Bar Kokhba Period in the Cave of Letters: Greek Papyri*, Judean Desert Studies 2 [Jerusalem: Israel Exploration Society, 1989])과 유대인 여자의 이혼증명서에 대한 번역본(David Instone-Brewer, "Jewish Women Divorcing Their Husbands in Early Judaism: The Background to Papyrus Se'elim 13," *HTR* 92 [1999]: 349–

---

8.   Q는 독일어 Quelle("출처")의 줄임말로 마태와 누가가 공통으로 사용한 가설 자료를 지칭한다.

57)도 보라. 예수의 입장과 동일한 일부다처제에 대한 쿰란의 논의는
CD 4:20-5:6에 나온다.

영역본과 비평판

Blackman, Philip. *Mashnayoth*. New York: Judaica, 1979.

Danby, Herbert. *The Mishnah: Translated from the Hebrew with
Introduction and Brief Explanatory Notes.* Oxford: Oxford
University Press, 1933.

Neusner, Jacob. *The Mishnah: A New Translation.* New Haven: Yale
University Press, 1988.

RabbinicTraditions.com에는 미쉬나와 탈무드의 경우, 손치노(Son-
cino) 판이, 토세프타와 예루살렘 탈무드의 경우, 뉴스너(Neus-
ner) 판이 있다. 이 웹사이트에서는 병행 본문들을 보여주고 영
어, 히브리어/아람어로 검색 가능하다.

이차문헌

Archer, Leone J. Her Price Is beyond Rubies: The Jewish Woman in
Greco-Roman Palestine. JSOTSup 60. Sheffield: Sheffield Academic
Press, 1990.

Heth, William A., and Gordon J. Wenham. Jesus and Divorce. London:
Hodder & Stoughton, 1984.

Instone-Brewer, David. Divorce and Remarriage in the Bible: The
Social and Literary Context. Grand Rapids: Eerdmans, 2002.

제17장
「종말론적 권고」와 마가복음 10:13-31
부, 가난, 그리고 신자들

마크 D. 매튜스(Mark Mathews)

예수께서 마가복음에 나오는 지나친 열심이 있는 부자 청년에게 하신 도전과 이어서 나오는 일반적으로 부자들이 구원받기 어렵다는 설명은 제자들을 슬프고 놀라게 할 뿐 아니라 극도로 경악하게 한다(10:22, 24, 26). 이에 대하여 제자들/우리는 구약과 초기 유대교에서 축복의 표식으로 여겨지던 부와 신약에 나타난 부에 대한 이와 같은 분명한 거부 사이의 불일치를 어떻게 조화시킬 수 있을까? 이번 장의 목표는 이러한 차이점에 다리를 놓는 데 도움을 주는 것이다. 이 질문에 대한 대답은 히브리 성경의 예언 전승에서 묘목 같은(seedling) 형태로 발견되지만, 그 견고한 뿌리는 제2성전기 유대 문헌, 특히 「종말론적 권고」(Eschatological Admonition)로 알려진 에녹 문서에 있다(에녹1서 108장).

「종말론적 권고」:
"하나님을 사랑하는 자들은 금과 은을 사랑하지 않았다."

부와 언약

본래 신명기에 가장 분명하게 규정되어 있는 신명기 전승은 하나님께 대한 언약적 신실함이 땅의 상속과 평화와 정치적 지배로부터의 자유를 통해 그의 백성들의 삶 속에 드러날 것임을 분명히 한다. 더욱 중요한 것은 신자들에게도 물질적인 축복이 약속되었다는 것이다. 이러한 축복은 은과 금뿐 아니라(신 8:13), 농업의 풍요와 많은 자손의 형태로 표현되었다(신 28:3-11). 그래서 이스라엘 내에서 신실한 모범이 되는 인물 대부분에 있어서 부에 대한 묘사가 수반되었다(예, 창 13:5-6; 26:12-14; 대하 9:13-22).

이 예언 전승에서 우리는 하나님의 백성 중에 있는 가난한 자들을 압제하는 부유한 유대교 지도자들에 대한 비판을 보기 시작한다. 그러나 이러한 비판은 부 자체에 대한 것이 아니고, 이에 대한 거부를 요구하는 것도 아니다. 이 비판은 단순히 유대교 지도자들이 탐욕으로 권위를 남용했음을 묘사해줄 뿐이다. 이 고발에서 유대교 지도자들의 부는 하나님의 복이 아니라는 사실을 분명히 하기 위해 부당한 것으로 분류된다(호 12:7-8; 암 4:1; 미 2:1-2; 6:12; 슥 11:5).

그러나 제2성전기에 이르러 언약 담론에 있어서 극적인 변화가 나타난다. 이때 신자들은 부를 거부하는 자들로 묘사되고, 부자들에게는 거만하고 억압하는 죄인들이라는 딱지가 붙여진다. 「종말론적 권고」는 이러한 세계관의 변화를 하나님의 신실한 백성들과 관련하여 볼 수 있게 해주는 창을 제공해준다.

에녹 전승

「종말론적 권고」는 에녹서의 마지막 부록이고, 에티오피아 전승에만 존재하며 아람어나 그리스어 사본으로는 어떠한 증거도 남아 있지 않다. 게다가 쿰란에 있는 사해문서에도 그 내용이 발견되지 않는다. 「종말론적 권고」는 에녹 전승에 가장 나중에 추가된 것일 가능성이 크고, 기록 연대는 아마도 주후 1세기 후반에 기록된 공관복음과 동일할 것이다.

이 문서는 에녹 전승에 새로운 개념을 도입하며, 어쩌면 스스로를 『에녹1서』의 초기 전승에 반영된 공동체들에 대한 후기의 발현(a later expression)으로 여기는 한 공동체의 신념과 관심사를 나타내기도 한다. 그러나 이 문서에 나타나는 저자와 공동체의 다양한 관심사는 의인들의 고난과 부/가난의 문제에 대한 공동체의 지속적인 논의로 인해 에녹 전승에 통합되었던 것 같다. 의인들을 부자들에 의해 압제 당하는 구별된 집단으로 제시하는 초기 에녹 전승—특히 에녹의 편지(에녹1서 91-105장)—과는 달리 「종말론적 권고」에서 고난과 가난이라는 생활 방식은 확정된 지위(determined status)이자 하나님과 언약에 대해 자신이 갖는 관계를 나타낸다.

부와 하나님에 대한 사랑

예를 들면, 「종말론적 권고」에서 하나님께서 신실하다고 여기시는 자들은 경제적인 용어로 "금과 은과 세상에 있는 어떤 좋은 것들

제2성전기 문헌으로 읽는 마가복음

도 사랑하지 않는" 자들로 묘사된다(에녹1서 108:8).[1] 이 언어는 자발적인 사회적 비주류의 처지를 나타낸다. 이러한 처지에서 하나님을 사랑하는 것과 은과 금을 사랑하는 것은 상호배타적이다(참조, 눅 16:13). 또한 이 문서는 죄인들의 행위를 기록하고 있는 책(에녹1서 108:7)과는 대조적으로 "그 책들"(the books)에 기록된 축복을 언급하기도 한다(에녹1서 108:10). 이는 현시대에 주어지지는 않지만, 오직 시험을 인내하는 결과로서 주어지게 되는 미래의 보상에 대한 기대를 시사한다. 스스로 신실한 자임을 입증하기 위해서는 부와 현시대에 속한 다른 모든 즐거움을 완전히 거부해야 한다. 신실한 자들은 이 시대의 세속적 특성(temporal nature)을 잘 알고 있으며, 미래에 있을 하늘의 보상을 고대한다.

신자들을 반대하는 자들은 "죄인들"과 "악을 행하는 자들"로 분류되지만, 이들에 대한 묘사에는 에녹의 편지의 경제 관련 언급들이 명시적으로 나타나지 않는다(에녹1서 97:8-10). 게다가 저자는 신자 공동체의 뚜렷한 특징으로서 토라에 대한 순종을 강조하기도 한다(에녹1서 108:2). "너희 부자들이여"나 "너희 죄인들아"와 같이 반대자들을 2인칭으로 부르는 내용이나 그들이 신자들을 압제하는 것에 대한 비판이 등장하지 않는다는 사실은 이 후기 에녹 공동체가 어떤 계획적인(programmatic) 박해를 경험하지 않았음을 시사한다. 그러나 이 후기 공동체는 하나님에 대한 신실함 속에서 부를 거부하는 자들로서의

---

1. 『에녹1서』의 모든 번역은 다음의 책에서 가지고 온 것이다. Daniel C. Olson, *Enoch: A New Translation* (North Richland Hills, TX: BIBAL, 2004).

자신들의 정체성을 확고히 하기 위해 스스로를 에녹 전승에 귀속시
켰다. 하나님이나 부를 사랑하는 것, 하늘이나 세상을 사랑하는 것과
미래의 보상에 대한 약속 사이에 구성된 대조는 믿는 자들의 표지가
토라에 대한 순종과 부에 대한 완전한 거부임을 나타낸다. 이는 신자
들의 표지를 부자들에 의한 박해를 경험하는 것이라고 보는 초기 에
녹 전승에서의 발전을 보여준다.

마가복음 10:13-31:
"재물이 있는 자는 하나님의 나라에 들어가기가 심히 어렵도다!"

「종말론적 권고」와 마가복음 10:13-31 사이에는 몇 가지 고려할
사항이 있다. 그중에 특히나 중요한 것은 부자가 영원한 생명을 얻기
위해 자신의 재물을 처분해야 한다는 분명한 요구다. 이렇게 부와 거
리를 두어야 한다는 입장은, 「종말론적 권고」에서 "하나님을 사랑하
는 자들은 금과 은을 사랑하지 않고 세상에 있는 모든 좋은 것들을
사랑하지 않는다"라는 진술로 명확히 표명되었고(에녹1서 108:8), 예수
와 부자 청년의 만남을 통해서도 분명하게 표현된다.

제자도와 재산 처분
부자 청년은 십계명에 대한 자신의 순종을 자신이 하나님을 사
랑하는 것에 대한 증거로 여기며 대화를 시작한다(10:17-20). 그러나
예수께서는 토라에 대한 순종에는 자신의 재산을 처분하는 것이 수

반되어야 한다고 말씀하심으로써 그 부자가 진정으로 사랑하는 것이 무엇인지를 드러내신다. "네게 아직도 한 가지 부족한 것이 있으니 가서 네게 있는 것을 다 팔아 가난한 자들에게 주라. 그리하면 하늘에서 보화가 네게 있으리라 그리고 와서 나를 따르라(10:21; 참조, 에녹1서 108:2, 8)." 이 부자 청년은 영원한 생명과 하늘의 보화를 얻고 하나님과 함께 하기 위해 자신의 재물을 기꺼이 처분하게 될까? 대답은 '아니오'다. 왜냐하면 "그에게는 재산이 많았기 때문이다"(10:22, 새번역). 이 부자의 태도는 율법을 지키는 것과 부를 가지는 것이 동시에 일어날 수 있음을 보여주는데, 이는 「종말론적 권고」에서 나타나는 바와는 다르다. 이는 예수의 요청이 「종말론적 권고」와 유사한 어떤 전승과 관련되어 있다는 인상을 준다.

동시에 예수께서는 이 부자 청년에게 적대적이지 않으셨다. 반대로 본문은 예수께서 "그를 사랑하셨다"고 말한다(10:21). 그러나 이 부자와 예수를 신실하게 따르는 삶 사이를 가로막는 한 가지는 그가 재산을 처분하기 꺼렸다는 것이다. 이는 낙타가 바늘귀로 나가는 것이 부자가 하나님의 나라에 들어가는 것보다 쉽다는 이어지는 예수의 언급에서 알 수 있다(10:25). 다시 말해, 개인의 부를 축적하는 것과 예수를 따르는 제자도는 양립할 수 없다. "재물이 있는 자는 하나님의 나라에 들어가기가 심히 어렵도다!"(10:23). 또한 예수께서는 재물을 버리고 자신을 따르는 자들이 이생에서 핍박을 받게 될 것이라고 약속하시는데(10:30), 이러한 생각은 「종말론적 권고」에도 나온다(에녹1서 108:8). 그러나 마가 전승은 이러한 박해가 부하고 힘 있는 자들 때문에 발생한다고 보지 않는다. 오히려 신자들의 박해는 예수와 그 나라에 대한 헌신 때문에 발생하게 될 것이다.

이생에서의 소유

그러나 우리가 「종말론적 권고」에서 보게 되는 것보다 마가 전승에서 더욱 완화된 관점을 보여주는 요소들이 있다. 예수께서는 마가복음 10:30에서 부를 포기하는 자들이 "내세"("영원한 생명")만이 아니라, "현세"(금생)에도 백배나 받게 될 것이라도 약속하신다. '이미, 그러나 아직은 아닌' 구도(already/not yet scheme)에서 '이미'는 아마도 동료 제자들이 서로의 재산에 접근할 수 있는 것을 의미하는 것 같다. 우리는 마르다가 베드로(마 8:14)와 요한(요 19:27)이 그랬던 것처럼 집을 소유하고 있었다는 것을 알고 있다(눅 10:38). 게다가 그중에서도 요안나와 수산나는 자기들의 소유로 예수와 제자들의 생활을 부양했다(눅 8:3). 그러므로 예수의 약속은 신자들이 하나님 나라의 의무를 수행할 때 동료 신자들로부터 주거와 생계를 구할 수 있는 자리에 접근할 수 있음을 의미한다(참조, 히 13:2; 요삼 5-8). 이것은 재산 그 자체에 대한 노골적인 거부를 드러내기 보다는 소유에 대한 공동체적 공유에 대해 더 많은 것을 보여준다(참조, 행 2:44-47; 4:32-37).

전승들을 조화시키기

그러면 예수께서 제자들에게는 어느 정도의 재산을 유지하게 하면서 부자에게는 영생을 얻기 위해 모든 재산을 처분하고 가난한 자들에게 주어야 한다고 말씀하시는 것을 어떻게 조화시킬 수 있을까? 몇몇 학자들은 예수께서 그를 따르는 자들에게 순종하라고 하셨을 때 각각 그 제자도의 수준이 달랐을 것이라고 제안한다.[2] 제자들 대부분이 집을 소유하고 있었고 다른 사람들은 자신들의 소유로 예수의 사역을 도왔지만, 예수께서 몇몇 사람들에게는 모든 것을 다 버리기를 요구하셨다는 것이다. 하지만 예수께서 요구하시는 제자도의 수준이 각기 달랐을 것이라는 제안은 받아들이기 힘들다. 왜냐하면 예수와 가장 가까운 자들이 예수의 죽음 후에 하나님 나라의 말씀을 보여주고 전한 자들이기 때문이다. 게다가 열두 제자들보다 더 위대한 방식으로 "모든 것"을 버려야 했던 "다른" 제자들에 대한 언급이 없다. 사실, 베드로는 "우리가 모든 것을 버리고 주를 따랐나이다"라고 주장했다(10:28). 그렇다면 문제는 "모든 것"이 문자적으로 모든 것을 버리는 것과 더 관련이 있을지, 아니면 "금과 은과 세상에 있는 모든 좋은 것들"이 아닌 "하나님을 사랑하겠다는" 확고한 입장을 취하는 것과 더 관련이 있을지에 대한 것이다(에녹1서 108:8). 즉, 이러한 도전은 하나님 나라를 위해 사회적 지위와 수치를 기꺼이 감내하려는 의지를 지향하는 것일 수 있는데, 이는 「종말론적 권고」에 분명하게 표명된 입장이다(에녹1서 108:10-11).

부자와 마가복음 10:13-16에 나오는 어린아이들 사이의 대조는 우리에게 몇 가지 추가적인 통찰을 제공한다. 예수께서는 아이들을 기꺼이 받아들이셨지만, 제자들은 아이들을 예수께로 데리고 오는 자들을 꾸짖었다. 확실히 예수께서는 대수롭지 않은 아이들로 인해

---

2.   예를 들어, Robert H. Gundry, *Matthew: A Commentary on His Literary and Theological Art* (Grand Rapids: Eerdmans, 1982), 388을 보라.

방해받으시기에는 너무나도 중요하고 바쁘신 분이셨다. 그러나 부자
는 예수를 만나는 것이 허용되었다. 제자들은 부자가 예수께 다가오
는 것을 전혀 제지하지 않았다. 사실, 제자들은 부자가 하나님 나라
의 유력한 후보가 아니라는 사실에 "놀랐다"(10:24, 26). 그렇다면 예수
께서는 사회경제적인 세계의 (일반적인) 기대를 뒤집어엎으신 것이다.
고대 세계에서 아이들은 사회계급의 가장 바닥에 있었다.[3] 더군다나
아이들은 재산에 대한 애착도 없었고 제공할 수 있는 어떤 재산도 없
었다. 아이들에게는 (소유가 아닌) 오직 필요만이 있었다. 이것은 부자
의 명예와 아이들의 수치 사이의 대조를 보여주는 것 같다. 동일한
사상 패턴이 「종말론적 권고」에도 나타난다. 거기에 보면 의인들이
반대자들로부터 "욕설과 비난을 경험하고" "수치를 당한다"(에녹1서
108:10). 게다가 그들은 "마땅히 받을 만한 상을 받지 못한다"(에녹1서
108:11). 만약 명예-수치 범주가 마가복음에 나타나고 있다면, 예수의
요청이 「종말론적 권고」와 유사한 전승의 흐름과 일치하다고 제안
하는 것이 가능할 수 있다. 그러므로 하나님 나라에 들어가는 자는
강하고 부유한 자들이 아니라 지위가 없고 제공할 것이 없는 자들이
다(참조, "먼저 된 자로서 나중 되고 나중 된 자로서 먼저 될 자가 많으니라", 막 10:31).
이것이 가난한 자처럼 되기를 꺼리는 부자를 하나님 나라에서 배제
하는 이유다.[4]

---

3.   Christian Laes, *Children in the Roman Empire: Outsiders Within* (Cambridge: Cambridge University Press, 2011), 174.

4.   자신의 재물을 가지고 가난한 자들에게 나누어주는 것은 시락서에 강조되어 있다(4:1-6; 29:10-13). 에녹 전승에서 부자는 결코 "비천한" 의인들을 돕

아마도 이 마가복음 본문에서 우리가 주목해야 할 가장 흥미로운 부분은 우리가 부와 언약적 신실함과 관련하여 두 개의 상반되는 전승이 나란히 놓여있는 것을 보는 것이다. 한편으로 예수께서는 개인이 부를 축적하는 것을 완전히 거부하는 것처럼 보이는 요구, 즉 부자 청년이 자신의 재물을 처분해야 한다고 말씀하심으로써 하나님에 대한 그의 사랑을 도전하셨다. 부자는 그렇게 하지 못했고, 이는 그가 하나님 나라에 적합하지 않은 인물임을 입증해주었다. 다른 한편으로, 그 부자—일반적으로 부자들—가 하나님 나라에 들어가지 못하는 것에 대해 제자들이 충격을 받았다는 사실은 그들이 부를 신명기적 관점에서 보고 있다는 것을 나타낸다. 마가가 이 두 전승을 대조함으로써 예수께서 물질적인 부를 언약적 신실함의 표식으로 보는 신명기적 사상을 약화시키고 있음을 드러내고 있으며, 이는 동시에 (앞 내용과 연결되어) 누가 하나님의 나라에 들어가기에 적합한 자인지를 보여주는 사회학적 함의를 불러일으키기도 한다.

더 읽을거리

추가적인 고대 문헌
제2성전 시대는 부의 문제를 다루는 다양한 문헌을 제공하지만, 일

는 것을 고려하지 않는 자들로 묘사되고(에녹1서 96:5), 후자(의인들)는 설사 도움이 주어진다고 해도 받아들이지 않을 것이다(에녹1서. 104:6).

부 텍스트들은 서로 반대되는 기대를 가지고 있다. 「관찰자의 책」(에녹서 1-36)과 같은 초기 에녹 전승은 부자와 가난한 자 사이의 차이를 각각 악하고 의로운 자로 보는 토대를 놓았지만, 부자를 오만하고 압제하는 죄인으로 가장 분명하게 묘사하는 것은 「에녹의 편지」(『에녹1서』 91-105)다. 벤 시라의 지혜(시락서)는 풍요가 현시대를 살아가는 신자들의 기대된 몫이라고 가장 명확하게 표현한다. 몇몇 학자들은 이러한 두 전승이 서로 대화를 나누며 읽혀져야 한다고 제안한다. 솔로몬의 지혜도 지혜와 관련해서 부에 대한 근본적인 기대를 증언하면서, 동시에 의인들과 악인들을 물질적인 부의 관점에서 대조하기도 한다.

영역본과 비평판

Knibb, M. A. *The Ethiopic Book of Enoch*. 2 vols. Oxford: Clarendon, 1978.

Nickelsburg, George W. E., and James C. Vanderkam. *1 Enoch: A New Translation*. Minneapolis: Fortress, 2004.

Olson, Daniel C. *Enoch: A New Translation*. North Richland Hills, TX: BIBAL, 2004.

이차문헌

Hengel, Martin. *Property and Riches in the Early Church: Aspects of a Social History of Early Christianity*. London: SCM, 1974 [= 『초기 기독교의 사회경제사상』, 감은사, 2020].

Mealand, David L. *Poverty and Expectation in the Gospels*. London: SPCK, 1980.

Murphy, Catherine M. *Wealth in the Dead Sea Scrolls and in the Qumran Community*. STDJ 40. Leiden: Brill, 2002.

Schmidt, Thomas E. *Hostility to Wealth in the Synoptic Gospels*. JSNTSup 15. Sheffield: JSOT Press, 1987.

Stuckenbruck, Loren. *1 Enoch 91–108*. CEJL. Berlin: de Gruyter, 2007.

제18장
『회중 규율』과 마가복음 10:32-52
종말론적 이스라엘의 영광과 위대함

존 K. 굿리치(John Goodrich)

마가복음 중반부는 예루살렘을 향해 가는 "길 위에" 계신 예수의 여행 이야기를 들려주는 것으로 유명하다(참조, 8:27; 9:33, 34; 10:17, 32, 46, 52). 이 부분에는 "제자도의 길"에 대한 예수의 유사한 가르침도 등장한다. 이 중간 부분은 대략 세 부분으로 나뉠 수 있다. 각 부분에는 핵심적인 기독론적 주제가 순환적으로 나타나고, 처음과 끝부분은 평행하는 두 맹인 치유 기사에 의해 뚜렷하게 감싸여져 있다.

점진적이고, 비밀스럽게, 한 맹인을 치유하심(8:22-26)			
예수에 대한 확언	8:27-30	9:2-29	10:17-18, 26-28
수난 예고	8:31	9:30-31	10:32-34
이해하지 못하는 제자들	8:32	9:32	10:35-40
새로워진 부르심과 가르침	8:33-9:1	9:33-50	10:41-45
완전하고, 공개적으로, 한 맹인을 치유하심(10:46-52)			

마가복음 8:22-10:52의 구조[1]

---

1. Adapted from M. Eugene Boring, *Mark: A Commentary*, NTL (Louisville:

이 도표가 보여주는 세 번째 순환(cycle)의 후반부(10:32-45)는 마가복음 중반부에서 가장 재미있는 부분이다. 여기에는 공관복음 전체에 잘 알려진 여러 사적인 대화 중 하나(10:35-45)가 등장할 뿐 아니라, 마가복음 전체에서 가장 노골적인 수난 예고에 대한 내용(10:32-34)도 나온다. 이 본문에서 야고보와 요한은 예수께 나아가 특별한 요구를 한다. 그들의 요청―"주의 영광 중에서 우리를 하나는 주의 우편에, 하나는 좌편에 앉게 하여 주옵소서"(10:37)―은 제자들의 야심을 드러내주면서 동시에 우리에게 불편해 보이기도 한다. 사실, 제자들은 바로 앞에서 누가 크냐고 쟁론한 것 때문에 책망받았었기 때문에(9:33-35), 이 쟁점은 왜 제자들이 감히 또 다시 이 주제를 꺼냈을지에 대해서 우리를 의아하게 만든다. 어떻게 제자들은 예수께서 "무엇이든지 제자들이 구하는 바를" 해주어야 할 뿐만 아니라(10:35), "주의 영광 중에서" 그들에게 특별한 자리를 주어야 한다(10:37)고 요청할 수 있었을까?

우리는 종말론적 영광과 위대함에 대한 열망이 초기 유대교, 특히 사해문서에서 일반적이었다는 사실을 인식할 때, 제자들의 요청 이면에 있는 동기를 더 잘 이해하게 된다. 이 책의 앞선 내용에서 이미 『공동체 규율』이 소개되었다. 예수와 야고보와 요한 사이에 벌어진 대화의 본질을 이해하는데, 관련된 쿰란문서―즉, 『회중 규율』―와 비교해보는 것이 도움이 될 수 있다.

Westminster John Knox, 2006), 231

『회중 규율』:
"그들은 각기 자신의 영광에 따라 그 앞에 앉을 것이다"

'메시아 규율'(Messianic Rule)이라고도 알려진 『회중 규율』은 주전 75년 이전 어느 시점에 기록된 쿰란의 중요한 작품이다. 이 작품은 아홉 개의 사본 파편들이 4번 동굴에만 남아있었다는 사실과(4QSa-i = 4Q249a-i) 현존하는 가장 완전한 사본(1QSa = 1Q28a)이 『공동체 규율』 (1QS)과 같은 유명한 두루마리에 덧붙여져 있었다는 사실을 통해서 볼 때 그 중요성은 명백하다. 그리고 『회중 규율』은 『축복 규율』로 알려진 두 번째 문서와 더불어 훨씬 더 긴 1QS 문서의 부록으로 역할 한다. 따라서 『회중 규율』의 길이는 히브리어로 기록된 52개의 행으로 이루어진 두 개의 단(columns)뿐이지만, 짧은 길이와는 어울리지 않게 매우 중요하다.

종말론적인 지도자와 자격 조건

이 규율집의 내용은 쿰란 공동체의 구성(organization)과 특히 관련이 있다. 하지만 이 문서를 매우 특별하게 만드는 것은 종말론적 방향성이다. 『회중 규율』은 "마지막 날 이스라엘 회중"을 위해 교육과 공동체 형성에 관한 정책과 지침을 제공하기 위한 목적으로 기록되었다(1:1).[2] 즉, 이 문서는 이스라엘에게 약속된 종말론적 지도자인 제

---

2.   1QSa에 대한 모든 번역은 다음에서 가져온 것이고, 강조는 필자의 것이다. James H. Charlesworth, ed., *The Dead Sea Scrolls: Hebrew, Aramaic and Greek Texts with English Translations*, Volume 1: Rule of the Community and Related

사장이자 왕(즉, 메시아)이 도래하고 이스라엘과 적대자들 사이에 마지막 전쟁이 도래하기 전의 기간에 하나님의 백성들을 구성하는 것과 관련이 있다. 그러므로 이 문서에 규정되어 있는 것은 마지막 날에 수립될 사회종교적 위계 질서―개인의 다양한 발달 단계에 근거하여 공동체 생활과 봉사에 참여하는 정도를 포함하는―였다.

개인의 종교적 발달에 관한 지침은 공동체의 가장 나이가 어린 자에서부터 가장 나이가 많은 자로 전개된다. 예를 들면, 회중에서 가장 나이가 어린 구성원들은 종교 교육에만 참여한다. "그들은 젊은 시절부터 '하구서'(the Book of Hagu, "공동체 교육 규범")로 그[어린 자]를 가르칠 것이고, 그의 나이에 따라 언약의 법령으로 깨우칠 것이다. 그리고 그가 이해하는 정도에 따라, 그들은 그에게 교훈을 가르칠 것이다"(1:6b-8a). "선과 악"에 대해 배우는 성인의 나이인 20세에는 참여자들이 그들의 지파 집단(tribal clan)에 [정식으로] 등록하는 것이 허용되고, 회중의 시민이 되어 결혼도 할 수 있게 된다(1:8c-11a). 구성원들이 25살이 되면, "회중의 봉사를 수행하기" 시작할 수 있는데, 이것은 그들이 (가장 하찮은 수준에서) 공동체 방위군에 참여할 수 있게 되는 것을 의미했다(1:12b-13a; 참조, 1:21, 26). 그리고 30살이 되면 봉사의 기회는 정말로 많아졌다.

> 그리고 (나이가) 30살이 되면 법률 사건과 재판을 결정하고, 이스라엘의 천부장과 백부장과 오십부장과 십부장들 사이에서 단호한 태도

를 보이며, 아론의 아들들인 제사장들을 따라 그들의 모든 가족 안에
서 지파를 위한 재판장이자 지휘관이 되는데 근접하게 될 것이다.
(1:13b-16a)

여기에서 우리는 종말론적 이스라엘 안에 임명될 다양한 계급의
지도자들—지파 재판장들과 지휘관들뿐만 아니라 다양한 종류의 정
치 지도자들과 군사 통치자들을 포함하여—이 있음을 알게 된다.[3]
『회중 규율』은 이러한 책임 있는 지위들이 얼마나 경쟁력이 있고 가
치 있는 것인지에 대해서 어디에서도 언급하지 않고, 단지 이러한 직
책들이 제사장적 지도자에 의해서 임명되었다고 전할 뿐이다. 그럼
에도 불구하고 명예와 사회적 지위에 대한 강조를 고려해 볼 때(참조,
1:18; 2:14-21), 우리는 대부분의 성인 남성들이 더 높은 수준의 권위를
탐냈을 것이라고 추정할 수 있다.

나이 외에도, 한 개인의 직위를 결정하기 위해 다양한 기준이 사
용되었다. "그의(즉, 그 구성원의) 이해와 그의 길의 완전함에 따라 그는
형제들 사이에서 자기 일의 봉사를 위한 자리를 맡기 위해 자신의 역
량을 강화시킬 것이다. … 그리고 한 남성이 나이가 많아지면 그의
능력에 따라 그들은 그에게 회중 봉사의 의무를 줄 것이다"(1:17-19).
『회중 규율』에 따르면 "능력"은 신체적·정신적·종교적 능숙함을 의
미한다(참조, 1:19-22). 이는 회중의 모든 구성원들이 다 지도자적 직위

3.　군사 단위로서의 "1,000", "100", "50"을 위해서는 민수기 31:5, 14, 48,
　　52-54과 신명기 33:17을 보라.

를 위한 자격을 갖추고 있었던 것이 아님을 암시한다. 사실 특별하게
숙련되고 경건한 사람들만이 비개방적인 공동체 의회(즉, '야하드'[Ya-
had] 의회, 1:27-2:3)에 참여할 수 있었던 반면, "다리나 손이 불구가 된
자, 다리 저는 자, 보지 못하는 자, 듣지 못하는 자, 말 못 하는 자를
포함해서"(2:5-6) 종교적 부정과 중요한 신체적 질병이 있는 자들은
회중의 중요한 모임에 직접적으로 참여할 수 없었다(2:3-10). 다양한
고통을 가진 자들은 중개자들(intermediaries)을 통해 의회에 참여할 수
있었고(2:9b-10), 『회중 규율』은 동료의 계급이 "중요하든지 그렇지 않
든지"(문자적으로는 "크든 작든"; 1:18)와 관계없이 각 사람이 동료를 존중
할 것을 명령한다. 하지만 "영광"과 "위대함"은 한 사람의 경건과 지
식과 기술에 따라 부여되었다.

메시아의 리더십 윤리

조직적 계급과 리더십 정신은 아마도 회중 의회의 잔치(2:11-22)—
즉, 식탁 공간에 출입하고 참여하려면 특정한 의전을 따라야 하는 더
크고 더욱 포괄적인 모임—에 관한 법령에 가장 분명하게 나타나는
것 같다. 『회중 규율』은 최고 제사장이 "이스라엘과 그의 모든 형제
들로 이루어진 전체 회중의 지도자"로 먼저 입장하고(2:12-13), 이어서
하급 제사장들이 뒤를 따라 들어가서, "각각 자신의 영광에 따라 최
고 제사장 앞에 앉는" 방법에 대해 설명해준다(2:13-14). 그리고 나서
메시아가 입장하고 남은 평신도들이 뒤이어 입장하여 "각각 자신의
영광에 따라서" 자리에 앉게 된다(2:15-17). 심지어 음식을 먹는 것도
계급에 근거한 엄격한 질서를 따라야 한다. "그(즉, 제사장)는 빵의 첫

번째 부분과 새 포도주를 축복하고, 제일 먼저 빵에 그의 손을 뻗어야 한다. 그리고 이것이 있고 난 뒤에 이스라엘의 메시아가 그 빵에 자신의 손을 뻗어야 한다. 그리고 그 후에 공동체의 모든 회중이 각 사람의 영광을 따라서 축복하고 먹어야 한다"(2:19-21). 이렇게 메시아와 제사장은 의회 식사가 진행되는 동안 자신들의 우선성과 우위성을 취하면서 공동체의 계급 구조를 강화한다.

『회중 규율』에서 영광과 위대함을 강조하는 것은 쿰란 공동체의 형제애와 사회적 **평등**이라는 미사여구(rhetoric)에도 불구하고, 어떻게 그들이 뚜렷한 정치적 **불평등** 가운데 분명하게 나타나는 계급과 지위에 대한 강조를 유지했는지를 보여준다.[4] 그러한 계급은 초기 유대교 공동체를 포함한 모든 고대 지중해 사회에서 일반적인 것이었기 때문에 우리를 놀라게 할 것 같지는 않다. 마가복음은 이러한 강조점들 중 일부를 공유하며, 동시에 다소 주목할 만한 방식으로 그러한 강조점들을 전복시키기도 한다.

4.　Yonder Moynihan Gillihan, *Civic Ideology, Organization, and Law in the Rule Scrolls: A Comparative Study of the Covenanters' Sect and Contemporary Voluntary Associations in Political Context*, STDJ 97 (Leiden: Brill, 2012), 484.

마가복음 10:32-52:
"너희 중에 누구든지 크고자 하는 자는
너희를 섬기는 자가 되어야 한다."

종말론적 리더십과 자격 조건

『회중 규율』과 마가복음 10:32-52 사이에는 수많은 접촉점이 존재한다. 『회중 규율』과 같이 마가복음도 회복된 이스라엘의 리더십 문제를 다룬다. 하나님의 종말론적인 나라는 정확히 야고보와 요한이 예수의 "영광"을 언급하면서 마음에 생각하고 있던 것이다(10:37; 참조, 마 20:21에서는 "나라"). 실제로 마가복음에서 단 두 차례 더 나오는 "영광"이라는 단어는 모두 인자(사람의 아들)의 파루시아 권능과 관련되어 나타난다(8:38; 13:26). 게다가 고대에 군주 옆에 앉는 것은 위대한 권위를 의미했다(참조, 시 110:1). 그러므로 야고보와 요한이 "주의 영광 중에서 우리를 하나는 주의 우편에, 하나는 좌편에 앉게"(10:37) 해달라고 요구할 때, 다른 제자들도 다름 아닌 예수 자신의 종말론적 통치에 참여하게 해달라고 요청하는 것이다.

공정하게 말하자면, 야고보와 요한이 그런 담대한 요청을 한 것이 그렇게 놀랍지는 않다. 위에서의 분석이 보여주듯 종말론적 왕좌와 계급에 대한 믿음은 모든 유대교에 통용되는 것이었고, 종종 "하늘 아래의 모든 나라의 통치와 권세와 위세가 가장 높으신 분의 거룩한 백성들에게 양도될 것"이라는 다니엘서의 예언에 종종 뿌리를 두

고 있었다(단 7:27; 참조, 단 7:9, 26).[5] 게다가 우리는 바로 앞 본문에서 예
수께서 제자들에게 "오는 시대에" 그들이 받게 될 부(fortunes)의 역전
에 대해서 어떻게 말씀하셨는지를 기억해야 하고(10:28-31), 예수께서
복음서 전체에 걸쳐서 반복적으로 이스라엘의 서기관들 및 제사장
들과 부딪치심으로써 결국에는 그들이 제거되고 대체될 것임을 어
떻게 나타내셨는지를 기억해야 한다(참조, 12:9). 따라서 야고보와 요한
이 예수께 다가갔을 때, 그들은 아마도 회복된 이스라엘을 다스리는
일에 있어서 그들이 관여하게 될 것이라고 생각하고 있었던 것 같다
(참조, 마 19:28; 눅 22:30).

그러나 예수께서는 "누구를 위하여 준비되었든지 그들이 얻을
것이니라"라고 설명하셨다(10:40). 다시 말해, 예수께서는 제자들의
요청을 거절하신 것이 아니라, 자신의 좌우편에 앉는 것은 자신이 아
닌 아버지께서 주시는 것임을 나타내신 것이다. 그럼에도 불구하고
예수께서는 이 직위의 근원을 밝히시기 전에 그 나라의 자리가 특정
한 자격 조건을 가지고 있다고 이야기하셨다. 첫째로, 높은 자리는
현생에서 고난받는 것에 좌우된다. "내가 마시는 잔을 너희가 마실
수 있으며 내가 받는 세례를 너희가 받을 수 있느냐?"(10:38). 여기서
잔과 세례는 고난을 상징한다(참조, 14:23-24, 36). 그러므로 예수께서는
자신과 함께 **영화롭게** 되려면 자신과 함께 **고난**도 받아야 하는데(참조,
롬 8:17-18), 이것은 제자들이 겪어야 할 것으로 예비된—사실은 예정

---

5. 마가복음 10:35-45에 나오는 다니엘 7장의 더 많은 암시들을 참조하려면 다
    음을 보라. Brant Pitre, "The Ransom for Many, the New Exodus, and the End
    of Exile," *Letter & Spirit* (2005): 41-68, at 44.

된—운명이라고 말씀하셨다(10:39). 그렇다 하더라도 예수께서 문제
가 된다고 생각하신 것은 야고보와 요한의 야망이 아니라 치러야 할
희생에 대한 그들의 무지였을 것이다.

제자들은 또한 더 높은 자리에 오르려는 경쟁적 욕구로 인해 부
적절하게 동기 부여가 된 것처럼 보이기도 한다. 이는 이전에 열두
제자들 사이에서 서로 누가 크냐는 논쟁을 일으킨 추동력이기도 했
고(9:33-34), 마가복음 10:41에 이어지는 그들의 후속 논쟁도 아마 같
은 쟁점에 초점을 맞추는 것 같다. 이 논쟁들은 전부 하나님 나라의
본질과는 전혀 맞지 않는 건강하지 못한 사리사욕을 드러내는 것이
다.

그래서 예수께서는 자신을 따르는 자들이 보여주어야 하는 리더
십의 종류에 대한 가르침을 제시하기 시작하셨다. "이방 사람들을
다스린다고 자처하는 사람들은 백성들을 마구 내리누르고 고관들은
백성들에게 세도를 부린다"(10:42, 새번역). 예수께서는 열두 제자에게
"너희 중에는 그렇지 않을지니"라고 경고하신다. "너희 중에 누구든
지 크고자 하는 자는 너희를 섬기는 자가 되고 너희 중에 누구든지
으뜸이 되고자 하는 자는 모든 사람의 종이 되어야 하리라"(10:43-44).
여기서 예수께서는 나라들의 지도자들이 행사하는 것과 대조를 이
루는 리더십 윤리를 소개하신다. 로마가 "종 리더십"(servant leadership)
에 대한 이론을 제시하기는 했지만,[6] 이방의 통치자들은—예수의 세

---

6. David Seeley, "Rulership and Service in Mark 10:41-45," *NovT* 35 (1993):
    234-50; Adam Winn, "Tyrant or Servant? Roman Political Ideology and
    Mark 10.42-45," *JSNT* 36 (2014): 325-52을 참조하라.

번째 수난 예고에 드러나 있듯—늘 압제적이었고 학대하는 자들이었다(10:33).[7]

그리고 예수께서 "위대해지기를 원하는" 사람과 "첫째가 되고자 하는" 사람에 대해 확언하신다는 점을 미루어 볼 때(10:43-44을 말함—역주) 야망은 그의 관심사가 아니다. 대신 그의 관심은 그를 따르는 자들을 자기 자신보다는 **타인**의 이익으로 이끄는 데에 있다. 하나님의 지도자들은 겸손과 종 됨을 보여주면서 자신들이 이끄는 자들의 종과 노예가 되어야 한다. 형식적으로가 아니라 의도와 마음가짐에 있어서 말이다.

메시아의 리더십 윤리

이러한 방식의 종 됨 리더십은 예수 자신의 자기 내어줌을 모델로 하고 이에 따라 동기가 부여된다. 권위 있는 "인자"이신 예수께서 "섬김을 받으려 함이 아니라 도리어 섬기려 하고 자기 목숨을 많은 사람의 대속물로 주려고" 오신 것과 같은 방식으로(10:45), 하나님 나라의 리더들도 그들의 권위를 이기적으로 사용하면 안 되고, 희생적으로 행사해야 한다. 그들이 비록 조롱당하고, 침 뱉음과 채찍질을 당하며, 결국 예수처럼 죽임당하게 되지는 않더라도(10:34), 하나님 나라의 리더들은 자신들이 이끄는 자들의 유익을 위해 기꺼이 자기 자신을 희생해야 한다.

---

7. 또한 Tessa Rajak, "The Angry Tyrant," in *Jewish Perspectives on Hellenistic Rulers*, ed. T. Rajak et al. (Berkeley: University of California Press, 2007), 110-27을 보라.

우리가 다루는 본문의 끝부분에 한 적절한 예가 이어진다. 예수께서는 길에서 한 맹인 거지의 끈질긴 부르짖음을 들으시고(10:47-48), 보게 해달라는 그의 요구를 자비롭게 들어주신다(10:51-52). 예수께서는, 바디메오—그의 고통으로 인해 이스라엘의 종말론적 회중의 내부에 속할 수 없었던(1QSa 2:5-9)—를 겸손하게 보살피심으로써, "모든 사람의 종"이 되는 법을 보여주셨고(10:44), 동시에 예루살렘으로 가는 그분의 길에 한 명의 헌신된 제자를 얻으셨다.

요약하면, 『회중 규율』과 마가복음 10:32-52은 종말론적 이스라엘의 정치적 계급에 대한 비전을 공유하고 있지만, 그 둘 사이에는 리더십의 자격 조건과 권위가 행사되는 방법에 대한 근본적인 차이가 있다. 『회중 규율』은 지식과 기술과 경건에 상을 내리며, 제사장과 메시아를 시작으로 더욱 더 높은 지위를 가진 자들의 우선성과 우위성을 강조한다. 반면에 마가복음은 메시아의 자기 내어줌에 토대를 둔 종의 리더십을 장려한다. 비록 하나님 나라에서는 높은 계급과 지위가 주어지겠지만, 예수께서는 종말론적인 영광과 위대함이 우리의 직관과는 달리 현생에서의 겸손한 섬김을 통해서 획득된다고 가르치심으로써 로마 제국과 유대교의 관행을 전복시키셨다.

더 읽을거리

추가적인 고대 문헌

위대함에 대한 예수의 가르침이 공관복음에서 발전한 내용을 보려

면, 마태복음 20:20-28과 누가복음 22:24-30을 보라. 쿰란 공동체의
리더십과 관련해서는 『공동체 규율』과 『다메섹 문서』를 보라. 하스
모니아 시대의 쿰란이 아닌 다른 유대인들의 리더십에 대해서 알려
면, 마카베오1서 14장과 집회서 50:1-28을 보라.

영역본과 비평판

Barthélemy, D. "1Q28a. Règle de la Congrégation (1QSa)." Pages 108–
18 in *Qumran Cave 1*. DJD 1. Edited by D. Barthélemy and J. T.
Milik. Oxford: Clarendon, 1955.

García Martínez, Florentino, and Eibert J. C. Tigchelaar, eds. *The Dead
Sea Scrolls: Study Edition*. 2 vols. Leiden: Brill, 1997–98.

이차문헌

Gillihan, Yonder Moynihan. *Civic Ideology, Organization, and Law in
the Rule Scrolls: A Comparative Study of the Covenanters' Sect and
Contemporary Voluntary Associations in Political Context*. STDJ 97.
Leiden: Brill, 2012.

Hempel, Charlotte. *The Qumran Rule Texts in Context: Collected
Studies*. TSAJ 154. Tübingen: Mohr Siebeck, 2013.

Hill, Craig C. *Servant of All: Status, Ambition, and the Way of Jesus*.
Grand Rapids: Eerdmans, 2016.

Kaminouchi, Alberto de Mingo. *But It Is Not So among You: Echoes of
Power in Mark 10:32-45*. JSNTSup 249. London: T&T Clark, 2003.

Moore, Mark E. *Kenotic Politics: The Reconfiguration of Power in Jesus's Political Praxis*. LNTS 482. London: T&T Clark, 2013.

Santos, Narry F. *Slave of All: The Paradox of Authority and Servanthood in the Gospel of Mark*. JSNTSup 237. London: Sheffield Academic Press, 2003.

Schiffman, Lawrence. *The Eschatological Community of the Dead Sea Scrolls*. SBLMS 38. Atlanta: Scholars Press, 1989.

제19장
마카베오1서와 마가복음 11:1-11
전복적 성격의 예루살렘 입성

티머시 곰비스(Timothy Gombis)

예수의 예루살렘 입성은 복음서에서 가장 유명한 장면 중의 하나이다. 사복음서 저자들은 각기 이 입성 이야기를 전하며(마 21:1-11; 눅 19:28-40; 요 12:12-19), 기독교인들은 매년 종려 주일 때마다 이 이야기를 기념한다. 대부분의 성경 번역본들은 마가복음 11장을 포함해서 예수께서 예루살렘에 입성하시는 본문들에 "승리의 입성"이라는 제목을 붙인다. 그러나 마가가 이 사건을 이야기해주는 방식은 승리와는 거리가 멀다. 사실 예수의 입성은 "승리주의의 **전복**"(subversion of triumphalism)이다. 마가는 제자들과 무리들이 찬양하는 것이 예수께서 이 본문에서 이들에게 원하는 것이 아니며, 예수께서 성전에 도착하시고 그저 주위를 둘러보시다가 그곳을 떠나셨음을 보여주고 있다. 전혀 감동적이지 않은 이 장면의 절정은 마가복음의 한 가지 중요한 내러티브적 특징으로 가득하다. 그것은 바로 이 복음서가 예수를 다양한 인물(바리새인, 예수의 제자들, 무리, 베드로, 사탄)의 노력에 저항하는 분으로 묘사한다는 것이다. 다시 말해, 마가는 예수를 조직적인 운동을 일으키고 군대를 결집하여 결국에는 로마로부터의 해방과 이 땅의 하나님의 백성에게 주신 축복을 성취하는 메시아로 둔갑시키려는 그 인물들의 노력에 저항하는 분으로 예수를 묘사한다는 것이다.

마가복음은 예수를 마카베오의 영웅들이 유대인 집단들 사이에서 조성한 희망을 낙담시키는 메시아로 묘사한다. 마카베오1서는 유대교 문서로 주전 2세기 초에 유대 지역을 다스렸던 시리아 점령국인 셀레우코스(Seleukid) 왕조에 대항한 제사장 맛다디아스(Mattathias)와 그의 아들들에 대한 이야기를 전한다. 하스모니안의 영웅들—맛다디아스의 아들들—은 유대를 셀레우코스 왕조의 점령으로부터 해방시키는 데 성공했고, 주전 142년에 독립 국가를 수립했다.[1] 이들이 예루살렘을 탈환했을 때, 시몬은 열광적인 환영을 받으며 예루살렘 성으로 입성했고, 이것은 마가복음 11장에 나오는 예수의 입성과 매우 비슷하다. 마카베오1서에서 찬양받는 군사적 지도자들과 그들의 업적은 정복 영웅에 대한 유대인들의 희망을 형성했고, 많은 사람들은 예수께서 그런 메시아시기를 희망했다. 그러므로 예수의 예루살렘 입성은 예수께서 대중적 생각과 문화적 희망에 순응하라는 대중의 압박에 저항하신 마가복음의 또 하나의 사례다.

---

1. 맛다디아스의 가족과 후손들은 하스모니안 왕가로 알려졌다. 이는 아마도 마카베오1서가 이 이름을 언급하고 있지는 않음에도 "하쉬몬"이라는 조상 때문인 것 같다. 요세푸스는 『유대고대사』 12.265에서 이에 대한 세부적인 내용을 제공한다(John R. Bartlett, *1 Maccabees*, GAP [Sheffield: Sheffield Academic Press, 1998], 18).

마카베오1서:
"유대인들은 종려나무 가지를 흔들며 환호 소리도 드높게
비파와 꽹과리를 울리며 그 안으로 들어왔다."

혁명이 시작되다

애굽의 프톨레미 왕조가 한동안 다스린 후, 유대는 대략 주전 198년부터 시리아의 셀레우코스 왕조의 지배를 받았다. 주전 175년에 안티오코스 4세 에피파네스라는 새로운 왕의 출현으로 유대인들의 고난은 더욱 심해졌다. 안티오코스 4세는 외국 문화를 도입했고, 유대교의 종교적 관행을 폐지하는 것을 통해 유대 지역에 대한 훨씬 더 심한 통제권을 행사했다. 안티오코스가 부과한 헬레니즘 문화에 순응하라는 압박은 유대인들을 분열케 했다. 일부는 이 이방 통치자에게 순응하기를 원했고, 다른 많은 이들은 그들의 특수성을 유지하기를 원했다(1:11-15).

유대 지역이 문화적 위기로 시달리고 있을 때, 시리아 왕을 대표하는 자가 예루살렘 북서쪽에 있는 모데인(Modein)이라고 불리는 마을에 와서 그 지역의 제사장에게 제안했다(2:15-18). 만에 하나 맛다디아스가 왕을 지지하고 이교도 제사를 지낸다면, 그래서 더 넓은 충성을 권장한다면, 그러면 안티오코스는 맛다디아스를 크게 예우하고 그의 가족들을 부요하게 할 것이다. 그러나 맛다디아스는 안티오코스에게 충성을 보이기를 거절했고(2:19-22), 그리고 아래와 같은 극적인 장면이 펼쳐졌다.

[23] 그가 이 말을 마쳤을 때, 어떤 유다 남자가 나오더니 모든 이가 보는 앞에서 왕명에 따라 모데인 제단 위에서 희생 제물을 바치려고 하였다. [24] 그것을 본 맛다디아스는 열정이 타오르고 심장이 떨리고 의분[zeal]이 치밀어 올랐다. 그는 달려가 제단 위에서 그자를 쳐 죽였다. [25] 그때에 그는 제물을 바치라고 강요하는 임금의 신하도 죽이고 제단도 헐어 버렸다. [26] 이렇게 그는 전에 피느하스가 살루의 아들 지므리에게 한 것처럼, 율법에 대한 열정을 드러냈다. (마카베오1서 2:23-26, 가톨릭 성경[단, '마타티아스'는 '맛다디아스'로 표기. 이하 동일], 고딕체 강조는 저자의 것)

그리고 맛다디아스는 이스라엘의 정결을 열망하는 모든 자들을 모아서 광야로 이끌고 나가 셀레우코스 왕조의 유대 통치를 반대하는 마카베오 혁명을 시작했다. 이것이 시작된 것은 주전 167년이었고, 이들은 이후 25년 동안 이방의 압제자들을 몰아냈고, 주전 142년에 독립 국가를 세웠다.

망치 유다

마카베오1서 3:1-9:22에는 맛다디아스의 셋째 아들인 유다의 공적이 연대순으로 기록되어 있다. 유다는 아버지가 죽은 후에 혁명군의 지도자직을 맡게 되었다. 유다는 강인한 리더이면서 동시에 강력한 전사였다. 그래서 "마케베오"라는 별명을 얻게 되었는데, 그 뜻은 "망치"였다(3:1). 유다는 자신과 자신을 따르는 자들을 거부하는 한 성읍의 모든 사람들을 학살한 후, 도시를 완전히 파괴하고 이어서

"기쁨에 넘쳐 시온 산으로 올라가 [그곳에서] 번제를 드렸다"(5:54).

시몬이 예루살렘 성으로 들어가다

유다의 죽음 후에 그의 형제들인 요나단과 시몬이 혁명을 이끌었다. 시몬의 지도 아래에서, 유대 지역은 정치적인 독립을 획득했다.

> [41] 백칠십년에 이스라엘은 이민족들의 멍에에서 벗어났다. [42] 백성은 모든 문서와 계약서에 '유다인들의 총독이며 지도자인 시몬 대사제 제일년'이라고 쓰기 시작하였다. (마카베오1서 13:41-42, 가톨릭 성경)

이후에 시몬은 유대와 예루살렘의 독립을 실현하는데 필요한 최종적인 군사작전을 마쳤다. 시몬이 성전을 확보하고, 이방 군대들을 제거한 후에, 성전을 이방인들로 인한 오염에서 정결케 했다. 그리고 유다는 성전 안으로 들어가는 축하하는 입성 행렬을 이끌었다.

> [51] 백칠십일년 둘째 달 스무사흗날에 유다인들은 야자나무 가지를 들고서 찬미를 드리고, 비파와 자바라와 수금에 맞추어 찬미가와 노래를 부르며 그 안으로 들어갔다. 큰 적이 망하여 이스라엘에서 쫓겨났기 때문이다. [52] 시몬은 해마다 이날을 기뻐하며 지내도록 결정하였다. 그리고 성채 옆에 있는 성전 언덕을 더욱 튼튼하게 만들고, 거기에서 자기 군사들과 함께 살았다. (마카베오1서 13:51-52, 가톨릭 성경)

마카베오1서에 나오는 영웅들과 전설적인 내러티브들은, 다시금 과거처럼 로마의 압제 가운데 살아가는 1세기 유대인들의 상상력을 형성했다. 해방을 갈망하는 문화 속에서, 군대를 모을 수 있는 카리스마와 로마를 유대 땅에서 몰아낼 수 있는 군사 기술을 가진 영웅적인 인물에 대한 기대가 컸다. 그런데 예수를 십자가로 향하는 메시아, 즉 십자가로 형성되는 하나님 나라를 전하고 제자들에게 자기 십자가를 지라고 요구하는 메시아로 전하는 마가복음의 내러티브는 모든 면에서 유대인들의 이러한 기대를 전복시킨다.

마가복음 11:1-11:
"예수께서 ⋯ 성전에 들어가사
모든 것을 둘러 보시고 ⋯ 나가시니라"

전복적인 메시아

마가복음서를 보면, 예수께서 치유와 축귀를 행하신 후에 자신의 정체에 대해 잠잠하라는 강한 권고를 말씀하신다. 예를 들면, 예수께서 야이로의 딸을 일으키신 후에(5:21-43), "이 일을 아무도 알지 못하게 하라고 많이 경계하시고 이에 소녀에게 먹을 것을 주라"고 말씀하신다(5:43). 유대 땅은 로마의 압제로부터 해방을 갈망했고, 예수께서는 그의 사역이 혁명의 열정을 일으키게 되어서 큰 무리들이 마카베오 혁명의 폭력이 만들어 낸 메시아 운동에 대한 요구로 걷잡을 수 없게 되는 것을 원하지 않으셨다. 예수께서는 모든 사람이 자기 십자

가를 져야 한다는 하나님 나라의 복음을 전하셨다. 이것은 혁명을 일
으키고자 하는 욕구에 죽는 것이고, 동시에 로마에 대한 군사적 승리
의 희망을 포기하는 것이었다.

혼란스러운 제자들

마가복음 4:1-20에 나오는 씨 뿌리는 자와 땅에 대한 예수의 비
유는 마가복음 내러티브에 일종의 패러다임을 제공한다. 십자가로
형성되는 복음은 나가서 경작된 마음 밭을 찾는다. 하나님 나라에 속
한 내인들은 이 복음을 받아들이고 이에 응답하지만, 하나님 나라 밖
에 있는 외인들은 이것을 "비유로" 듣고 혼란스러워한다. 역설적이
게도, 마가는 이야기를 전개하면서, 예수와 그분의 메시아적 사명에
대해서 점점 더 오해하는 것이 제자들임을 밝힌다. 베드로는 예수께
서 진실로 그리스도임을 고백하지만(8:29), 예수께서 자신이 배반당
하고 죽으실 것을 이야기하자 베드로는 예수를 꾸짖는다(8:32). 그러
자 예수께서는 베드로를 꾸짖으시며 그를 사탄이라고 부르시고 그
의 중심과 마음이 잘못된 종류의 나라에 놓여 있음을 드러내신다
(8:33). 이 에피소드는 마가복음 1:12-13에 기록된 사탄의 시험을 분명
히 이해하게 해준다. 마가는 거기에서 세부적인 내용을 말하지는 않
았지만, 마가의 내러티브를 반복적으로 경험해 온 독자들은 베드로
가 예수를 꾸짖는 것을 사탄이 예수를 시험한 목적과 연결 지을 것이
다.

마가복음에서 사탄은 예수께서 메시아가 되는 것을 방해하는 데
관심이 없었다. 오히려 사탄은 예수를 화려한 **슈퍼스타 같은** 메시아,

즉 로마를 내쫓기 위해 군대를 결집할 수 있는 자가 되게 하는 데 목적이 있었다. 사탄은 예수께서 자기 향상(self-advancement)과 자기 보존(self-preservation)에 휩싸여서 어떤 대가를 치르더라도 십자가로 가는 것을 피하게 하기를 열망했었다. 예수께서는 전에 (사탄의 시험에서) 이러한 유혹의 소리를 들으셨기에 베드로를 사탄이라고 부르셨다. 사탄은 하나님께서 사탄의 통치를 전복시키는 방법이 십자가였음을 알았기에 예수께서 십자가로 나아가는 것에 반대했다.

마가복음은 제자들을 너무 부정적으로 묘사한 것 때문에 비난을 받아 왔다. 그러나 제자들을 예수로 인해 혼란스러워하는 자들로 특징짓는 것은 일종의 장치(device)인데, 이것으로 마가는 예수를 마카베오 이야기가 지향하는 유대인들의 희망과 기대를 충족시킬 메시아로 만들려고 하는 몇몇 반대되는 흐름(agenda)이 작동하고 있음을 보여준다. 제자들은 처음에는 예수를 따름으로써 반응했고(1-3장), 씨 뿌리는 자 비유부터는 점점 그분에 대해서 혼란스러워하기 시작한다(4:1-20). 예수에 대한 그들의 비전은 세속적인 형태의 영광과 승리에 의해서 결정되었다. 예수께서 자신의 수난을 예고하실 때마다, 제자들은 예수께 반대하며 그분을 오해했고, 심지어는 예수께서 하나님 나라에서 누가 가장 큰 자가 될지에 대해서 말씀하신 것을 무시하기까지 했다(8:31-33; 9:30-33; 10:32-45). 바리새인들도 예수를 세속적인 메시아로 변화시키려고 시도하며, 그분께 표적을 달라고 요구했다(8:11-12). 바리새인들의 요청은, 예수께서 자신들의 기대를 충족시켜야 한다는, 즉 절박한 무리를 먹이고 병든 자들을 고치는 것보다 오히려 아주 화려하고 인상적인 일을 해달라는 요구였다.

많이 오해되는 전복적인 성격의 입성

이러한 내러티브적 특징들은 예수의 예루살렘 입성에서 정점에
이르게 된다. 마가복음은 예수께서 신실한 다윗 계열의 통치자로 예
루살렘 성에 들어가셨다고 이야기하지만, 제자들과 무리들은 다시
한번 예수를 군사적 정복 영웅으로 바꾸려고 시도하며, 예수께 로마
로부터 해방되고자 하는 그들의 희망을 억지로 떠넘겨버렸다. 하지
만 예수께서는 청중의 인기를 얻기 위해서 어떤 일도 행치 않으셨다.
이것은 마가복음 전체에 나타나는 예수께서 무리들을 다루는 방식
이다. 무리들은 예수 사역의 성공을 보여주는 긍정적인 징표라기보
다는 대체로 예수 사역에 대한 장애물이었다(참조, 1:36-38; 3:20; 5:21-
43). 예수께서는 겸손한 왕적 통치자에 대해서 이야기하는 스가랴
9:9의 예언이 말하는 방식대로 예루살렘 성에 들어가셨다.

> 시온의 딸아 크게 기뻐할지어다
> 예루살렘의 딸아 즐거이 부를지어다
> 보라 네 왕이 네게 임하시나니
> 그는 공의로우시며 구원을 베푸시며
> 겸손하여서 나귀를 타시나니
> 나귀의 작은 것 곧 나귀 새끼니라

무리들은 그들의 겉옷을 길에 폈고, 몇몇은, 마치 승리하고 돌아
온 시몬이 예루살렘 성으로 들어갈 때 무리들이 그를 환영했던 것처

럼(마카베오1서 13:51), 예수에게 종려나무 가지를 흔들었다. 무리들은
시편 118편의 언어로 예수를 찬양했는데, 이 시는 군사적 승리를 통
한 하나님의 구원을 기념하는 노래였다. 마카베오1서는 시몬이 성전
에 들어갈 때 어떤 노래들이 불렸는지 말하고 있지는 않지만, 그 노
래 중의 하나는 아마도 시편 118편이었을 것인데, 마가복음 11:9에서
무리들은 "오는 우리 조상 다윗의 나라"(11:10)를 갈망하는 찬미곡들
중에서 바로 이 시편의 일부("복되시다! 주님의 이름으로 오시는 분!", 새번역
시 118:26)를 외쳤다.

　제자들은 아마도 무리들을 자극해서 예수를 승리를 거두고 예루
살렘 성에 입성하는 정복왕으로 환호하게 만드는 선동꾼 역할을 했
을 것이다. 결국, 제자들은 예수의 사역 내내 그분을 오해했고, 여기
에서도 같은 짓을 하고 있는 것이다. 마가는 예수의 입성을 환호하는
무리들이 예수의 의도에 따라서 행동하고 있지 않음을 보여준다.[2] 무
리들은 "앞에서 가고 뒤에서 따르는 자들"(11:9)로 구성되어 있다. 이

2.　마가는 예수께서 반대했다고 언급하지 않지만, 주석가들은 이 에피소드의
　　김빠지는 특징에 주목한다. 게다가 (1) 마가의 첫 번째 청중은 마카베오의 역
　　사를 고려하여 예수께서 무리들의 외침에 반응하기를 기대했을 것이다. (2)
　　마가복음에서 그 하나님 나라는 이미 예수 안에 도래했지만(1:15), 무리는
　　"도래하는 하나님 나라"를 기념하며, 영광스러운 승리의 통치를 기대하고
　　있다. (3) 예수께서는 실로 "오시는 분"이시지만, 주의 길을 준비하는 자가
　　온 이후에 오시는 분이시다(1:3). 그렇다면 예수께서는 성전으로 돌아오시
　　는 이스라엘의 하나님을 대표하고, (4) 심판하러 오시는 분이시다(말 3:1-2).
　　그리고 이 심판에 대한 내용은 예수께서 다음 에피소드에서 행하시는 것이
　　다(Timothy C. Gray, *The Temple in the Gospel of Mark: A Study in Its Narrative
　　Role* [Grand Rapids: Baker Academic, 2010], 20-22).

들 중 대부분은 예수와 함께 예루살렘으로 이동 중이었고, 이 에피소드가 있기 바로 전에 마가는 "제자들은 놀랐으며, 뒤따라가는 사람들은 두려워하였다"(10:32, 새번역)는 것을 언급한다. 마가복음에서 이러한 반응은 예수에 대한 이해의 부족을 나타낸다(참조, 5:20; 6:50-52). 게다가 마가복음 10:32b-37에서 예수께서 예루살렘에 가서 죽으실 것이라고 말했을 때, 야고보와 요한은 주님께 하나님 나라의 영광의 자리를 달라는 굉장히 이기적인 요구를 했다.

마가복음에서는 물리적 근접성의 위치가 중요하다. 예수께서는 "자기와 함께"(3:14) 있게 하려고 제자들을 부르셨고, 이것은 예수의 사명(agenda)에 따라 행동하고 생각하는 것과 더불어 예수께서 말씀하시는 것을 실천하는 것을 의미한다. 그러므로 마가는 "앞서가는" 자들과 "뒤따라가는" 자들이 예수를 승리의 왕으로 환호했다는 사실을 보여줌으로써, 그들이 "예수와 함께" 있지 않았다는 것을 이야기하는 것이고, 그들이 자기 자신의 의도(agendas)에 따라 행동하고 있음을 나타내는 것이다.[3] 앞서가는 자들과 뒤따르는 자들은 예수에게 메시아에 대한 그들의 문화적 희망과 열망의 이미지를 강요하고 있는 것이다.

많은 학자들은 이 내러티브에서의 예수의 행동이 김빠진다는 점에 주목했다. 예수께서는 단순히 성전에 들어가셔서, 주변을 둘러보시고, 그냥 나오신다(11:11). 그러나 예수께서는 지금까지 마가복음 전

---

3.   Francis J. Moloney, *The Gospel of Mark: A Commentary* (Grand Rapids: Baker Academic, 2012), 219.

체에서 하셨던 것처럼 자신만의 분명한 목적을 갖고 계신다. 예수는 하나님 나라의 최고 대리자이고, 하나님께서는 그분을 통하여 자신의 목적을 수행하시고 있으며, 여기에는 (세속적인 의미의) 군사적 승리가 포함되지 않는다. 근접 문맥에서 예수께서는 시몬과 그의 형제들이 마카베오1서에서 했던 것처럼, 성전을 정화하고 재탈환하지 않으신다. 예수께서는, 이스라엘의 하나님께서 심판하시기 전에 자신의 백성들의 열매를 점검하러 오시는 것과 같은 방식으로 오셨다(사 5:1-7). 예수께서는 예루살렘을 떠나시고, 다음날 다시 돌아와서 성전에 대한 하나님의 심판을 전하신다. 먼저는 상징적으로 전하시고(11:12-14), 다음에는 실제적으로 전하신다(11:15-19).

마가는 예수를 섬김을 받으려 함이 아니라 섬기러 온 인자(the Son of Man)로 묘사한다(10:45). 예수께서는 십자가로 향하시는 메시아이시고, 그분의 행위와 설교는 로마를 폭력적으로 전복시키려는 희망과 완전히 모순된다. 마가복음 11:1-11에 나오는 예수께서 예루살렘에 입성하시는 내용의 전복적인 특징은, 마카베오1서 13:51에 나오는 시몬의 입성과 대조하여 읽을 때, 그리고 마카베오1서와 나란히 읽을 때, 더욱 분명해진다.

더 읽을거리

추가적인 고대 문헌

솔로몬의 시편 17편은 도래하는 하나님 나라에 대한 유대인들이

가진 종말론적 희망을 보여주고, 악한 통치자들을 몰아내고 정의를
회복할 다윗 계열의 통치자를 내다본다. 마카베오2서 4:21-22은 아
폴로니오스에 의한 예루살렘으로의 또 다른 입성을 기록하는데, 그
는 도착해서 무리들로부터 소리를 지른다. 요세푸스도 통치자들이
백성들에게 환호를 받으며 예루살렘에 입성하는 몇몇 장면들을 기
록한다(『유대전쟁사』 1.72-74; 『유대고대사』 16.12-15; 17.193-95).

영역본과 비평판

NETS

NRSV

Kappler, Werner, ed. *Maccabaeorum liber I–IV*. Septuaginta: Vetus
  Testamentum Graecum, Band 9. Göttingen: Vandenhoeck &
  Ruprecht, 1990.

이차문헌

Borchardt, Francis. *The Torah in 1 Maccabees: A Literary Critical
  Approach to the Text*. DCLS 19. Berlin: de Gruyter, 2014.

Gray, Timothy C. *The Temple in the Gospel of Mark: A Study in Its
  Narrative Role*. Grand Rapids: Baker Academic, 2010.

Harrington, Daniel J. *The Maccabean Revolution: Anatomy of a Biblical
  Revolution*. Wilmington, DE: Michael Glazier, 1988.

Kinman, Brent. *Jesus' Entry into Jerusalem: In the Context of Lukan
  Theology and the Politics of His Day*. AGJU 28. Leiden: Brill, 1995.

Myers, Ched. *Binding the Strong Man: A Political Reading of Mark's Story of Jesus*. Maryknoll, NY: Orbis Books, 1988.

Trampedach, Kai. "The War of the Hasmoneans." Pages 61–78 in *Dying for the Faith, Killing for the Faith: Old-Testament Faith-Warriors (1 and 2 Maccabees) in Historical Perspective*. Edited by Gabriela Signori. BSIH 206. Leiden: Brill, 2012.

Tomes, Roger. "Heroism in 1 and 2 Maccabees." *Biblical Interpretation* 15 (2007): 171–99.

제20장
솔로몬의 시편과 마가복음 11:12-25
대제사장들과의 성전에서의 마지막 결전

니콜라스 페린(Nicholas Perrin)

당대의 독자들에게 마가복음 11:12-25은 몇 가지 질문을 제기한다. 첫째, 예수께서는 단순히 무화과나무가 열매를 맺지 못하기 때문에 저주하신다(11:12-14, 20-21). 제철이 아닌데도 말이다! 이렇게 지나친 반응을 보이는 이유는 무엇일까? 둘째, 오늘날 우리가 예수의 "성전 행위" 또는 "성전 정화"(cleansing, 11:15-17)라고 알고 있는 이 놀라운 행위의 동기는 무엇인가? 셋째, 베드로가 무화과나무가 마른 것에 주목한 것(11:21)과 믿음, 기도, 용서에 대한 예수의 광범위한 언급 사이에 서로 관계 없어 보이는 내용을 어떻게 설명할 수 있을까(11:22-25)? 마가복음 11:12-25의 특이한 점들이 독자들에게 대답보다는 질문을 더 많이 남기지만, 우리가 주전 1세기 문서인 솔로몬의 시편을 배경으로 이 내러티브를 이해한다면 이러한 어려운 점들을 해결하는 데 분명 도움이 될 것이다.

솔로몬의 시편:
"그리고 그를 권능으로 옷 입혀서 불의한 통치자들을
산산이 부수고 예루살렘을 열방으로부터 정결케 하라"

솔로몬의 시편은 아마도 로마 장군 폼페이우스가 주전 63년에 유대를 정복하고 수십 년이 지난 후에 작성되었을 것이다. 이때는 어두운 시기로 이 승리한 로마 장군이 지성소를 더럽힌 때였다. 솔로몬의 시편을 쓴 저자에게 있어 이 재앙은 이스라엘의 언약에 순종하지 않은 결과였고, 불법적인 하스모니아 왕가를 통해 영구화되었다. 만약 솔로몬의 시편 이면에 있는 공동체가 하스모니안 사람들과 그들의 지지자들을 사기꾼이자 이스라엘의 암 덩어리로 보았다면, 자기 자신들을 의로운 남은 자, 즉 대규모의 변질에도 불구하고 끝까지 믿음을 지킨 이스라엘의 마지막 남은 희망으로 간주했을 것이다. 사회적으로 주변부에 있던 이 공동체는 세 가지 방식으로 "저항했다". (1) 첫째로, 하스모니안 제사장들을 신성 모독한 자들로 간주했다. (2) 둘째로, 언젠가는 성전 구역에서 불경건한 자들을 쓸어버릴 도래할 다윗 계열의 메시아에 대한 희망을 고백했다. (3) 셋째로, 하나님께서 자신들의 공동체를 구하시고 불순종하는 자들에게 심판을 행하여 주시기를 기도했다.

신성 모독을 보소서

유대교 성전에서 이루어지는 숭배 의식은 예배자들의 정결에 의존했다. 하지만 솔로몬의 시편을 쓴 기자는 그 정결이 위태롭게 되었

다고 불평한다. 우선 제사장들의 죄가 이방인들의 죄를 넘어섰고, 그
들은 주님의 거룩한 것들을 완전히 더럽혔다(솔로몬의 시편 1:8).[1] 이 시
편 기자에 따르면, 종교적인 지도자들은 창녀들과 어울렸을 뿐만 아
니라(솔로몬의 시편 2:1-3, 11), "하나님의 성소를 약탈하기"까지 했는데,
이는 "그들이 희생제물을 더럽혔음"을 말하는 것이다(솔로몬의 시편
8:11-12). 일반 신자들도 다를 것이 없었다. "언약의 자녀들도 서로 뒤
섞여 있는 백성 중에 있었으며 … 그들 중에 예루살렘에서 자비와 진
리를 추구하는 자는 없었다"(솔로몬의 시편 17:15). 그러므로 이스라엘은
위에서부터 아래로 부패했다. "그들의 최고 지도자부터 가장 작은
자에 이르기까지 모든 사람들이 죄를 지었다"(솔로몬의 시편 17:20). 이
시편 기자는, 본질적으로 거룩한 공간을 작동하지 못하게 만드는 제
사장들과 백성들의 신성 모독에 하나님의 주의를 끌면서 신적인 개
입을 호소한다.

메시아의 심판에 대한 희망

이러한 모든 것을 완전히 바꿀 수 있는 중요한 인물은 다름 아닌
바로 다윗 계열의 메시아일 것이다.[2] 우선 첫째로, 도래할 메시아는
성전에서 거짓 제사장들을 몰아낼 분으로 기대되었다. "보소서, 주

---

1. 솔로몬의 시편에 대한 번역은 다음에서 제공된 번역을 각색한 것이다. R.
   H. Charles, *The Apocrypha and Pseudepigrapha of the Old Testament*, 2 vols.
   (Oxford: Clarendon, 1913), 2:625-52.
2. 솔로몬의 시편에 나오는 다윗 계열의 메시아와 마가복음에 나오는 다윗 계
   열의 메시아 사이의 비교를 더 집중적으로 살펴보려면, 이 책의 제23장에 마
   크 L. 스트라우스(Mark Strauss)가 쓴 글을 보라.

여, 그리고 그들을 위해 그들의 왕 다윗의 자손을 일으키소서 … 그
리하여 불의한 통치자들을 부수게 하시고, 예루살렘을 짓밟은 이방
인들로부터 그곳을 정결케 하소서"(솔로몬의 시편 17:21-22). 여기에서
"이방인"이라는 용어는 인종적이기보다는 이스라엘의 관리들을 기
능상 이교도(functional pagans)로 지적하는 도덕적 딱지이다. 이 시편 기
자는 시편 2편에 의지하여 메시아가 하나님의 유산에서 이방인들의
방식을 따르는 죄인들을 제하고(솔로몬의 시편 17:23; 참조, 시 2:8), "그들
을 질그릇 같이" 부수며 "철장으로 깨뜨릴 것"(솔로몬의 시편 17:24; 참조,
시 2:9)임을 내다본다. 그러나 이 모든 것의 목표는 심판을 위한 심판
이 아니라 제의적 정결이다. 이는 메시아가 "예루살렘을 깨끗이 하
고, 그곳을 예전과 같이 거룩한 곳으로 만들 것"이기 때문이다(솔로몬
의 시편 17:30). 솔로몬의 시편의 저자는 하나님의 기름부음을 받은 종
말론적인 대리자가 "집을 깨끗이 하여" 그곳을 온전한 기능을 감당
하는 거룩한 장소로 회복시키리라고 기대했음이 분명하다.

하나님 나라에서 기도하기

우리는 솔로몬의 시편이 원래의 예전적 환경에서 어떻게 기능했
었는지에 대해 완전히 확신할 수 없지만, 그 이면에 있는 공동체가
보호와 심판을 위해서 기도를 올려드리는 데 관심이 있었다는 것은
분명하다. 첫째로, 이 시편 기자는 신적인 피난처를 구하며, 이 공동
체의 반대로 인해 촉발된 곤경의 상황에서 반드시 기도로 나아가야
한다는 필요성을 반복적으로 이야기한다. "우리가 곤경에 처했을 때,
당신께 도움을 구하며 기도합니다"(5:5; 참조, 15:1). 이것은 우리가 다른

제2성전 유대교 자료들에서 재구성할 수 있는 내용, 즉 지배적인 제사장 제도에 대한 공개적인 도전들 때문에 그 제도에 도전하는 반체제 인사들이 박해하는 자들에 의해 큰 피해를 입게 될 것이라고 보도하는 내용과 일치한다. 둘째로, 이 시편 기자의 기도는 저주하는 성격을 지니고 있기도 하다. 이 공동체의 대적들에 대한 확장된 기도가 4:14-25에서 발견되는데, 동일한 정서가 "오, 하나님, 그들의 머리에 갚아주실 때 지체하지 마소서"(2:25)라는 간청의 형태로 아주 간결하게 진술되어 있다. 이는 솔로몬의 시편 배후에 있는 공동체에 있어서, 경건하지 않은 박해자들로부터 보호받고 그들을 심판해달라는 이 공동체의 간절한 기도와 더불어 하나님 나라의 시작으로 이어지는 진입로가 준비될 수 있기 때문이다.

마가복음 11:12-25: "기록된 바 '내 집은 만민이 기도하는 집이라 칭함을 받으리라'고 하지 아니하였느냐? 너희는 강도의 소굴을 만들었도다."

우리가 솔로몬의 시편이 제공해준 렌즈로 마가복음 11:12-25을 살펴볼 때, 뚜렷해지기 시작하는 수수께끼 같은 것들이 있다. 이 장을 시작하면서 우리는 마가복음 텍스트에 대한 3가지 질문을 제기했었다.

1. 왜 예수께서는 무화과나무를 저주하셨나?

2. 왜 예수께서는 성전을 정화하셨나?

3. 마가복음 11:22-25에 나오는 예수 말씀과 베드로가 그 (저주 받은) 무화과나무를 발견한 것 사이에는 어떤 연관이 있는가?

앞서 살펴본 제2성전 유대교 문헌을 뒷받침하는 논리에 주목함으로써, 우리는 꼭 순서대로는 아닐지라도 이 질문들을 차례대로 하나씩 해결할 수 있다.

신성 모독을 보소서

복음서 저자인 마가는 시간을 낭비하지 않는다. 처음 마가복음 1:1부터 예수를 기름 부음을 받은 자, 즉 왕이자 제사장인 메시아(그리스도)로 소개한다. 여기서부터 예수께서는 메시아적 세례를 받으시고, 수많은 메시아적 표적을 행하시며(1:40-2:12; 3:1-6, 13-19; 4:35-5:43 등), 절정에 가서는 그의 수제자에 의해 메시아로 불려지신다(8:27-30). 그러나 복음서 전체에 걸쳐서 예수께서는 자신에 대한 메시아적 주장들에 대해 대체로 반대되신다. 역설적이게도, 가장 강한 반대—그 정도에 있어서 가장 잔인한—는 성전 관계자들로부터 비롯되었다. 제사장들의 주요 임무가 성전의 거룩함을 유지하는 것이고, 그 거룩함이 특히나 제사장들이 예수를 대제사장으로 영접하지 못해서 더럽혀졌다면, 문제가 되는 제사장직과 더럽혀진 성전 자체는 처리될 필요가 있는 것이다.[3] 비록 주석가들과 설교가들이 종종 예수의 성전

---

3. 동시에 마가는 아마도 성전의 오용을 제사장 편에서 행하는 특정 행동들과

행위를 종교를 영리화하거나, 아니면 이방인들을 배제한 것에 대한
시위 운동으로 보지만, 훨씬 더 가능성이 있는 해석은, 마가의 예수
께서 솔로몬의 시편에 나오는 메시아가 성전의 근본적인 오용을 선
포할 목적으로 행동했던 것처럼, 성전에서 자신의 극적인 행위를 하
신 것이라고 보는 견해다.

메시아의 임박한 심판

우리는 솔로몬의 시편에서 어떻게 제사장직의 언약적 지위가 백
성들의 영적인 건강과 완전히 분리될 수 없는지에 대해서 살펴보았
다. 제사장이 가면, 그들의 인도를 따르는 백성들도 뒤따른다. 나는
이것이 마가가 무화과나무를 저주하는 예수를 기록할 때 그의 요점
(point)이라고 생각한다. 유대교에서 무화과나무는 보통 하나님의 백
성인 이스라엘(호 9:10; 욜 1:7), 즉 영적인 열매를 맺는 과업을 부여받은
한 나라를 상징하기 위해 사용된다. 이제 예수께서는 영적으로 열매
를 맺지 못하는 하나님의 백성들을 대적하시며, 이 나라가 성전과 같
이 되었고, 심판 아래 놓이게 되었다고 선언하시는 것이다.

이 심판은 두 가지 방식으로 상징화된다. 첫째로, 마가는 예수를
다스리는 제사장 관리들을 "내쫓으시는" 분으로 묘사한다(11:15). 이
것은 솔로몬의 시편을 쓴 기자가 메시아를 자기 시대의 사악한 제사
장들을 몰아내는 분으로 기대했던 것과 같다. 둘째로, 예수께서 무화

직접적으로 연결되는 것으로 보는 것 같기도 하다. 이와 관련해서는 다음을
보라. Nicholas Perrin, *Jesus the Temple* (London: SPCK; Grand Rapids: Baker
Academic, 2010), 92-113 [『예수와 성전』, 새물결플러스, 2021].

과나무를 상징적으로 저주하신 것은 이 나라가 부패한 제사장직에 속해있는 한, 마찬가지로 저주받게 될 것을 보여주는 것이다. 이것은 하나님께서 이스라엘을 교회로 대체하기로 의도하셨다는 것을 의미하는 것이 아니라, 오히려 마가가 전하는 예수의 하나님께서 하나님의 백성들에게 어울리는 놀라운 수확량을 생산하게 될 새로운 농장(plantation)을 만드실 것임을 뜻했다(4:20; 12:9). 즉, 솔로몬의 시편의 저자가 자신의 공동체와 관련하여 말했듯이, "그들의 심음은 영원히 뿌리를 내리게 되고, 하늘의 모든 날 동안 뽑혀지지 않을 것이다" (14:4). 성전 행위와 무화과나무 저주 사건은 메시아적 심판이라는 결정적인 행위로 서로 연결되어 있다.

하나님 나라에서 기도하기

　예수께서는 그분의 성전 행위에서 이사야 56:7의 도움을 받아 성전의 목적이 "만민이 기도하는 집"이 되는 것이라고 주장하셨다(11:17).[4] 적어도 예수에 따르면, 성전이 존재하는 이유 중의 하나는 기도이다. 그래서 예수께서 성전의 파괴가 임박했다고 선언하신 바로 다음 날에, 제자들이 **새롭고 더 나은 성전으로 기능**을 할 수 있도록 그들을 기도와 용서의 삶으로 부르시는 것은 매우 적절하다(11:22-25).

4.　예수께서 성전 정화 행위에서 인용하신 또 다른 성경구절은 예레미야 7:11 이다. (이 본문은 예레미야가 국가적 불순종에 대한 응답으로 성소가 파괴될 것을 예언하는 본문이다.) 흥미롭게도, 예레미야 7장은 솔로몬의 시편에서 가장 자주 인용되는 성경의 장 중의 하나이다. 참조, Kenneth Atkinson, *An Intertextual Study of the Psalms of Solomon: Pseudepigrapha*, SBEC 49 (Lewiston, NY: Mellen, 2001), 72, 89, 90, 209, 214, 271, 273, 313, 324, 326.

솔로몬의 시편의 저자와 마찬가지로(9:6, 8), 예수께서도 계속해서 남게 되는 자—이스라엘 안에 있는 진정한 성전 백성들—의 뚜렷한 특징은 기도에 대한 그들의 헌신이라고 하셨다.

물론 예수께서는 그의 제자들이 하나님의 임재를 경험하는 새로운 장소라고 주장하면, 예수 자신이 성전 정화 이후에 박해받으신 것처럼(11:18) 심지어 그들도 박해를 받게 될 것임을 알고 계셨다(13:9-13). 솔로몬의 시편 기자와 마찬가지로, 마가의 예수에게도, 그러한 박해에 늘 기도하는 것으로(prayerfully) 반응하는 것이 매우 중요했다. 이것은 예수께서 특히 임박한 박해에 직면했을 때도 기도하며 깨어있는 것을 기뻐하셨던 모습에서 분명하게 나타난다(13:32-36). 우리가 다루는 본문에서, 예수께서는 제자들이 "이 산"더러 들리어 바다에 던져지게 해달라고 기도하는 제자들을 상상하시며(11:23), 시온산을 근거지로 한 성전 엘리트 계층—즉, 앞으로 역사가 보여주게 될 것처럼, 향후 수십 년간 예수의 제자들을 따라다니면서 괴롭힐 자들—과는 다르게 기도해야 함을 말씀하신다. 공동체의 적들에 대한 신적인 보호와 응징을 요구하는 솔로몬의 시편과는 대조적으로, 마가의 예수는 용서와 성전을 척결(removal)하는 것을 요구하신다. 그러나 마가복음의 저자와 솔로몬의 시편의 저자는 둘 다 이 점에 동의한다. 박해받는 의로운 남은 자는 하나님의 종말론적 목적이 실현될 수 있도록 **기도해야 한다.**

솔로몬의 시편과 마가복음 11:12-25 사이의 관계는 그 둘이 매력적인 것만큼이나 복합적이다. 그 시편 기자와 마가는 둘 다 예루살렘을 근거로 한 메시아적 심판이 악인들을 대상으로 행해질 것으로 기대한다. 제사장들의 변질과 솔로몬의 시편에 나오는 백성들의 변질 사이의 연관성을 고려해볼 때, 우리는 무화과나무를 저주하신 것과 국가적 수준의 불순종, 즉 정확하게는 제사장들이 저지른 죄의 확장이 서로 관련되어 있다고 가정할 수 있는 이유를 덧붙여 말했었다. 둘째로, 만약 솔로몬의 시편 기자에게 있어서, 제사장들의 불순종이 성전의 신성 모독을 일으킨다면, 이것은 우리가 예수의 성전 정화 이면에 있는 강력한 긴장을 이해하도록 도와준다. 예수께서는 그의 행동을 통해 다름 아닌 바로 이스라엘의 거룩한 장소의 비극적인 오용을 넌지시 알리고 있으신 것이다. 셋째로, 솔로몬의 시편에서 기도의 중요성을 고려해볼 때, 그것이 아니었더라면 마가복음에서 다소 특이한 주제 변화처럼 보이는 내용을 이해할 수 있게 된다. 오래지 않아 예수를 따르는 자들의 머리 위에 임할 박해(부분적으로는 성전 정화 사건 때문인)에 대한 응답으로, 그들은 더욱 세차게 신앙을 유지했고, 더욱 집요하게 기도했으며, "누구든지"(11:25), 심지어는 가장 난폭한 대적들까지도 용서했다. 제2성전 유대교에서 종교적 반대는 쉬운 일이 아니었다. 솔로몬의 시편과 마가복음을 쓴 저자들은 그들 각자의 저항 운동 외부에 있는 자들에게서 오는 난폭한 반대를 견디면서 자신들의 청중이 하나님을 경외하는 삶을 사는 것을 돕는데 관심이 있었다.

더 읽을거리

추가적인 고대 문헌

제사장직에 대한 비판은 초기 기독교나 솔로몬의 시편의 분파 중 하나에 국한되지 않았다. 사해 문헌에서도 공식적인 성전에 대한 비판이 많이 나타난다. 예를 들면, 『다메섹 분서』(CD); 『공동체 규율집』(1QS); 『하박국 주석』(1QpHab); 『시편 주석』(4Q171)을 보라. 그러나 일반적인 특성에 대한 비난은 다른 문서들에서도 발견하기 쉽다. 예를 들면, 『에녹1서』 89-90장, 『레위의 유언』 14:1-6; 『희년서』 23:21을 보라. 요세푸스(유대 고대사 20.197-203)와 『레위의 유언』의 저자(16:1-3)는 제사장들의 잔혹할 정도의 엄격함에 대해서 말한다. 성전 자금을 횡령하는 것에 대한 비난은 일반적인 것이었다. 4Q390 2; 타르굼 사무엘상 2:17; 29:29; 바벨론 페사흐 57a; 토세프타 메나호트 13을 보라 (참조, 롬 2:21-22).

영역본과 비평판

Kim, H. C. *Psalms of Solomon: A New Translation and Introduction.* Highland Park, NJ: Hermit Kingdom, 2008.

Wright, Robert B. "The Psalms of Solomon." Pages 639–70 in *The Old Testament Pseudepigrapha*. Vol. 2. Edited by James H. Charlesworth. Garden City, NY: Doubleday, 1985.

_____, ed. *The Psalms of Solomon: A Critical Edition of the Greek Text.* JCT 1. New York: T&T Clark, 2007.

이차문헌

Atkinson, Kenneth. *I Cried to the Lord: A Study of the Psalms of Solomon's Historical Background and Social Setting.* JSJSup 84. Leiden: Brill, 2004.

Embry, B. "The Psalms of Solomon and the New Testament: Intertextuality and the Need for a Re-Evaluation." *JSP* 13 (2002): 99–136.

Evans, C. A. "Jesus and the 'Cave of Robbers': Toward a Jewish Context for the Temple Action." Pages 345–65 in *Jesus and His Contemporaries: Comparative Studies.* AGJU 25. Leiden: Brill, 1995 [1993].

Watts, Rikki. "The Lord's House and David's Lord: The Psalms and Mark's Perspective on Jesus and the Temple." *Biblical Interpretation* 15 (2007): 307–22.

Willitts, Joel. "Matthew and Psalms of Solomon's Messianism: A Comparative Study in First-Century Messianology." *BBR* 22 (2012): 27–50.

제21장
동물 묵시록과 마가복음 11:27-12:12
선지자들에 대한 거절과 성전의 파괴

데이비드 L. 터너(David Turner)

마가복음 11:27-12:12을 배경 문헌에 비추어 읽으면 이 본문이 두 부분으로 되어 있다는 것을 알게 된다. 첫 번째 부분(11:27-33)은 예수께서 자신의 권위와 관련해서 예루살렘 지도자들과 충돌하시는 이야기를 들려준다. 이 충돌은 성전 정화 사건(11:15-19)에서 이어지는 것이고, 예수께서 무화과나무를 저주하신 내용(11:12-14)과 이후에 저주받은 무화과나무가 말라버린 것을 발견한 내용(11:20-25) 사이에 "감싸여져" 있다. 두 번째 부분(12:1-12)은 소작농에 대한 비유를 들려주는데, 이들은 반복적으로 땅 주인의 권위를 거부하는 자들로 묘사된다. 예수께서는 두 가지 방식으로 자신의 권위에 대한 지도자들의 질문에 답하신다(11:27-28). 한번은 대화체의 언쟁으로(11:29-33), 다른 한 번은 심판에 대한 예언적 비유를 통해 답하신다(12:1-11). 그 결과 그들은 예수를 잡으려 한다(12:12).

예수의 권위에 대한 마가의 가르침은 그분의 권위적인 가르침과 활동들이, 이미 견고하게 자리를 잡고 있는 율법 교사들(1:22, 27)과 어떻게 다르고 그들과 어떻게 충돌하셨는지(2:1-12)를 보여줌으로써 시작된다. 예수께서는 자신의 권위를 열두 사도에게 위임하셨다(3:15; 6:7). 예수의 마지막 가르침 중 하나는, 예수께서 다시 오실 때까지 그분의 권위를 신실하고 조심성 있게 행사해야 한다는 것을 제자들에게 상기시키는 것이었다(13:34).[1] 그러므로 **문학적** 문맥 안에서 볼 때 예수의 권위는 이스라엘 성전 지도자들과의 갈등의 기초가 된다.

이 본문을 **정경적인** 맥락에서 읽으면 구약의 인용, 암시, 반향을 확인하게 된다.[2] (12:1에) 이사야 5:1-2을 인용한 것과 (12:10-11에) 시편 118:22-23을 인용한 것은 소작농 비유의 틀을 짜고 해석을 도와준다. 이사야의 포도원 노래(사 5:1-2)는 포도원이 어떻게 공을 들여서 준비되었는지를 설명해준다. 땅을 깨끗이 하고 극상품 포도나무를 심었으며, 그중에 망대를 세우고, 안에는 술틀까지 팠다.[3] 역설적이게도 포도원은 (좋은 포도를 맺지 않고) 나쁜 들포도를 맺었다. 마찬가지로, 하나님께서도 이스라엘을 성실히 돌보셨지만 이스라엘은 불법과 불의를 행했다(5:3-7). 파괴된 포도원은 이스라엘을 향한 하나님의 심판을

---

1. 마가복음 13:34에 대한 NIV의 번역, "[그는] 그의 종들에게 책임을 맡기고, 각자에게 할당된 일을 주었다"는 "그는 그의 종들에게 권한을 주고 각자에게 일을 맡기었다"라고 번역될 수 있다.

2. Richard B. Hays, *Echoes of Scripture in the Gospels* (Waco, TX: Baylor University Press, 2016), 10-13 [=『복음서에 나타난 구약의 반향』, 감은사, 2022 근간]. 이 세 용어는 한 텍스트가 이전 본문에 명시적으로(인용), 암시적으로(암시), 희미하게(반향) 의존하는 정도의 스펙트럼에 해당한다.

3. 동일한 포도원 이미지가 구약의 다른 곳(예, 시 80; 렘 2:21; 6:9; 12:10-13; 겔 19:10-14; 호 10:1-2)에서도 발견된다.

나타낸다(5:3-7). 시편 118편은 성전 예배라는 배경에서(시 118:19-20, 26-27) 적에 대한 승리를 되돌아본다(118:5-18). 예수께서 승리의 입성을 하시는 동안, 무리들이 "호산나!"를 외친 것은 시편 118:25-26을 반향하고, 이는 다윗 계열의 왕인 예수를 통해 하나님께서 이스라엘을 구원하시기를 바라는 이스라엘의 깊은 갈망을 나타내준다(11:9-10). 예수께서는 소작농 비유의 결론에서 시편 118:22-23을 인용하시는데, 이는 어떻게 하나님께서 지도자들이 자신을 거절한 것을 그들에게 되돌려 주실지 은유적으로 묘사한 것이다. 예수께서는 이 시편 기자의 탄원과 궁극적 신원을 자기 자신에 대한 예견으로 보신 것 같다.[4]

이 본문을 **해석적인** 배경에서 읽는 것에는 마가와 예수 이전의 사람들이 이 중요한(seminal) 구약 본문들을 어떻게 생각했는지 읽는 것도 포함된다. 이사야 5장을 암시하는 유대교 문헌들 중 『에녹1서』의 소위 동물 묵시록이라고 불리는 본문을 여기에서 살펴보게 될 것이다.[5] 이 본문은 마치 마가가 그랬던 것처럼 이사야 5:1-7을 암시하는 것처럼 보인다. 우리가 앞으로 살펴보게 될 것처럼, 이스라엘이 역사적으로 하나님의 권위에 저항해왔던 것에 대한 묘사가 예수에 대한 종교 지도자들의 저항을 다루는 마가의 내러티브에 가득하다.

---

4. 추가적인 암시와 반향이 본문에 나타난다. 마가복음 12:6은 창 22:2을 반향한다. 심지어 마가복음 내러티브가 무화과나무와 포도원을 연결하는 것도, 구약이 일반적으로 하나님의 언약적 축복인 샬롬의 부재(렘 8:13; 호 2:12; 시 105:33)나 임재(왕상 4:25; 미 4:4; 슥 3:10)를 묘사하기 위해서 포도나무와 무화과나무를 한 쌍으로 제시하는 것을 반향한다.

5. 또한, 예를 들면, 4Q262, 4Q500 (포도원 축복), 토세프타 수카 3:15을 보라.

동물 묵시록:

"그가 그들을 양 때에 보냈지만,

양 때는 그들을 살해하기 시작했다."

동물 묵시록, 즉 "동물 환상"은 『에녹1서』의 「환상의 책」(에녹 1서 83-90)의 85-90장에 걸쳐 있다.[6]

이 텍스트는 동물을 사용해서 아담부터 마지막 때까지의 역사를 비유적으로 내다본다. 이스라엘을 소와 양으로 나타내고, 이스라엘 지도자들의 숫양과 황소로 나타낸다. 이스라엘의 적들은 개, 사자, 표범, 늑대, 맹금류와 같은 포식 동물들로 묘사된다. 이러한 동물들은 89:11-90:12에서 족장 시대부터 유다 마카베오 시대까지에 이르는 이스라엘 역사의 주요 사건들을 살펴보기 위해 사용된다. 이 내러티브는 이스라엘의 적들에 대한 최종 심판(90:18-19)과 신실하지 못한 목자들과 이스라엘 자체에 대한 심판(90:22-27)으로 끝이 난다. 마지막으로, 새롭고 더 큰 "집"이 오래된 집을 대체하고(90:28-29), 그 안에 이스라엘의 이전 적들이 유대인들과 함께 모여서(90:33-36) 뿔이 있는 메시아적 인물을 경배한다(90:37-38).

양으로서의 이스라엘

성경이 (6:34; 14:27을 포함해서) 잃어버린 양 이미지를 광범위하게

---

6. 『에녹1서』에 대한 더 많은 배경을 살펴보려면, 이 책의 제2장에 있는 크리스티안 A. 벤도라이티스(Kristian Bendoraitis)의 글을 보라.

사용함으로써 연민의 감정을 떠올리게 할지라도, 『에녹1서』에는 눈 먼 양들에 대한 동정 어린 마음이 조금도 나타나지 않는다. 니켈스버 그(Nickelsburg)는 다음과 같이 도움이 되는 논평을 했다. "이 환상의 주 요 부분은 이스라엘의 역사를 비관적으로 바라보며, 그 역사를 이방 인들의 압제로 벌을 받게 되는 계속된 반역과 배교(양들은 눈이 멀었고, 올바른 길에서 벗어난다)의 역사로 묘사한다."[7] 양들은 89:12에서 중요한 은유가 되는데, 거기에 나오는 열두 마리의 양들은 야곱의 아들들을 나타낸다. 이 열두 마리의 양들은 그 무리에 속한 한 양(요셉)을 당나 귀들(이스마엘 사람들)에게 넘겨주고, 후에 그 양을 늑대들(이집트 사람들) 에게 넘긴다. 또한 율법을 제정하는 시기에 이스라엘이 저지른 죄(출 애굽기 32장)가 강조된다.

> [32] 그리고 그들을 이끈 저 양[모세]은 다시 바위산 꼭대기로 올라
> 갔는데, 양들은 눈이 멀게 되어 그가 그들에게 보여주었던 길에서 벗
> 어나기 시작했다. 그러나 그 양은 그것을 알아차리지 못했다. [33] 그
> 리고 그 양들의 주께서 그들에 대하여 몹시 노하셨고, 그 양도 이것
> 을 발견하고 바위 꼭대기에서 아래로 내려가 양들에게로 가서 그들
> 중 대부분이 눈이 멀고 [그 길에서] 떨어져 나가 있는 것을 발견하게
> 되었다. (에녹1서 89:32-33)[8]

---

7.   George W. E. Nickelsburg, "The Temple According to 1 Enoch," *BYU Studies Quarterly* 53 (2014): 1-18, at 7. Available at: http://scholarsarchive.byu.edu/ byusq/vol53/iss1/3.

8.   이것과 이어지는 발췌문의 번역은 R. H. Charles, ed., *The Apocrypha and*

열린 눈을 가진 그 양은 곧 약속의 땅의 아름다움과 영광을 보게 되지만(에녹1서 89:40), 그들(일반 이스라엘 백성으로서의 양들)의 시력은 사사 시대 동안 안 좋아지게 된다(에녹1서 89:41). 이후에 그들은 하나님을 떠나, 그분의 집을 버리고 하나님께서 그들을 도우라고 보내신 양들(선지자들)을 죽인다. "양들의 주께서 양들 중에 몇몇을 부르시어 그들에게 보내셨지만, 양들은 그들을 죽이기 시작했다"(에녹 1서 89:51; 참조, 89:52-53; 90:6-7). "그들이 주의 집과 그분의 탑을 버린" 이 시점에, "그들은 완전히 잘못된 길로 빠지게 되었고, 그들의 눈은 가리워지게 되었다"(에녹1서 89:54).

주의 집과 그분의 탑

이스라엘이 그 땅에 들어간 후, 성막은 "주님의 양들을 위한 집"으로 불린다(에녹1서 89:36, 40). 그 뒤에 『에녹1서』는 주의 "집"과 그것의 "탑"에 대해서 말한다(에녹1서 89:36, 40, 50, 54, 56, 66-67, 73). 이러한 용어는 다소 모호하지만, 대부분의 학자들은 "집"을 예루살렘을 언급하는 것으로 보고, "탑"을 성전을 가리키는 것으로 본다. 또 다른 초기 유대교 텍스트들은 이사야 5:1의 포도원 탑(개역개정에는 기름진 산 위에 있는 포도원이라고 함—역주)을 솔로몬의 성전으로 해석한다.[9] "집"과

Pseudepigrapha of the Old Testament, 2 vols. (Oxford: Clarendon, 1913), 2:163-281에서 각색한 것이다.

9. 그러한 텍스트에는 타르굼 이사야 5:2, 토세프타 메일라 1:16; 토세프타 수카 3:15; 참조, Barn. 16:5이 있고, 이것들은 성전을 탑으로 묘사하며 『에녹1서』

관련하여 가장 세부적으로 말하는 본문은 『에녹1서』 89:50다.

> 그리고 그 집은 크고 넓어졌고, 그 집은 양들을 위해서 지어졌다. 크
> 고 우뚝 솟은 탑이 그 양[솔로몬]을 위해 주의 집 위에 세워졌다. 그
> 집은 낮았지만, 탑은 높고 우뚝 솟아 있었다. 그리고 양들의 주님께
> 서는 그 탑 위에 서 계셨고, 양들은 그분 앞에 한 상 가득 차려드렸
> 다.

불행하게도 양들은 집과 탑을 버린다. 이로 인해 하나님께서도
양들과 예루살렘과 탑을 버리신다(에녹1서 89:56). 결국 "사자들"(바벨론
사람들)은 "그 탑을 불태우고, 그 집을 무너뜨린다"(에녹1서 89:66-67). 에
녹은 이후의 두 번째 성전을 건축하는 것을 부정적으로 바라보지만
(에녹1서 89:72-73), 나중에는 아주 상세하게 격찬한다. 오래된 집이 허
물어졌고, 웅장한 새로운 집으로 대체되었는데, 그 새로운 집에는 양
들과 그들의 이전 포식자들이 평화롭게 함께 거주했다고 말이다(에녹
1서 90:28-36; 91:13). 이 마지막 본문에 탑이 등장하지 않는 것은 요한계
시록 21:22의 새 예루살렘에 대한 묘사와 다소 비슷하다. "나는 그 안
에서 성전을 볼 수 없었습니다. 그것은 전능하신 주 하나님과 어린
양이 그 도성의 성전이시기 때문입니다"(새번역).

동물 묵시록은 예루살렘과 그 성전에 대해서 반복적으로 언급하
며, 첫 번째 성전의 건축 및 파괴와 더불어 재건축된 성전과 그것의

89:55-56을 암시한다.

궁극적인 변화를 다룬다. 동물 묵시록은 아마도 이사야 5:2의 탑을 성전에 대한 은밀한 언급으로 간주한다는 점에 있어서 다른 제2성전기 문헌들과 일치하는 것 같다. 이러한 모든 것은 나중에 예수께서 같은 성전에서 유대교 지도자들과 충돌하신 내용을 읽을 수 있는 문맥을 제공한다.

마가복음 11:27-12:12:

"이에 잡아 죽여 포도원 밖에 내던졌느니라"

예수의 권위에 대한 물음

마가복음 11:27-12:12은 예수의 예루살렘 입성과 성전 정화 사건에 이어지는 속편으로 이해되어야 한다. 이 두 사건으로 인해 종교 지도자들은 예수의 권위에 대해 의문을 품으며 질문하게 되고, 이에 예수께서는 퉁명스러운 대화(11:27-33)와 비유(12:1-12)로 구성된 이중 대답으로 답하신다. 본문을 좀 더 넓게 보면 교차 대구 구조(chiastic structure)가 드러나는데, 여기에는 성전 행위가 가운데 위치하여 두 개의 무화과나무 에피소드 사이에 감싸여져 있다. 다음은 이 구조를 구체적으로 표현한 것이다.

A. 승리한 다윗 왕이신 예수께서 예루살렘에 입성하시다

(11:1-11; 시 118:25-26).

B. 열매 없는 무화과나무가 저주받다(11:12-14; 렘 8:13).

C. 예수께서 성전을 정화하시다(11:15-19; 사 56:7; 렘 7:11).

B¹. 무화과나무가 마른 것을 발견하다(11:20-25; 렘 8:13).

A¹. 예수께서는 거절당하시지만, 신원되실(성당성이 입증되실—억주) 다윗 계열의 왕이시다(11:27-12:12; 시 118:22-23).

예수의 대담한 성전 행위는 종교지도자들이 예수의 권위가 어디에 근거를 두고 있는지 의문을 품게 했는데, 이는 마가복음 2:6-12과 3:22-30을 생각나게 한다. 예수께서 종교지도자들에게 세례 요한의 권위가 어디에서 나오냐고 질문했을 때, 그들이 알지 못한다고 답했었지만(11:33), 그들은 자신들이 예수의 비유에서 반항하는 농부들이라는 것을 아주 분명히 알고 있었다(12:12). 하지만 종교지도자들은 예수께 공개적으로 대답할 수 있는 담대함이 부족했다. 그들은 비밀리에 예수를 죽이고자 계획했다(11:31-32; 12:12).

이스라엘의 지도자들을 고발함

유대교 지도자들이 예수의 질문에 대답하지 못함으로 인해(11:30-33), 예수께서는 포도원 주인과 제멋대로인 소작농의 관계에 대한 비유를 들려주신다(12:1-9). 땅 소유주가 소작농에게서 열매를 거두기 위해 포도원에 반복적으로 종들을 보낸 것은, 하나님께서 선지자들을 거부하는 이스라엘 백성들, 특히 이스라엘의 지도자들에게 그들을

보내신 것을 의미한다. 예수의 비유는, 이사야 5장의 포도원 노래와
달리, 전체로서의 나라가 아니라 이스라엘의 지도자들을 고발하며,
이스라엘의 기존 리더십을 제거하고 하나님의 백성들을 감독하는
권한을 "다른 사람들"(12:9), 즉 예수와 그의 제자들에게 넘기시려는
계획을 설명해준다.[10] 궁극적으로 자신의 아들을 보내는 땅 소유주
는, 하나님께서 예수를 최종 선지자로 보내시는 것을 의미한다(6:4,
15; 참조, 마 23:29-36; 눅 11:47-51).[11] 예수께서는 시편 118:22의 버린 돌로서
십자가에 못 박히시지만, 부활로 신원되신다. 이것은 예수를 하나님
의 백성들의 모퉁잇돌(cornerstone)로 삼으신 것이고, 신약성경의 다른
곳에서는 성령을 통해 하나님께서 거하시는 새로운 성전으로 묘사
된다(참조, 요 2:21; 4:19-24; 엡 2:11-22; 벧전 2:4-8).

구약 역사를 상징적으로 보여주는 『에녹1서』의 내러티브는 마가
복음 11:27-12:12과 몇 가지 유사점을 가진다. 이 두 텍스트에 공통적
으로 언급되는 것은 선지자들에 대한 거절이다. 『에녹1서』는 선지자
들을 거절하는 것이 솔로몬 성전의 파괴를 일으켰다는 구약의 가르
침을 언급한다. 마가복음에서 예수의 말씀은 같은 패턴이 곧 반복되
어서 일어날 것을 암시한다. 마가는 다수의 이스라엘 지도자들이
"때가 찼고 하나님의 나라가 가까이 왔으니 회개하고 복음을 믿으

---

10. Robert H. Gundry, *Mark: A Commentary on His Apology for the Cross* (Grand Rapids: Eerdmans, 1993), 688-89에 있는 이러한 취지의 주장을 보라.
11. 성경신학에서 이야기하는 거절당한 선지자 주제에 대한 더 넓은 논의를 위해서는 David L. Turner, *Israel's Ultimate Prophet: Jesus and the Jewish Leaders in Matthew 23* (Minneapolis: Fortress, 2015)을 보라. 마태판(version)의 소작농 비유(마 21:33-46)는 본서 제26장에서 다룬다.

라"(1:15)는 예수의 권위 있는 예언자적 부름에 반응하지 않았음을 분
명히 한다. 이스라엘의 지도자들은 예수의 예언자적 권위를 받아들
이기를 거부한다. 그들은 예수를 체포하여 십자가에 못 박을 것이다
(12:12; 14:1-2, 10, 43-44, 53-65; 15:9). 그리고 제2성전은 파괴될 것이다
(13:2).

　이러한 모든 것에도 불구하고, 마가는 『에녹1서』와 같이 미래에
대해 궁극적으로 긍정적인 견해를 공유한다(13:26; 14:62; 16:6-7).[12] 버린
돌은 모퉁잇돌이 될 것이다(다음 장의 표를 보라.). 마가는 결론부에서 희
망스러운 조짐을 내비친다. 저명한 유대 지도자인 아리마대 사람 요
셉(참조, 마 27:57-61; 눅 23:50-53; 요 19:38-42)은 빌라도에게 가서 예수의
시신을 돌보도록 허락을 받아 그 시신을 무덤에 장사한다. 요셉은 이
전에 예수를 비난했던 자들 중에 있었을 것이다(14:64; 15:1; 하지만 눅
23:51은 조금 다르다). 그러나 이제 요셉은 "하나님 나라를 기다리는 자"
로 묘사된다(15:43). 요셉은, 십자가 처형 장면에서 "이 사람은 진실로
하나님의 아들이었도다"(15:39)라고 말하는 백부장과 함께, 예수에 대
한 신원(vindication)이 이미 시작되었음을 보여주는 인물이다. 예수에

---

12. 이사야도 끝부분이 좋게 끝난다는 것을 잊어서는 안 된다. 이사야 1-5장에
　　나오는 이스라엘 심판과 관련된 어두운 말들은, 종종 등장하는 하나님의 새
　　로워진 임재가 예루살렘 성전에서 그분의 백성들과 함께한다는 내용에 초
　　점을 두고 있는 희망의 신탁에 의해 약화된다(사 2:1-5; 4:2-5). 이사야
　　40:1-5은 마가복음(13장)의 기조(keynote)를 제공한다. 예루살렘의 궁극적인
　　영광은 이사야 52:9과 같은 본문에 묘사된다. "너 예루살렘의 황폐한 곳들
　　아, 기쁜 소리를 내어 함께 노래할지어다. 이는 여호와께서 그의 백성을 위로
　　하셨고 예루살렘을 구속하셨음이라."

대한 거절과 십자가 처형이 심지어 부활이 있기 전에도 신원으로 바뀌고 있다. 시편 기자가 말했듯이, 주께서 행하시는 것은 정말로 "우리 눈에 기이한" 것이다(시 118:23; 막 12:11).

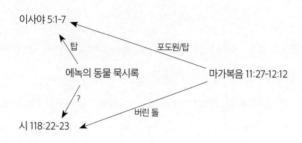

더 읽을거리

추가적인 고대 문헌

두 쿰란 텍스트인 4Q162(『이사야 주석』)과 4Q500 1(포도원 축복)은 이 연구와 관련이 있다. 4Q162는 이사야 5장을 암시하며 예루살렘과 성전의 다가오는 심판으로 인해 "예루살렘의 조롱하는 자들"을 비난한다. 4Q500 1은 매우 단편적이기는 하지만, 이사야 5장을 예루살렘 성전으로 나타내는 것으로 해석하는 축복처럼 보인다. 토세프타의 두 텍스트(메일라 1:16; 수카 3:15)도 이사야 5장을 성전을 나타내는 것으로 해석한다. 『솔로몬의 유언』(22:7; 23:1-4)은 시편 118:22을 암시한다. 『솔로몬의 유언』은 아마도 주후 3세기의 것으로 추정되고, 기독교적

으로 고친 내용이 들어가 있다. 시편 타르굼은 시편 118:22-29을 다
윗 왕을 나타내는 것으로 해석하고, 겉보기에는 그 시편 내용을 사무
엘상 16:1-13 내러티브에 반대되는 것으로 읽는 것으로 보인다. 초기
기독교의 작품인 『바나바』(16:5)는 성전을 탑으로 언급함에 있어서
『에녹1서』 89:55-56을 암시하는 듯 보인다. 『바나바』는 보통 주후 2
세기 초의 것으로 인정된다.

영역본과 비평판

Isaac, E. "1 (Ethiopic Apocalypse of) Enoch: A New Translation and
 Introduction." Pages 5–89 in vol. 1 of *The Old Testament*
 Pseudepigrapha. Edited by James H. Charlesworth. New York:
 Doubleday, 1983.

Knibb, Michael A. *The Ethiopic Book of Enoch*. 2 vols. Oxford:
 Clarendon, 1978.

Nickelsburg, George W. E., and James C. VanderKam. *1 Enoch: The*
 Hermeneia Translation. Minneapolis: Fortress, 2012.

이차문헌

Berder, M. *"La Pierre rejetée par les bâtisseuers"*: *Psaume 118,22–23 et*
 son emploi dans les traditions juives et dans le Nouveau Testament.
 Etudes Bibliques 31. Paris: Gabalda, 1996.

Evans, Craig A. "God's Vineyard and Its Caretakers." Pages 381–406 in
 Jesus and His Contemporaries: Comparative Studies. AGJU 25.

Leiden: Brill, 1995.

Kloppenborg, John S. The Tenants in the Vineyard: Ideology, Economics, and Agrarian Conflict in Jewish Palestine. WUNT 195. Tübingen: Mohr Siebeck, 2006.

Nickelsburg, George W. E. 1 Enoch 1: A Commentary on the Book of 1 Enoch Chapters 1–36; 81–108. Hermeneia. Minneapolis: Fortress, 2001.

_____, and James C. VanderKam. 1 Enoch 2: A Commentary on 1 Enoch Chapters 37–82. Hermeneia. Minneapolis: Fortress, 2011.

Olson, Daniel C. A New Reading of the Animal Apocalypse of 1 Enoch. "All Nations Shall be Blessed." SVTP 24. Leiden: Brill, 2013.

제22장
요세푸스와 마가복음 12:13-27
사두개인, 부활, 그리고 율법

제이슨 매스턴(Jason Maston)

마가복음 전체에 걸쳐서 예수께서는 다양한 유대교 집단들과 교류하신다. 마가복음 11:27-12:34에서 마가는 예수를 이러한 집단들 중 일부인 성전 관계자들, 바리새인, 헤롯당, 사두개파와 교전하신 분으로 제시한다. 이들과의 다툼은 마가의 줄거리에 중요하다. 이유는 두 가지이다. 첫째로는 그 다툼이 성전/유대교 통치자들과 예수의 관계에 대해 설명해주기 때문이고, 둘째로는 예수께서 지도자들에게 거절당하신 이유를 말해주기 때문이다. 이 짧은 논문의 초점은 마가복음 12:13-27에 나오는 두 논쟁에 있다.

첫 번째 부분(12:13-17)에서 바리새인들과 헤롯당은 가이사에게 세금을 내야 하는지, 말아야 하는지를 질문함으로써 예수를 책잡으려 한다. 이 두 집단이 한패가 된 것은 이미 마가복음 3:6에서 일어났던 일인데, 이들이 로마 통치에 대해 서로 다른 생각을 하고 있었다는 점을 고려할 때 매우 흥미로운 일이다. 헤롯당은 친로마적이었다. 바리새인들은 열심당만큼 반로마적이지는 않았지만, 로마의 친구는 아니었다. 예수께서는 그들보다 한 수 앞서서 그들의 위선을 드러내셨다. 그들은 가이사의 형상이 새겨진 로마 동전을 가지고 있었을 뿐만 아니라, 하나님과 시민 정부 사이의 관계도 이해하지 못했다. 두 번째 부분(12:18-27)에서, 사두개인들도 예수를 책잡으려고 했다. 그런데 이번에는 부활, 결혼, 모세의 토라에 관한 수수께끼 같은 질문을 함으로써 그렇게 했다. 이교도 정부와 어떻게 교류해야 하는지에 대한 이전의 논쟁은 복잡하지 않았다. 그러나 예수께서 사두개인들과 논쟁하는 내용을 살펴보면 질문이 조금 특이하면서도 사두개인들의 믿음과 (해석) 방법론을 더 더듬어 봐야지만 이해될 수 있는 것이었다. 그러므로 이 연구는 요세푸스가 묘사한 사두개인들의 신념에 초점을 맞출 것이다. 그는 사두개인들의 신념에 대한 몇 가지 정보를 제공한다.

사두개인에 관한 요세푸스:
"영혼은 육체와 함께 소멸된다."

요세푸스는 1세기 후반에 살았던 유대 역사가다. 그는 로마에 대항하는 유대 반란(주후 66-70년)이 있었을 당시 장군으로 복무했다. 그리고 이후에는 로마의 편에 서서 베스파시아누스 황제로부터 자유를 부여받았다. 플라비우스 왕조의 지원을 통해 요세푸스는 자신의 주요 작품들, 특히 유대인과 로마의 전쟁 이야기(『유대전쟁사』)와 유대 백성들의 역사를 다룬 작품(『유대고대사』)을 집필했다. 『유대고대사』의 한 부분에는 4개의 유대교 종교 집단을 묘사하고 있는데, 그 중 하나 가 사두개파다. 요세푸스는 그들에 대해서 다음과 같이 기록했다. "사두개인들의 가르침은 영혼이 육체와 함께 소멸된다는 것이다. 그 들은 율법(the laws)을 제외하고는 어떤 계율도 지키지 않는다"(『유대고 대사』 18.16). 이 기록에 나타나는 두 가지 특징은 마가복음 12:18-27에 나오는 예수께서 사두개인들을 만나신 내용과 직접적으로 관련이 있다.

부활 거부

첫째로, 요세푸스는 "영혼은 육체와 함께 소멸된다"라고 쓰면서 사두개인들이 부활을 반대한다고 말한다. 그는 유대인의 반란을 다 룬 내용에서도 비슷한 내용을 썼다. "그들[사두개인들]은 영혼의 영속 성과 하데스에서의 벌/보상 개념을 폐한다"(『유대전쟁사』 2.165). 요세푸 스는 자신의 로마와 그리스 독자들이 사용하는 고유 언어로 부활 사 상을 표현하기 위해 이러한 불멸이라는의 언어와 영혼이라는 단어 를 사용했다. 영혼의 영원성에 대해 비유대인들 사이에 광범위한 논 의가 있었지만, 죽은 육체가 다시 살아나게 될 것이라는 믿음은 대부 분의 그리스인들과 로마인들에게는 좀처럼 이해되지 않는 것이었 다.[1] 그러므로 요세푸스는 청중들이 이해할 수 있는 언어를 사용함으

---

1.   요세푸스는 종종 열심당(Zealots)으로 이해되는 "제4의 철학"에 대해서 이야 기한다. "그들은 모든 부분에서 바리새인들의 견해에 동의하지만, (바리새인 들과는 달리) 억누르기 쉽지 않은 자유에 대한 열심을 가지고 있다. 이는 그

로써 사두개인들이 육체의 부활에 대한 믿음을 거부했음을 보여주
었다.

신적 계시인 모세의 토라

둘째로, 바리새인 및 다른 유대교 집단과는 다르게, 사두개인은
모세의 토라만을 신적 계시로 받아들였다. 요세푸스는 다른 곳에서
사두개인들이 "모세의 율법에 기록되지 않았다"는 이유로 바리새인
들이 전한 "장로들의 전통"을 거부했다고 설명한다. 사두개인들은
성문 율법서만이 고려할 가치가 있으며 "장로들의 전통"에서 온 것
들을 지키지 않는 것이 중요하다고 주장했다(『유대고대사』 13.297). 여기
에서의 논쟁은 단순히 토라에 대한 해석에 관한 것만이 아니라, 권위
가 궁극적으로 어디에 있는지에 대한 문제와 관련이 있다. 사두개인
들은 실천과 믿음을 지도받기 위해 오직 모세의 토라에만 주목했다.

이 두 신학적 주장은 서로 관련되어 있다. 구약에는 부활 교리의
분명한 증거가 될 만한 내용이 거의 없다. 다니엘 12:2-3이 아마도 가
장 명시적인 본문일 것이다. 욥기 19:26, 시편 16:9-11, 이사야 26:19,
에스겔 37:1-14과 같은 본문들은 부활과 관련해서 읽혀질 수 있고,
종종 그렇게 읽혀지기도 하지만, 본래 부활을 염두에 둔 것인지는 분
명하지 않다. 게다가 이러한 (부활 관련) 본문이 토라에는 없기에 사두
개인들도 별로 중요시하지 않았던 것 같다. 언뜻 보기에는 토라에서

들(제4의 철학, 열심당)이 하나님만이 자신들의 통치자이자 주인이라고 생
각하기 때문이다"(『유대고대사』 18.23). 이 논문에서 사용한 요세푸스의 모
든 번역은 저자의 것이다.

부활 신앙을 확립하기 어려운 것 같다. 사두개인들이 모세의 글만을 받아들임으로써 부활 교리에 대한 거부가 강화될 수밖에 없다. 예수 와의 충돌을 일으키는 부분이 정확히 바로 이 두 가지 지점이다.

마가복음 12:13-27: "너희가 모세의 책에서 읽어보지 못하였느냐?"

사두개인들은 부활을 거부했기 때문에, 마가복음 12:19-23에서 그들이 예수께 제기한 질문은 명확함을 추구하는 열정적인 학생의 질문이 아니다. 오히려 사두개인들은 부활 사상이 일으키는 법적인 (그리고 실천적인) 문제를 강조함으로써, 부활 신앙의 어리석음을 노출 시키는 데 그 목적이 있었다. 사두개인들은 한 여성이 아이를 낳기 전에 남편이 죽은 비참한 상황을 묘사한다. 고대 세계에서 이것은 여 러 가지 문제들을 제기했는데, 그 중 하나는 상속자가 없어지는 문제 였다. 유대교 관행에서 이에 대한 해결책은 그 여성이 남편의 형제와 결혼하는 것이었다. 여성은 혈통 내에서 보호받을 수 있었을 뿐 아니 라, 형제를 통해서 혈통을 이을 자녀들을 나을 수도 있었다. 그러나 사두개인 이야기가 말해주듯 문제는 이 두 번째 형제가 죽는 것이다. 이어서 세 번째 형제, 네 번째 형제가 죽고, 끝내는 여성 자신까지 죽 게 되는 것이다. 그리고 사두개인들은 예수께 질문한다. 부활이 사실 이라면, 이 여성은 누구의 아내가 될 것인가?

사두개인 이야기가 비극적으로 보이기는 하지만 초점은 죽음으로 결혼이 끝났다는 것이나 상속자 없는 것으로 야기되는 사회적 압박에 있지 않다. 오히려 사두개인들의 진짜 관심은 수혼법(levirate marriage law)이라는 법률에 있다(신 25:5-10을 보라). 사두개인들이 대화를 시작하며 했던 진술(12:19)은 신명기 25:5을 암시한다. "형제들이 함께 사는데 그 중 하나가 죽고 아들이 없거든 그 죽은 자의 아내는 나가서 타인에게 시집 가지 말 것이요. 그의 남편의 형제가 그에게로 들어가서 그를 맞이하여 아내로 삼아 그의 남편의 형제 된 의무를 그에게 다 행할 것이요." 사두개인들의 질문은 단순하다. 이러한 관례를 요구하는 모세의 율법에 비추어 볼 때 이 여성은 다음 시대에 누구의 아내가 될까? 사두개인들의 질문은 "사람들이 상정하는" 부활 시대의 결혼 관례가 현 시대의 결혼 관례를 반영할 것이라고 가정하고 있다. 더욱 중요한 것은 사두개인들의 (토라에 대한) 입장이다. 그들은 모세의 토라를 현 시대와 다음 시대에서 최고 권위를 가진 것으로 생각한다는 것이다. 그들이 들려주는 이 불행한 여인의 이야기는 부활에 대한 믿음과 토라의 정당성 사이의 긴장을 표면화한다. 만약 수혼법에 대한 토라의 계명이 계속해서 적용 가능하다면, 아니 적용해야 한다면, 그 계명은 간통에 대한 또 다른 법을 위반하는 이상한 상황을 만들어낸다. 그렇다면, 사두개인에게 있어서 해결책은 분명하고 명백하다. 부활은 그것이 모세가 준 계명과 일치하지 않기 때문에 거짓된 믿음인 것이다.

사두개인들에 대한 요세푸스의 묘사와 비교해볼 때, 마가복음 본문의 몇 가지 특징이 두드러지게 나타난다. 예를 들면, 요세푸스와 마가복음은 모두 부활에 대한 사두개인의 믿음의 본질과 토라가 최고 권위를 가진다는 것에 동의한다. 그러나 예수께서 그렇게 행하신 이유를 이해하는 것이 더 쉽다는 점은 더욱 의미심장하다.

부활의 본질을 이해하기

예수께서는 자신의 대답에서 사두개인들이 부활의 본질을 이해하지 못했다는 이유로 이 문제를 전면적으로 거부하신다. 부활 시대에 결혼은 일어나지 않을 것이다. 왜냐하면 그때에 인간은 결혼하지 않는 천사와 같을 것이기 때문이다. 안타깝게도 예수의 대답은 오늘날 우리에게 완전히 분명하게 다가오지는 않는다. 이 대답은 성욕을 느낄 수 있는 육체에 대한 거절이나 인간이 오직 남성(유대 전승에서 모든 천사는 남성이다)만 있게 될 것이라는 암시로 이해되어서는 안 된다. 오히려 출산이 불필요할 것이기 때문에 결혼이 더 이상 요구되지 않는다고 보는 것이 좋을 것 같다. 이 첫 번째 대답은 이야기 속 여성이 어떤 남편에게 속할 것인지에 관한 문제를 다룬다. 이에 대해 암시된 대답은 여성이 아무에게도 속하지 않는다는 것이다. 예수의 대답은 현시대와 미래 시대가 동일하지 않다는 생각에 기초하고 있다. 물론 유사성이 없지는 않지만, 일대일로 대응되는 것은 아니다. 그럼에도 이 부분에서 예수의 대답은 부활을 상정하고 있기에 사두개인들에게는 중요하지 않았을 것이다.

토라 바르게 읽기

그리고 더 중요한 것은 예수께서 이 문제에 정면으로 달려드신다는 것이다. "너희는 모세의 책에서 읽어보지 못하였느냐"(12:26). 사두개인들이 오직 토라만을 받아들인다는 것을 알고 계셨던 예수께서는 그들의 토라 읽기에 도전하심으로써 맞서셨다. 사두개인들은 토라의 법률과 관련된 부분인 십계명에 의존했지만, 예수께서는 하나님께서 자신의 정체를 밝히신 것에 이목을 집중시키셨다. 예수께서는 하나님께서 스스로를 드러내셨던 모세—율법을 받은 자—의 경험을 상기시키셨다. 그리고 사두개인들에게 출애굽기 3:6("나는 아브라함의 하나님이요, 이삭의 하나님이요, 야곱의 하나님이다")을 인용하셨다. 원래 문맥에서 이 말씀은 모세가 타오르는 떨기나무에 접근할 때 하나님께서 자신의 정체를 선언하신 것이다.

　예수께서는 출애굽기 3:6을 인용하시면서 부활 문제와 관련하여 해석하셨다. "하나님은 죽은 자의 하나님이 아니요, 산 자의 하나님이시라"(12:27). 이 인용 말씀의 의미는 논란이 된다. 이 말씀은 반드시 부활에 관한 것이라기보다 불멸에 대한 신앙을 나타내는 것처럼 보이기 때문이다. 즉, 이 인용은 하나님께서 살아있는 하나님이시기 때문에 족장들이 현재 살아있다는 것을 나타낸다. 그러나 만약에 족장들이 현재 살아있다면, 그것은 부활이 없이, 부활 이전에 일어나는 일이다. 그러나 이러한 읽기는 그 진술을 부활과 관련된 문맥에서 읽는 것이 아니라, 부활과 관련된 하나님의 본성에 대한 추상적인 명제적 주장으로 다룬다. 예수의 말씀은 아마도 족장들이 언젠가 다시 살아나게 될 것이라는 의미로 "살아있음"을 의미하는 것 같다. 죽음은 족장들의 영원한 상태가 아니다. 하나님께서 살아계신 하나님이시기 때문에 결국 백성들에게 생명을 주실 것이라고 우리는 확신할 수 있다.

성경의 살아있는 하나님

표면적으로 예수와 사두개인들의 논쟁은 성경을 가장 잘 해석하는 방법에 관한 것이다. 사두개인들에게 있어서 가장 중요한 것은 법적 지침이지만, 예수께서는 자기 자신에 대한 하나님의 말씀을 따르셨다. 그러나 이 문제에는 더 많은 것이 있다. 쟁점은 예수께서 표현하신 대로 단순히 부활이 있을 것인지에 대한 것이 아니고, 심지어 어떻게 하면 모세를 잘 해석할 수 있을지에 대한 것도 아니다. 오히려 하나님의 본성에 관한 것이다. 이스라엘의 하나님께서 현재에만 생명을 주시는 분이신가, 아니면 미래에도 생명을 주실 분이신가? 만약 현재에만 주시는 분이시라면, 그는 "과거" 족장들의 하나님이었을 뿐이다. 그러나 예수에게 있어서, 하나님을 죽은 자들과 과거에만 묶어두는 것은 만족스럽지 못하다. 하나님은 "현재에도" 살아계신 하나님이시다. 하나님의 정체성에 대한 이 이중적 선포를 결합하는 것이 중요하다. 성경은 하나님께서 "아브라함의 하나님이요 이삭의 하나님이요 야곱의 하나님"이심을 드러내면서, 동시에 그 하나님이 "산 자의 하나님"이시라는 자명한 진리도 드러낸다. 그러므로 예수께서는 족장들이 반드시 다시 살게 될 것임을 암시하는 것이다.[2] 예수께서는 법적인 문제를 헤치고 나아가 핵심 문제로 나아가셨다. 이스라엘의 하나님은 누구신가?

출애굽기 3:6을 말씀하시는 예수의 전략은 기발하면서도 사두개

---

2. 참조, 사도행전 17장과 고린도전서 15장. 이 두 본문은 어떻게 부활이 그리스 사람들에게 기이한 느낌을 주었는지에 대해 보여준다.

인들의 부활에 대한 거부를 완전히 약화시킨다. 예수께서는 사두개
인들의 해석학적 부족함을 드러내신다. 이는 사두개인들이 그 본문
(출 3:6)이 자신들의 핵심적인 신념 중 하나와 관련이 되어 있음에도
그 완전한 의미를 이해하지 못하고 있었기 때문이다. 게다가 그들이
부활을 거부한 것은 실제로 이스라엘의 하나님을 거부한 것이다. 사
두개인들에 대한 요세푸스의 설명과는 대조적으로, 마가가 보여주는
예수와 사두개인들 사이에 벌어진 논쟁의 핵심 쟁점이 더욱 선명하
게 부각된다. 마가의 설명은 역사적으로 정확할 뿐 아니라, 사두개인
들을 다른 유대 그룹들과 구분 짓는 두 가지 쟁점에 초점을 맞추고
있다.

더 읽을거리

추가적인 고대 문헌

마가복음 12:13-27 에피소드의 평행 본문은 마태복음 22:15-33과 누
가복음 20:20-40이다. 사두개인들은 부활 및 천사에 대한 그들의 믿
음과 관련하여 사도행전 23:8에도 언급된다. 많은 죽은 남편들을 가
지게 되는 여성에 대한 사두개인들의 비극적인 이야기는 토비트에
토대를 두고 있는데, 이는 포로기 동안 율법에 따라 살려고 하는 한
유대인 가정의 매력적인 이야기이다. 몇몇 학자들은 배경으로 마카
베오2서 7:10-11을 제안했지만, 문맥이 상당히 다르다. 또한 창세기
38장의 유다와 다말 이야기를 보라. 랍비들은 결혼과 수혼법에 대해

상세하게 숙고한다. 예를 들면, 미쉬나 예바모트 1-4와 바벨론 산헤드린 90b-92a을 보라.

영역본과 비평판

Josephus. Translated by H. St. J. Thackeray et al. 13 vols. LCL. Cambridge: Harvard University Press, 1926-65.

Mason, Steve, ed. *Flavius Josephus: Translation and Commentary.* 10 vols. The Brill Josephus Project. Leiden: Brill, 2001-.

이차문헌

Baumbach, Günther. "The Sadducees in Josephus." Pages 173-95 in *Josephus, the Bible, and History.* Edited by Louis H. Feldman and Gohei Hata. Leiden: Brill, 1989.

Bolt, Peter. "What Were the Sadducees Reading? An Enquiry into the Literary Background of Mark 12:18-23." *TynBul* 45.2 (1994): 369-94.

Janzen, J. Gerald. "Resurrection and Hermeneutics: On Exodus 3:6 in Mark 12:26." *JSNT* 23 (1985): 43-58.

Mason, Steve. *Josephus and New Testament.* 2nd ed. Peabody, MA: Hendrickson, 2003.

Stemberger, Günter. "The Sadducees—Their History and Doctrines." Pages 428-43 in *The Cambridge History of Judaism: Volume 3, The Early Roman Period.* Edited by William Horbury, W. D. Davies, and John Sturdy. Cambridge: Cambridge University Press, 1999.

Trick, Bradley R. "Death, Covenants, and the Proof of Resurrection in Mark 12:18–27." *NovT* 49.3 (2007): 232–56.

제23장
솔로몬의 시편과 마가복음 12:28-44
메시아의 놀라운 정체성과 역할

마크 L. 스트라우스(Mark Strauss)

마가복음의 핵심은 기독론—예수의 정체성과 사명으로서의—이다. 마가복음 첫 구절("예수 그리스도의 복음")은 이것을 분명하게 보여준다(1:1). 마가는 독자들에게 예수께서 범죄자로서 굴욕적인 처형을 당하셨음에도 불구하고 그분이 정말로 메시아임을 공언하려고 한다.[1] 마가복음의 구조 자체가 이러한 목적에 이바지한다. 마가복음 전반부는 예수의 정체를 메시아로 확정한다. 여기에서 중요한 주제어는 "권위"이다. 예수께서는 가르치시고, 치유하시며, 귀신을 쫓으시고, 죄를 용서하시며, 죽은 자를 일으키시고, 자연의 힘을 통제하시면서, 메시아적 권위를 보여주셨다(1:1-8:30). 내러티브는 베드로의 고백에서 첫 정점에 이르게 된다. 여기에서 이 제자들의 대표(베드로)는 예수

---

1. R. H. Gundry는 마가복음의 목적을 "십자가에 대한 변호"라고 한다(Mark: *A Commentary on His Apology for the Cross* [Grand Rapids: Eerdmans, 1993], 3-4, 1026).

의 권위 있는 말씀과 행위를 통해 "주는 메시아시니이다"라는 인식
에 이르게 된다(8:29). 이 지점에서 내러티브는 예수께서 자신의 고난
과 죽음을 예고하시면서 극적인 전환을 이루게 된다(8:31). 메시아의
역할은 대부분의 유대인들이 바라듯 이 땅에서 로마의 군대를 몰아
내고 이스라엘의 독립을 수립하는 것이 아니라, 오히려 죄를 위한 대
속물로 고난당하고 죽는 것이다(10:45). 이 복음서의 나머지 내용은
고난의 길을 그리며, 예수께서 다가오는 자신의 죽음에 대해 세 번이
나 예고하는 모습(8:31; 9:31; 10:33-34)과 메시아적 임무를 완수하기 위
해 예루살렘으로 나아가시는 모습을 보여준다(8:31-16:8).

　이 내러티브에서는 예수께서 예루살렘에 이르시면서 다시 권위
의 주제로 돌아간다(11:1-11). 맹인 바디매오가 예수를 "다윗의 자손"이
라고 외친 것(10:47, 48; 메시아 칭호)과 예루살렘에 들어가면서 무리들이
"찬송하리로다 오는 우리 조상 다윗의 나라여"라고 소리친 것으로
인해(11:10), 독자들은 다시 한번 예수의 메시아적 정체성을 떠올리게
된다. 이후에 예수께서는 메시아적 권위의 행동으로 성전을 깨끗이
하신다. 종교지도자들은 예수에게 도전하며, "무슨 권위로 이런 일을
하느냐? 누가 이런 일 할 권위를 주었느냐?"라고 묻는다(11:28). 그리
고 일련의 논쟁 이야기가 이어진다. 종교 지도자들은 반복적으로 예
수의 권위에 도전하고, 그분을 책잡고 굴욕을 주려고 한다. 예수께서
는 몇 번이고 그들에게 맞서시며, 자신의 메시아적 권위를 확고히 하
신다(11:27-12:37).

　마지막 두 논쟁은 우리를 이 장이 다루는 본문으로 인도한다. 첫
번째는 율법교사(서기관)의 가장 큰 계명에 대한 질문이다. 놀랍게도

예수께서는 가장 큰 두 계명, 즉 하나님을 사랑하고 이웃을 사랑하는 것과 관련해서 종교 지도자들과 공통되는 기반을 발견하신다(12:28-34). 마지막 논쟁 이야기에서 예수께서는 형세를 역전시켜 종교 지도자들을 이기시며, 시편 110:1에 근거한 자신만의 수수께끼를 내신다. 어떻게 메시아가 다윗의 자손이면서 **동시에** 다윗의 주가 될 수 있을까(12:35-37)? 그리고 이 내용에 뒤이어 서기관들의 위선, 자만심, 탐욕에 대한 예수의 경고(12:38-40)와 성전을 후원하기 위해 자신이 가진 것을 모두 다 바치는 가난한 과부에 대한 예수의 칭찬이 이어진다(12:41-44). 종교지도자들은 그들이 가진 부와 권력에도 불구하고, "과부의 가산을 삼키는" 자들이었던 반면에(12:40), 가난한 과부는 겸손과 자기희생의 삶을 살고 있었다.

예수께서 "다윗의 자손"으로서의 메시아의 정체성에 대해 제기하는 질문은, 마지막 때의 다윗 계열 왕에 대한 전통적인 유대인들의 기대와 관련이 있다. 이러한 기대는 다양한 제2성전 유대교 저술에 나타나지만, 솔로몬의 시편으로 알려진 주전 1세기 작품보다 더욱 분명하게 나타나는 작품은 없다.

솔로몬의 시편:
"그들의 왕, 다윗의 후손이여, 그들을 위해 일어나소서"

이전 세대 성서학자들의 합의된 견해는 유대교의 "메시아"와 관련해서 하나의 분명하게 정의할 수 있는 기대가 있었다는 것이다. 메시아는 이스라엘의 적들을 이기고 하나님 나라를 세우며 영원토록 정의와 공의로 다스릴 다윗 계열의 왕으로 기대되었다.[2] 오늘날의 학자들은 1세기 유대교에 훨씬 더 많은 다양성이 있었다는 것을 인정한다. 이 주제에 관해 최근에 나온 『기독교 시대로 접어들 무렵의 다양한 유대교들과 메시아들』이라는[3] 책의 제목은 이를 분명하게 보여준다. 단순히 하나의 유대교만 있었던 것이 아니고 다양한 분파가 있었고, 그 다양한 그룹들에는 메시아적이인 것에서부터 비메시아적인 것까지 폭넓은 기대들이 있었다. 몇몇 학자들은 심지어 메시아적 사상을 거부하기까지 하며, "메시아"라는 개념은 초기 교회가 예수에게 정체성과 유래를 부여하기 위해 만들어낸 기독교적 창작이라고 주장했다.[4]

그러나 이것은 확실히 기존 추세를 너무 뒤로 밀어내고 있는 것이다. 1세기 유대교가 신념과 기대에 있어서 매우 다양했다고 하더라도, 가장 널리 퍼져있는 메시아에 대한 희망은 다윗 계열의 메시아에 대한 희망이었다. 하나님께서는 나단 선지자를 통해 다윗 왕에게 다윗의 후손 중에 하나를 일으켜서 그분의 나라를 영원히 세울 것이

---

2. 예를 들면, George Foot Moore, *Judaism in the First Centuries of the Christian Era*, 3 vols. (Cambridge: Harvard University Press, 1927-30), 2:323-76을 보라.

3. J. Neusner, W. S. Green, and E. S. Frerichs, eds., *Judaisms and Their Messiahs at the Turn of the Christian Era* (Cambridge: Cambridge University Press, 1987).

4. W. S. Green, "Messiah in Judaism: Rethinking the Question," in Neusner, Green, and Frerichs, *Judaisms and Their Messiahs*, 1-14, at 2-4.

라고 약속하셨다(삼하 7:11-16). 이스라엘의 선지자들은 다윗 왕조가 쇠퇴하고 최종적으로 멸망하게 되면서 이 약속에 의지하여 마지막 때에 다윗 계열의 왕이 도래해서 정의와 공의로 다스릴 것을 예언했다(사 9:1-7; 11:1-9, 렘 23:5-6; 겔 34:23-24; 37:24-25; 암 9:11을 보라; 참조, 시 2; 89; 110; 132편). 이러한 희망과 기대는 제2성전 시대에 번창했고, 사해사본, 유대교 묵시문학(에녹1서; 에스라4서; 바룩2서 등), 후기 랍비 문헌, 그리고 솔로몬의 시편과 같은 다양한 저술에 나타나 있다.[5]

솔로몬의 시편은 주전 1세기 후반에 솔로몬이라는 위명으로 (pseudonymously) 기록된 시편 모음집이다. 우리는 이 모음집에서 발견되는 역사적 암시들을 통해 가능성 있는 연대와 배경을 확인할 수 있다. 이 시편 기자는 특정 "죄인들", 즉 다윗의 보좌를 찬탈하고 성전을 더럽힌 죄인들에 맞서서 소리친다. 이에 하나님께서는 한 이방 정복자, "우리 족속과 맞지 않는 자"(17:7)를[6] 보내시는데, 그는 그 땅을 황폐하게 만들고, 많은 백성들을 죽이거나 추방하며, 예루살렘을 더럽힌다. 대부분의 학자들은 그 정복자가 주전 63년에 유대 지역을 정복한 로마 장군 폼페이우스이고, 솔로몬의 시편이 이 시기 직후에 작성되었다고 생각한다. 다윗의 보좌를 찬탈한 "죄인들"은 하스모니아 왕조의 제사장왕들(priestkings)이었고, 그들의 부패와 정치적 내분

---

5. John J. Collins, *The Scepter and the Star: Messianism in Light of the Dead Sea Scrolls*, 2nd ed. (Grand Rapids: Eerdmans, 2010), 1-78을 보라. Collins는 다음과 같이 말한다. "다윗 계열의 메시아를 이스라엘의 적들을 파괴하고 영원한 평화의 새 시대를 시작할 전사 왕으로 생각하는 것은 그 시대로 접어들 때쯤 유대교 메시아 주의의 필수조건이었다"(78).

6. 솔로몬의 시편의 모든 번역은 저자의 것이다.

은 폼페이우스가 싸우지 않고 이 도시를 차지할 수 있게 해주었다.

경건한 시편 기자는 이러한 잔학한 행위에 격분하며 하나님께 "다윗의 자손"을 일으키시어 이스라엘의 적들을 물리치고 하나님의 정의와 공의를 세워달라고 부르짖는다.

> [21] 오 주님, 우리[의 기도]를 들으소서. 오 하나님이시여, 당신께서 정하신 때에, 그들을 위해서 그들의 왕, 다윗의 자손을 일으키사 당신의 종 이스라엘을 다스리게 하옵소서! [22] 그[다윗의 자손]를 권능으로 강하게 하사 불의한 통치자들을 파괴하게 하시고, 성전을 짓밟고 파괴한 이방인들로부터 그곳을 깨끗이 하게 하소서. [23] 또 [그에게] 지혜와 의를 주셔서 유업으로부터 죄인들을 몰아내게 하시고, 토기장이가 항아리를 부수듯 죄인들의 교만을 박살이 나게 하시며, [24] 쇠몽둥이로 그들의 모든 확신을 산산조각나게 하시고, 한 마디의 말로 법 없는 나라들을 파괴하게 하소서. [25] 그가 꾸짖을 때, 나라들은 그 앞에서 달아날 것이고, 그는 죄인들의 마음속에 있는 생각들로 그들에게 유죄판결을 내릴 것입니다. (솔로몬의 시편 17:21-25)

솔로몬의 시편에 나오는 메시아에 대한 묘사는 다양한 구약 본문에서 온 것이다.[7] 메시아는 다윗 계열의 왕으로 이스라엘을 정의와 공의로 다스리는 분으로 제시된다. 메시아는 이사야 11:1-5과 시편

---

7.   예, 민 24:17; 시편 2; 89; 110; 132편; 사 11:1-5; 렘 23:5-6; 33:15-17; 겔 34:23-24; 37:24-25.

2:9 모델을 따르는 전사 왕(warrior king)으로, "불의한 자들을 파멸하고"(솔로몬의 시편 17:22), 단지 말 한마디로 법이 없는 나라들을 멸하실 것이다(17:24). 메시아는 인간일지라도 하나님의 권위를 통해 신적 지혜와 권능을 행사하며(솔로몬의 시편 17:24-25, 35-36), 권능의 말로 죄인들과 불의한 통치자들을 내쫓는다(솔로몬의 시편 17:36). 메시아가 연민의 마음으로, 그리고 "지혜와 의로" 백성들과 나라들을 다스릴 것이지만(솔로몬의 시편 17:29, 34), 여기에 보편 구원에 관한 내용은 없다. 이방인들은 이스라엘에서 추방되고(솔로몬 시편 17:28, 36), 나중에는 돌아와서 결국에는 하나님의 영광을 보고 하나님의 백성들에게 조공을 바친다(솔로몬의 시편 17:31). 하나님의 축복과 구원은 이스라엘에 있다. 메시아 왕은 거룩한 백성들을 모아 의로 그들을 이끌 것이다(솔로몬의 시편 17:26). 그는 주님의 양 떼를 신실하게 인도하며, 억압받는 자들을 도울 것이고(솔로몬의 시편 17:40-41), 나라의 경계를 복원하고 본래 지파들에게 주셨던 경계에 따라 땅을 재분배할 것이다(솔로몬의 시편 17:26, 28, 44).

솔로몬의 시편은 "다윗의 후손"(솔로몬의 시편 17:21)을 다윗 계열의 종말론적인 왕에 대한 칭호로 사용한, 알려진 것 중 가장 최초의 문헌에 해당한다. 이 칭호는 이스라엘을 압제자에게서 해방하여 다시 한번 나라를 위대하고 선하게 만들 전사 왕인 다윗 계열의 메시아를 전형적으로 보여준다. 예수 시대의 대부분의 유대인들은 이러한 종류의 메시아를 희망하며 기대하고 있었다고 추정해도 무방하다.

그러나 마가복음의 예수는 자신의 메시아적 역할에 대한 매우 다른 그림을 그렸다. 물론 예수께서 언젠가 다시 오셔서 심판하고 다스릴 것이지만(8:38; 13:26; 14:62), 그분의 초림은 로마를 정복하기 위함이 아니라 자신을 죄의 대속물로 드리기 위함이다(10:45). 예수께서 마가복음 12:35-37에서 수수께끼를 말씀하시는 것은 바로 이러한 더욱 더 넓은 맥락에서이다.

마가복음 12:28-44:
"어찌하여 서기관들이 그리스도를 다윗의 자손이라 하느냐?"

다윗의 후손에 관한 질문(12:35-37)은 예루살렘에서 예수와 종교 지도자들 사이에 벌어진 여섯 개의 논쟁 이야기의 절정과 결론을 형성한다. 사실상, 논쟁은 이 부분에서 끝이 난다. 마가는 독자들에게 다섯 번째 논쟁 후에 "감히 묻는 자가 없었다"고 알려준다(12:34). 대신에 예수께서는 메시아의 정체성에 대한 질문을 함으로써 공격을 하신다.

내러티브에서 예수께서는 시편 110편과 관련하여 두 가지를 상정하신다. 첫째로, 시편 110편은 "다윗의 시"이고, 그러므로 화자도 다윗이라는 것이다. 둘째로, 이 시편은 메시아적 시편으로, 하나님께서 메시아에게 말씀하시며 그의 신원을 선언하는 것을 의미한다. 그러므로 "주께서 내 주께 이르시되"는 "주 하나님께서 다윗의 주이신 메시아께 이르시되"를 의미한다. 그리고 예수께서 제기하신 수수께끼는 어떻게 메시아가 다윗의 "후손"이면서 동시에 다윗의 "주"가 되실 수 있는지에 대한 것인데, 여기에 함축된 내용은 아들은 보통 아버지에게 종속되어 있고 그 아버지가 아들을 "주"라고 부르지 않는다는 것이다.

일부 해석자들의 주장과는 다르게, 이 본문이 예수께서 다윗의 후손 되심이나 다윗 계열 메시아로서의 그분의 정체성을 반박하는 것일 가능성은 작아 보인다. 바디매오는 예수를 "다윗의 자손"(10:47, 48)으로 언급했고, 이것은 분명히 마가가 수용하는 정당한 칭호이다. 이와 동일하게, 승리의 입성 때 무리도 "찬송하리로다 오는 우리 조상 다윗의 나라여"라고 소리쳤다(11:10). 마가가 이것을 거짓된 환호로 간주했을 것 같지는 않다. 왜냐하면 예수께서는 마가복음에서 "메시아"('크리스토스'[christos]), 즉, 우리가 지금까지 살펴보았듯 1세기 유대교에서 다윗을 나타내는 강력한 함축을 전하는 이 칭호가 반복적으로 언급되기 때문이다.

예수께서는 실제로 자신의 수수께끼에 대한 답을 주지 않으셨다. 메시아가 **어떻게** 다윗의 자손이면서 다윗의 주가 될 수 있는지에 대해 말씀하지 않으셨다. 그래서 다양한 대답이 제안되어왔다. (1) 몇몇 학자들은 예수께서 언젠가는 다윗이 다스렸던 영역보다 훨씬 더 큰 영역인 온 땅을 다스릴 것이기 때문에 그분이 다윗의 주라고 주장했다. (2) 다른 학자들은 예수께서 실제로 주 하나님 **자신**이시기 때문에 다윗의 주가 되신다고 말했다. 비록 마가복음에 신적 기독론이 분명하게 나타나지는 않지만, 매우 강한 암시가 있다.[8] (3) 다른 학자들은

---

8. 이것은 마가복음에서 죄를 사하시는 예수의 권세, 열두 사도를 세우심으로 이스라엘을 재건하시는 예수, 바람과 바다에 대한 예수의 권세, 광야에서 빵을 공급하시는 예수(하나님께서는 만나를 주셨다), 사람들의 생각을 아시는

예수께서 사실 **하나님의 아들**이시기에 다윗의 아들을 넘어서는 분이
시라고 주장한다. 하나님의 아들이라는 칭호는 확실히 마가복음에서
중요한 역할을 한다. 이 칭호는 서언(1:1)에서 강조되고, 세례 때 들려
주신 아버지의 음성(1:11)과 산에서 변형되신 사건(9:7)에서도 강조된
다. 그리고 이 칭호는 십자가에서 백부장이 한 말에서 절정을 이루며
강조된다(15:39).

　이 모든 것들이 가능하기는 하지만, 내러티브 자체는 그 질문을
열린 채로 두고, 본문은 계속해서 불가해한 상태로 남아 있다. (이것이
마가복음의 특징이다!) 아마도 마가의 주안점이 예수의 정체성을 **전통적
인 메시아 기대 사상**을 넘어서게 하는 것이었다고 결론짓는 것이 최선
일 것 같다. 우리가 이것이 어떤 것인지 답하기 위해 내러티브 자체
에 주의를 기울이면, 답은 마가복음의 주제 중심과 전환점 부분에서
만나게 된다(8:30-31; 참조, 9:31; 10:32-45). 예수께서 실제로 다윗 계열의
약속된 왕이시지만, 예수의 메시아적 역할은 죄를 위한 속죄 재물로
서 고난당하고 죽으시는 것이다(10:45). 마가의 내러티브가 솔로몬의
시편의 메시아 상과 크게 달라지는 부분이 바로 이 지점이다. 솔로몬
의 시편을 쓴 저자들에게 메시아가 이방인과 부패한 이스라엘 통치
자들에게 승리하시는 것이 없이 고난당하고 죽는 것은 도무지 상상
할 수 없는 일이었을 것이다. 그러나 마가의 관점에서 볼 때, 예수께
서는 로마 군대를 파괴하는 것보다 훨씬 더 큰 목표를 성취하셨다.
예수께서는 십자가의 속죄 죽음을 통해 인류의 가장 큰 적인 사탄과

　예수의 능력 등, 여러 방식으로 명백하게 나타난다.

죄와 죽음의 권세를 이기셨다. 이것이 마가복음의 핵심이고, 세상을 위한 좋은 소식이다.

더 읽을거리

추가적인 고대 문헌

솔로몬의 시편 뿐만 아니라, 『발췌집』(4QFlorilegium [= 4Q174]), 『창세기 주석』(4QCommGen A [= 4Q252]), 『이사야 주석』(4QpIsaa [= 4Q161]), 『전문가의 말씀』(4QDibHama [= 4Q504 4]), 『세페르 하밀하마』(Sefer Hamilhamah [= 4Q285])를 포함한 다양한 사해사본과 『열두 족장의 유언』(특히, 유다의 유언 24), 『에스라4서』 11:1-12:39, 『에녹1서』 37-71을 포함한 또 다른 제2성전 문헌에서도 다윗 계열의 메시아에 대한 기대를 확인할 수 있다. 초기 기독교 저술들도 메시아에 대한 유대인들의 기대에 대해서 이야기한다(마 2:4; 막 14:61; 15:32; 눅 1:69; 2:26; 3:15; 요 1:20; 7:41-42). 랍비들의 글은 다소 후기의 것이기는 하지만, 마지막 때의 다윗 계열 왕을 기대하는 강한 전통을 반영한다. "다윗의 자손"은 랍비들이 가장 좋아하는 명칭이다.

영역본과 비평판

Kim, H. C. *Psalms of Solomon: A New Translation and Introduction.* Highland Park, NJ: Hermit Kingdom, 2008.

Wright, Robert B. "The Psalms of Solomon." Pages 639–70 in *The Old*

Testament Pseudepigrapha. Vol. 2. Edited by James H. Charlesworth. Garden City, NY: Doubleday, 1985.

_____, ed. *The Psalms of Solomon: A Critical Edition of the Greek Text*. JCT 1. New York: T&T Clark, 2007.

이차문헌

Charlesworth, James H., ed. *The Messiah: Developments in Earliest Judaism and Christianity*. Princeton Symposium on Judaism and Christian Origins. Minneapolis: Fortress, 1992.

Collins, John J. *The Scepter and the Star: Messianism in Light of the Dead Sea Scrolls*. 2nd ed. Grand Rapids: Eerdmans, 2010.

Porter, Stanley E., ed. *The Messiah in the Old and New Testaments*. Grand Rapids: Eerdmans, 2007.

Strauss, Mark L. *The Davidic Messiah in Luke-Acts: The Promise and Its Fulfillment in Lukan Christology*. JSNTSup 110. Sheffield: Sheffield Academic Press, 1995.

제24장
「에녹의 비유」와 마가복음 13:1-37
묵시 종말론과 미래의 인자

조나단 T. 페닝톤(Jonathan T. Pennington)

마가복음 전체는 충격적이다. 털이 많고 용감한 선지자 세례 요한과 함께 시작해서 피투성이의 십자가 처형과 예수의 놀라운 부활로 끝을 맺는 마가복음은 심상치 않은 이야기를 전해준다. 마가복음에는 귀신들이 넘쳐나고, 첨예한 갈등으로 얼룩져 있으며, 놀라운 치유 이적 이야기와 배고픈 자들을 먹이는 급식 이적 이야기, 그리고 자연에 대한 예수의 권능을 보여주는 이야기로 가득하다. 마가복음에서 예수를 만나는 것은 마치 만화 소설을 읽는 것과 비슷하다. 마가복음은 (말씀보다는) 행위로 가득 차 있고, 심오하며, 선명한 흑백 이미지들로 가득하다. 이 책은 독자들을 숨 가쁘게 하고, "도대체 이 사람 예수는 누구인가?"라는 질문을 하게 만든다.

그러나 마가복음에서 소위 감람산 강화로 불리는 마가복음 13:1-37보다 신비하고 독자들에게 많은 질문을 남기는 곳은 없다. 다른 복음서와 달리 마가복음은 우리에게 예수의 가르침에 대해 많이 전해주지 않는다. 이는 마가복음의 목적이 주로 예수의 행위를 통해 그분이 누구신지를 계시하는 데에 주된 초점이 있기 때문이다. 마가복음에서 예수의 가르침이 나오는 중요한 지점은 그분의 공생애 마지막인, 예수께서 마침내 예루살렘에 이르렀을 때이다. 그러나 예수의 이 중요한 가르침은 그 의미가 명확하지 않고, 신비한 비유와 이미지로 가득한 언어로 되어 있다. 이 가르침은 예수 시대에도 다소 모호했지만, 오늘날의 독자들에게는 훨씬 더 그렇다. 이는 우리가 의사소통되고 있는 것이 무엇인지 이해할 수 있는 문맥이 부족하기 때문이다.

감람산 강화에서 예수의 가르침은 **종말론적**이면서 동시에 **묵시적**이다. 이는 이 강화가 하나님께서 예수를 통해 일으키시는 미래 세상의 마지막 상태와 관련되어 있음을 의미하고(종말론적), 또 이 강화가 인간 자신에 의해서 이해되지 않고, 오로지 하나님에 의해서 계시되어야 하는 신비임을 의미한다(묵시적). 예수의 종말론적이고 묵시적인 가르침을 이해하는 데 중요한 것은, 이 모든 것을 일으킬 "인자"가 누구인지를 이해하는 것이다. 우리는 제2성전 유대교의 묵시적이고 종말론적인 문맥, 특히 「에녹의 비유」(에녹1서 37-71장)에 나오는 인자 사상에 어느 정도 노출됨으로써 이를 이해하는 데 큰 도움을 받을 수 있을 것이다.

「에녹의 비유」:
"이제부터는 어떤 것도 부패하지 않을 것이다.
이는 인자가 나타났기 때문이다."

우리가 『에녹1서』라고 부르는 문헌은 다섯 권의 책으로 구성된 모음집이다. 이 다섯 권의 책은 다섯 세기에 걸쳐서 작성되었고, 모두 어떻게든 에녹(그리고 그의 증손자 노아)과 연관되어있기 때문에 하나로 합쳐졌다.[1] 『에녹1서』에서 마지막으로 기록되었고, 신약과 직접적으로 연관되는 부분은 『에녹1서』의 37-71장에 있는 「에녹의 비유」다. 이 부분은 주전 1세기와 주후 1세기 어느 시점엔가 작성되었기 때문에 예수와 거의 동시대적 문서라고 볼 수 있다. 학자들은 「에녹의 비유」와 예수 복음서 사이에 얼마나 많은 직접적인 영향이 있을 수 있는지를 논한다. 이와 관련하여 우리는 어떤 것도 확신할 수는 없다. 하지만 『에녹1서』 37-71장이 마가복음 13장의 개념적·문학적 문맥에 어느 정도의 통찰을 제공한다는 점은 분명하다.

「에녹의 비유」에는 이 논문에서 우리의 목적을 위해 강조해야 할 두 가지 요소가 있다. 하나는 묵시적인 세계관이고, 다른 하나는 그 세계관이 인자를 종말론적인 재판관으로 묘사하는 것이다. 「에녹의 비유」는 다음과 같이 시작된다.

[1] 아담의 아들 셋, 그의 아들 에노스, 그의 아들 게난, 그의 아들 마

---

1.   『에녹1서』의 배경과 관련해서는 이 책의 제2장에 나와 있는 크리스티안 A. 벤도라이티스(Kristian Bendoraitis)의 글을 보라.

할랄렐, 그의 아들 야렛, 그의 아들 에녹이 본 지혜의 환상, 즉 두 번째 환상이다. [2] 그리고 이것은 땅에 거주하는 자들에게 내가 소리 높이 외치려고 한 지혜의 말의 시작이다. 들으라, 너희 이전 시대의 사람들이여, 그리고 보라, 뒤따라오는 시대의 너희여. 나는 영들의 주님 앞에서 거룩하신 분의 말씀을 전하리라. [3] 옛 시대의 사람들에게만 말씀을 선포하는 것이 좋았지만, 다음 시대의 사람들에게도 지혜의 시작을 알리리라. [4] 나의 이해(insight)에 따라, 또 영원한 생명의 몫을 나에게 주신 영들의 주님의 선한 기쁨을 따라, 내가 받은 지혜 말고는 현재까지 주님께서 이와 같은 것을 주셨던 적이 없었다. [5] 이제 세 가지 비유가 나에게 전해졌고, 나는 목소리를 높여 땅에 거주하는 자들에게 그 비유를 말했다. (에녹1서 37:1-5)[2]

이 도입부에서 우리는 묵시적 세계관의 고전적인 요소들인 모티프와 사상을 보게 된다. 그것은 바로 신적 환상을 받는 인간(여기에서는 에녹)이다. 이 환상은 전에 계시된 적이 없었던 신비로운 천상의 지혜이고, 그 환상을 받은 선각자는 그것을 땅 위에 사는 다른 사람들에게 이야기하여 사물의 참된 본질을 이해할 수 있게 한다. 이러한 모티프는 『에녹1서』에만 독특한 것이 아니다. 이것은 제2성전 유대교의 많은 문헌과 같은 시대와 그 이후의 다른 비유대교적 저술에서도 발견되는, 실재를 말하고 묘사하는 방식이다.

---

2.   여기에서 사용되는 번역은 R. H. Charles, ed., *The Apocrypha and Pseu-depigrapha of the Old Testament in English*, 2 vols. (Oxford: Clarendon, 1913), 2:163-281에서 각색한 것이다.

우리는 이것을 묵시적 세계관이라고 부른다. 이는 인간들이 지상의 경험으로 생각하고 인지하는 것이 사실 전체 이야기가 **아니라는** 사상을 포함하는 신념 체계를 반영하기 때문이다. 더 깊고 눈에 보이지 않는 신적인 천상의 실재가 있다. 게다가 이 천상 영역의 하나님은 자기 자신을 선택된 백성들, 즉 자신의 "선민"에게 **계시하시고**('묵시적'이라는 표현은 그리스어로 "계시하는 것"을 의미한다), 그들에게 세상이 실제로 어떠한지—세상에 어떻게 구조화되었으며, 천사의 영역은 어떠한지 등(예, 에녹1서 59:1-3; 60:11-23; 69:17-25)—에 대해 말씀해주신다. 이로 인해 선민들은 의롭게 살 수 있고, 현재 눈에 보이는 암담한 상황에도 불구하고 하나님께서 역사하시고 통치하신다는 희망을 품고 살 수 있다.

「에녹의 비유」는 유대교의 묵시적 세계관을 드러낼 뿐만 아니라, 종말론적이기도 하다. 이 말은 「에녹의 비유」가 현재 하늘의 영역에 대한 진리를 계시할 뿐만 아니라, 하나님께서 이 땅에 정의와 통치를 일으키시기 위해 **미래에** 어떤 일을 행하실지에 대한 진리도 계시하신다는 뜻이다. 「에녹의 비유」에 나오는 대부분의 장에서, 우리는 하나님께서 의로운 자를 구원하시고, 현재 이 땅의 악한 왕들과 통치자들을 포함하여 불의한 자 모두를 심판하실 때가 오고 있음을 듣게 된다(38:1; 46:4-8; 48:8-9; 50:1-2; 54:1-6; 55:4; 62:7-9). 이것이 에녹서에 나타나는 환상과 비유의 주된 초점이다.

마지막 종말의 때에 두 가지 중요한 일들이 일어날 것이다. 하나는 하나님의 천사들이 마지막 일들에 적극적으로 참여하는 것이다. 천사들은 자신을 드러내고, 전 세계 각지에서 하나님의 선택된 백성

인 선민을 보호할 것이다(61:1-5). 그리고 또 다른 하나는 가장 중요하
게도 이러한 모든 일이 눈에 보이지 않는 하나님이나 천사들을 통해
서만 이루어지는 것이 아니라, 특별하고 신비로운 한 인물의 중개
(agency)를 통해 이루어질 것이라는 사실이다. 이 인물은 선택받은 자,
기름 부음을 받은 자, 의로운 자, 인자와 같이 다양한 칭호로 묘사된
다. 아래의 예를 보라.

그날에 나의 선택받은 자가 영광의 보좌에 앉아 그들의 행위를 시험
할 것이며, 그들이 쉴 곳은 셀 수 없이 많을 것이다. 그리고 그들의
영혼은, 내가 택한 자들과 나의 영광스러운 이름을 부르는 자들을 볼
때, 그들 안에서 강해질 것이다. (45:3)

[3] 나는 징벌의 천사들이 (거기에) 머물며 사탄의 모든 기구들을 준
비하고 있는 것을 보았다. [4] 그리고 나는 나와 동행한 평화의 천사
에게 물었다. "저들이 누구를 위해 저 기구들을 준비하고 있는 것입
니까?" [5] 그러자 그가 내게 말했다. "저들은 이 세상의 왕들과 권력
자들을 위해서 이것들을 준비하고 있습니다. 이것으로 그들은 멸망
을 당할 것입니다. [6] 그리고 이후에 의롭고 선택받은 자가 신자들
의 집을 나타나게 할 것입니다. 그러므로 그들은 영들의 주님의 이름
으로 방해받지 않게 될 것입니다." (53:3-6)

[27] 그리고 그가 영광의 보좌에 앉았고, 심판의 권세는 인자에게 주
어졌으며, 그는 죄인들과 세상을 잘못된 길로 이끌었던 자들이 이 땅

의 표면에서 사라지고 파멸되게 했다. … [29] 그리고 이제부터는 어떤 것도 부패하지 않을 것이다. 이는 인자가 나타나서, 영광의 보좌에 앉고, 모든 악이 그의 얼굴 앞에서 사라지며, 인자의 말이 나가서 영들의 주님 앞에서 강해질 것이기 때문이다. (69:27, 29)

세계의 종말론적인 심판자가 될 미래의 인자에 대한 이러한 강조는, 「에녹의 비유」에서 가장 주목할 만하면서 중요한 것 중 하나다. 『에녹1서』의 이 부분을 누가 썼든지 간에 무에서부터 이러한 이미지들을 창조해내지는 않았다. 이러한 사상은 히브리 성경에 나오는 몇몇 개념들에서 비롯된 것이고, 가장 분명하고 밀접한 연관성이 있는 본문은 인자가 하늘에서 내려와 이 땅을 통치할 것이라고 말하는 다니엘 7장에 나오는 밤 환상 본문이다.

앞서 지적했던 바와 같이 우리는 「에녹의 비유」가 정확히 언제 기록되었는지 알지 못하기에, 『에녹1서』와 예수 복음서들 사이에, 심지어는 후기 기독교 저술들 사이에, 어떤 영향의 흐름이 있는지 알 수 없다. 그러나 적어도 우리는 『에녹1서』에 나오는 이러한 사상들—묵시적 세계관과 세상을 심판하기 위해 오실 신비하고 종말론적인 인자—이 확실히 예수 시대의 개념적 맥락의 일부라는 점을 말할 수 있다. 이러한 맥락을 염두에 두면, 우리는 이제 마가복음 13장으로 가서 예수의 가르침을 새롭게 들을 수 있다.

마가복음 13:1-37:
"그 때에 인자가 구름을 타고
큰 권능과 영광으로 오는 것을 사람들이 보리라"

지적한 바와 같이, 마가복음 13:1-37은 마가복음에서 가장 긴 예수의 가르침이다. 이 본문은 성전에서의 예수의 예언적 행위(11-12장)와 예수의 고난과 죽음(14-15장) 사이에 놓인, 마가 이야기의 결정적인 지점에 나타난다. 이것은 우연이 아니다. 미래에 예루살렘과 온 세상에 어떤 일이 일어날지에 대한 예수의 예언적 가르침은 성전에 대한 예수의 상징적 행위와 예수의 죽음과 부활이 역사의 나머지를 어떻게 변화시킬지와 밀접히 연결되어 있다. 예수는 새로운 질서, 새 언약, 하나님과 관계 맺는 새로운 방식—물리적인 성전이 아니라, 새로운 성전인 자기 자신을 통해서—을 시작하려고 한다.

예수께서 마가복음 13장에서 말씀하신 것들은 예언적인 언어와 묵시적인 이미지들로 가득하다. 이것은 우리가 구약 예언서에서 보게 되는 희망의 패턴을 따른다. 하나님의 백성들은 새로운 다윗으로서 통치할 메시아와 함께 포로에서 돌아올 것이고, 하나님께서는 적들을 쳐부수실 것이다(특히 사 9:5-7; 41:17-20; 43:16-19를 보라).

개괄해보면 마가복음 13:1-37은 성전의 다가오는 파멸(1-4절), 또다른 재앙적 사건들(5-8절), 하나님 백성들의 박해(9-13절), 결국 하나님의 거룩한 성전이 황폐케 되어 신성 모독을 당하게 될 것에 대해 말하고(14-23절), 마침내 영광스러운 인자가 돌아와 심판하고 다스릴 것을 이야기한다(24-27절). 그러므로 예수께서는 제자들에게 경각심을 가지고 언제 발생할지 모르는 이 사건들을 대비하라고 교훈하신다 (28-37절). 이 가르침에서 정말 큰 미스테리는 이 일들이 **언제** 일어날 지에 대한 것이다. 가장 최고의 답은 이러한 모든 것을 망원경 방 식—예수께서 이 모든 일들이 가까운 미래에 일어나는 것을 보시면 서 동시에 먼 미래에 일어나는 것을 보시는 방식—으로 이해하는 것 이다. 예수의 죽음과 부활은 하나의 성취로, 가깝게는 주후 70년의 성전 파괴를 가리키고, 멀게는 미래의 마지막 종말의 때에 일어난 절 정의 사건을 가리킨다.

그렇다면 마가복음 13:1-37은 「에녹의 비유」와 어떻게 연결되는 가? 우리는 이전에 강조된 「에녹의 비유」의 두 가지 측면—묵시적 세 계관과 미래의 인자—이 마가복음 13장과 유사하다는 것을 알 수 있 다. 예수의 감람산 강화는 장르 면에서 「에녹의 비유」나 요한계시록 과 같은 묵시는 아니다. 그러나 마가복음 13장은 같은 묵시적·종말 론적 세계관을 공유하고 있으며, 하나님께서 자신의 백성들을 신원 하기 위해 미래에 어떤 일을 행하실지와 관련하여 동일한 이미지와 상징을 많이 사용하고 있다. 이 점이 마가복음 13:24-27에서 가장 분 명하게 나타난다.

> [24] 그 때에 그 환난 후 해가 어두워지며 달이 빛을 내지 아니하며 [25] 별들이 하늘에서 떨어지며 하늘에 있는 권능들이 흔들리리라 [26] 그 때에 인자가 구름을 타고 큰 권능과 영광으로 오는 것을 사 람들이 보리라 [27] 또 그 때에 그가 천사들을 보내어 자기가 택하신 자들을 땅 끝으로부터 하늘 끝까지 사방에서 모으리라.

여기에서 예수께서는 해와 달이 어두워지고, 별들이 떨어지며, 천사들이 온 세상에서 택하신 자들을 모으고, 그들을 박해와 고난에서 구하는 상투적인 묵시·종말론적인 이미지를 사용하신다. 이러한 모든 것은 구약 예언자들에게서 온 것이고, 그들은 하나님께서 마침내 돌아오셔서 세상을 바로잡으실 주의 날을 고대했다(특히 사 11:12; 13:9-11; 34:4; 43:6를 보라). 「에녹의 비유」는 이러한 세계관과 희망을 공유하며, 하나님께서 자신의 천사들을 보내서 백성들을 구하실 미래의 때에 대해 말한다(예, 에녹1서 60:1-7).

마가복음과 「에녹의 비유」에 서로 평행되어 나타나는 것은 묵시-종말론적 희망만이 아니다. 이러한 모든 일을 일으키는 **인물**인 영광스러운 인자도 평행되고 있다. 「에녹의 비유」가 선택받은 자의 도래를 통해 종말의 때가 일어날 것이라고 가르쳤듯이, 예수의 가르침에도 이와 동일한 내용이 나온다.

예수께서는 사복음서 전체에 걸쳐서 보통 자기 자신을 다소 신비스럽게 "인자"(사람의 아들)라고 부르셨다. 이 자기 호칭은 특히 다니엘 7장에 그 뿌리를 두고 있지만, 그 의미가 다소 모호하기에 예수께서는 그 호칭에 자기만의 의미를 채워 넣으신다. 예수께서는 마가복음 전체에서 그 일을 하시며, 인자가 먼저 고난당하고 죽게 되지만 이후에는 부활하여 심판의 주로 돌아오실 메시아라고 말씀하신다(특히 8:31-38; 14:62을 보라).

「에녹의 비유」가 공유하고 있는 문맥은 분명하다. 예수(또는 마가)께서 『에녹1서』의 내용을 직접적으로 차용하고 있다는 증거는 없지만, 두 문서는, 같은 시기의 다른 문서들과 함께, 하늘에서 땅으로 내

려와 새로운 시대를 시작하는 메시아에 대한 기대를 반영한다. 마가
는 자신이 서 있는 문맥에서 친근한 언어와 이미지를 사용하고 있지
만, 예수를 하나님의 모든 예언적 약속을 성취하시는 분으로 해석하
는 독특한 의미를 부여하고 있다.

더 읽을거리

추가적인 고대 문헌

「에녹의 비유」는 더 넓은 제2성전 유대교 묵시문학 세계의 일부이
다. 비교해서 읽을 수 있는 다른 텍스트들이 있다. 그중 첫째는 『에녹
1서』의 다른 부분인데, 이는 「에녹의 비유」와 장소와 시대가 다르지
만, 분명히 묵시적 세계관과 언어를 공유하고 있다. 아마도 「에녹의
비유」에 시간적으로 가장 가까운 유대교 묵시는 다니엘 7-12장, 특히
다니엘 7장으로, 이는 거의 확실히 「에녹의 비유」가 인자를 강조하
는 내용의 근원이다. 『에스라4서』는 주후 1세기 말엽의 것으로, 마지
막 때에 어떤 일이 발생하게 될 것인지를 계시하는 하늘 환상과 관련
하여 「에녹의 비유」와 다니엘서 둘 다와 공통된 부분이 있다. 『바룩2
서』는 『에스라4서』 및 「에녹의 비유」와 밀접히 관련되어 있다. 심판
을 행하는 한 인물에 대한 진술과 관련해서는 『바룩2서』 40:1-2;
72:2-3; 『에스라4서』 13:10-11, 37-38을 보라. 마지막으로 우리는 신
약의 요한계시록을 언급할 수 있다. 이 책도 다니엘서로부터 큰 영향
을 받았음을 보여주고, 종말론적 미래에 내용과 환상에서 「에녹의

비유」와 매우 유사하다.

영역본과 비평판

Isaac, E. "1 (Ethiopic Apocalypse of) Enoch: A New Translation and Introduction." Pages 5–89 in vol. 1 of *The Old Testament Pseudepigrapha*. Ed. James H. Charlesworth. Garden City, NY: Doubleday, 1983.

Knibb, Michael A. *The Ethiopic Book of Enoch*. 2 vols. Oxford: Clarendon, 1978.

Nickelsburg, George W. E., and James C. VanderKam. *1 Enoch: The Hermeneia Translation*. Minneapolis: Fortress, 2012.

이차문헌

Bock, Darrell, and James Charlesworth. *Parables of Enoch: A Paradigm Shift*. JCT 11. London: T&T Clark, 2014.

Collins, John J. *The Apocalyptic Imagination: An Introduction to Jewish Apocalyptic Literature*. 3rd ed. Grand Rapids: Eerdmans, 2016. [= 『묵시문학적 상상력』, 가톨릭출판사, 2022 근간].

Healy, Mary. *The Gospel of Mark*. Grand Rapids: Baker Academic, 2008.

Nickelsburg, George W. E., and James C. VanderKam. *1 Enoch 2: A Commentary on the Book of 1 Enoch*, Chapters 37–82. Minneapolis: Fortress, 2011.

제25장
미쉬나 페사힘과 마가복음 14:1-25
유월절 전승

에이미 필러(Amy Peeler)

마가복음 14장은 독자들을 유월절의 시간으로 인도한다. 이 시간은 예수의 수난의 때가 될 것이다. 이 14장의 첫 부분은 마가복음의 "샌드위치 구조"를 이루는데, 이 구조의 양 끝 부분에는 음모를 꾸미는 대제사장들과 서기관들에 대한 내용(14:1-2)과 이들의 열렬한 공범인 가룟 유다에 대한 내용(14:10-11)이 나온다. 그리고 이 두 내용은, 예수의 죽음을 계획하기보다는 그분의 죽음을 준비하며 향유를 붓는 여인을 불길하게 보이게 하는 기능을 한다(14:3-9).

마가복음 14장의 이어지는 부분은 예수께서 제자들과 유월절을 기념하시며 주의 만찬을 제정하신 이야기를 들려주는데, 이 부분이 본 논고가 집중적으로 살펴볼 부분이다. 미쉬나 소책자 페사힘은 (마가복음 유월절 만찬 본문에 대한) 비교 본문을 제공하며 이 중요한 저녁의 배경과 전경을 분명히 해준다.

페사힘:
"왜 이날 밤이 다른 날 밤과 다른가?"

페사힘은 미쉬나 소책자 중 하나로, 유대교 율법 모음집이다.[1] 2세기 후반에 현재 형태로 정리된 미쉬나는 이스라엘의 율법을 찬양하고, 설명하며, 적용한다. 이렇게 율법에 초점을 맞추는 것에는 모세의 다섯 권의 책인 토라의 성문 율법과 성문 율법에 대한 반응으로 수세기 동안 발전되어온 장로들의 전통인 구전 율법이 포함된다. 페사힘은 여섯 부분으로 나누어진 미쉬나의 두 번째 부분, 즉 유대력에 나타나는 절기에 초점을 맞추는 소위 '모에드'(Mo'ed)라고 불리는 부분에 속해 있다. 이 페사힘의 10개의 장은 유월절 절기 때 지켜야할 실천적인 내용들에 대한 지침을 제공한다.

신약의 글이 작성된 시대를 더 잘 이해하기 위해 미쉬나의 어떤 부분이든 참조하려고 할 때, 독자들은 주의해야 한다. 그것은 미쉬나 본문이 1세기의 실제 상황을 묘사한다는 보장이 없고, 2세기나 이상적인 상황에 대한 공리공론의 논의를 반영하는 것일 수도 있(기 때문이)다.[2] 그럼에도 불구하고, 많은 학자들은 미쉬나를 신약성경의 가능한 대화 상대로 주목해왔다. 왜냐하면 미쉬나가 고대 전승을 포함하

---

1. 미쉬나의 역사와 다른 랍비 문헌들과의 관계에 대해서 더 많이 살펴보려면, 이 책의 제16장의 데이비드 인스톤-브루어(David Instone-Brewer)가 쓴 글을 보라.

2. Herbert Danby, *The Mishnah: Translated from the Hebrew with Introduction and Brief Explanatory Notes* (Oxford: Oxford University Press, 1974), xiv-xv. 모든 인용은 댄비의 것이다.

고 있고(미쉬나 아보트 1:1), 그 전승을 변경시키려고 하지 않고 존중하려고 한다는 것을 단언하기 때문이다. 게다가 이러한 미쉬나의 단언은 다른 1세기 유대 문헌인 요세푸스, 필론, 또는 위경에서도 증명되는 부분이 있다. 그러므로 미쉬나는 1세기 유대인들의 사고방식을 조명해 줄 수 있는 도구로서 책임감 있게 사용될 수 있다. 이것은 특히 유월절 의식에 있어서 그러한데, 페사힘은 유월절 의식의 시기, 준비, 식사를 이해하게 도울 수 있는 유일한 평행 본문 중 하나다.

시기

출애굽기 12장에 보면 하나님께서는 모세에게 유월절을 기념하라는 명령을 주시며, 이 절기가 이스라엘에게 시간을 재측정하는 것임을 분명히 하셨다. "너희는 이 달을 한 해의 첫째 달로 삼아서, 한 해를 시작하는 달로 하여라"(출 12:2, 새번역). 그달의 열째 날에 가족들은 희생제물로 흠 없는 양이나 염소를 택하고(출 12:3, 9-10), 그 짐승을 열나흘 날까지 간직하였다가 해 질 때에 잡아야 한다(출 12:6). 유대인의 하루 개념은 해 질 녘에 시작해서 해 질 녘에 끝나고, 그 해 질 녘부터 다시 새날이 시작하기 때문에, 열다섯 째 날을 시작하는 날 밤에 그 짐승을 굽고 유월절 식사를 해야 한다. 열다섯 째 날 동안에, 유대인들은 성회로 모여야 하고, 일하지도 말고 어떤 누룩도 사용하지 말아야 한다(출 12:15-16). 그리고 이어서 7일 동안 무교절이 지속된다(출 12:16). 동일한 유월절 지침이 토라의 다른 본문에도 나타난다(출 34:25; 레 23:5; 민 9:2-14; 28:16; 신 16:1-6).

미쉬나는 이러한 지침 사항들을 기반으로 이것들이 언제 일어나야 하는지를 명시한다. 간단히 말하면, 유월절은 밤에 준수되는 것이다. 유대력이 자정보다는 해 질 녘에 다음 날로 넘어가기 때문에 아래와 같은 도표가 이러한 절기들의 타이밍을 명확히 이해하는 데 도움이 될 수 있다.

	니산월 13일[3]			니산월 14일(준비일)			니산월 15일 (절기의 첫째 날)		
	해질녁	날	황혼	해질녁	날	황혼	해질녁	날	황혼
유대력			누룩을 찾을 수 있다 (페사힘1)	누룩을 찾을 수 있다 (페사힘1)	누룩을 찾을 수 있다 (페사힘1)	짐승을 잡는다 (페사힘1)	유월절 식사 (페사힘1)	성회	
현대	12일	자정	13일	자정	14일			자정	15일

준비

유월절을 기념하는 사람들은 유월절 식사를 준비하기 위해 몇 가지 다른 행동을 수행할 필요가 있었다. 페사힘은 집에서 누룩을 제거해야 한다는 지침으로 시작한다(페사힘 1장). (제거할) 누룩을 찾는 일은 중요하지만, 너무 집요하게 하지는 말아야 한다. 예를 들면, 사람들은 족제비가 한 장소에서 다른 장소로 누룩을 옮겨왔는지 걱정할 필요가 없다. 이는 일단 그런 질문이 시작되면, "문제가 끝도 없어지기" 때문이다(페사힘 1:2).

게다가, 사람들은 유월절 식사가 확실히 준비되게 할 필요가 있

---

3. 유대력의 첫째 달은 신명기 16:1에서 아빕월로 불리지만, 바벨론 포로 이후 에는 니산월로 불리게 된다(에 3:7; 느 2:1).

었다. 한 가족 단위의 대표자들은 유월절 희생제물을 바치기 위해 성
전을 방문했다. 소책자 페사힘 제5장은 다음과 같이 설명한다.

> 유월절 제물은 세 조(three groups)의 [사람들에 의해서] 도살되었
> 다. … 첫 번째 조가 안으로 들어가서 성전(Temple Court)이 가득 차면,
> 성전 문이 닫혔다. … 제사장들은 줄지어 섰고, 그들의 손에는 은 대
> 접과 금 대접이 있었다. (5:5)

> 한 이스라엘 사람이 [자신의] 제물을 도살하면 제사장이 그 피를 받
> 았다. 그 제사장은 대접을 그의 동료에게 건넸고, 그는 또 다른 동료
> 에게 그 대접을 건넸다. 그러면서 각 제사장은 피가 가득한 대접을
> 받아서 텅 빈 것으로 되돌려주었다. 제단에 가장 가까이 있는 제사장
> 은 한 번의 동작으로 그 피를 [제단의] 바닥에 부었다. (5:6)

> 그동안 레위인들은 '할렐'(Hallel)을 불렀다. (5:7)[4]

가족의 대표들은 그들을 대신한 피의 제사를 목격했을 것이고,
이것은 첫 유월절에 대한 확실한 기억(tangible remembrance)을 제공해주
었을 것이다. 대표들은 그들을 위해서 도살된 동물을 되찾아 유월절
식사를 위한 구운 고기로 사용했다.

---

4. 할렐은 시편 113-118편으로 구성된다.

유월절 식사

페사힘 제10장은 유월절 식사가 어떻게 행해져야 하고, 식사 때 무엇이 말해져야 하는지에 대한 체계를 제공한다. 이날 동안 참여자들은 식사 전에 금식을 해야 한다(10:1). 식탁에 앉으면, 그 위에는 누룩이 없는 떡, 상추(lettuce), 쓴 나물, 과일로 만든 처트니(chutney), 견과류, 하로세트(haroseth)라고[5] 불리는 식초, 구운 양고기가 있다(10:3). 유월절 식사는 하루를 시작하면서 좋은 말, 축복의 말, 그리고 첫 번째 잔의 포도주로 시작된다. 그러고 나서 떡을 나눈다.

페사힘은 두 번째 잔과 함께 기억의 예전을 시작하라고 가르친다. 미쉬나에 따르면, "왜 이 식사가 다른가요?"라는 질문을 하는 것은 어린이여야 한다(10:4). 그리고 이 식사를 주재하는 사람(presider)은 신명기 26:5-10을 본문으로 하나님의 구속 이야기를 들려줘야 한다. 이 이야기에는 하나님께서 아브라함을 택하신 사건, 애굽에서의 노예 생활, 하나님의 강력한 구속 행위, 그리고 약속의 땅을 선물로 주신 내용이 포함된다. 그리고 나서 주재자는 하나님께서 주신 것들을 인정하며 그분께 감사를 돌려드린다.

이후에 이 식사에 두 잔의 포도주가 더 있어야 하고, 각각은 축복의 말을 포함한다. 이 소책자(페사힘)는 이것을 분명히 한다. "이스라엘 중에 가장 가난한 자들도 마실 포도주 네 잔보다 더 적게는 [마시

---

5. 이것은 예수께서 언급하신, 예수와 그의 배신자가 함께 그들의 빵을 적신 그릇일 수 있다. 미쉬나에 대한 덴비(Danby)의 주석은 참여자들이 허브의 쓴맛을 완화하기 위해 이 혼합물(mixture)에 그들의 빵을 적셨을 것이라고 시사한다(Danby, *Mishnah*, 150, n. 6).

지] 말아야 한다"(페사힘 10:1).

미쉬나는 축복에 덧붙여서 참여자들에게 유월절 희생 제사 때 레위인들이 노래했던 것과 마찬가지로 할렐 시편을 낭송하도록 격려한다(5:7). 몇몇 랍비들은 시편 113편만을 낭송하도록 권하고, 다른 랍비들은 114편까지도 포함되어야 한다고 한다. 두 시편 노래는 가난하고 궁핍한 자를 일으키시고(시 113편) 이스라엘 나라를 구원하시는(시편 114편) 하나님의 선하심을 찬양한다. 참여자들은 이 식사 후에 졸거나 잠을 잘 수 있지만, "흥청대며 먹고 마시는 모임에 참여하기 위해 흩어져서는" 안 된다(페사힘 10:8). 페사힘은 이 식사가 어떻게 실천되어야 하는지에 대한 수많은 세부 사항을 이야기하며, 이스라엘의 삶에서 이 유월절 기념 식사가 가지는 큰 힘을 느끼게 해준다.

마가복음 14:1-25:
"받으라 이것은 내 몸이니라"

시기

마가복음은 이 유월절 식사의 시기에 대해서 언급한다. 마가복음 14장은 이틀이 지나면 유월절이라는 언급으로 시작한다(14:1).[6] 마가가 향유를 붓는 여인(14:3-9)과 예수에 대한 음모(14:10-11)를 들려줄 때

---

6. 마가가 이제 막 서술하려는 날[유월절]을 포함하려고 의도했는지 그렇지 않은지는 명확하지 않다. 그러나 이야기의 사건들이 그 축제의 시간에 가까워지고 있다는 요점은 분명하다.

쯤, 유월절 양을 잡는 무교절의 첫날이 된다(14:12). 이날이 절기의 첫 날이자 희생제물을 잡는 날이라고 단언하는 것은 약간의 어려움을 발생시킨다. 왜냐하면, 구약성경과 미쉬나에 따르면, 희생제물은 니산 월 14일 끝(밤과 낮의 경계에)에 행해져서 해가 진 뒤에(after nightfall) 소비되어야 하는데, 일단 이렇게 되면 다음 날인 15일이 된 것이고, 15일은 무교절의 첫째 날이기 때문이다. 이것은 준비일을 절기의 시작으로 부른 다른 1세기 유대인들의 패턴을 따르고 있는 것일 수 있다(참조, 『유대고대사』 6.9.3). 하지만 반대로 마가가 로마의 시간에 따라 니산 월 14일 오후에 양을 제물로 바치는 일이 동일하게 14일 오후에 일어나는 저녁 식사를 앞선다고 생각했을 수 있다. 그러므로 여기에서의 어려움은 결코 극복할 수 없는 것이 아니다. 그러므로 마가에 따르면, 마가복음 14:12-25의 사건들은 페사힘이 알려주는 대로 니산 월 14-15일에 발생한 것임이 틀림없다.

준비

목요일에 제자들은 예수께 유월절을 어디에서 준비해야 할지 물었다. 예수께서는 제자들에게 성내로 들어가 물 한 동이를 가지고 가는 사람을 만나 그를 따라 한 집으로 가서 그 집의 관리인에게 객실을 사용해도 되는지 물으라고 지시하셨다. 예수께서는 제자들이 자리를 펴고 준비한 큰 다락방을 보게 될 것이라고 약속하셨고, 제자들이 그곳에다가 그 무리를 위해 준비해야 한다고 명령하셨다(14:12-15).

모든 일이 주님께서 명하신 대로 일어났다(14:16). 이 제자들은 하나님께서 이스라엘을 구속하신 그날을 기억하기 위해 스스로 피의

희생 제사에 참여했을 가능성이 꽤 크다. 그리고 밤이 깊어지면서, 제
자들은 구운 양고기를 모아 다른 사람들에게 되돌려주었을 것이다(페
사힘 5:10).[7] 이 제자들이 다락방에 들어갔을 때, 방에 어떤 누룩도 없는
지를 확인하고 분명히 할 필요가 있었을 것이다. 그리고 난 다음에는
양고기를 안으로 가져오고, 무교병과 쓴 나물을 준비했을 것이다.

유월절 식사

준비가 되고 난 후에, 마가는 예수와 **열두** 제자들이 이 다락방에
이르렀다고 말한다(14:17). 이것은 준비했던 제자들이 예수를 따르는
더 큰 무리의 일부였음을 나타낸다. 만약 그들이 이 의식에 참여했었
다면, 이 식사 전에 금식하는 중이었을 것이고 이 식사를 매우 고대
하고 있었을 것이다.

마가는 유월절 식사 중에 발생한 두 번의 주고받기(interchanges)에
관해 이야기한다. 첫 번째로(14:17-21), 예수께서는 자신이 배신당할 것
이라는 사실을 말씀하시는데, 이것은 이미 이 장의 앞부분에서 발생
했던 일이다(14:10-11). 제자들 모두가 이 말씀으로 당황해하며 각자
자신이 범인이 아님을 확인하려고 했지만, 예수께서는 열둘 중 하나
가 자신을 배반할 것임을 분명히 하셨다(14:20).

예수께서는 두 번째로 기록된 저녁 만찬 연설에서 떡을 가지사
축복기도를 하시고, 그것을 떼어 함께 있는 자들에게 주셨다(14:22).

---

7. 미쉬나는 사람들이 다른 사람들을 대신하여 유월절 희생 제사를 드리도록
    한다(페사힘 6:6; 8:4). 그래서 제자들은 그들 무리의 나머지를 위해서 희생
    제사를 바쳤을 수도 있다.

여기에서 예수께서는 미쉬나에는 없는 제의적 측면을 더하신다. 예
수는 자신이 뗀 누룩을 넣지 않은 떡을 나누시면서 떡과 자신의 몸을
연관 지으신다. "받으라. 이것은 내 몸이니라"(14:22). 만약 그들의 식
사에 구운 양고기가 있다면, 살—특히 양의 살—은 (둘 사이를) 더 자연
스럽게 연관 짓는 데 도움이 되었을지도 모른다. 그러나 예수께서는
고기가 아니라 자신의 몸과 떡 사이에 연관을 지으시기를 택하셨다.

이어서 예수께서는 잔을 들고 감사 기도를 하셨다(14:23). 이것은
한 아이가 그 특별한 밤의 의미에 관해서 물어보는 순간일 수 있을
것이다. 만약 제자들에게 가족이 있었다면, 가족들과 함께 유월절을
기념했을 것이고, 이러한 질문을 하는 것은 그들의 자녀 중 하나였을
것이다. 예수께서는 그 이야기에 대해서 자세하게 말씀하시고 감사
기도를 하신 후에, 함께 있는 자들에게 잔을 주시고, 그 잔을 "많은
사람을 위하여 흘리는 나의 피 곧 언약의 피"(14:24)라고 선언하심으
로써 유월절 식사의 이 부분(this element)을 재해석하신다. 예수의 이
말씀은 백성들이 하나님의 율법에 동의할 때, 그들에게 뿌려진 언약
의 피를 떠올리게 한다(출 24:8). 예수와 함께 먹고 있는 제자들은 이
식사에서 하나님께서 자신들의 백성을 구원하심에 관해서 이야기하
는 것에 익숙하다. 하지만, 이제 예수께서는 제자들에게 하나님께서
출애굽 때에 이스라엘 구속하신 것과 자신을 연관시키게 하신다.

예수께서는 이것이 자신이 마지막으로 포도주를 마시는 것이 될
것이라고 선언하셨는데(14:25), 이는 예수께서 포도주를 자신의 피와
다시 연관 짓는 일이 네 번째 잔에서 일어날 수 있음을 나타낸다. 이
러한 최종 진술이 있고 난 뒤, 제자들은 모두 찬송을 불렀다. 시편

113편과 114편은 확실히 예수께서 말씀하신 것에 비추어서 변형되었을 것이다.

결론

유월절 기념에 대한 랍비들의 지침을 연구함으로써 예수의 예기치 못한 말씀들은 더욱 부각되었다. 그 말씀들은 고대 예전의 한 가운데에 나오는 예수의 말씀들로, 너무 새로워서 신자들이 하나님의 구속을 찬양하는 핵심적인 말로 채택되고 반복되었다.

이러한 이스라엘의 노예 됨과 하나님의 구속을 기억하는 것은 예수께서 다른 종류의 고난과 구속을 예언하신 것으로 자연스럽게 이어졌다. 그들이 감람산에 도착하자, 예수께서는 제자들 모두가 곧 있을 사건들로 인해 충격을 받게 될 것이지만, 부활하여 그들보다 먼저 갈릴리로 가실 것을 예고하셨다. 베드로와 다른 제자들은 그들이 실패할 것이라는 예수의 주장에 병적으로 집착하며 완강히 거부했다. 제자들은 계속해서 새로운 것이 옛 것을 뚫고 들어오는 것을 보는 데 어려움이 있었다. 제자들은 여전히 앞으로 이어질 몇 시간의 사건들이 새로운 유월절을 가져오리라는 사실을 알지 못했다.

더 읽을거리

추가적인 고대 문헌

마지막 만찬은 마태복음 26:17-29, 누가복음 22:7-20, 요한복음 13:1-

26(참조, 요 6:51-58)에도 기록되어 있다. 유대교의 유월절에 대한 또 다른 설명을 위해서는 다음의 내용과 비교해보라. 『희년서』 49장, 필론의 『특별한 법들에 관하여』 2.144-73, 요세푸스의 『유대고대사』 2.311-17; 3.248-51; 5.20; 9.260-73; 10.68-73; 11.109-13; 14.21-28; 17.213.

영역본과 비평판

Danby, Herbert. *The Mishnah: Translated from the Hebrew with Introduction and Brief Explanatory Notes*. Oxford: Oxford University Press, 1933.

Instone-Brewer, David. *Feasts and Sabbaths: Passover and Atonement*. Volume 2A of *Traditions of the Rabbis from the Era of the New Testament*. Grand Rapids: Eerdmans, 2011.

이차문헌

Bokser, Baruch M. *The Origins of the Seder: The Passover Rite and Early Rabbinic Judaism*. Berkeley: University of California Press, 1984.

Pitre, Brad. *Jesus and the Last Supper*. Grand Rapids: Eerdmans, 2015.

Scotland, Nigel. "A Passover-Style Meal." Pages 1-19 in *The New Passover: Rethinking the Lord's Supper for Today*. Eugene, OR: Cascade, 2016.

Streett, R. Alan. *Subversive Meals: An Analysis of the Lord's Supper under Roman Domination during the First Century*. Eugene, OR: Pickwick, 2013.

니제이 K. 굽타(Nijay Gupta)

　　마가복음에서 예수의 체포와 처형이라는 폭풍우가 몰아치기 전의 "고요함" 같은 이 유명한(proverbial) 내용은 겟세마네 동산에서 발생한다. 모든 네 권의 복음서는 예수를 위한 이 준비 시간을 언급한다(14:26-42을 보라). 먼저, 예수께서는 제자들에게 그들이 낙담하여 자신을 버리게 될 것이라고 말씀하셨다. 베드로가 자신의 단호한 신앙에 대해 목소리를 높였을 때, 예수께서는 베드로의 부인을 예고하셨다(14:26-31). 그 후에, 우리는 예수께서 마치 이미 슬픔으로 죽어가고 있는 것처럼 마음이 심히 고민하여 죽게 되심을 알게 된다(14:32-34). 예수께서는 큰 시험이 자신 앞에 놓여 있는 것을 아셨고, 그래서 이렇게 기도를 올리셨다. "압바(abba), 아버지여, 아버지께는 모든 것이 가능하오니. 이 잔을 내게서 옮기시옵소서 그러나 나의 원대로 마시옵고 아버지의 원대로 하옵소서"(14:36). 이 동산 장면에는 몇 가지 주목할 만한 특징이 있다. "잔"이라는 말은 무엇을 의미하는가? 어떻게 예수와 아버지의 뜻이 나뉠 수 있을까? 왜 예수께서는 이것을 놓고 여러 번이나 기도하셨을까(14:39-41)? 우리가 살펴볼 이 장의 주요 초점은 마가가 독특하게 사용하는 아람어 단어 '압바'에 놓이게 될 것이다.[1] 마가복음은 그리스어로 기록되었지만, 때때로 아람어 단어나 표현을 그리스어로 음역한다(표 26.1을 보라).

예수의 사역과 말씀의 특정한 요소들은 그분의 생애에 대한 기억에 지울 수 없는 흔적을 남긴 것처럼 보였다. 예수께서 압바로서의 하나님께 기도한 것은 이에 대한 좋은 본보기인 것 같다.[2]

3:17	보아너게 ("우레의 아들")
5:41	달리다굼 ("소녀야, 일어나라!")
7:11	고르반 ("선물", "하나님께 드림")
7:34	에바다 ("열리라")
10:51	랍부니(개역개정은 이것을 "선생님이여"라고 번역—역주) ("랍비")
14:36	압바 ("아버지")
15:22	골고다 ("해골의 곳")
15:34	엘리, 엘리, 라마 사박다니 ("나의 하나님, 나의 하나님, 어찌하여 나를 버리시나이까?")

마가복음에 나오는 아람어 단어

---

1. '압바'는 문자적으로 "아버지"를 의미한다. 유대교 표현에서 압바는 "나의 아버지" 또는 "우리의 아버지"의 의미를 가질 수 있다.
2. 대부분의 학자들은 예수께서 (서로 다른 정도의 숙련도를 가지기는 하셨겠지만) 세 가지 언어를 말할 수 있고 이해할 수 있으셨을 것으로 생각한다. 아람어는 예수께서 다른 유대인들과 대화할 때 사용하셨던 언어였을 것이고, 그리스어는 이방인들과 교류하실 때 사용되었을 것이다. 히브리어는 최소한 어느 정도 예배 중에 사용되었을 것이다. Gerhard Lohfink, *Jesus of Nazareth: What He Wanted, Who He Was* (Collegeville, MN: Liturgical Press, 2012), 100을 보라.

마가복음은 아람어 단어 압바를 분명하게 사용하는 유일한 복음서다. 물론 많은 학자들은 주기도문의 "우리 아버지"라는 말이 아람어에서 압바였을 것이라고 생각하지만 말이다(마 6:9; 눅 11:2). 그러나 사도 바울도 그의 서신에서 아람어 단어 압바를 사용했다(롬 8:15; 갈 4:6을 보라).

과거에 학자들은 때때로 예수께서 아버지께 호소하는 아들의 심정으로 하나님께 처음으로 기도한 유대인이었다고 상정하거나 그렇게 주장했었다. 더 구체적으로, 몇몇 학자들은 예수께서 압바로서의 하나님께 기도한 첫 번째 유대인이었다고 주장했다. 그러므로 우리는 유대교의 기도 실천과 압바 사용에 관한 문제를 살펴보고 난 후, 마가복음 14:36에 나오는 마가의 '압바' 사용을 살펴볼 것이다.

바벨론 탈무드:
"아버지여, 아버지여, 우리에게 비를 주소서"

예수 이전에는 유대인들이 하나님을 "아버지"로 숭배하지 않았다는, 때때로 전해져 내려오는 이 생각은 정말로 잘못된 것이다. 우리가 출애굽기 4:22-23에서 읽게 되듯이, 유대교 전승은, 이스라엘이 애굽에서 구출될 때, 모세가 바로에게 전한 메시지가 "이스라엘은 내 아들 내 장자라 내가 네게 이르기를 내 아들을 보내 주어 나를 섬기게 하라"는 것이었음을 인정했다. 구약성경에 이스라엘 사람들이

하나님을 "아버지"로 부른 때가 별로 나타나지 않는다는 것이 사실
이기는 하지만, 우리는 시편 68편과 같은 곳에서 이에 대한 예를 얼
핏 엿볼 수 있다. 거기에서 예배자들은 하나님을 고아들의 아버지이
자 과부들을 보호하는 자로서 고독한 자들에게 가정을 마련해 주시
는 분으로 선포한다(시 68:4-5).

　일단 우리가 우리의 연구를 시락서와 같은 유대교 본문을 포함
하도록 확장하면, "제 생명의 주인이신 아버지 주님 그들의 음모에
저를 넘기지 마시고 그들 때문에 제가 걸려 넘어지지 않도록 해 주소
서!"라는 내용을 보게 된다(시락서 23:1; 참조, 23:4, 가톨릭 성경). 그리고 솔
로몬의 지혜에서 하나님께서는 "아버지", 즉 인생을 폭풍우가 몰아
치는 파도 속에 정해진 길, 안전한 항로로 인도하시는 분으로 불려진
다(솔로몬의 지혜 14:3; 참조, 2:16). 이러한 초기 유대교 텍스트는 그리스어
로 되어 있다. 그래서 하나님과 관련하여 아람어 압바의 예를 찾기란
훨씬 더 어렵다. 아마 우리가 찾을 수 있는 가장 가까운 예는 시편 타
르굼에서 찾을 수 있을 것이다. 이 타르굼은 구약성경을 아람어로 바
꾸어 표현한 것이다. 우리가 가진 영어 번역본의 시편 89:26은 (히브
리 텍스트에 근거해볼 때) 다음과 같이 기록되어 있다. "주는 나의 아버지
시오, 나의 하나님이시오, 나의 구원의 바위시라." 아람어 타르굼 본
문의 영어 번역본은 다음과 같이 읽힌다. "당신은 나의 아버지[abba]
시오, 나의 하나님이시오, 나의 구속의 힘이시라"(시 89:27).

　예수의 '압바' 사용에 대한 가장 흥미롭고 이해를 돕는 비교 본문
중에 랍비 문헌이 일부 포함된다. 압바라는 단어를 하나님의 부성(fa-
therhood)과 관련 짓는 가장 광범위하고 중요한 랍비 텍스트는 바벨론

탈무드에 있다. 타아니트(Ta'anit)라고 불리는 소책자에서, 우리는 하
난 하-네흐바(Hanan ha-Nehba)라는 한 선생에 대해서 읽게 된다. 가뭄
동안에, 랍비들은 학교의 아이들에게 하난 하-네흐바에게 가라고 말
하고, 아이들은 "아버지여, 아버지여, 우리에게 비를 주소서"라고 말
하곤 했다. 그리고 그 선생(하난 하-네흐바)은 "우주의 주님, 비를 주시
는 아버지[압바]와 그렇지 않는 아버지[압바]를 구분할 수 없는 자들을
위해서 그 일을 행하소서"라고 기도했다(바벨론 타아니트 23b). 여기에서
우리는 이스라엘이 예배하는 하나님이 압바, 즉 자신의 백성들을 보
호하시고 그들에게 필요한 것을 제공하시는 아버지라고 분명히 인
정하는 유대교 텍스트를 만나게 된다. 하난 하-네흐바는 하나님이 강
력하고 자비로운 아버지이심을 인정했고, 동시에 사람들이 비를 내
리는 기적을 위해서 자신에게 오기는 했지만 자신에게는 그러한 힘
이 전혀 없다는 점도 인정했다.

그러면 이 내용은 유대인들이 이미 예수 시대 동안에 **아버지로서
의** 하나님께 기도했다는 것을 보여주는가? 몇몇 학자들은 그렇지 않
다고 생각한다. 첫째로, 우리는 랍비 문헌의 연대를 추정하는 데 문
제가 있다. 우리는 그러한 생각이 예수 시대보다 앞선다고 확신할 수
없다. 둘째로, 심지어 하난 하-네흐바의 기도에도, 그가 하나님을 압
바로 인정하기는 하지만, 그의 청원은 "우주의 주님"을 향한다. 그럼
에도 불구하고 우리는 예수께서 하나님의 부성을 강조하실 때, 그것
을 무에서부터 창조하기보다는 기존의 유대교 전통을 발전시키고
강화시키는 것일 가능성이 있다는 것을 인정해야 한다.

마가복음 14:26-52:
"압바 아버지여 … 이 잔을 내게서 옮기시옵소서"

케네스 베일리(Kenneth Bailey)는 오늘날 중동에서 어린아이가 아버지를 부를 때 압바 단어를 사용한다는 사실을 목격했다. 베일리는 아랍어로 압바를 사용할 때, 이 단어에 대한 아람어의 관용적 용법이 그대로 유지되고 있음을 보게 된다고 설명했다. 그 관용적 용법이란, "상급자를 부를 때의 존중, 그리고 그 단어를 사용하는 자와 그 단어로 불리는 자 사이에 존재하는 깊은 인격적 관계 둘 다"의 의미를 그 단어가 담고 있다는 것이다.[3] 압바에 대한 이러한 이해는 우리가 마가복음 14:36에서의 압바 사용을 고려할 때 도움이 된다.

연약한 예수

마가가 이야기해주는 겟세마네에서 예수께서 기도하신 것의 한 가지 흥미로운 특징은, 예수께서 종종 '압바'(abba)와 '파테르'(patēr)를 둘 다 말씀하신다는 것이다. 그리고 이 말은 종종 "압바, 아버지"(Abba, Father)라고 번역되지만, 문자적인 영어 번역은 "아빠, 아버지"(Papa, Father)가 될 수 있다. 마가는 우리에게 예수께서 마음이 심히 고민하여 죽게 되었다고 말한다(14:34). 그렇다면 예수께서 기도하실 때, 강한 취약성, 개방성, 연약함 가운데 계셨다는 것이다. 예수의 청

---

3. Kenneth Bailey, *Jesus through Middle Eastern Eyes* (Downers Grove, IL: InterVarsity Press, 2008), 98 [=『중동의 눈으로 본 예수』, 새물결플러스, 2016].

원은 성경에 나오는 가장 솔직한 기도 중 하나다. "이 잔을 내게서 옮기시옵소서"(14:36).

이것은 마가복음에서 이제까지 보여주신 자신감과 결의에 찬 모습과는 대조될 수 있다. 예수께서는 담대하게 제자들이 겪게 될 박해와 배신, 사회적 거절에 대해 경고하셨고, 그들에게 인내를 요청하셨다(13:11-13). 예수의 "잔"과 관련해서, 어떤 학자들은 이 이미지를 마지막 만찬에서의 잔을 상징적으로 사용하는 것, 즉, 예수의 피 흘림을 상징하는 잔으로부터 엄숙하게 마신 것과 연관을 지었다(14:23). 그러나 마르틴 루터(Martin Luther)가 말하듯이, 이 순간에 "어떤 사람도 이 사람만큼 죽음을 두려워하지 않았다."[4] 존 르만(John Reumann)은 겟세마네 장면에서 예수께서 세상의 구속을 위한 청구서(bill)를 받으셨고, 대가를 치를 수밖에 없으셨다고 영리하게 말했다.[5] 지금, 이 순간, 예수께서는 아버지의 연민과 권능을 아시고("아버지께는 모든 것이 가능하오니", 14:36b), 압바에게 호소하는 겁에 질린 아이이다. 우리는 여기에서 교회가 예수를 "하나님으로부터 오신 하나님, 참 하나님으로부터 오신 참 하나님"(니케아 신조)이라고 증언하는 것이 그분이 인간의 모든 경험과 심지어 인간의 의심까지도 경험했음을 의미한다는 사실을 깨닫게 된다. 이 순간은 이제 신뢰로 바뀌는데, 이는 아주 중요하게도 마가가 슬픔, 권태, 의심에도 **불구하고** 예수를 순종에 헌신하시는

---

4. Martin Luther, *Luther's Works*, ed. R. H. Fischer (Philadelphia: Fortress, 1961), 37:326

5. John Reumann, *Jesus in the Church's Gospels* (Minneapolis: Fortress, 2006), 107.

분으로 묘사하고 있다는 것을 우리에게 상기시켜 준다.

신뢰하며 순종하시는 예수

마가에 따르면, 예수께서는 그의 잔을 옮겨지게 해달라고 간청하자마자 하나의 대조문(a contrast)을 소개하신다. "그러나 나의 원대로 마시옵고 아버지의 원대로 하옵소서"(14:36c). 예수께서는 멀리 있는 주(lord)나 지배적인 신이 아니라, 처음에 이름을 불렀던 그 압바에게 (뜻대로 하실 수 있는) 이러한 자격이나 지위를 부여하신다. 마가 자신이 자신의 복음서에 주기도문을 포함하고 있지 않지만, 대부분의 학자들은 주기도문(마 6:9-13)과 겟세마네에서의 기도(들) 사이에 있는 유사점에 주목한다.

마태복음 6:9-13	마가복음 14:36
우리 아버지	압바 아버지
우리를 시험에 들게 하지 마시옵고	이 잔을 내게서 옮기시옵소서
당신의 나라가 임하고, 당신의 뜻이 이루어지이다	그러나 나의 원대로 마시옵고 아버지의 원대로 하옵소서

마태복음 6:9-13과 누가복음 11:2-4의 주기도문은 모두 이중 개념을 모델로 삼고 있다. (1) 첫째는 하나님의 은혜로운 부성과 (2) 둘째는 아이가 아버지를 향해 가지는 의존적인 관계다. 아이들은 은혜(와 용서)가 필요하다. 아이들은 일용할 양식이 필요하다. 부모들은 주된 의무로서 그들 자신의 자녀들을 돌보는 데 책임이 있다.

부모들은 또한 책임을 지고 자녀들이 성숙한 방식으로 자라서 시험과 시련을 용기와 희망으로 직면할 수 있게 해주어야 한다.[6] 겟세마네 동산에서 예수께서는 (상충하는) 두 가지 뜻이라는 문제에 직면한다. 하나는 고난의 잔을 건너뛰려는 자기 자신의 갈망이고, 다른 하나는 구속을 위해 어려운 길을 걸어야 하는 아버지의 신적 의지다. 예수께서는 자신의 제자들을 위해 믿음을 가지고 하나님 아버지를 신뢰하는 것이 무엇을 의미하는지 보여주셨다. 마가복음 7장에서 예수께서는 (아마도 모든 연령의) 자녀가 부모를 공경해야 한다고 확언하셨고(7:10; 참조, 10:19), 그렇게 예수께서는 그분의 압바를 공경하셨다.

우리는 또한 여기에서 악한 포도원 농부들의 비유(12:1-12)에 대한 암시를 감지해낼 수 있다. 토지 소유주가 자신의 포도원의 이익을 거두기 위해 한 종을 보냈을 때, 소작농들은 그 심부름꾼을 쳐서 보내고(12:3), 나중에 다른 심부름꾼들을 죽이기까지 했다(12:5). 그러고 나서 토지 소유주는 자신의 하나뿐인 사랑하는 아들을 보내기로 생각했다. 틀림없이 이 아들은 벌어지고 있는 상황을 알고 있었을 것이다. 본문에 반항이나 거절을 했다는 내용은 없다. 그 아들은 들은 대로 행하였고, 그가 유일한 상속자였기에 살해당했다(12:8).

구원을 위한 예수의 기도는 독자들에게 불편함을 안겨주면서(이야기가 다른 방법으로 끝날 수는 없을까?), 동시에 위안을 주기도 하지만(예수께서는 인간들의 분투에 함께 하신다), 예수의 집중적인 기도는 제자들의 완전한 실패와 대조된다는 점은 분명하다. 예수께서는 세 번이나 홀로 기도하러 나아가셨고, 제자들에게로 돌아올 때마다 잠이 들어 비협

---

6. 엡 6:4; 히 12:5-10; 시락서 6:18을 보라.

조적인 그들의 모습을 보셨다(14:35-41). 예수께서는 제자들에게 "그만 되었다! 때가 왔도다. 보라, 인자가 죄인의 손에 팔리느니라"라고 소리치셨다(14:41). 예수께서는 단호하게 배신자들에게 맞서셨고, 제자들은 모두 예수를 버리고 도망갔다(14:50).

귀에 거슬리는 유기의 외침

우리는 이제 많이 건너뛰고 나중에 (15장에 나오는) 유기(dereliction)의 외침을 살펴볼 것이다. 이것은 예수께서 십자가 처형의 끔찍한 순간에 "나의 하나님, 나의 하나님, 어찌하여 나를 버리셨나이까"(15:34)라고 말씀하신 외침이다. 예수께서는 마가복음에서 완전한 통제력을 가지시며 자신이 희생당할 시간을 예상하신다(10:38-45). 딱 두 번만 절망의 어두움 속에 계신 예수를 보게 되는데, 그 절정의 순간은 유기의 외침이고, 겟세마네 동산에서의 기도는 불길한 전조로서 역할을 한다. 겟세마네 동산에서의 기도와 마찬가지로, 여기에서도 원래 독자를 위해 그리스어로 음역된 아람어 표현인 "엘리 엘리 라마 사박다니"를 보게 된다. 잘 알려져 있듯이, 예수께서는 여기에서 다윗의 시인 시편 22편의 첫 구절에 나오는 단어들을 반복하신다. 다윗은 하나님께서 멀리 계시는 것처럼 보인다며 한탄해하며, 온종일 부르짖지만, 응답은 주어지지 않는다. 다윗은 다른 사람들에게 조롱당하고 수치를 느끼면서 혼자라고 느낀다(시 22:2-18). 그리고 이 일이 예수에게도 동일하게 일어났다.

몇몇 학자들은 예수께서 내뱉으신 이 단어들이 시편 22편의 마지막 부분(19-31절)에 나타나는 희망적인 어조를 의미한다고 믿는다.

반면에 다른 학자들은 1절의 표현들이 나머지 내용과 상관없이 그저 예수께 떠올랐을 뿐이라고 생각한다. 아우구스티누스(Agustine)는 이와 관련하여 가장 설득력 있는 읽기를 제시한다. 그는 유기의 외침 속에서 "예수께서는 시편 기자의 목소리, 인간의 연약함을 나타내는 목소리를 자신의 것으로 삼으셨다"고 주장했다.[7] 즉, 예수께서는 그 순간에 죄와 영적인 포로 됨 가운데 있는 하나님의 백성의 자리를 체현하신 것이고, 바로 이때 압바와의 친밀한 관계에서 멀어지시고, 이스라엘이 받아야 하는 최고 형벌을 자기 자신에게 부과하신 것이다. R. T. 프란스(France)가 관찰했듯 이것은 복음서에 기록된 예수의 기도 중, 아버지가 아니라 "나의 하나님"께 부르짖은 처음이자 유일한 사례다.[8]

초기 기독교인들에게 이 본문은 너무 골치 아픈 내용이라서 그들은 이것을 설명해내려고 애를 썼다. 몇몇 교부 저자들은 예수께서 신성으로부터 말씀하신 것이 아니라, 인성 가운데서 말씀하신 것이라고 주장했다.[9] 또한 우리는 적어도 마가복음 본문의 그리스어 사본 하나가 예수님의 말씀을 "나의 하나님, 나의 하나님 어찌하여 나에

7.　Thomas C. Oden and Christopher A. Hall, eds., *Mark*, ACCS (Downers Grove, IL: InterVarsity Press, 1998), 222 [= 『교부들의 성경 주해 신약성경 3』, 분도출판사, 2011]에서 인용된, Letter 140, to Honoratus 6.

8.　R. T. France, *The Gospel of Mark*, NIGTC (Grand Rapids: Eerdmans, 2002), 652 [= 『NIGTC 마가복음』, 새물결플러스, 2017]

9.　Ambrose, *On the Christian Faith* 2.7.56. 암브로스는 "그는 하나님으로서는 고통을 당하지 아니하시고 오직 인간으로서는 능히 고통을 당하실 수 있으셨다"라고 추측했다. NPNF[2] 10:230을 보라.

게 **망신을 주시나이까**(dishonored)?"라고 그 의미를 조금 약화시켰다는 것을 알고 있기도 하다.[10]

대부분의 학자들이 쉽게 믿는 것처럼 마가복음이 16:8에서 끝난다면, 마가는 부활 현현 기사와 제자들에게 사도적 임무를 주신 이야기를 언급하지 않은 것이다. 그럼에도 불구하고 독자들은 예수께서는 실패하셨고 어둠의 세력이 승리했다는 인상을 받지는 않는다. 천사들은 빈 무덤과 부활의 소식을 전해준다(16:6). 그러나 더욱 중요하게도, 마가는 예수의 "압바" 기도에서 "나의 하나님, 나의 하나님" 기도로 전환하기 위해, 예수의 거룩한 자기 드림으로 인한 로마 백부장의 깊은 신앙고백을 이야기해준다. "이 사람은 진실로 하나님의 아들이었도다!"(15:39). 이렇게 예수의 독특한 아들 되심을 확언하는 것은 (실제로 백부장 자신이 이러한 모든 것에 대한 이해를 가지고 있었는지 그렇지 않았는지에 대해서 우리가 듣지는 못했지만) 마가복음 1:11에 나온 초기의 선언과 관련된다. 예수께서는 그의 아버지와 관련되시고, 그 관계는 궁극적으로 단절된 것이 아니라, 새로워진 것이다. (또는 적어도 그렇게 될 것으로 기대되는 것이다.)

---

10.   Joel B. Green, *The Way of the Cross: Following Jesus in the Gospel of Mark* (Eugene, OR: Wipf & Stock, 2009), 3-4을 보라.

더 읽을거리

추가적인 고대 문헌

신약성경에서 압바 표현이 나오는 바울서신을 면밀하게 연구할 가
치가 있다(롬 8:15; 갈 4:6). 압바의 사용과 의미를 더 잘 이해하기 위해
서, 사해사본의 『욥기 타르굼』(11Q10) 31:5에 있는 욥기 38:28("비에게
아버지가 있느냐?")을 보라. 랍비 문헌에서 우리는 "하늘에 계신 아버지
(히브리어로, '아브'[ab])"라는 표현을 발견한다. 이 표현들은 아람어 압바
연구를 위해 유익할 수 있다. 중요한 텍스트들은 미쉬나 소타 9:15,
미쉬나 요마 8:9, 미쉬나 로쉬 하샤나 3:8와 탈무드 베라코트 3:14을
포함한다.

영역본과 비평판

Neusner, Jacob, trans. *The Babylonian Talmud*. 22 vols. Peabody, MA:
　Hendrickson, 2011.

_____. *The Mishnah: A New Translation*. New Haven: Yale
　University Press, 1997.

Stec, David. *The Targum of Psalms: Translated, with a Critical
　Introduction, Apparatus and Notes*. The Aramaic Bible 16.
　Collegeville, MN: Liturgical Press, 2004.

이차문헌

Barr, James. "Abba Isn't Daddy." *JTS* 39 (1988): 28–47.

Jeremias, Joachim. *New Testament Theology: The Proclamation of Jesus*.

New York: Charles Scribner's Sons, 1971 [= 『예레미아스 신약신

학』, CH북스, 2009]

Neusner, J. *Rabbinic Literature: An Essential Guide*. Nashville:

Abingdon, 2005.

Sandnes, Karl Olav. *Early Christian Discourses on Jesus's Prayer at

Gethsemane: Courageous, Committed, Cowardly?* NovTSup 166.

Leiden: Brill, 2015.

Thompson, M. M. "Joachim Jeremias and the Debate about Abba."

Pages 21–24 in *The Promise of the Father: Jesus and God in the New

Testament*. Louisville: Westminster John Knox, 2000.

제27장
「에녹의 비유」와 마가복음 14:53-73
신성 모독과 승귀

대럴 L. 보크(Darrell Bock)

예수께서는 "유대인의 왕"으로 십자가에 못 박히셨다. 이것은 우리에게 두 가지 방식으로 확인된다. 첫째, 네 권의 복음서는 모두 이것이 십자가의 예수 위에 붙어있던 (명패[titulus]로 알려진) 플래카드에 적힌 혐의의 핵심이라고 보도한다(마 27:37; 막 15:26; 눅 23:38; 요 19:19). 둘째, 요세푸스는 예수의 거절에 대한 책임을 유대 종교지도자들과 빌라도에게 돌리고 있다(『유대고대사』 18:63-64).[1] 이를 통해, 예수의 사역에는 다른 사람들이 그분을 왕적인 권리를 행사하는 분으로 보게 할 만한 것이 충분히 있었음을 알 수 있다. 예수께서는 선지자적 인

---

1.   예수께서 유대교 지도부와 로마의 개입으로 십자가에 못 박히셨음을 분명히 하는 요세푸스가 언급한 내용의 핵심에 대한 진정성을 변호하는 내용을 보려면, John P. Meier, *A Marginal Jew: Rethinking the Historical Jesus, Volume 1: The Roots of the Problem and the Person*, ABRL (New York: Doubleday, 1991), 59-69을 참조하라.

물을 넘어서는 분으로 죽으셨다. 그렇다면 그를 곤경에 빠뜨린 것은 정확히 무엇일까?

복음서가 예수를 죽음에 이르게 한 행동을 묘사하면서 보여주고 자 한 것은 주로 예수에 대한 유대교와 로마의 조사(examinations)에 나타난 이중적인 움직임이다. 주요 사건들은 유대교 지도부와의 만남이 있기 전부터 조사되고 있었고, 후에 빌라도의 심문으로 이어진다. 빌라도 측에서 행한 조사는 대체로 정치적인 혐의에 근거하여 십자가 처형으로 이어졌다(눅 23:2-3). 이는 종교적인 혐의에는 관심이 없었을 빌라도만이 십자가에 못박을 권한이 있었기 때문이다. 이것은 왜 혐의가 '왕'과 관련된 형식(regal form)으로 나타나게 되었는지를 부분적으로 보여준다. 빌라도에게는 황제가 임명하지 않은 가이사의 경쟁 상대를 저지시킬 책임이 있었다. 로마는 통치자들을 임명했고, 자신을 왕이라고 주장하는 모든 자에게 반응을 보였다. 빌라도도 가이사의 이익을 옹호하고, 평화를 유지하며, 로마가 받을 세금을 확보했다. 누가복음 23:1에 따르면, 유대교 지도부는 이러한 모든 상항과 관련된 혐의를 빌라도에게 제시했는데, 이것은 빌라도를 압박해서 로마에 대한 그의 책임을 다하게 하려는 수작이었다.

그러므로 유대인들의 조사가 매우 중요했다. 왜냐하면 그것이 없었다면 예수께서는 처음부터 빌라도에게 넘겨지지 않았을 것이기 때문이다. 이때의 논의는 정치적이면서 동시에 종교적이다. 마가복음 14:53-64은 이 사건을 다룬다. 예수께서 성전을 파괴하실 것이라는 주장에 초점을 맞추는 초기의 노력은 믿을 만한 목격자들을 모으는 데 실패한다(14:56-59). 그래서 이 논의는 예수께서 메시아, 특히 마

가가 설명하듯이 "찬송받을 이의 아들"이신지에 대한 질문으로 바뀐
다(14:61). 그리고 예수께서는 그 질문에 대한 대답 이상을 말씀하신
다. 예수께서는 "내가 그니라. … 인자가 권능자의 우편에 앉은 것[시
110:1]과 하늘 구름을 타고 오는 것[단 7:13-14]을 너희가 보리라"고 말씀
하심으로써 대답하신다(14:62). 우리는 유대인들이 예수의 대답에서
알아차린 성경의 두 가지 암시에 주목해왔다. 이 암시를 통해 예수께
서는 제기된 질문에 확답을 주시고, 그보다 더 많은 것을 말씀하셨
다.[2] 그리고 이것은 대제사장을 격분시켰고, 그는 자기 옷을 찢으며,
예수를 신성 모독으로 비난하고 유죄판결을 내렸다(14:63-64). 그러나
예수께서 정확히 무엇을 말씀하시고 무엇이라 주장하신 것일까? 그
리고 왜 그게 문제가 되었을까? 왜 신성 모독적이고, 사형에 해당한
자로 정죄받은 것이었을까(14:64)?

우리는 유대인 정보원들에게서 증명된 논쟁으로 인해 예수께서
여기에서 무엇을 환기하고 계신지를 감지할 수 있다. 하나님과 함께
하늘에 앉을 것이라는 주장은 논란의 여지가 많다. 유대 문헌에는 이
문제에 대한 두 가지 접근 방식이 있다. 몇몇 사람들은 매우 특별하
고 높은 지도자들이 하나님께 함께 앉는 것이 가능하다고 생각했다.
또 다른 사람들은 하나님과 함께 하늘에 앉는다고 말하는 것을 하나

---

2. 마태복음과 누가복음에 나오는 이 질문에 대한 더 간접적인 반응—"네가
    말하였느니라"(마 26:64)와 "너희들이 내가 그라고 말하고 있느니라"(눅
    22:70)—은 제한적인 확언을 나타내기도 한다. 이것은 마태와 누가가 다음과
    같은 의미를 나타내기 위해 관용 표현을 사용한 것이다. "그것은 당신이 질
    문한 대로이지만, 당신이 의미하는 것과는 전혀 다르다." 마가복음에서 예수
    의 대답과 성경 사용은 왜 다른 두 복음서가 그렇게 진행되는지 설명해준다.

님에 대한 직접적인 모욕으로 간주했고, 그래서 하나님과 함께 앉는
것 자체가 불가능한 일이라고 생각했다. 이 논문에서 우리는 「에녹
의 비유」와 몇 가지 관련된 랍비 문헌을 살펴봄으로써, 유대교 지도
부가 예수께 유죄선고를 내리게 한 이유가 궁극적으로 무엇인지를
알아볼 것이다.

「에녹의 비유」:

"선택받은 자가 그날에 내 보좌에 앉으리라"

하나님과 함께 앉는 것을 신성 모독으로 여기지 않는 방식

몇몇 고대 유대 문헌은 누군가가 하늘에 계신 하나님과 함께 앉
을 수 있다는 가능성을 암시한다. 아마도 가장 중요한 문서는 「에녹
의 비유」에 나오는 일부 묘사일 것이다(에녹1서 37-71장).[3] 여기에서 "인
자" 또는 "선택받은 자"라고 불리는 한 인물은 하늘에서 하나님과 함
께 앉을 것이다. 예를 들면, 『에녹1서』 51:3에서 선택받은 자는 지혜
를 말하며 보좌에 앉게 되고, 창조 세계는 그의 임재를 기뻐할 것이
다. 이 본문은 "선택받은 자가 그날에 내 보좌에 앉으리라"고 말하는

---

3. 『에녹1서』에 대한 모든 번역은 R. H. Charles, ed., *The Apocrypha and Pseudepigrapha of the Old Testament in English*, 2 vols. (Oxford: Clarendon, 1913), 2:163-281에서 온 것이다. 『에녹1서』의 배경에 대한 더 많은 정보를 살펴보려면, 이 책 제2장의 크리스티안 A. 벤도라이티스(Kristian Bendoraitis)의 글과 제24장의 조나단 T. 페닝톤(Jonathan Pennington)의 글을 보라

데, 눈에 보이는 이 보좌는 분명 하나님의 보좌다. 55:4에서 선택받은 자는 그 보좌에 앉아 악한 영들에게 심판을 행하며 자신의 법적 권위를 드러낸다. 그리고 61:8에서 선택받은 자는 "영광의 보좌"에 앉게 되는데, 그곳에서 "그는 하늘 위에 있는 거룩한 자들의 모든 행위를 판단할 것이다."

이 인물은 62:2-3에서 선택받은 자와 비슷한 역할을 하지만, 62:7에서는 "처음부터 … 감추어져 있던" "인자"로 묘사된다. 62:9에서 왕들, 통치자들, 고위 관리자들도 인자를 예배한다. 62장과의 관련성을 통해 우리는 선택받은 자와 인자가 동일 인물이라는 것을 알게 된다. 이것은 특별한 의미가 있다. 왜냐하면 "인자" 칭호는 예수께서 자기 자신을 부르기 가장 좋아하는 방식이었기 때문이다. 이 칭호는 (마가복음 14:62에서 예수께서 암시하신) 다니엘 7:13-14에서 온 것이지만, 『에녹1서』는 일부 유대인들이 그 칭호에 대해서 어떻게 생각했는지를 보여줌과 동시에 인자의 역할을 세부적으로 발전시킨다. 게다가 이 텍스트는 아마도 주전 1세기 후반이나 주후 1세기 초에 작성되어 예수께서 사역을 하시던 시기에 갈릴리 지역에서 알려졌을 가능성이 크다. 그러므로 이 두 텍스트는 예수 시대와 그 기원 즈음에 글을 썼던 일부 유대인들이 어떻게 하나님께서 인자에게 하늘에서 공유될 많은 신적 권위와 영예를 주시기로 기대했는지를 보여준다. 마가복음이 제시하는 예수와의 유사점은 정말로 놀랍다.

바벨론 탈무드(주후 5-6세기)가 이 논쟁에 이바지한 점 또한 주목할 만하다. 이 문헌은 다윗이 하나님과 하늘에 앉을 수 있다는 랍비 아키바의 주장을 기록한다. 두 구절(바벨론 하기가 14a; 바벨론 산헤드린 38b)

에 나타나는 이러한 견해는 시편 110:1에 대한 아키바(Akiba)의 설명
에서 온 것인데, 이 구절(시편 110:1을 말함—역주)은 예수께서 대제사장에
게 답하시면서 암시하신 성경 본문 중 하나다(14:62). 이 본문은 이 논
쟁이 매우 중대하다는 것을 보여준다. 왜냐하면 갈릴리인 랍비 요세
(Jose)가 "얼마나 오래토록 신적 존재를 불경한 것으로 대할 것인가?"
에⁴ 대한 아키바의 설명에 비판적으로 반응했기 때문이다. 여기에서
요세는 아키바가 그의 설명으로 인해 신성 모독을 저질렀다고 비난
하고, 그래서 그는 그에게 경고한다. 요세의 언급이 대화를 끝나게
했다는 사실은 이것이 그의 공식 입장임을 보여주는 것이다. 또한 이
것은 이러한 공유된 권위가 열띤 논쟁을 불러일으키는 논란이 많은
사상임을 보여주는 것이기도 한다.

하나님과 함께 앉는 것을 신성 모독으로 여기는 방식

이러한 견해에 반대하는 목소리를 내는 텍스트도 있다. 아키바에
대한 요세의 반응은 그러한 부정적인 텍스트 중 하나이고, 또 다른
텍스트는 『에녹3서』로 알려진 주후 5-6세기 작품에서 나왔다.⁵ 이 텍
스트에서 메타트론(Metatron)으로 불리는 한 천사는 천국을 둘러보게
해주고 자기 자신을 "보다 낮은 야웨"로 언급하며, 하나님의 궁전 입

---

4. 번역은 Isidore Epstein, ed., *The Soncino Talmud, Soncino Classics Collection*
    (New York: Judaica, 1973), digital edition에서 온 것이다.
5. 번역은 P. Alexander, "3 (Hebrew Apocalypse of) Enoch," in vol. 1 of *The
    Old Testament Pseudepigrapha*, ed. James H. Charlesworth (Garden City, NY:
    Doubleday, 1983-85), 255-315에 온 것이다. 이것은 후기 텍스트이지만, 그
    태도를 보여준다.

구에 있는 보좌에 앉아서 심판을 집행한다고 한다(12:5). 그는 자신의 보좌가 "앉아서 나의 가족 모두를 심판할 수 있도록, 바깥쪽, 내 궁정의 입구에" 있다고 말한다(48C:8). 이 장면은 16:1-2의 언급과 결부되어 있는데, 거기에 보면 "섬기는 천사들이 [그] 옆에 서 있고 그는 왕처럼 보좌 위에" 앉아있다. 이는 부정적인 장면이다. 왜냐하면 이 환상을 통해 메타트론의 위상이 어떻게 "하늘의 두 권세"(16:4)가 있게 하는지를 볼 수 있기 때문이다. 결과적으로 하나님께서는 메타트론이 하나님과 동등한 방식으로 행동한 것에 대해 징계를 내리셨다. 그 천사는 채찍을 맞았고, 하나님의 발 옆에 서 있게 되었다(16:5).

여기에서 문제가 무엇인지를 아는 것이 중요하다. 메타트론은 "위대한 보좌"에 앉음으로써 하나님을 모독하는 것으로 보인다(16:1). 아키바가 다윗을 암시한 것도 같은 내용이다. 하나님의 영광은 독특하다. 누군가를 하나님과 함께 앉도록 하는 것은 일종의 동등함을 암시하는 것이고, 그것은 하나님의 영광을 독특하게 생각하는 자들에게 모욕으로 간주된다.

마가복음 14:53-72:
"인자가 권능자의 우편에 앉은 것과 하늘 구름을 타고 오는 것을 너희가 보리라"

승귀와 신원에 대한 예수의 주장

우리가 살펴보았듯 유대교 신앙은 하나님의 영광을 독특하게 여

긴다. 그래서 하늘에서 하나님과 함께 앉을 것이라는 예수의 주장
(14:62)은 비록 몇몇 유대인들이 『에녹1서』 37-71장에 나오는 인자 같
은 이를 가지고 이론적으로 논의를 하고 있지만, 하나님의 독특한 영
광에 대한 모욕으로 들렸을 것이다. 이것은 예수께서 갈릴리 오지 출
신의 초라한 선생이라는 점 때문에도 더욱더 문제가 되었을 것이다.

마가복음에 나오는 유대교 재판관들이 주로 전통과 오경 이외의
것을 좋아하지 않는 사두개인들로 구성되어 있다는 사실은 예수의
주장에 대한 그들의 반응을 놀랍지 않게 만든다. 마가복음 14:63에
서 대제사장은 옷을 찢으면서 예수께서 자신이 왕이라는 주장 이상
의 것을 했다고 판단했다. 대제사장은 예수가 신성 모독을 저지른 것
으로 보았다(14:64). 유대교 지도부가 볼 때 예수의 대답은 빌라도 앞
에서 폭동 선동 판결을 받기에 충분했다. 왜냐하면 예수께서는 두 가
지 문제가 되는 주장을 동시에 하고 있었기 때문이다.

예수께서는 시편 110:1에 나오는 하나님의 우편 자리가 자신의
것이라고 주장하면서 왕권을 강조하는 다윗의 시편에 호소하셨고,
구름을 타는 것과 관련해서는 다니엘 7:13-14의 이미지를 상기시키
면서 하나님께로부터 권위를 부여받는 초월적 통치자-재판관 묘사
에 호소하셨다. 예수께서는 이 두 가지를 결합하심으로써 이를 이야
기하시는 것이다. 곧, '나는 왕이며, 아니 그 이상이다. 지금 무슨 일이 발
생하는지는 상관없다. 하나님께서는 나에게 그분 옆에 있는 자리를 주실
것이고, 나는 통치하며 심판할 것이다. 심지어 너희들 모두도 그 대상이
다.' 예수께서는 사실상 이렇게 말씀하시는 것이다. '나는 여기에서 재
판을 받고있는 것이 아니다. 언젠가 너희들은 나의 지배를 받게 될 것이다.

그 이상으로 하나님께서는 나를 인자의 자리로 데려가실 것이고, 그것은 내가 하나님 우편에서 통치할 것을 의미한다.' 여기에서 예수께서는 일어나고 있는 일과는 관계없이, 하나님께서 자신을 신원하실 것이라고 주장하신다. 사실상, 이 신원의 결과로 예수께서는 하나님의 보좌와 같은 보좌에서 통치하게 될 것이다.

그러나 지도부는 승귀와 신원에 대한 예수의 주장을 받아들이지 않았고, 그 언급을 하나님의 명예를 떨어뜨리는 것의 극치로 보았다. 예수의 주장은 누군가가 "나는 성전의 지성소에 가서 살 것이다"라고 말하는 것보다 더 나빴다. 왜냐하면 예수께서는 하나님의 임재가 땅에서 나타나는 신성한 현장이 아니라 하늘 위에 계신 하나님의 임재를 염두에 두셨기 때문이다. 유대인들은 훼손당한 성전의 영광을 되찾기 위해 전쟁을 치렀었다. 그것이 마카베오 혁명이다. 그런데 예수의 주장은 그보다 훨씬 더 급진적이었다.

예수의 복합적 초상

이 주장은, 우리가 예수로부터 이번에 공개적으로 얻은 그가 승귀된 메시아라는 확언과 관련된다. 그러나 다시 한번 우리는 이 확언이 다른 초상들, 특히 여기에서는 초월적 인자와 결합되는 것을 보게 된다. 예수께서 여기서 행하시는 것은 다시 한번 예수의 메시아적 정체성이 예수의 사역에서 그분이 누구이신지의 핵심에 있다는 것을 보여주고 있다. 하지만, 예수께서 누구시고 그의 메시아적 역할 속에서 그가 무엇을 행하고 계시는지를 진정으로 이해하기 위해서 파악되어야 할 또 다른 이미지들이 있다. 가이사랴 빌립보 지역에서 제자들이 신앙고백을 한 후로 메시아가 고난을 겪어야 한다는 점을 인식해야 한다는 필요성이 있었지만(8:27-31), 여기에서 예수께서는 하나님으로부터 오는 완전한 권위와 신원을 공개적으로 확언하신다. 이 장면에서 예수께서는 다음과 같이 말씀하시는 것이다. 곧, '나는 메시아다. 그러나 이 메시아는 고난받는 종이면서, 동시에 통치하고 심판할 미래의 인자이기도 하다.'

따라서 이 유대적 장면은 여러 가지 의미에서 절정을 이룬다. 예수께서는 거절과 죽임을 당하시면서 만천하에 드러나셨다. 유대교 지도자들이 빌라도에게 제기할 수 있는 정치적인 혐의에 대한 증거를 확보함으로써 예수의 사역을 중단시키려고 했을 때조차도, 예수께서는 자신의 신원과 권위의 확실함을 선포하셨다. 예수의 자백은 아이러니하게도 베드로의 거절(14:66-72)과 십자가 처형(14:20-37)으로 이어진다. 진정한 의미에서, 예수께서는 하나님께서 자신을 어떤 존재로 드러내실지를 계시함으로써 십자가를 택하신다.

결과적으로 예수께서는 정치적인 혐의 때문에 십자가 처형을 당하셨지만, 유대교 지도자들이 그럴 것이라 기대했었던 것처럼 그것이 이야기의 끝은 아니었다. 빈 무덤은 하나님의 신원으로 이어졌고, 그것은 예수께서 메시아에게 일어나리라 기대하셨던 것을 드러내는 것이었다. 사실, 메시아가 되는 것과 관련하여 대제사장이 한 질문에 대해 예수께서 답을 주시며 하신 반응은 하나님과 함께하시는 예수의 지위를 나타내는 그분의 신원을 예견한 것이기도 했다. 예수께서 그들에게 말씀하셨던 것은 바로 이러한 신원이었다. 이 주장으로 인해 예수께서는 죽게 되셨다. 그리고 그 결과로 일어난 부활은 하나님

께서 행하신 것으로 모든 상황을 바로잡아 주고 예수께서 누구셨는
지를 보여주는 것이었다. 이것은 하나님께서 예수를 자신의 우편에
앉게 하셨음을 증명해주었다. 이에, 하나님께서는 예수를 선지자 이
상의 인물, 메시아, 적어도 제2성전 시대가 기대해 온 그런 메시아를
뛰어넘는 인물로 계시하셨다. 종합적으로 예수는 메시아, 종, 그리고
인자이신 분으로 계시되었는데, 이는 옛 계시가 따로따로 구분하여
제시했던 것을 단일하게 통합하여 드러낸 것이다. 배경을 살펴봄으
로써, 우리는 마가복음의 가장 절정의 순간 중 하나에서 예수께서 누
구셨는지를 드러내기 위해 예수께서 환기하신 문화적 각본(cultural
script)을 알 수 있게 된다.

더 읽을거리

추가적인 고대 문헌

『비극 작가 에스겔』(주전 2세기)에는 모세의 것으로 여겨지는 한 꿈이
나오는데, 거기에 하나님께서 모세를 자신의 보좌에 함께 앉도록 초
대하는 내용이 나온다(68-89장). 신성 모독에 대한 다양한 이해를 보
려면, 다음을 보라. 『유대고대사』 4.202; 13.293-95; 필론, 『모세의 생
애에 대하여』 2.38; 미쉬나 산헤드린 7:5. 예수의 유대교 재판 장면의
평행본문은 마태복음 26:57-68과 누가복음 22:66-71이다.

영역본과 비평판

Isaac, E. "1 (Ethiopic Apocalypse of) Enoch: A New Translation and Introduction." Pages 5–89 in vol. 1 of *The Old Testament Pseudepigrapha*. Edited by James H. Charlesworth. Garden City, NY: Doubleday, 1983.

Knibb, Michael A. *The Ethiopic Book of Enoch*. 2 vols. Oxford: Clarendon, 1978.

Nickelsburg, George W. E., and James C. VanderKam. *1 Enoch: The Hermeneia Translation*. Minneapolis: Fortress, 2012.

이차문헌

Bock, Darrell L. *Blasphemy and Exaltation in Judaism and the Final Examination of Jesus*. WUNT 2/106. Tübingen: Mohr Siebeck, 1998; reprinted, Grand Rapids: Baker Academic, 2000.

Bock, Darrell L., and James H. Charlesworth, eds. *Parables of Enoch: A Paradigm Shift*. JCT 11. London: T&T Clark, 2013.

Collins, Adela Yarbro. "The Charge of Blasphemy in Mark 14.64." *JSNT* 26 (2004): 379–401.

Nickelsburg, George W. E., and James C. VanderKam, *1 Enoch 2: A Commentary on the Book of 1 Enoch*, Chapters 37–82. Hermeneia. Minneapolis: Fortress, 2012.

Van Oyen, Geert, and Tom Shepherd, eds. *The Trial and Death of Jesus: Essays on the Passion Narrative in Mark*. Leuven: Peeters, 2006.

제28장
알렉산드리아의 필론과 마가복음 15:1-15a
본디오 빌라도, 줏대 없는 총독?

헬렌 K. 본드(Helen Bond)

마가복음 15장이 시작되면서, 예수께서는 빌라도에게 넘겨진다. 빌라도는 예수께 단도직입적으로 "유대인의 왕이냐"고 묻는데, 이것은 아마 그리스도라는 유대교 호칭에 대한 로마식 표현일 것이다 (15:2a). 예수께서는 "네 말이 옳도다"(You have said so)라고 수수께끼처럼 답하셨다. 이는 자신에게 가해진 혐의를 조심스럽게 받아들이시면서 동시에 상황을 다르게 여기신다는 암시일 수도 있었다(15:2b). 그러나 유대교 제사장들의 빗발치는 혐의 제기에 직면하셨을 때는 예수께서 침묵을 지키셨다. (그리고 십자가에 달리시기 전까지 다시 말씀하지 않으신다.)

이 첫 번째 심문이 어떤 결론에도 이르지 못하자 장면은 훨씬 더 공적인 모임으로 바뀐다(15:6-15). 한 무리가 나타나, 매년 그들이 선택한 죄수를 풀어주는 유월절 전례를 빌라도가 이행해주기를 요청한다(15:6-8). 빌라도는 "유대인의 왕"(즉, 예수)을 놓아주자고 제안하지만,

대제사장은 무리를 설득하여 바나바, 즉 최근 민란 중에 살인을 저지른 자들과 함께 감옥에 갇혀 있는 사람을 놓아달라고 소리치게 한다 (15:9-11). 빌라도가 ("너희가 유대인의 왕이라 하는 이"로 언급되는) 예수에게 무엇을 행해야 하는지 물었을 때, 무리는 십자가에 못 박혀야 한다고 요청했다(15:12-13). 빌라도는 "어찜이냐? 무슨 악한 일을 하였느냐?" 라고 물었지만, 무리는 계속해서 십자가에 못 박으라고 소리쳤다 (15:14). 모인 군중을 기쁘게 하기 원하는 빌라도는 예수를 십자가에 못 박으라고 넘겨주었다(15:15).

이 본문은 많은 매력적인 문제를 제기한다. 기본적인 차원에서 보면, 도대체 왜 예수께서는 빌라도 앞에 가실 필요가 있으셨을까? 예수께서는 방금 전에 유대인 법정에서 선고를 받으셨다(14:64). 그런데 지금 일련의 소송 절차가 로마 총독 앞에서 처음부터 다시 시작되는 것처럼 보인다. 학자들은 보통 유대 법정이 더 이상 사형 권한의 힘이 없어서 어쩔 수 없이 죄수들을 로마에 넘겨야만 했다고 상정한다. 이것은 사실일 수 있다. 하지만 이러한 주장에 대한 증거는 학자들이 종종 인정하는 것보다 훨씬 덜 분명하다.[1] 그럼에도 불구하고 마가가 예수께서 넘겨지신 것에 대해 아무런 설명을 하지 않는 것은 여전히 우리의 궁금증을 유발한다.

역사적인 측면에서 볼 때 정기적인 유월절 사면에 대한 증거가 없고, 로마 총독이 유월절에 모인 무리에게 **어떤** 죄수를 석방하는 것

---

1.   이에 대한 논의를 위해서는, Helen K. Bond, *Pontius Pilate in History and Interpretation*, SNTSMS 100 (Cambridge: Cambridge University Press, 1998), 15-16을 보라.

을 요구할 수 있게 허용했다는 생각은 정치적으로 아주 위험한 것처럼 보인다.[2] 게다가 문학적인 차원에서 마가가 제시하는 것처럼 유대교 재판과 로마 재판 사이에는 흥미로운 평행적 요소들이 있다. 두 재판 모두에서 예수께서는 그의 정체성에 대한 질문에 답하시지만 (14:61의 "찬송 받을 이의 아들 그리스도"; 15:2의 "유대인의 왕"), 다른 혐의들에 대해서는 침묵을 지키신다(14:61; 15:5). 그리고 예수께서는 두 재판 모두에서 다른 인물과 대조되신다. 유대 재판에서는 겁 많은 베드로와 대조되시고, 로마 재판에서는 반체제인사인 바나바와 대조되신다. 이러한 대조로 인해 청중은 극단적 역경에 처한 예수의 용기의 진가를 알아보고, 예수께서 참된 왕임에도 불구하고 자신의 권위를 (이 유대 나라와 로마의 최근 관계가 여실히 보여주는 특징인) 폭력적인 무법자나 반란 세력과는 다른 방식으로 행사하실 것이라는 점을 이해하게 된다.

그러나 우리가 다루는 본문의 가장 이상한 특징 중의 하나는 본디오 빌라도라는 인물이다. 마가는 "빌라도"를 갑작스럽게 소개하고 그의 공식 호칭에 대한 언급은 전혀 하지 않는다(15:1). 예수 처형에 있어서 빌라도의 정체와 역할이 청중에게 이미 잘 알려져 있었을 것임은 분명하다. 그러나 중심 장면에서 우리는 빌라도의 이상한 행동을 어떻게 이해해야 하는가(15:6-15)? 그가 정말로 예수를 풀어주려고 노력한 것일까? 빌라도는 자신이 "왕"이라는 용어를 사용한 것으로 인해 이 상황이 악화될 수밖에 없다는 사실을 알았을까? 그렇지 않으면 우리는 빌라도를 정말 상황 판단이 빠른 책략가로 해석해야 하

---

2. 다시 Bond, *Pontius Pilate*, 199-200을 보라.

는가? 결국, 빌라도는 끝에 가서 백성들의 전폭적인 지지를 얻으며 메시아의 권리를 주장하는 자의 역할에서 완전히 벗어나게 된다.

운 좋게도 많은 동시대의 텍스트들은 빌라도라는 인물과 그가 (대략 주후 26년부터 37년 초까지) 10년 동안 유대 지역에서 총독직을 수행해왔던 것을 조명해주었다. 빌라도 시대의 한 이야기는 필론(Philo)의 『가이우스에게 보낸 사절에 대하여』에서 발견된다. 필론은 알려지지 않은 사건을 묘사할 뿐만 아니라, 로마 총독에 대한 세부적인—그리고 비판적인—인물묘사도 포함하고 있다.

필론: "복수심이 강하고 화를 잘 내는 성격으로 인해 빌라도는 곤경에 처하게 되었다."

필론은 이집트 알렉산드리아 출신의 유대교 철학자다. 활동 연대는 대략 주전 20년에서 주후 50년까지로서 예수와 정확히 동시대의 인물이다. 고등 교육을 받은 유복한 엘리트 출신이었던 필론은 문필 활동을 하는 데 전념했다. 그의 광범위한 저술은 유대 법과 철학 논문에 대한 주석을 포함하고 있다. 이 중 많은 내용은 필론이 알레고리적 읽기로 성경을 헬레니즘 철학에 통합시키는 데 심취해 있었음을 보여준다. 그러나 필론의 작품 중 두 개는 역사적 주제를 다룬다. 『플락쿠스에 대한 반박』(*Against Flaccus*)과 『가이우스에게 보낸 사절에 대하여』(*Embassy to Gaius*)는 더 긴 책의 일부인데(이 책의 나머지는 현재 유실되었다), 필론의 고향에서 일어난 사건들을 기술한다. 빌라도에 대한 묘사를 담고 있는 것은 『가이우스에게 보낸 사절에 대하여』다.

『가이우스에게 보낸 사절에 대하여』는 자서전적인 기록으로, 주후 38/39년에 알렉산드리아의 유대인들을 황제에게 파견한 것에 필론이 참여했던 내용을 담고 있다.[3] 유대교 대표단은 가이우스(칼리굴라)에게 가서 알렉산드리아의 그리스인들이 자신들을 다루는 방식에 대해서 불평했다. 그러나 로마에 있는 동안 그들은 훨씬 더 고통스러운 소식을 알게 되었다. 그것은 황제가 예루살렘 성전에 자신의 조각상을 세우려고 계획하고 있다는 것이다! 빌라도와 관련된 내용은 황제에게 보내는 한 서신에 나타나는데, 아마도 아그립바(헤롯 대왕의 손자—역주)에 의해 기록된 것으로 추정된다. 그는 이 서신을 통해 황제가 이런 행동을 하지 못하게 하려고 했다(§§276-329). 아그립바가 어떤 식으로든지 이 일에 개입했을 가능성이 매우 높지만, 그 서신은 현재 우리가 가지고 있는 대로 분명히 필론 자신의 작품이다. 언어, 문체, 어휘가 필론의 나머지 글과 일치하고, 이 서신의 수사법이 필론의 것과 완벽하게 맞아떨어진다.

이 서신은 티베리우스 때의 한 사건에 대해서 말한다. 거기에서 빌라도는 예루살렘에 있는 본부(로마 총독의 궁전)에 황금 방패를 세웠다.[4] 필론은 그 방패에 유대교 율법이 금지한 어떤 형상이나 다른 어

---

3. 이 작품 자체는 아마도 주후 41년에 클라우디우스(Claudius)가 계승한 직후에 기록되었을 것이다.

4. 아그립바는 헤롯 대왕의 손자로, 로마의 황궁에서 자랐고, 칼리굴라(Caligula)와 가깝게 지냈다. 그는 주후 41-44년부터 유대 지역의 왕이 되었다.

떤 것도 없었지만, 거기에 '티베리우스 카이사르(Tiberius Caesar), 신의
아들 아우구스투스(Augustus)'라는 황제에 대한 칭호가 적혀 있었음을
인정한다. 거룩한 예루살렘 성에 이교도 신(아우구스투스)을 언급하는
내용이 담긴 것을 세운 것을 무리가 알게 되었을 때, 그들은 헤롯 가
문의 네 왕에게 자신들의 불만을 "총독" 앞에 호소해달라고 탄원했
다.

> 선천적으로 완고하며 아집과 매정함이 혼합된 사람인 그[빌라도]는
> 그들이 다음과 같이 요구하는 것을 완고하게 거절했다. "폭동을 일
> 으키지 마십시오. 전쟁을 일으키지 마십시오. 평화를 파괴하지 말아
> 주십시오. 고대 율법의 명예를 더럽히면서 황제를 숭배하지 말아 주
> 십시오. 티베리우스를 이 나라[이스라엘]를 격노케 하기 위한 구실
> 로 삼지 말아주십시오. 그[티베리우스]는 우리의 관습 중에 어떤 것
> 도 전복되는 것을 원치 않습니다. 만약 당신이 그가 원한다고 말한다
> 면, 명령서나 편지 또는 그와 같은 무언가를 보여주십시오. 그러면
> 우리가 당신을 성가시게 하지 않을 것이고, 우리의 사절단을 택한 것
> 은 우리 주[티베리우스]께 탄원하는 것이 될 것입니다."

그를 특히나 화나게 했던 것은 이 마지막 부분의 내용이었다. 왜
냐하면 만약 그들이 실제로 티베리우스 황제에게 사절단를 보낸다
면, 총독으로서의 그의 나머지 행동을 노출시키며, 뇌물수수, 모욕적
인 언행, 강도질, 불법행위, 악의적인 상해, 재판 없이 반복적으로 행
해진 사형 집행, 끊임없이 저지르는 극도로 지독한 잔학 행위에 대해

서 전부 다 말할 것이기 때문이다. 그래서 빌라도는 복수심이 강하고 화를 잘 내는 성격으로 인해 곤경에 처하게 되었다. 그는 이미 취임된 것을 해체할 용기가 없었고, 그가 지배하는 자들을 기쁘게 할 어떤 것도 하고 싶어 하지 않았다. 동시에 그는 이 문제에 있어서 티베리우스의 지속적인 정책에 대해 대단히 잘 알고 있었다.

> 이 왕들(magnates)은 이것을 알았다. 그리고 빌라도가 그의 행동을 회개하기는 했었지만 뉘우치는 것처럼 보이기를 원하지 않았다는 것을 이해한 이들은 티베리우스에게 매우 간절한 탄원이 담긴 편지를 보냈다. 황제가 그 편지를 읽었을 때, 그는 빌라도에 대하여 어떤 언어를 사용했는가! 그가 어떤 협박을 했는가! 그가 쉽게 화를 내지는 않았지만, 그의 맹렬한 분노는 묘사할 필요가 없었다. 왜냐하면 사실들이 자명했기 때문이다. 그는 내일로 미루는 것이 없이 즉시 빌라도에게 많은 책망을 담은 글을 썼고, 빌라도가 대담하게 전례를 위반한 것을 강하게 나무라며 즉시 그 방패를 치우고 그것을 수도에서 (증조부를 따라 아우구스타[Augusta: 아우구스투스들—역주]라고 이름 지어진) 가이사랴 해안가로 옮겨 아우구스투스 신전에 세우게 했다. 그래서 그 방패가 그곳에 있다. 그러므로 두 가지 목표를 지켜낼 수 있었다. 즉, 황제에게 경의를 표할 수 있게 됨과 동시에 도시를 다루는데 있어서 예로부터 준수되어온 정책도 지킬 수 있었다. (§§301-5)[5]

---

5. 대략 주후 31년경이 합리적이지만, 그 사건의 연대를 추정하는 것은 어렵다. Bond, *Pontius Pilate*, 45-46을 보라.

빌라도의 작품이 사실상 대체로 역사적이기는 하지만 강한 신학적 관점이 분명하게 드러난다. 그에게 이스라엘의 적은 하나님의 적이다. 틀에 박힌 인물묘사와 강한 감정적 언어를 통해, 로마 황제와 관리들은 유대인과 율법에 대한 그들의 태도에 따라 판단된다. 이 본문에서 티베리우스는 유대인들의 후원자(patron)이자, 유대인의 권리와 특권을 지지하는 사람으로, 지나친 칭찬을 받는다(『가이우스에게 보낸 사절에 대하여』에서 아우구스투스 황제처럼 말이다). 그러나 빌라도는 율법을 존중하지 않으므로 매우 부정적인 인물로 특징지어진다. (이는 가이오, 다른 로마 관리들, 알렉산드리아의 무리들과 마찬가지다.) 빌라도라는 인물은 작정하고 유대교 율법을 무너뜨리고자 하는 로마 관리에 대한 일반적인 묘사에 완벽히 들어맞는다. 사실, 위의 내용에서 빌라도를 묘사하기 위해 사용된 모든 형용사 표현은 유대인들의 다른 "적들"에게도 사용된다.

그러면 필론이 빌라도에 대해 설명한 것을 우리는 어떻게 이해해야 하는가? 순전히 역사적인 차원에서 볼 때 빌라도의 "죄"가 작은 것에 불과하다는 것은 분명하다. 예루살렘에 있는 로마 본부에서 티베리우스의 공식 직함을 사용하는 것은 뜻밖의 일이 아니었고, 그 건물에는 황제를 언급하는 많은 또 다른 비슷한 것들이 있었다. 빌라도가 티베리우스에 대한 존경을 나타내기 위해 방패를 세웠다면, 그 방패를 제거하기를 꺼리는 것은 이해할 만하며 그의 시정(administration)에 대한 나쁜 보고가 로마에 들어가게 될까봐 두려워할 만한 이유도 전혀 없었을 것이다. 그러나 편지의 수사에서, 이야기의 중요한

점은, 상대적으로 작은 문제를 즉시 바로잡으려는 티베리우스의 도덕적 관심사를 강조하기 위해 그 문제에 집중하는 것이다. 티베리우스의 행동은 가이우스의 계획된 성전 모독과 현저하게 대조되며, 진정으로 고귀한 황제에 대한 모델을 제시한다.

마가복음 15:1-15:
"무리에게 만족을 주고자 하여 빌라도는 바라바를 놓아 주었다"

어떻게 필론은 마가가 서술하는 예수께서 빌라도 앞에서 재판을 받는 이야기를 이해하도록 도와주는가? 필론의 설명은 종종 고대의 작가들이 그들의 자료를 얼마나 자유롭게 사용했는지를 보여준다. 물론 필론의 이야기에 의심의 여지가 없는 역사적 사건이 있고, 우리가 여전히 그 사건을 어느 정도 확신을 가지고 재구성할 수 있지만, 인물과 대화에 대한 필론의 설명은 수사적 관심에 크게 영향을 받았다. 예를 들면, 유대인들에게 우호적인 티베리우스에 대한 필론의 초상은 그의 통치 기간에 점점 증가하는 유대인들에 대한 적대감과 그로 인해 주후 19년에 로마로부터 유대인을 추방한 것을 기록하는 당대의 다른 자료와 상충한다.

동일한 방식으로 마가도 자신의 관심사가 빌라도 앞에서의 예수의 재판을 이야기해주는 방식, 특히 빌라도와 유대교 지도자들이 묘사되는 방식에 영향을 주게 한다. 마가가 1세기 후반에 자신의 복음서를 기록했던 때에, 이 새로운 신앙으로 개종한 대부분의 사람들은 로마 세계 출신이었다. 예수께서 한 로마 총독에 의해 십자가에 못 박히셨다는 사실은 다음과 같이 실제적인 문제였다. 예수께서 범죄자, 즉 로마에 맞선 범법자에 지나지 않았나? (다른 복음서 기자들이 개선시키고 발전시킨) 마가의 전략은 빌라도가 예수를 십자가 처형으로 보내기를 꺼렸다는 것을 강조하는 것이고, 예수 십자가 처형에 대한 "비난"을 가능한 한 강하게 유대교 지도자들에게 뒤집어씌우는 것이었다.

필론의 설명은 대면 협상, 남성의 명예에 대한 관심, 미묘한 위협과 더불어 1세기의 외교를 들여다볼 수 있게 해주는 매력적인 창을 제공한다. 백성들은 그들의 불만 사항을 토로하기 위해 네 명의 헤롯 가문 왕들, 즉 그들의 명성과 로마와의 관계를 통해 총독을 흔들 수도 있는, 부와 높은 지위를 가진 그들의 지지를 요청했다. 방패의 경우 빌라도는 단호함을 유지했고, 물러서기보다는 이 문제가 황제에게 회부되게 했다.

예수의 재판에서 마가는 1차 협상이 한쪽에는 빌라도가 있고 다른 한쪽에는 대제사장과 그의 수행단이 있는 엘리트 남성들 앞에서 이루어졌다고 생각한다. 그러나 무리들이 나타나자, 마가가 그리는 빌라도는 체면을 지키려고 안달한다. 빌라도는 특히 무리들이 대제사장에 의해서 조종당하고 있다는 것을 알았을 때도, 그들이 선택한 죄수를 너무 빠르게 받아들일 수 없었다(15:11). 대신에, 빌라도는 사람들 스스로가 예수의 처형을 요구할 때까지 자신의 질문들로 그들을 계속해서 압박했다. 그리고 빌라도는 뜻을 굽힐 준비가 너무나도 잘 되어 있었다. "빌라도가 무리에게 만족을 주고자 하여 바라바는

놓아 주고 예수는 채찍질하고 십자가에 못 박히게 넘겨 주니라"(15:15)

마가가 묘사하는 빌라도가 예수를 어떻게 생각하든(그런데 우리는 그가 예수를 놀랍게 여겼다는 말만 들었다; 15:5), 사람들의 전폭적인 지지를 받는 인기 많은 메시아의 십자가 처형은 지방 총독의 법정에서 반가운 결과일 수밖에 없었다. 그러므로 마가는 예수의 죽음에 대한 일차적 책임을 유대교 지도자들에게 고정시키고, 동시에 교묘하게 조종하며 자기 잇속만을 챙기는 총독을 제시하고자 하는 자신의 목적을 성취했다.

더 읽을거리

추가적인 고대 문헌

요세푸스는 빌라도 시대에 발생한 세 가지 사건을 보도한다. 빌라도가 황제에 대한 불법적인 형상을 깃발에 단 채로 군대를 이끌고 예루살렘에 들어온 것 때문에 발생한 시위(『유대전쟁사』 2.169-77), 수로를 짓는 것과 관련해서 발생한 폭동(『유대고대사』 18.55-62), 빌라도가 사마리아 메시아와 관련된 운동을 진압한 후에 시리아 특사에 의해 이 지방에서 물러나게 된 사건(『유대고대사』 18.85-89). 1961년 가이사랴 마리티마(Caesarea Maritima)에서 발견된 비문은 빌라도에게 "총독"(prefect)이라는 칭호를 부여하는데, 이는 군사적인 칭호로 우리에게 이 지방이 예수께서 처형당하시던 때쯤 거의 25년 동안 로마의 직접적인 통치하에 있었다는 것을 상기시켜준다(Jerry Vardaman, "A New Inscription Which

Mentions Pilate as 'Prefect,'" *JBL* 81 [1962]: 70-71을 보라).

영역본과 비평판

Philo. Translated by F. H. Colson et al. 12 vols. LCL. Cambridge: Harvard University Press, 1929-62.

이차문헌

Bond, Helen K. *Pontius Pilate in History and Interpretation*. SNTSMS 100. Cambridge: Cambridge University Press, 1998.

Kamesar, Adam, ed. *The Cambridge Companion to Philo*. Cambridge: Cambridge University Press, 2009.

Smallwood, E. Mary. *Philonis Alexandrini Legatio ad Gaium: Edited with an Introduction, Translation and Commentary*. 2nd ed. Leiden: Brill, 1970.

Thatcher, Tom. "Philo on Pilate: Rhetoric or Reality?" *ResQ* 37 (1995): 215-18.

제29장
『성전 두루마리』와 마가복음 15:15b-47
십자가에 못 박힌 자의 매장

크레이그 A. 에반스(Craig Evans)

로마 총독 본디오 빌라도는 예수를 심문하고 무리의 아우성을 들은 후에, 예수께 십자가 처형을 선고한다(15:15). 한 남자는 예수를 도와 십자가를 짊어진다(15:21). 예수께서는 십자가에 못 박히시고 조롱당하신다. 예수께서는 하나님을 향하여 큰 소리를 지르고, 숨을 거두신다(15:24-37). 십자가 처형을 감독하던 백부장은 예수를 "하나님의 아들"이라고 부른다(15:39). 유대교 공회원인 아리마대 사람 요셉은 예수의 시신을 바위를 깎아서 만든 무덤에 안치하도록 준비한다(15:46). 두 여성인 막달라 마리아와 요셉의 어머니 마리아는 예수께서 묻히신 곳을 알고 있다(15:47).

이 사건들은 마가의 내러티브에서 중요한 기능을 하며, 16장에 나오는 이야기의 절정으로 이어지는 긴장감을 불러일으키는 역할을 한다. 그러나 일부 학자들은 마가의 십자가 처형과 예수 매장 기사를 의문시하며, 예수께서 십중팔구 매장되지 않으셨을 것이고, 그게 아니라면 제자들이 알고 있는 무덤에 매장되지 않으셨을 것이라고 주장했다. 따라서 마가가 전하는 아리마대 요셉의 예수 매장과 일요일 이른 아침 빈 무덤을 발견하는 내러티브는 역사적인 것이 아닐 것이다.

사실 이러한 회의론에 대한 근거는 거의 없다. 왜냐하면 마가 내러티브를 지지해주고 많은 세부 사항들을 명확하게 해주는 상당한 양의 관련 증거가 있기 때문이다. 그 증거에 따르면, 마가의 십자가 처형과 예수 매장 이야기는, 고대 후기 로마가 지배하는 땅에서 일어나는 사형에 대해 우리가 아는 모든 것과 일치하고, 또한 유대교의 매장 관습에도 부합한다.

우리가 아래에서 살펴보게 되듯, 수많은 자료가 예수의 십자가 처형과 매장을 이해하는 데 도움을 줄 수 있다. 문학적 증거의 핵심 부분은 소위 『성전 두루마리』라고 불리는 문서에서 발견된다. 이 문서는 마가 내러티브의 중요한 측면들, 특히 십자가에 달린 범죄자를 매장하는 유대인들의 기대를 분명하게 밝혀준다.

『성전 두루마리』:
"너는 밤사이에 그들의 시체가
나무 위에 달려있게 해서는 안 된다."

쿰란에서 발견된 가장 긴 두루마리는 11번 동굴에서 발견된 『성전 두루마리』로 우리에게는 11QTemple[a](11Q19)로 알려져 있다. 『성전 두루마리』는 아마도 주전 150년경에 기록된 텍스트로 어떤 의미에서는 신명기를 다시 쓴 것이다. 그래서 이 텍스트는 범죄자를 매장하는 것에 대한 구약의 계율 중 일부를 수정한다.

해가 지기 전에 매달려 있던 시체를 매장하는 것

신명기 21:22-23에는 다음과 같이 기록되어 있다. "사람이 만일 죽을 죄를 범하므로 네가 그를 죽여 나무 위에 달거든, 그 시체를 나무 위에 밤새도록 두지 말고, 그 날에 장사하여 네 하나님 여호와께서 네게 기업으로 주시는 땅을 더럽히지 말라. 나무에 달린 자는 하나님께 저주를 받았음이니라." 이 신명기 본문은 처형의 특정한 형태(예, 돌로 치는 것)를 규정하거나 상정하지 않고, 단순히 처형 후에 나무에 다는 것만을 **상정한다**. 이 본문의 관심은 처형된 자의 시체를 해가 지기 전에 내려서 매장해야 한다는 것이다. 그 시체가 밤새도록 매달려 있어서는 안 된다.

해가 지기 전에 십자가에 못 박힌 자를 매장하는 것

이 신명기 본문은 『성전 두루마리』 64:7-13에 다른 말로 바꾸어 표현되어 있다. 해가 지기 전에 매장하는 것에 대한 관심은 유지되지만, 순서에 있어서 중요한 변화가 있다. 본문은 다음과 같다.

[7] 한 사람이 자기 민족에 대한 반역자이고 그들을 적국에 넘겨주었다면, 그래서 그들에게 악을 행했다면, [8] 너는 그가 죽을 때까지 나무에 매달아야 한다. 두세 사람의 증언에 따라 [9] 그는 사형에 처할

것이고 그들 스스로 그를 나무에 매달아야 한다. 만약 어떤 사람이 사형을 선고받고 도망쳐서 [10] 다른 나라에 머무르며, 이스라엘 백성들과 그들의 자녀들을 저주한다면, 너는 그도 나무에 달아야 한다. [11] 그가 죽을 때까지 말이다. 그러나 그의 시체가 밤새도록 나무에 매달려있게 해서는 안 된다. 너는 반드시 그날에 그를 묻어줘야 하리라. 참으로 [12] 나무에 달린 누구든지 하나님과 사람들의 저주를 받았지만, 너는 그 땅을 더럽혀서는 안 된다. 그 땅은 내가 [13] 상속으로 물려주고자 하는 곳이다. (11Q19 64:7-13)[1]

『성전 두루마리』는 희생자가 산 채로 십자가에 매달려서 죽을 때까지 있게 되는 십자가 처형의 실상을 보여주는 것처럼 보인다.『성전 두루마리』는 죽은 후에 나무에 다는 신명기의 순서를 매단 후에 죽이는 것으로 바꾸었다. 이러한 변화는 언제 발생했는가?

주전 2세기 중엽의『성전 두루마리』는 이러한 변화를 전제하고 있는데, 이는 이러한 변화가 한동안 시행되고 있었다는 점을 시사한다. 이러한 관행은 주전 4세기 알렉산드로스의 중동 정복의 여파로 채택되었던 것 같다. 주전 330년경에 이스라엘을 휩쓸고 지나갔던 알렉산더 대제는 수천 명을 십자가에 못 박았던 것으로 전해진다(참조, Curtius Rufus, *Hist. Alex.* 4.4.17). 그의 후임자들은 유대의 하스모니아 통치자들을 포함하여 이러한 관행을 계속했다. 유대 통치하에서 일어

---

1. 이 논고에서 사용하는 모든 사해사본에 대한 번역은 다음에 근거한다. M. O. Wise, M. G. Abegg Jr., and E. M. Cook, *The Dead Sea Scrolls: A New Translation* (San Francisco: HarperCollins, 1996).

난 끔찍한 십자가 처형의 한 가지 사례는, (주전 103-76년에 다스렸던) 알
렉산더 얀네우스(Alexander Jannaeus)가 자신을 반대하며 음모를 꾸몄던
바리새인들에게 복수를 가했을 때다. 그는 800명이나 되는 바리새
인들을 십자가에 못 박았고, 그들의 아내와 아이들까지도 "아직 살
아있는 그 불쌍한 자들의 눈앞에서" 학살했다(『유대고대사』 13.380).[2] 이
무시무시한 사건은 다음과 같이 사해사본에 암시되어 있다. "이것은
분노의 사자가 … 그 아첨하는 사람들에 대한 보복을 말한다. 왜냐하
면 그가 사람들을 산채로 매달았기 때문이다. [이것은] 이전 시대에 이
스라엘에서 [행해진 것과 같다.] 이는 나무에 산채로 달려있는 누구에게
라도[신 21:23] …"(4Q169 3-4, i, 6-8; 또한 4Q282i를 보라). 대부분의 해석가
는 "분노의 사자"가 알렉산더 얀네우스라는 것과 "아첨하는 사람들"
이 쿰란 사람들이 경멸하는 분파인 바리새인들이라는 점에 동의한
다.

　『성전 두루마리』는 죽음과 나무에 다는 것의 순서를 바꾸었지만,
처형이 이루어진 날에 시체를 매장하라는 명령은 유지한다. "너는
그가 죽을 때까지 나무에 매달아야 한다. 그러나 그의 시체가 밤새도
록 나무에 매달려있게 해서는 안 된다"(10-11행). 신명기 21:22에 대한
이러한 이해는 요세푸스에 나타나는 예수와 초기 교회 시대의 모습
에서 목격된다. 요세푸스는, 평시에는 모든 자들, 심지어 십자가에
달린 자들도 묻어줘야 한다고 말한다. "십자가 처형을 선고받은 악

2.　요세푸스의 번역은 H. St. J. Thackeray et al., *Josephus*, 13 vols., LCL
　　(Cambridge: Harvard University Press, 1926-65)에서 가져온 것이다.

인들조차도 해가 지기 전에 내려서 매장해줘야 한다"(『유대전쟁사』 4.317). 요세푸스는 로마 독자들을 위해서 이것을 말하고 있다. 이는 로마 독자들이 아마 모든 사람, 심지어 처형된 악인들조차도 매장되어야 한다는 유대인들의 관심사에 대해서 알지 못했던 자들이었을 것이기 때문이다. 요세푸스의 "해가 지기 전에 내려서 매장해줘야 한다"는 말은 틀림없이 신명기 21:22-23을 언급하는 것이다. 십자가 처형 논의에서 이 구절이 암시되는 것은, 분명히 『성전 두루마리』에 나타난 신명기 이해, 즉 나무에 매다는 것이 죽음보다 먼저 일어나는 것을 반영하는 것이다. 그러므로 우리는 해 질 녘에 십자가에 달린 자를 매장하는 것과 관련된 『성전 두루마리』의 기대가 쿰란 공동체의 경계를 넘어서 공유되었다는 것을 알 수 있다. 이러한 모든 문학적인 증거는 마가 내러티브의 타당성에 대한 중요한 의미를 지니고 있다.

마가복음 15:15b-47:
"저물었을 때에 아리마대 사람 요셉이
… 예수의 시체를 달라 하니"

일부 학자들의 회의에도 불구하고 마가복음 15:15b-47에 나오는 예수의 채찍질, 십자가 처형, 장사에 대한 정보는 고대 문헌에서 알게 된 로마의 처형에 대한 정보와 상당히 일치한다.

예수의 채찍질과 십자가 처형

마가복음 15:15에서 복음서 기자는 빌라도가 예수를 채찍질 당하게 한 후 십자가에 못 박히게 넘겨주었다고 전한다. 이것—채찍질한 후에 십자가 처형을 당하게 하는 것—은 로마의 표준적인 관행이었다. 예를 들면, 요세푸스는 플로루스 총독이 예루살렘의 많은 시민으로 하여금 "먼저 채찍질 당하고, 그 다음에 십자가에 못박히게 했다"고 보도한다(『유대전쟁사』 2.306; 참조, P. Flor. 61, line 59). 심각한 부상과 출혈을 일으키는 채찍질은 십자가 처형의 사형 집행에서 죽음의 주원인이었다. 채찍은 가죽 끈으로 만들어졌는데, 거기에는 못과 같은 날카롭고 거친 것들이 달려있었다. 채찍질로 인해 피부는 갈가리 찢겨나갔고 피부 밑에 있는 살도 손상되었다. 요세푸스는 "채찍질로 뼈까지 드러난" 1세기의 어떤 사람을 묘사한다(『유대전쟁사』 6.304). 때리는 것 자체는 죽음을 일으킬 것이라 생각되지 않았지만, 종종 그렇게 되기도 했다(Justinian, *Dig.* 48.19.8.3).

십자가 처형은 아마도 고대의 가장 잔인한 처형 방식이었을 것이다(Cicero, *Verr.* 2.5.168; 참조, 『유대전쟁사』 7.203).[3] 이 처형 방식은 살인을 저지르거나 반란을 저지르려 하는 노예들을 위한 것이었으며, 그 주된 목적은 반란을 저지하고 노예들의 질서를 유지하는 것이었다. 한 라틴 작가도 바로 이 저지(deterrence) 효과를 언급했다. "우리가 사형수들을 십자가에 못 박을 때마다, 사람들이 가장 붐비는 길이 선택되

---

3. 몇몇 작가들은 섬뜩한 묘사를 전해준다(Juvenal, *Sat.* 14.77-78; Suetonius, *Aug.* 13.1-2; Horace, *Ep.* 1.16.48; Seneca, *Dial.* 3.2.2; 6.20.3).

었고, 대부분의 사람들은 그곳에서 (십자가 처형의 광경을) 보며 두려워
했다. 이렇게 하는 이유는 형벌이 징벌을 목적으로 하기보다는 오히
려 본보기를 보이기 위한 효과와 관련되어 있기 때문이다"(Ps.-
Quintilian, *Decl.* 274).[4] 이것이 바로 신명기 21장이 말하는 해질 때까지
악인을 나무에 달아놓으라는 그 이유다. "온 이스라엘이 듣고 두려
워하리라"(신 21:21).

복음서 기자는 예수에 대한 조롱(15:16-20a)을 기술한 후에, 십자가
처형 이야기를 재개한다(15:20b-39). 예수께서는 다른 범죄자들처럼
자신의 "십자가", 즉 십자-대(cross-beam), '파티불룸'(patibulum, 십자형에
쓰이는 가로대)을 지고 십자가 처형 장소로 가게 되실 것으로 기대되었
다. "처형되는 모든 범죄자는 등에 자기 십자가를 졌다"(Plutarch, Mor.
554b).[5] 그러나 예수께서는 채찍질로 인해 너무도 약해지셨기 때문에
사형 집행인들은 한 행인에게 그것을 지라고 "강제했다"(15:21). 누군
가가 돕도록 하는 것은 로마법의 일부였고, 이러한 관행이 고대 후기
비문과 파피루스에 나타난다(SEG XXVI 1392; P.Lond. III 1171; PSI V 446).

예수께서는 골고다, 즉 "해골의 곳"이라 불리는 장소로 데려가
지셨다(15:22). 거기에서 예수께서는 "몰약을 탄 포도주"를 받으셨다
(23절). 이것은 계속되는 조롱의 일부였을 수 있다. 왜냐하면 예수께서

---

4.   M. Hengel, *Crucifixion* (Philadelphia: Fortress, 1977), 50 [= 『십자가 처형』,
     감은사, 2020]에서 인용된 C. Ritter, ed., *Quintilian Declamationes Minores*
     (Leipzig: Teubner, 1884), 124.

5.   D. W. Chapman and E. J. Schnabel, *The Trial and Crucifixion of Jesus: Texts
     and Commentary*, WUNT 344 (Tübingen: Mohr Siebeck, 2015), 289.

왕들이 보통 즐기는 향료주를 받으셨기 때문이다. "초기에 가장 훌륭한 포도주는 몰약의 향기가 나는 것이었다"(Pliny the Elder, Nat. 14.15 § 92; 참조, 눅 23:36-37).[6] 마가는 이어서 예수를 십자가에 못 박은 군인들이 자기들끼리 예수의 옷을 나누었다고 말한다(15:24). 이것도 로마의 관행과 일치하는 것이다. "법적으로 유죄판결을 받은 사람은 그의 재산(estate)을 몰수당했다"(Tacitus, Ann. 6.29; 참조, Justinian, Dig. 48.20.1).[7]

마가는 우리에게 "유대인의 왕"이라고 적힌 죄패(inscription)를 말해준다(15:26). 이 글씨(titulus)는 보통 작은 간판이나 플래카드(placard)에 새겨졌다. 이것은 희생자의 이름과 죄명을 분명히 해주며 그의 목 주변에 놓여 있을 수 있었고, 똑바로 세워진 십자가에 부착될 수도 있었다. "카이피오(Caepio)의 아버지는 그 노예를 이끌고 그가 사형에 처하게 되고 십자가에 못 박히게 된 이유를 알게 해주는 죄패(inscription)를 가지고 광장(forum) 중앙을 지나갔다"(Dio Cassius, *Roman History* 54.3.6-7; 참조, Suetonius, Cal. 32.2).[8]

"유대인의 왕"이라는 죄패는 형벌의 근거, 즉 예수께서 유대인의 왕이라고 주장하신 것을 암시한다. 이 죄패의 언어는 참회적이지 않다. 초기 기독교인들은 예수를 "유대인의 왕"이라고 부르지 않았고, 예수를 메시아(또는 그리스도), 하나님의 아들, 주, 그리고 구원자라고

---

6.   H. Rackham, *Pliny: Natural History IV, Books XII–XVI*, LCL (London: Heinemann; Cambridge: Harvard University Press, 1945), 249.

7.   J. Jackson, *Tacitus IV: Annals Books 4–6, 11–12*, LCL (Cambridge: Harvard University Press, 1937), 203.

8.   Chapman and Schnabel, *Trial and Crucifixion of Jesus*, 297.

불렀다. 이것은 (마가복음 15:32에서처럼) "이스라엘의 왕 그리스도"라고 말하는 유대 백성들의 언어도 아니다. "유대인의 왕"은 로마적인 표현이고, 그 언어는 로마가 헤롯 대제를 취임시킬 때 유래했을 수 있다(요세푸스, 『유대전쟁사』 1.282-85; 『유대고대사』 15.409).

예수의 매장

예수께서 십자가에서 죽으신 후, 마가는 우리에게 "저물었을 때에 아리마대 사람 요셉이 와서 당돌히 빌라도에게 들어가 예수의 시체를 달라 요구했다"고 말해준다(15:42-43). 빌라도는 예수께서 이미 죽으셨다는 사실을 백부장으로부터 들은 후에, 예수의 시신을 요셉에게 넘겨주었고(15:44-45), 요셉은 예수의 시신을 세마포로 싸서 무덤에 안치시켰다(15:46). 마가가 묘사하는 방식대로 예수의 시신이 요셉에게 전달되었을 것이라는 게 얼마나 역사적으로 신빙성이 있을까? 역사적 증거에 따르면, 이것이 일어났을 가능성이 매우 크다.

우리가 앞서 『성전 두루마리』에서 보았듯, 쿰란 공동체는 처형된 자의 시체를 "나무 위에 밤새도록 두지" 말라는 신명기 21:22-23의 계율을 십자가 처형으로 희생된 자들에게 적용한다. "그를 죽을 때까지 나무에 매달아두라"고 가르침을 받은 『성전 두루마리』 독자들은, 추가적으로 "그들의 시체가 밤새도록 나무에 매달려있게 해서는 안 되고, 반드시 그날에 그들을 묻어줘야 하리라"는 가르침을 받는다(8-11행).

앞에서 관찰했던 것처럼, 사해사본 공동체가 이러한 관습을 이론적으로 준수한 것은 요세푸스의 증언에 의해 보완된다. 요세푸스는 그러한 관습이 유대인들에 의해서 행해졌을 뿐만 아니라, 1세기 팔레스타인 땅에 있는 로마인들에 의해서도 허용되었다고 말한다. 요세푸스가 말한 것에서 중요한 것은, 예수의 공생애와 죽음의 시기를 포함하는 로마 통치 기간 동안, 로마의 권위에 의한 것이 아니면 누구도 처형될 수 없었다는 것이다(이는 요한복음 18:31-32에 분명히 나타나 있다; 참조, 요세푸스, 『유대전쟁사』 2.117). 그러므로 십자가형을 선고 받은 악인들은 로마의 권위에 의해서 십자가에 못 박혔다. 그러나 요세푸스는 계속해서 말한다. "해가 지기 전에 그들을 내려서 매장해야 한다"(『유대전쟁사』 4.317). 이것은 로마의 권위가 십자가에 달린 자들을 매장하는 것을 허용했다는 것을 분명히 나타내는데, 이는 이스라엘에서 해가 지기 전에 매장하는 것을 의미한다.

필론 역시 로마가 적어도 이집트 알렉산드리아의 특별한 날에 십자가에 달린 자들이 매장되는 것을 허용했다고 증언한다.

> 나는 이 축제와 명절이 가까이 왔을 때, 지금까지 십자가에 달렸던 자들의 사례들을 알고 있다. 그들은 매장의 명예를 얻고 죽은 자들에게 마땅히 주어져야 하는 의식(observances)을 누릴 수 있도록, [십자가에서] 내려진 후에 그들의 친척들에게 넘겨졌다. 이는 죽은 자들도 한 훌륭한 황제의 탄생 축제로부터 즐거움을 얻어야 한다고 생각되었기 때문이고, 또 이 축제의 신성한 성격이 (그들에 의해서) 존중되어야 한다고 생각되었기 때문이다. (*Flacc.* 83)[9]

---

9. 이 논고에서 사용하는 필론의 번역은 C. D. Yonge, *The Works of Philo Judaeus, the Contemporary of Josephus: Translated from the Greek* (London: H. G. Bohn,

필론은 주후 38년에 유대인들을 대학살한 것에 대한 반응으로 글을 쓰면서, 이집트의 로마 총독 플락쿠스가 "이미 십자가에서 죽은 자들을 내리도록 명령하지 않았다"(*Flacc.* 84)고 불평한다. 특히 필론은 자신이 여기에서 언급한 날, 로마 황제의 탄생을 기념하는 축제와 같은 날에, 십자가에 달린 자들을 매장하는 것이 일어나야 한다고 분명히 믿었다. 플락쿠스 총독이 이러한 자비를 거절한 것은 유대 백성들을 향한 그의 편견과 잔인함의 증거로 인용된다. 필론의 기대는 사실상 로마법이 처형된 자들을 매장하는 것을 절대적으로 허용하지 않은 것이 아니었음을 보여주는 증거다.

사실, 6세기 초에 유스티니아누스 황제에 의해 편찬된 『학설휘찬』(*Digesta*: 로마법대전을 말함—역주)에 따르면, 처형된 자는 종종 매장되었다(*Dig.* 48.24.1-3). 물론 "이것이 요구되고 허가가 떨어진 경우에"만 허용되기는 했지만 말이다.[10] 요세푸스는 유대인 반란 기간(주후 66-70년) 동안 로마 군대의 장군이었던 티투스에게 이러한 요청을 했고, 이 요청은 허가되었다(『생애』 420-21). 그리고 이것은 마가가 보여주는 십자가 처형과 예수의 매장 이야기에서 우리가 보게 되는 것과 정확히 같다. 요셉은 빌라도에게 예수의 시신을 요구했고, 그는 "저물었을 때에" 예수의 매장을 허용했다(15:42).

1854-90)에서 가져온 것이다.

10. O. Robinson, "Book Forty-Eight," in *The Digest of Justinian*, ed. T. Mommsen, P. Krueger, and A. Watson, 4 vols. (Philadelphia: University of Pennsylvania Press, 1985; repr. 1998), 4:863의 번역이다.

십자가 처형과 예수의 매장에 대한 마가의 설명은 축약되어 있고, 거의, 어쩌면 다른 어떤 꾸밈이나 윤색이 전혀 없다. 우리는 마가 내러티브의 모든 부분에서 박진성(迫眞性, verisimilitude, 사실로 받아들일 만큼 실제에 가까운 정도를 말함—역주)을 보게 되는데, 이는 기록된 자료를 통해 1세기 유대 팔레스타인에 대해 우리가 알고 있는 것과 마가의 내러티브가 밀접하게 일치하기 때문이다.

더 읽을거리

추가적인 고대 문헌

십자가 처형과 매장에 대해서 논하거나 언급하는 후기 고대의 여러 텍스트들이 있다. 그러한 텍스트에는 유스티니아누스의 『학설휘찬』 48권과 요세푸스(예, 『유대고대사』 13.371-81; 17.295)와 그리스-로마 저자들(예를 들면, Plutarch, *Mor.* 554b; Dio Cassius, *Roman History* 54.3.6-7)의 많은 본문들이 있는데, 이것 중 일부는 위에서 논의되었다. 모든 관련 텍스트는 채프먼(Chapman)과 슈나벨(Schnabel)의 책에서 논의된다(아래의 이차문헌을 보라).

영역본과 비평판

García Martínez, Florentino, and Eibert J. C. Tigchelaar, eds. *The Dead Sea Scrolls: Study Edition.* 2 vols. Leiden: Brill, 1997–98.

Wise, M. O. *A Critical Study of the Temple Scroll from Qumran Cave 11.*

Studies in Ancient Oriental Civilization 49. Chicago: The Oriental Institute of the University of Chicago, 1990.

이차문헌

Chapman, D. W., and E. J. Schnabel. *The Trial and Crucifixion of Jesus: Texts and Commentary*. WUNT 344. Tübingen: Mohr Siebeck, 2015.

Evans, C. A. "'He Laid Him in a Tomb' (Mark 15.46): Roman Law and the Burial of Jesus." Pages 52–66 in *Matthew and Mark across Perspectives: Essays in Honour of Stephen C. Barton and William R. Telford*. LNTS 538. Edited by K. A. Bendoraitis and N. Gupta. London: Bloomsbury T&T Clark, 2016.

_____. *Jesus and the Ossuaries: What Jewish Burial Practices Reveal about the Beginning of Christianity*. Waco, TX: Baylor University Press, 2003.

Hachlili, R. *Jewish Funerary Customs, Practices, and Rites in the Second Temple Period*. JSJSup 94. Leiden: Brill, 2005.

제30장
마카베오2서와 마가복음 16:1-8
현재를 위한 희망으로서의 부활

벤 C. 블랙웰(Ben Blackwell)

마가복음 16장은 예수의 부활 이야기로, "하나님의 아들 예수 그리스도의 복음"(1:1)에 대한 마가복음 서술의 절정으로 자리매김하고 있다. 예수는 자신의 사역이 하나님 나라를 선포하고 보여주는 것이었으며, 죽음과 부활은 왕으로서의 메시아 정체성에 중심적인 것이라고 예언하셨다(8:27-9:1; 9:31-37; 10:32-45; 참조, 12:18-27). 마가는 15장에서 예수의 심문과 잔인한 십자가 처형을 서술했기에, 이제는 부활을 통한 죽음에 대한 예수의 승리로 끝을 맺는다. 그러나 마가복음 16장에서 예수 자신은 모습을 드러내지 않으시고, 마가복음 내러티브가 진행되는 내내 예수와 함께 있었던 남자 제자들도 등장하지 않는다. 오히려 예수께서 죽은 자들 가운데서 살아나셨다는 메시지를 천사로부터 받은 자들은 예수의 십자가 처형 때에 함께 했던 여성 제자들이었다(15:40-41, 47). 마가복음 내러티브에 여성들이 등장하지 않았던 것은 아니지만, 이 순간까지 여성들은 크게 중요한 역할을 하지 못했

다. 더욱 더 이상한 것은 텍스트가 매우 갑작스럽게 끝나는 것처럼
보인다는 점이다. "여자들이 몹시 놀라 떨며 나와 무덤에서 도망하
고 무서워하여 아무에게 아무 말도 하지 못하더라"(16:8). 여성들이
결국에는 다른 사람들에게 (부활의 좋은 소식을) 전하기는 했지만(참조, 마
28:8; 눅 24:9), 예수의 부활로 최고조에 이른 승리와 두려움이 지속되
는 것으로 표출되는 갑작스러운 결말 사이의 대치 상황을, 우리는 어
떻게 이해할 수 있을까?

독자라면 누구든지 자신의 성경을 보고 있다면, 왜 마가복음의
끝부분이 이렇게 갑작스럽게 끝나는지 궁금해 할 것이다. 마가복음
은 16:8까지가 아니라, 20절까지 계속되지 않는가? 16:9-20에서 예
수는 나타나셨고, 여성들은 자신들이 본 것을 이야기했으며, 예수는
제자들에게 하나님 나라의 복음을 전하고 살아내라고 명령하셨다.
이러한 모든 것이 우리가 기대하는 결말인 것처럼 보이며, 마태복음
과 누가복음과도 훨씬 더 잘 어울리는 것 같다. 그렇다면 마가복음에
는 왜 두 개의 다른 결말이 있는 것인가?

그 이유는 우리가 신약의 저자들이 쓴 원본을 가지고 있지 않고,
단지 수세기 후에 필사된 사본만을 가지고 있다는 사실과 관련이 있
다. 대부분의 현대 번역은 두 개의 다른 결말을 가지고 있다. 하나는
짧은 결말이고, 다른 하나는 긴 결말이다. 이 두 가지 결말이 일부 고
대 사본들에 나타난다. 그러나 더 오래되고 믿을 만한 사본에는 16:9-
20이 없고, 긴 결말에는 다른 사람의 손길이 느껴지는 문체적 차이가
존재한다. 그러므로 마가복음의 짧은 결말이 원문일 것이다. 구절들
이 성경에 "더해졌다"는 것은 몇몇 사람들에게 당혹감을 줄 수 있겠

지만, 그보다 이것은 실제로 우리가 본문비평—가장 가능성이 있는 원문이 무엇인지 결정하기 위해 사본을 분석하는 학문—과정을 통해 다다를 수 있는 신뢰성(reliability)을 보여준다.[1] 우리의 본문비평 방법론이 이 경우에 원문이 무엇인지, 그리고 무엇이 첨가되었는지를 분명히 보여주기 때문에, 우리가 전수받은 텍스트를 확신할 수 있다.

이것이 사실이라 하더라도, 우리에게는 아직도 예수의 승리 부활과 두려워하는 여인들이라는 이상한 조합의 문제가 남아 있다. 이는 마가가 서술하는 바, 예수의 죽음과 부활 예언을 생각해보면 도움을 받을 수 있다(8:27-9:1; 9:31-37; 10:32-45). 각각의 수난 예고에서 예수는 자신의 메시아 정체성을 "고난당할 것이지만 후에는 살아나리라"는 종말론적인 언어로 설명하신다. 제자들은 매번 (힘과 권력의 길을 추구하면서) 이러한 고난의 길을 이해하지 못했다. 그래서 예수는 진정한 제자도가 어떻게 고난 가운데 자신을 따르는 것과 연관되어 있는지를 설명해주셨다. 이 고난은 **종말론적인** 것이었다. 제자들은 예수처럼 마지막 때에 신원될 것이기 때문이다. 따라서 제자들은 이제 다가올 시대의 삶에 비추어 이 현시대의 가치를 거부하며 다르게 살아야 했다. 종말론적인 가치들은 다른 제2성전기 유대교 문헌, 특히 부활에 초점을 둔 문서들에서도 동일하게 나타난다. 그중 가장 잘 알려진 문서는 아마도 마카베오2서 7장이기에, 우리는 이하에서 이 본문을 살펴볼 것이다.

---

1. 참조, Bruce M. Metzger and Bart D. Ehrman, *The Text of the New Testament: Its Transmission, Corruption, and Restoration*, 4th ed. (Oxford: Oxford University Press, 2005) [= 『신약의 본문』, 한국성서학연구소, 2009].

마카베오2서:

"우주의 왕께서 우리를 다시 살리시어
영원한 생명을 누리게 하실 것이다"

억압과 종말론적 회복

바벨론 포로 시기부터 제2성전 시대까지 다양한 이방 집단들이 팔레스타인 땅을 지배했다. 그러므로 많은 제2성전기 문헌들은 이방 인들의 영향 한가운데에서 언약에 신실하려고 했던 유대인들의 노력에 초점을 기울이고 있다. 때때로 이런 부정적인 영향은 더 수동적이었다. 이는 사회적 압박이 많은 유대인들로 하여금 이방적인 삶의 방식에 동화되도록 부추겼기 때문이다. 그러나 다른 때에는 그 압박이 매우 능동적이고 억압적이었는데, 특히 지배 당국이 (그 억압을) 주도적으로 행할 때 그랬다.

그리스 지배 세력에 의한 그러한 강한 억압의 시기가 마카베오 문헌에서 이야기되고 있다. 이 텍스트는 안티오쿠스 4세(에피파네스)가 어떻게 언약을 준수하는 유대인들이 헬레니즘 문화에 동화되도록 강요하려고 애를 썼는지, 또 이 셀레우코스 왕조의 억압에 대한 유대인들의 반대가 어떻게 일어났는지를 이야기해준다. 이 시대의 대부분의 문헌처럼, 정의에 대한 질문이 아주 많다. 이교도 집권자의 손에 불의가 만연할 때, 어떻게 하나님의 정의가 승리할 수 있을까? 이와 같은 질문을 다루는 구약의 내용과 마찬가지로(특히 다니엘서와 같은 선지서들), 하나님께서 다시 오셔서 언약 백성을 구속하시고 이스라엘 땅을 회복시킬 것이라는 기대가 있었다. 하나님께서 정의와 평화를 회복하실 것이라는 이러한 기대는 우리가 종말론이라고 부르는 것과 관련되어 있었다. 지금 상황은 평탄하지 않지만, 하나님께서 미래에 그 모든 것들을 바로잡기 위해 행동하실 것이다. 구약에서 이러한 종말론적인 회복은 더 넓은 공동체에 초점이 맞추어져 있지만, 제2성전 시대에는 내세의 개인적 회복에 대한 추가적인 초점이 더 널리 퍼지게 되었다. 그러나 사두개인과 같은 몇몇 사람들은 이러한 견해를 거부했다.[2]

개인 회복으로서의 부활

차이가 있기는 했지만, 제2성전 시대의 개인 회복은 사후 불멸(죽음 이후의 삶)에 초점을 맞추게 되었고, 특히 죽음이 압제하는 적들의 손아귀에 있을 때 더욱 그러했다. 부활 이미지를 담고 있는 두 구약 텍스트(겔 37장; 단 12:1-3)에서 만들어진 유대교 공동체는 사후 불멸(예, 공동체적 기념 의식을 통한 불멸, 영혼의 영원한 기쁨을 통한 불멸, 몸의 부활을 통한 불멸)에 대한 분명한 신앙을 발전시켰다. (기억만이 아니라 현실에 토대를 두고 있는) 존재론적인 불멸을 말하는 몇몇 텍스트에서 사후세계가 영혼과만 관련된 것인지, 아니면 영혼과 몸 둘 다와 관련된 것인지는 분명치 않다.[3] (몇몇 텍스트는 "부활"이라는 용어를 모호하게 사용하지만, 보통 그 용

---

2. 사두개인에 대한 논의는 이 책 22장에 나오는 제이슨 매스턴(Jason Maston)의 글을 보라.

3. 모든 유대인이 육체와 구별되는 영혼에 대해서 말하지는 않았을 것이다. 그래서 나는 기본적인 입장을 이해하는 것을 돕기 위해 탐구를 돕는 언어(heuristic language)를 사용하고 있다.

어는 **몸과 함께** 영혼을 되살리는 것을 위해 사용된다.) 이러한 개인적 종말론의 주된 목적은 윤리와 관련되어 있다. 만약 내가 나중에 복된 내세를 살게 될 것을 안다면, 나는 현재를 순종하고 희생하며 살 수 있고, 또 그렇게 살아야 한다.

종말론과 윤리

우리는 마카베오2서에 작용하고 있는 종말론과 윤리 사이의 정확한 관계를 알고 있다. 마카베오2서는 외경이고, 그 연대는 대략 주전 125-100년이다. 마카베오2서는 마카베오1서의 속편이기보다는 마카베오1서 1-7장과 동일한 사건을 다시 들려주고, 키레네(Cyrene) 사람 야손의 작품인, 현존하지 않는 다섯 권의 책을 토대로 기록되었다 (참조, 마카베오2서 2:23-28).

마카베오2서 7장은 이교도 박해에 대한 유대인들의 거부를 들려주면서, 어떻게 부활에 대한 희망이 한 유대교 가정으로 하여금 이스라엘에 대한 하나님의 언약을 저버리지 않고 극심한 고문과 그 결과로 인한 순교를 견딜 수 있게 해주었는지를 보여준다. 그 이야기는 다음과 같이 시작된다.

> [1] 그 때에 일곱 형제를 둔 어머니가 있었는데, 그들은 모두 왕에게 체포되어 채찍과 가죽끈으로 고문을 당하며 율법에 금지되어 있는 돼지고기를 먹으라는 강요를 받았다. [5] … 나머지 형제들은 어머니와 함께 서로 격려하고 고상하게 죽자고 하면서 이렇게 말하였다.
>
> (마카베오2서 7:1, 5, 공동번역)

하나씩 하나씩 형제들과 어머니는 사형에 처하게 된다. 그러나 그들이 순교하기 전에, 가족 구성원 대부분은 고통의 순간에도 하나님께 신실하려는 그들의 의지에 대해 설명한다. 예를 들면, 둘째 형에 대해 텍스트는 다음과 같이 말한다.

> 마지막 숨을 거두며 그는 이렇게 말하였다. "이 못된 악마, 너는 우리를 죽여서 이 세상에 살지 못하게 하지만 이 우주의 왕께서는 당신의 율법을 위해 죽은 우리를 다시 살리셔서 영원한 생명을 누리게 할 것이다." (마카베오2서 7:9, 공동번역)

어머니는 특히 마지막 남은 아들을 격려하며, 그에게 창조와 종말의 더 넓은 관점을 제시해주었다.

> 너희들은 지금 너희들 자신보다도 하나님의 율법을 귀중하게 생각하고 있으니 사람이 출생할 때에 그 모양을 만들어주시고 만물을 형성하신 창조주께서 자비로운 마음으로 너희에게 목숨과 생명을 다시 주실 것이다. (마카베오2서 7:23, 공동번역)

어머니의 격려에 근거하여 마지막 아들도 왕보다는 모세에게 순종하고 헌신하며 다음과 같이 설명한다.

[32] 우리는 우리의 죄 때문에 고통을 당하고 있소. [33] 살아 계시는

우리 주님께서 우리를 채찍으로 고쳐주시려고 잠시 우리에게 화를
내셨지만, 하나님께서는 끝내 당신의 종들인 우리와 화해하실 것이
오. [34] 그러나 당신은 불경스럽고 모든 사람 중에서 가장 더러운
인간이오. 하나님의 아들들에게 손을 대며 공연히 우쭐대거나 터무
니없는 망상으로 자만하지 마시오. [35] 당신은 모든 것을 보시는 전
능하신 하나님의 심판하시는 손길에서 벗어나지 못합니다. [36] 우
리 형제들은 잠깐 동안 고통을 받은 후에 하느님께서 약속해 주신 영
원한 생명을 실컷 누리겠지만 당신은 그 교만한 죄에 대한 하나님의
심판을 받아서 응분의 벌을 받게 될 것이오. [37] 나는 형들과 마찬가
지로 우리 선조들이 전해 준 율법을 지키기 위해 내 몸과 내 생명을
기꺼이 바치겠소. 나는 하나님께서 우리 민족에게 속히 자비를 보여
주시고, 당신에게는 시련과 채찍을 내리시어 그분만이 하나님이시
라는 것을 인정하게 해주시기를 하나님께 빌겠소. (마카베오2서 7:33-
37, 공동번역)

이러한 진술들 각각에서 이 가족 구성원들은 "전능하시고 모든
것을 꿰뚫어 보시는 하나님", 즉 "왕"이시자 "우주의 창조주"이신 분
께서 어떻게 자신들의 육체를 죽은 자들로부터 부활하게 하실 것인
지를 증언한다. 하나님께서는 "[그들을] 일으키셔서 다시 영원토록 살
게 하시고", "[그들에게] 숨과 생명을 되돌려주시며", 그들이 "다함없
는 생명을 [마시게]" 허락하실 것이다.

가족들은 죄가 없다고 주장하지 않지만, 그럼에도 그들의 의로움
과 신실함은 미래 부활을 위한 그들이 가지는 희망의 근거다. 동시에

이러한 **종말론적인** 소망은 그들의 **윤리적** 확고함에 동기를 제공한다. 사후에 대한 믿음 때문에, 그들은 가장 끔찍한 고문과 순교의 시기뿐만 아니라 이교도 가치에 동화되라는 매일의 도전 한 가운데에서도 신실함을 유지할 수 있고 또 그렇게 할 것이다. 이러한 종말론적인 윤리는 예수와 그의 제자들에 대한 마가 내러티브를 동일하게 뒷받쳐주고 있다.

마가복음 16:1-8:
"그가 살아나셨고 여기 계시지 아니하니라"

부활과 회복

예수의 몸의 부활은 마가복음 내러티브에서 핵심적이지만, 여성들은 이에 깜짝 놀란다. 흰 옷을 입은 (천사) 청년(참조, 15:21—역주)은 여성들에게 "그가 살아나셨고 여기 계시지 아니하니라. 보라, 그를 두었던 곳이니라"고 말한다(16:6). 무덤이 비어있었기 때문에, 이것은 예수의 사후 불멸에 대한 분명한 증거다. 예수께서는 단순히 공동체에서 영속적으로 기억되기만 하시는 것이 아니고, 그분의 영혼만 영원한 기쁨을 경험하는 것도 아니다. 오히려 여기에서의 초점은 예수의 몸에 있다. 예수의 십자가에 못 박힌 몸이 죽은 자들 가운데서 살아나셨다. 예수께서는 그가 예고하셨던 대로 부활하셨다(8:31; 9:9, 31; 10:34; 14:28).

마카베오2서와 마가복음은 부활의 개념을 소개하지만, 그 두 이야기 사이의 가장 큰 차이는, 부활이 마가복음에서 이미 일어났다는 것이다. 대부분의 유대인은 종말론적 미래에 있을 총체적인 부활—다른 신약 본문도 이것을 증거하고 있다—을 기대하지만, 예수께서는 이에 앞서서 부활되심으로 그 틀을 깨셨다. 게다가 예수께서는 개인적으로 부활되셨다. 의로운 자들의 모임과 함께 부활되지 않으셨다. 오직 예수만이 불멸로 부활되셨고, 그의 부활은 제자들에게 종말론적인 희망을 주었다. 그러므로 예수의 부활은 하나님 나라의 좋은 소식을 전하는 그의 설교의 절정이었다(참조, 1:15). 예수의 치유와 축귀는 하나님께서 죽음의 세력과 사탄의 대리인들로부터 세상을 구원하심을 가리키고, 예수의 부활은 하나님 나라의 구현으로서의 그 희망의 실재를 보여준다. 확실히 이것은 제자들이 무덤에 계신 예수를 찾을 때 그들을 위한 좋은 소식이다.

예수의 부재

그러나 예수의 제자들은 믿음이 적은 것처럼 보인다.[4] 사도들은 어디에도 보이지 않고, 여성들은 천사로 인해 "놀라매"(16:5), "몹시 놀라 떨며"(16:8) 도망간다. 사실 전체 내러티브는 너무 "무서워하여" 아무에게 아무 말도 하지 못하는 여성들로 끝이 난다. 천사를 만난 것은 확실히 엄청난 광경이다. 여성들은 물론 어떤 CGI(Computer-generated imagery) 영화를 본 적이 없었을 것이다. 마가는 왜 이런 식으로

---

4.   믿음은 마가복음에서 중요한 제자도 주제이다. 이 책 14장의 자넷 헤이건 파이퍼(Jeanette Hagen Pifer)의 논의를 보라.

내러티브를 끝내는 것인가?

리처드 헤이스(Richard Hays)는 마가가 독자들을 하나님의 신학적 드라마의 실제 참여자로서 내러티브 속으로 끌어들이려고 시도하고 있다고 주장했다. 예수께서 마가복음 16장에 등장하지 않으시는 것처럼, 오늘날 예수께서도 겉보기에는 무대 뒤편에 계신다. 그러나 헤이스가 썼듯이, "예수의 제자 공동체는 예수께서 가까이에서 함께하시는 것이 없이 고난의 제자도를 삶으로 살아내도록 부르심을 받았다."[5] 다시 말하면, 예수의 임박한 도래는 신자들이 현재 자기 십자가를 지는 신실한 삶을 사는 것을 면제해주지 않는다. 이것은 예수의 부활에 비추어볼 때, 특히 그러하다.

그렇다면, 독자로서 우리는 부활하셨지만 지금은 떠나 계신 예수께 어떻게 반응해야 할까? 도전을 마주할 때마다 "몹시 놀라 떨며"(16:8) 삶을 살아야 할까? 아니면 "하나님의 아들 예수 그리스도의 복음"(1:1)을 신실하게 증거하면서 "놀라지 말라"(16:6)는 우리를 향한 부르심에 응답해야 할까? 마카베오의 순교자들은 부활의 희망을 품고 있었지만, 이미 부활하신 그리스도를 따르는 자들에게 이 희망은 훨씬 더 확실하다. 예수 부활의 시작과 더불어, 고대와 현대의 제자들은 둘 다 두려움이 아니라 믿음으로 예수를 따를 수 있다. 제자들은 종말론적인 윤리를 구현해내야 하고, 예수의 부활에 의해서 보증된 미래의 희망에 비추어서 현재를 다르게 살아가야 한다.

---

5. Richard B. Hays, *The Moral Vision of the New Testament: A Contemporary Introduction to New Testament Ethics* (New York: HarperOne, 1996), 88 [= 『신약의 윤리적 비전』, IVP, 2002].

더 읽을거리

추가적인 고대 문헌

부활과 사후세계를 논의하는 다른 유대교 텍스트를 보려면, 1QS
11.5-8; 4Q385; 4Q386; 1QH^a 19.13-17; 『바룩2서』 49-51; 『희년서』
23:31; 『솔로몬의 지혜』 1-3; 그리고 요세푸스(아피온 반박문 2.217-18; 『유
대전쟁사』 2.163-65; 『유대고대사』 18.14-16)를 참조하라. 『마카베오4서』 8:3-
13:1은 일곱 형제들의 경험을 이야기하지만, 부활에 대한 내용은 모
두 제거한다. 다음 텍스트들은 영광의 희망을 논의한다. 『위-요나탄
타르굼』 창세기 2:25; 3:7; 『에스라4서』 7:116-31; 『바룩2서』 15.1-
19.8; 54.13-21; 1QS 4.22-23; CD 3.19-20; 1QH^a 4.14-15. 주요 신약
문서에는 마태복음 28장, 누가복음 24장, 요한복음 20장, 사도행전
23:6-8, 고린도전서 15장, 데살로니가전서 4-5장, 요한계시록 2-3,
20-22장이 있다.

영역본과 비평판

NAB

NETS

NRSV

Hanhart R. *Maccabaeorum Liber II*. Septuaginta 9.2. Göttingen:
Vandenhoeck & Ruprecht, 1976.

이차문헌

Avery-Peck, Alan J., and Jacob Neusner, eds. *Death, Life-after-Death, Resurrection and the World-to-Come in the Judaisms of Antiquity.* SJLA 4. Leiden: Brill, 2000.

Chester, Andrew. "Resurrection and Transformation." Pages 47-77 in *Auferstehung-Resurrection. Edited by Friedrich Avemarie and Hermann Lichtenberger.* WUNT 135. Tübingen: Mohr Siebeck, 2001.

Doran, Robert. *2 Maccabees: A Critical Commentary.* Hermeneia. Minneapolis: Fortress, 2012.

Elledge, C. D. *Resurrection of the Dead in Early Judaism, 200 BCE-CE 200.* Oxford: Oxford University Press, 2017.

Levenson, Jon D. *Resurrection and the Restoration of Israel: The Ultimate Victory of the God of Life.* New Haven: Yale University Press, 2006.

Nickelsburg, George W. E. *Resurrection, Immortality, and Eternal Life in Intertestamental Judaism and Early Christianity.* 2nd ed. HTS 56. Cambridge: Harvard University Press, 2006.

Schwartz, Daniel R. *2 Maccabees.* CEJL. Berlin: de Gruyter, 2008.

Wright, N. T. *The Resurrection of the Son of God.* Minneapolis: Fortress, 2003 [= 『하나님의 아들의 부활』, CH북스, 2005].

이 용어해설의 일부 정의들은 Mark L. Strauss, *Four Portraits, One Jesus: A Survey of Jesus and the Gospels* (Grand Rapids: Zondervan, 2007)에서 가져온 것이다.

고대 근동Ancient Near East. 이 문구는 역사가 기록되기 시작할 때부터, 알렉산드로스 대왕의 정복 사업 때(약 주전 333년)까지, 이집트, 팔레스타인, 시리아, 소아시아, 메소포타미아, 페르시아, 아라비아에 살았던 사람들을 가리킨다. 또한 어떤 이들은 비공식적으로 주후 1세기에 까지도 가리키는 문구로 사용하기도 한다.

교훈적인Didactic: 보통 명제적인 주장들을 수단으로 가르침에 초점을 맞춘 문헌 혹은 연설을 가리키는 용어이다.

그리스도 사건Christ event, the: 그리스도/메시아로서 예수의 삶과 행적을 가리키는 문구이다.

기독론Christology, 기독론적인christological: 보다 일반적으로 이 용어는 예수의 위격과 행위를 가리킨다. 특히 이 용어는 그리스도로서 예수의 역할과 관련이 있다. "그리스도"(크리스토스)는 "기름부음을 받은 자"라는 뜻의 그리스어인데, 히브리어 단어 "메시아"에 대한 직접적인 번역어로 자주 사용된다. 메시아를 보라.

두 갈림길 패러다임Two-ways paradigm: 인간에게는 선과 악의 선택권이 주어져 있고, 어떤 길을 따를 것인지 스스로 결정할 수 있다고 보는 신학적인 견해이다. 이러한 관점은 신명기 신학에 기초를 두고 있다. 신명기 신학을 보라.

디아트리베Diatribe: 가상의 대화 상대자들에게 질문을 하는 것과 같은 수사학적 기법을 의미한다.

마사다Masada: 첫 번째 유대 전쟁(주후 66-70년) 동안 로마에 의해서 (제2성전과 함께) 파괴된 유대 요새이다.

마카비 항쟁(사건/충돌)Maccabean Revolt (or Crisis/Conflict): 주전 175-164년 셀류키드의 통치에 대항하여 일어난 유대인의 항쟁을 뜻한다. 이 충돌은—그 기간 동안 이스라엘을 이끈 유다와 그의 형제들을 가리켰던—"마카비"(히브리어로 "망치")를 따라 이름지어 졌다.

메시아Messiah, 메시아의Messianic: 히브리어로 "기름부음 받은 자"라는 단어를 음역한 단어이며, 그리스어로는 "그리스도"라고 번역된다. 모든 유대적인 견해들이 메시아를 하나님의 백성을 구원할 하나님의 대리자로 상상하긴 하지만 그럼에도 불구하고, 메시아에 대해 단일한 유대적 견해는 없다고 봐야 한다.

명예 문화Honor culture: 사회의 동력이—사회적 지위의 토대가 되는—명예를 위한 투쟁으로 결정되는 문화를 가리킨다. 다양한 단계의 명예는 사회계층에 있어서 한 사람의 위치를 나타내는데, 이는 또한 더 높거나 비슷한 혹은 더 낮은 사회적 지위를 가진 사람들과 관계를 맺는 방식을 결정하기도 한다.

묵시적Apocalyptic, 묵시적 전통apocalyptic tradition: "묵시록"은 문자적으로 이전에 숨겨졌던 것들이 "계시"(revelation)됨을 뜻한다. 이 용어들은—악의 문제를 설명하기 위해 세계 전체와 언약 백성들 가운데에, 하나님의 (미래) 통치를 확립하는—신적 행동의 계시, 꿈, 환상을 통해 드러나는 천상의 실체 그리고 하나님의 계시와 가장 관련이 깊다. 대개 공간(천상/지상)과 시간(현재/미래)의 이원론에 초점을 맞춘다.

바리새파Pharisees: 요세푸스가 언급하고 복음서 구석구석에 나타나는 유대교 분파 중 하나이다. 이 분파는 이들이 율법을 해석하는 기술 때문에 널리 알려져 있다.

분파주의(자)Sectarian: 특정 종교 그룹과 관계되는 용어이다. (분파주의의 사례인) 사해문서 공동체에 의해 기록된 문헌들이 특히 잘 알려져 있다. 사해문서를 보라.

비유parable: 도덕적이거나 영적인 교훈을 분명히 설명하기 위해서 드는 짤막한 허구적 이야기나 비네트(vignette: 문학 용어로 특정 인물이나 사건에 대해 간단하게 묘사하는 짧은 글을 말함—역주)를 말한다.

사두개파Sadducees: 제2성전기 가장 중요한 유대교 분파 중의 하나이다. 이 분파는 주로 제사장 지도자들과 엘리트들로 형성된 집단이었다.

사해문서Dead Sea Scrolls: 1947년 사해 근처 동굴에서 발견된 문헌들의 모음을 가리키며, 1세기 쿰란에 있었던 유대인 공동체와 관련이 있을 가능성이 높다. 이 문서에는 쿰란 공동체로부터 나온 분파주의 문헌뿐만 아니라, 성경과 다른 유대 문헌들의 사본들도 포함된다. 분파주의(자)를 보라.

삽입, 사이에 끼우기intercalation: "샌드위치" 기법이라고도 하는데, 이것은 한 에피소드를 다른 에피소드의 중간에 삽입하는 것("intercalated")을 말한다. 마가복음을 예로 들면, 예수와 서기관들과 충돌하신 내용이 예수의 가족에 대한 내용에 삽입되어 있고(막 3:20-35), 헤롯이 세례 요한을 목 베어 죽인 이야기가 제자들의 선교 맥락에 자리 잡고 있다(막 6:6b-31).

선행(후원)Benefaction: (많은 재산을 가진) 후원자들이 재산이 적은 자들(수혜자) 혹은 지역 공동체에게 경의, 존경, 충성을 보답으로 받으리라 기대하며 후원의 선물을 수여하는 것을 뜻한다.

셀레우코스Seleucids, 셀레우코스 왕국Seleucid Kingdom (주전 312-115년): 알렉산드로스 대왕의 죽음 이후 국가가 분할 되고 나서 시리아 지역에 세워진 왕국을 가리킨다. 유대는 결국 셀류키드가 통치하게 되었는데, 이로 인해 유대인은 헬레니즘과의 동화를 강요받게 되었다. 헬레니즘—마카비 항쟁을 보라.

스토아철학Stoicism: 헬레니즘 시대 주요 그레코-로만 철학 전통들 중 하나이다. 제논(Zeno, 주전 335-263년)에 의해 만들어졌으며, 미덕이 있는 삶이라는 주된 목적을 달성하기 위하여 운명, 이성, 내적 자기통제를 강조한 것으로 유명하다.

시작된 종말론Inaugurated eschatology ("already/not yet"): "마지막 시기"가 이미 시작되었고 아직 완성되지는 않았다는 믿음을 가리킨다. 바울의 신학에 있어서 그리스도와 성령을 통한 하나님의 첫 번째 강림은 이 마지막 시기가 시작되었음을 의미한다. 또한 (바울의 신학에 따르면) 그리스도의 재림과 하나님의 통치가 최종적으로 회복되기 전까지는, 하나님의 왕국이 완전히 완성되지 않는다. 종말론을 보라.

신명기 신학(혹은 패턴)Deuteronomic theology(or pattern): 신명기에서 가장 많이 표현된 신학적인 견해를 가리킨다. 하나님께서는 신명기를 통해 그분의 백성에게, 언약에 대한 순종에는 물질적인 축복과 보호를, 불순종에는 저주와 고난을 선포하셨다.

신정론Theodicy: 악이 존재하는 가운데, 하나님께서 어떻게 정의로우실 수 있는지에 대한 변호 혹은 설명을 뜻한다. 특히 악인들의 손에 불의하게 고통받는 의인들과 관련되어 논의되곤 한다.

안티오코스 4세 에피파네스Antiochus IV Epiphanes (약 주전 215-164년): 알렉산드로스 대왕의 광대한 제국에서 분할되어 시리아에 세워진 헬레니즘 국가, 셀류키드 왕국의 통치자(주전 175-164년)이다. 안티오코스는 유대인들을 헬레니즘화 하려고 하다가 마카비 가문과 충돌했다.

알레고리Allegory, 알레고리적Allegorical: 다른 개념들 혹은 사건들과의 연관성을 강조함으로써 텍스트의 문자적인 의미를 넘어서는 해석 방법이다.

언약Covenant, 언약적covenantal: 각기 상대에게 의무를 부여하는 두 관계자 사이에 일어나는 계약을 뜻한다. 성경에 나오는 중요한 언약들로는 아브라함 언약(창 15장, 17장), 모세 언약(출, 레, 신), 다윗 언약(삼하 7장), 새 언약(렘 31장; 겔 34-37장)이 있다.

언약공동체Covenant community: 자신들이 하나님께서 이스라엘과 맺으신 언약에 신실하다고 믿는 유대인 그룹들은 스스로를 "언약공동체"로 여겼다. 이러한 개념은 때로 언약에 신실하지 않다고 여겨지는 다른 유대인들로부터, (쿰란 공동체와 같이) 자신들을 구별하는 그룹들에게서 사용되기도 했다. 사해문서를 보라.

언약적 율법주의Covenantal nomism: 제2성전기 유대인들이 은혜와 선택, 율법

준수의 상호 작용에 대해 가졌던 사고 방식을 설명하는 용어이며, E. P. 샌더스 (Sanders)에 의해 만들어졌다. 샌더스는 유대인들이 은혜로(by grace) 하나님의 언약 백성의 구성원이 되었다는 측면에서 선택을 이해했다고 주장한다(안에 들어 감[getting in]). 또한 샌더스는 유대인들이 율법(그리스어로 "노모스") 준수를 통하여 언약 안에서의 지위를 유지했다고 주장한다. 이 입장은 자주 바울에 관한 새 관점과 연관되기도 한다.

에세네파Essenes: 요세푸스와 필론이 언급한 유대 종파 중 하나이다. 많은 학자는 이 집단을 쿰란 공동체 및 사해문서를 저술한 자들과 관련 짓는다.

열심당, 열심Zealots, zeal: 유대 지역을 이방인의 통치에서 해방시키기 위해 군사적인 수단을 동원하여 자유를 추구했던 제2성전기의 유대인들이다. 이들은 정치적인 독립만이 아니라, 토라의 정결을 추구했는데, 이는 이교도가 이 땅에 존재하는 한 이룰 수 없는 일이었다.

외경Apocrypha, 외경의apocryphal (또한 제2경전으로도 알려져있다): 구약성경의 시기 이후에 기록된 유대문헌들 모음을 가리킨다. 여기에는 칠십인역(Septuagint) 곧 그리스어 구약성경의 일부가 포함된다. 그리스도인 교부들은 이 문헌들을 권위 있게 여겼으며, 이에 따라 로마가톨릭과 정교회의 그리스도인들은 정경으로 받아들였지만, 개신교에서는 거부했다. 학술적이지 않은 배경에서 "외경의(사실이 아닌)"란 단어는 보통 진짜처럼 들리지만 사실은 아닌 이야기들을 설명할 때 사용되기도 한다.

요세푸스Josephus (주후 37-약 100년): 한 때 바리새파 유대인이자 군대 지도자였던 요세푸스는, 예루살렘에서 이루어진 로마와의 전쟁 기간 동안에 포로로 붙잡혔고, 결국 로마 시민이 되어 베스파시안 황제에 종속되었다. 현존하는 요세푸스의 네 가지 작품들은 제2성전기 유대교의 문화와 역사를 이해하는데 있어서 매우 중요하다—유대인들의 역사(『유대 고대사』), 예루살렘 전쟁 이야기(『유대 전쟁사』), 유대인의 삶의 방식과 유대교를 변호하는 작품(『아피온 반박』), 그리고 자서전(『생애』)이 있다.

위경Pseudepigrapha, 위경의pseudepigraphic: 문자적으로 "허위로 기재된 문서들"을 의미한다. 위경 문헌은 (보통 수세기 전) 다른 인물의 이름으로 쓰인 문헌을 가리킨다. 특히 외경에 포함되지 않은 유대인의 위경 문헌들을 가리킬 때 사용된다. 하지만 이것은 제2성전기 유대인에게는 흔한 관례였기 때문에, 위경이라는 용어는 대체로 외경과 사해문서 혹은 요세푸스나 필론과 같은 저자들의 문헌과 같이, 특정한 범주에 포함되지 않은 모든 유대 문헌들을 가리키는 포괄적인 단어로 사용된다.

의인화Personification: 무생물, 추상적인 개념, 혹은 비인격적인 존재가 인간의 독특한 특성을 가지고 있다고 여기는 것이다. 의인화는 관용어(예를 들어, "시간이 간다")처럼 단순할 수도 있고, 신적인 권세와 연관될 정도로 (예를 들어, "잠언 속 지혜"와 같이) 복잡하게 나타날 수도 있다.

이미/아직 아닌Already/not yet: 시작된 종말론을 보라.

인류학Anthropology, 인류학적인anthropological: 문자적으로 "인간에 대한 연구"를 뜻한다. 여기에는 인간의 구성(예, 몸, 영혼), 인간의 능력(예, 자유의지), 민족의 다양성(예, 유대인, 이방인)과 같은 주제들이 포함된다.

인클루지오Inclusio: 단락의 처음과 끝에 핵심적인 용어나 개념을 반복함으로써, 텍스트의 단락 범위를 보여주는 문학적인 관습을 의미한다.

정경(의)Canonical: 영감을 받아 권위있는 성경(Scripture)으로 여겨지는 문헌들의 모음 안에 포함될 때, 어떤 문헌이 정경으로 간주된다고 할 수 있다. 구약성경과 신약성경은 기독교 정경의 명백한 일부이다. 반면에 어떤 기독교 전통들은 외경(Apocrypha)의 포함 여부를 두고 논쟁을 벌이기도 했다. 외경을 보라.

제2경전의Deuterocanonical: 외경을 보라.

제2성전기Second Temple Period, 제2성전기 유대교Second Temple Judaism, 제2성전기 유대인Second Temple Jewish (주전 516년-주후 70년): 유대인의 역사에서 이 시기는 대략 바벨론 포로 귀환 때(약 주전 516년)부터, 주후 70년 로마에 의해 예루살렘 성전이 파괴될 때까지를 가리킨다. 이 시기의 일부 혹은 전부를 가리킬 때 사용되는 또 다른 단어로는, 초기 유대교(Early Judaism), 중기 유대교(Middle Judaism), 중간기(intertestamental) 시기가 있다.

존재론Ontology: 문자적으로는 "존재(being)의 연구"라 할 수 있다. 이 용어는 존재 혹은 실재(existence)의 본질을 설명하며, 대개 하나님 혹은 인간을 이루고 있는 것과 관련해서 사용된다. 하지만 어떤 사람이나 대상의 상태(state of being)를 가리키기도 한다.

종말Eschaton: 하나님께서 역사에 해결책(resolution)을 가져오신 이후의 최종적인 상태를 가리킨다. 종말론을 보라.

종말론Eschatology, 종말론적인eschatological: 문자적으로 "마지막 시기에 대한 연구"를 뜻한다. 이 용어는 마지막 시기와 관련된 어떤 개념 혹은 사건을 가리킨다. 하지만 유대 연구와 바울 연구에 있어서, "종말론"이란 용어는 단순히 마지

막 시기만을 가리키지 않고, 중요한 대리자들(매개들) 혹은 사건들을 통해 당신의
통치를 회복시키는 하나님의 행위를 가리키기도 한다.

칠십인역LXX: 칠십인역(Septuagint)의 약어다. 칠십인역을 보라.

칠십인역Septuagint (LXX): 다른 유대문헌들과 함께, 그리스어로 번역한 히브
리 성경을 담고 있는—그리스어로 된—권위 있는 유대문헌 모음집이다. 약어 LXX
는 로마 숫자 70을 뜻하며, 이는 70명(혹은 72명)이 히브리어 오경을 그리스어로
번역했다는 전통에 기초한 것이다.

쿰란Qumran: 사해 근처에 위치한 지역을 가리키며, 그 주변 동굴에서 사해문서
가 발견되었다. 제2성전기 동안 그곳에 살았던 공동체가 에세네파였으며, 그들이
사해문서를 만들어냈다고 보는 것이 일반적인 견해이다.

페리코프pericope: 기적 이야기, 비유, 선언 이야기(막 12:13-17과 같이 예수의 선
언이 들어가 있는 짤막한 대화 양식을 말한다—역주)와 같이 짧으면서도 독립적
인 복음서 에피소드를 말한다. 이것은 원래 구전 전승의 단계에서 독립적인 단위
로 유포되었을 가능성이 있다.

플라톤Plato, 플라톤주의Platonism: 플라톤(약 주전 428-347년)은 아테네에 살
았던 유명한 그리스 철학자이다. 그는 윤리학, 형이하학, 우주, 논리, 수사 등에 대
해서 수많은 철학적 논고들을 기록했다. 플라톤의 사고를 다양한 방식으로 끌어
온 다양한 형태의 플라톤주의가 있지만, 주된 양상은 (비물질적, 불변하는) 관념
적인 실재의 영역과, (물질적, 변화하는) 물질적 실재의 영역의 구별에 기초한 이
원론이라 할 수 있다.

필론Philo(약 주전 20년-주후 50년): 이집트, 알렉산드리아 출신의 다이스포라 유대인이다. 그는 플라톤주의에 영향을 받았으며 오경에 대해서 수많은 철학적 논고와 주해 연구서를 기록했다.

하스모니아Hasmoneans (주전 167-163년): 유대인들이 셀류키드 왕조로부터 독립을 얻어내고 난 뒤에, 반(semi)자치—이후에는 완전한 자치—왕국을 통치했던 유대인 가문을 가리킨다. 이후 내부 싸움으로 인해 유대인들은 주전 63년 로마에게 독립을 빼앗긴다. 마카비 항쟁—셀류키드를 보라.

헬레니즘Hellenism, 헬라적인Hellenistic, 헬라화하다Hellenize, 헬레니즘화 Hellenization: 특히 알렉산더 대왕이 이끄는 군대의 정복 시기(주전 336-323년) 이후에, 고대 세계에서 그리스의 언어와 문화가 전파되고 영향을 미친 것을 뜻한다.

헤롯당Herodians: 헤롯 대제(Herod the Great)에 의해 시작되고 그의 아들들을 통해서 계속되는 헤롯 가문을 지지하는 자들을 가리킨다. 이들은 신약성경에서 세 번 언급된다(마 22:16; 막 3:6; 12:13).

제프리 어니(Jeffrey W. Aernie: PhD, University of Aberdeen; lecturer in New Testament studies at United Theological College, Charles Sturt University, Australia)

홀리 비어스(Holly Beers: PhD, London School of Theology; assistant professor of religious studies at Westmont College)

크리스티안 벤도라이티스(Kristian A. Bendoraitis: PhD, University of Durham; adjunct lecturer at Spring Arbor University)

마이클 버드(Michael F. Bird: PhD, University of Queensland; lecturer in theology at Ridley College, Australia)

벤 블랙웰(Ben C. Blackwell: PhD, University of Durham; associate professor of early Christianity at Houston Baptist University)

대럴 보크(Darrell L. Bock: PhD, University of Aberdeen; executive director of cultural engagement and senior research professor of New Testament studies at Dallas Theological Seminary)

헬렌 본드(Helen K. Bond (PhD, University of Durham; professor of Christian origins at the University of Edinburgh)

크레이그 에반스(Craig A. Evans: PhD, Claremont Graduate University; the John Bisagno Distinguished Professor of Christian Origins at Houston Baptist University)

데이비드 갈란드(David E. Garland: PhD, Southern Baptist Theological Seminary; professor of Christian Scriptures at George W. Truett Theological Seminary)

티모시 곰비스(Timothy Gombis: PhD, University of St. Andrews; professor of

New Testament at Grand Rapids Theological Seminary)

존 굿리치(John K. Goodrich: PhD, University of Durham; associate professor of
Bible at Moody Bible Institute)

시구르드 그린드하임(Sigurd Grindheim: PhD, Trinity Evangelical Divinity
School; professor of New Testament at Fjellhaug International Universi-
ty College, Oslo, Norway)

니제이 굽타(Nijay K. Gupta: PhD, University of Durham; associate professor of
New Testament at Portland Seminary)

자넷 헤이건 파이퍼(Jeanette Hagen Pifer: PhD, University of Durham; assistant
professor of biblical and theological studies at Talbot School of Theology,
Biola University)

수잔 와츠 핸더슨(Suzanne Watts Henderson: PhD, Duke University; associate
professor of religion at Queens University of Charlotte)

데이비드 인스톤 브루어(David Instone-Brewer, PhD, University of Cambridge:
senior research fellow in rabbinics and the New Testament at Tyndale
House, Cambridge)

켈리 아이버슨(Kelly R. Iverson: PhD, The Catholic University of America; asso-
ciate professor of religion at Baylor University)

모르텐 호닝 옌센(Morten Hørning Jensen, PhD, University of Aarhus; associate
professor of New Testament at the Lutheran School of Theology in Aar-
hus, Denmark, adjunct professor at MF Norwegian School of Theology,
Oslo, and research fellow at the University of South Africa)

메리 마샬(Mary Marshall: DPhil, University of Oxford; departmental lecturer in
New Testament studies at the University of Oxford, and fellow and tutor
in theology at St. Benet's College).

제이슨 매스턴(Jason Maston: PhD, University of Durham; assistant professor of theology at Houston Baptist University)

마크 매튜스(Mark D. Mathews: PhD, University of Durham; senior pastor of Bethany Presbyterian Church, Oxford, Pennsylvania)

에이미 필러(Amy Peeler: PhD, Princeton Theological Seminary; associate professor of New Testament at Wheaton College)

조나단 페닝톤(Jonathan T. Pennington: PhD, University of St. Andrews; associate professor of New Testament interpretation at Southern Baptist Theological Seminary)

니콜라스 페린(Nicholas Perrin: PhD, Marquette University; Franklin S. Dyrness Professor of Biblical Studies and dean of the graduate school at Wheaton College)

엘리자베스 샤이블리(Elizabeth E. Shively: PhD, Emory University; lecturer in New Testament studies at the University of St. Andrews)

클라인 스노드그라스(Klyne Snodgrass: PhD, University of St. Andrews; Paul W. Brandel Chair of New Testament Studies at North Park Theological Seminary)

마크 스트라우스(Mark L. Strauss: PhD, University of Aberdeen; university professor of New Testament at Bethel Seminary, San Diego)

데이비드 터너(David L. Turner: PhD, Hebrew Union College; professor of New Testament at Grand Rapids Theological Seminary)

릭 와츠(Rikk Watts: PhD, University of Cambridge PhD; dean of theology at Alpha-crucis College, Australia, and research professor of New Testament at Regent College, Vancouver).

사라 휘틀(Sarah Whittle: PhD, University of Manchester; postgraduate support advisor at the University of St. Andrews, and research fellow in biblical studies at Nazarene Theological College, Manchester)

구약

창세기
1:27 269, 270
2:24 269, 270
7:9 269
8:20-21 197
13:5-6 274
15 457
15:12 148
17 457
22:2 327
26:12-14 274
28:17 148
34 198
38 349
49 49

출애굽기
3:6 346, 348
3:13-15 175
4:21 177
4:22-23 389
7:1 227
8:15 177
12 377
12:2 377
12:3 377
12:6 377
12:9-10 377
12:15-16 377
12:16 377
14:5-9 167
14:15-31 175
14:21-31 167
15:10 175
15:19-21 175
15:22 173
16:1-3 173
16:1-36 168, 174
18:21 174
18:21-25 59
19:1-2 173
19:1-8 42
19:3 174
19:20 174
20:8-10 87
21:10-11 262, 266
23:20 55
24:8 384
24:12-18 174
29:40 197
32 329

33:19-23 176
34:2-4 174
34:6 176
34:25 377

레위기
2:2-15 197
11 185
11:1-47 183
11:29 186
11:45 142
12:7 140
15:1-15 143
15:25-30 143
15:25 140
15:27 146
15:28-30 149
15:31 148
16 268
18:16 161
19:2 142
20:7 142
20:18 140
20:22-26 42
20:26 142
23:5 377
24:5-9 88
25 196
26:14-39 42
26:40-45 43

민수기
5:1-4 144
5:2 140
9:2-14 377
18:8-13 189
19:11-22 144
19:12 141
19:13 147
19:14 144
23:19 71
24:17 356
27:15-23 173
27:17 173
28:16 377
31:5 289
31:14 289
31:19-24 144
31:48 289
31:52-54 289

신명기
8:13 274
10:16 (칠십인역) 268
14 185
14:1-20 183
16:1 378
16:1-6 377
18:18 227
21:21 432
21:22 429
21:22-23 427, 430, 434
21:23 429
24:1 261-263, 265, 267
25:5 344
25:5-10 344
26:5-10 380
28:3-11 274
28:15-68 42
30:1-10 43
30:15-20 42
32:34-43 43
32:39 66
33:17 289
34:6 228

사사기
6:22-23 148

사무엘상
16:1-13 337
21:1-6 88

사무엘하
7 457
7:11-16 355

열왕기상
4:25 327
6:1-8:66 42
17:1 225
17:22 225
18:2 225
18:38 225
19:11 176
19:9-18 225
21:19 225

열왕기하
1:1-18 128
1:4 225
1:10 225

1:12 225
1:16 225
2:11 225
17:1-23 42
18:9-12 42
24:10-25:21 42

역대하
9:13-22 274
36:17-21 42
36:22-23 43

에스라
1:1-4 43
3:8-6:15 43
3:10-13 43

느헤미야
2:1 378
2:9-6:15 43

에스더
3:7 378

욥기
9:8 175
19:26 342
35:8 71
38:28 399

시편
2 316, 355, 356
2:7 63
2:8 316
2:9 316, 357
16:9-11 342
22 396
22:1 397
22:2-18 396
22:19-31 396
68 390
68:4-5 390
77:19-20 175
79 170
79:1-3 169
80 326
80:17 71
89 355, 356
89:26 390
89:27 390
105:33 327
110 355, 356, 358
110:1 292, 353, 403, 406,
     408

113 381, 385
113-118 379
114 381, 385
118 308, 327
118:5-18 327
118:19-20 327
118:22 334, 336
118:22-23 326, 327, 333, 336,
118:22-29 337
118:23 336
118:25-26 327, 333
118:26 308
118:26-27 327
132 355, 356
151 46

이사야
1-5 355
2:1-5 335
4:2-5 335
5 327, 334, 336
5:1 330
5:1-2 326
5:1-7 310, 327, 336
5:2 332
5:3-7 326, 327
6 177
6:9-10 120, 177
6:10 209
9:1-7 355
9:5-7 370
11:1-5 356
11:1-9 355
11:12 372
11:16b 62
13:9-11 372
26:19 342
29:13 (칠십인경) 192
29:18 209
33:24 76
34:4 372
35:5 209
35:6-7 174
40 66, 177
40-54 170
40-55 59, 171
40:1-5 170, 335
40:1-11 56
40:1-66:24 43
40:3 55-59
40:9 62
40:10-11 66
40:11 173
41 171

41:17-19 174
41:17-20 370
41:27 62
42:1 63
42:7 209
43 171, 176, 178
43:1-6 171
43:1-11 175
43:6 372
43:16-17 175
43:16-19 370
43:19-20 174
44 171
44:27 175
48:21 174
49 171
49:6 226
49:9 174
49:10 174
49:24-26 102
50:2 175
51 171
51:10 175
51:14 174
52 170, 171
52:1-10 102
52:7 62
52:9 335
54 171
56:7 320, 333
63:11 173
63:11-12 175
66:1 101

예레미야
2:21 326
3-4 267
3:8 267
4:4 (칠십인경) 268, 270
5:21 120, 209
6:9 326
7 320
7:11 320, 333
8:13 327, 333
12:10-13 326
23:5-6 355, 356
30:1-31:40 43
31 457
31:34 76
33:15-17 356

에스겔
2:1 71
3:1 71

11:15　71
12:2　120
19:10-14　326
34-37　457
34:23-24　355, 356
36:8-37:28　43
36:17　140
37 443
37:1-14　342
37:24-25　355, 356
38:2　71
47:6　71

다니엘
4:1-37　136
7　73, 79, 293, 369, 372, 373
7-12　106, 373
7:9　228, 293
7:13-14　71, 73, 403, 405, 408
7:26　293
7:27　293
12:1-3　443
12:2　230
12:2-3　342

호세아
2:12　327
9:10　319
10:1-2　326
12:7-8　274

요엘
1:7　319
3:13　116

아모스
4:1　274
9:11　355

미가
2:1-2　274
4:4　327
6:12　274

학개
2:3　43

스가랴
3:10　327
9:9　307
11:5　274
13　170
13:2　239
13:9　170

말라기
3:1　55, 56, 226, 230
3:1-2　308
4:4-6　227
4:5　226
4:5-6　230
4:6　225

외경과 위경
마카베오1서
1-7　444
1:1-9　44
1:11-15　301
1:20-40　44
1:41-44　44
1:41-53　44
1:47　44
1:50　44
1:54　44
1:56-57　44
1:57-58　44
1:59　44
1:60-64　44
2:15-18　301
2:19-22　301
2:23-26　302
2:29-41　92
2:52　244
3:1　302
3:1-9:22　302
4:36-59　44
5:54　303
13:41-42　303
13:51　308, 310
13:51-52　303
14　297

마카베오2서
2:23-28　444
4:7-17　44
4:21-22　311
7　441, 444
7:1　444
7:5　444
7:9　445
7:10-11　348
7:23　445
7:33-37　446

마카베오4서
8:3-13:1　450

바룩

5:5-7　57

시락서
4:1-6　281
6:18　395
16:10　268
23:1　390
23:4　390
29:10-13　281
44:1-50:24　223
44:19-20　244
44:23-45:5　228
48:1-11　223
48:4　227
48:10　229
48:11　226
48:24-25　57
50:1-28　297
50:27　223

토비트
1:3　235
2:10　235
3:6　235
3:10　235
3:13-15　235
3:16-17　235
6:18　236
8:3　236
11:7-15　218
14:4　237, 240
14:5-7　237

솔로몬의 지혜
1-3　450
2:16　390
14:3　390

바룩2서
15.1-19.8　450
29:1-8　178
40:1-2　79, 373
49-51　450
54.13-21　450
72:2-3　79, 373
73:1　79

에녹1서
1-36　49, 72 283
1:6　57
10:4-6　100, 106
37-71　49, 70, 72, 361, 364,
　　　　365, 404, 408
37:1-5　366

38:1 367
45:3 74, 368
46 73
46:1-3 74
46:4-8 367
48:2-8 74
48:4 75
48:8-9 367
50:1-2 367
51:3 404
51:5 74
53:3-6 368
54:1-6 367
55:4 100, 106, 367, 405
59:1-3 367
60:1-7 372
60:11-23 367
61:1-5 368
61:8 74, 405
62 405
62-63 74
62:2-3 405
62:7 405
62:7-8 122
62:7-9 367
62:9 78, 405
69:17-25 367
69:26-29 74
69:27 74, 369
69:29 369
72-82 49, 72
83-90 49, 72, 328
85-90 328
89-90 323
89:11-90:12 328
89:12 329
89:32-33 329
89:36 330
89:40 330
89:41 330
89:50 330, 331
89:51 330
89:52-53 330
89:54 330
89:55-56 331, 337
89:56 330, 331
89:66-67 330, 331
89:72-73 331
89:73 330
90:6-7 330
90:18-19 328
90:22-27 328
90:28-29 328
90:28-36 331

90:31 231
90:33-36 328
90:37-38 328
91-105 72, 275, 283
91-108 50
91:11-17 50
91:13 331
93:1-10 50
96:5 282
97:8-10 276
104:6 282
106-107 72
108 72, 273
108:2 276, 278
108:7 276
108:8 276-278, 280
108:10 276, 281
108:10-11 280
108:11 281

에녹3서
12:5 407
16:1 407
16:1-2 407
16:4 407
16:5 407
48C:8 407

에스라4서
1-2 111
4:13-21 112
4:28-32 112
4:47-50 112
5:48 112
7:116-31 450
8:1-3 113, 116
8:6 112
8:41 112
8:41-44 112
9:30-33 112
9:30-34 114
9:37-10:52 111
11-12 111
11:1-12:39 361
12:36-38 116
13 66, 79
13:10-11 79, 373
13:37-38 79, 373
15-16 111

비극작가 에스겔
68-89 411

희년서

1:1-4 196
1:9 199
1:13 199
1:28 198
3:9-11 198
3:31 199
4:5 198
6:1-2 197
6:3 197
6:17 198
6:23-38 61
15:31-32 199
15:34 199
16:28-29 198
22:14 76
22:16 194, 198, 199
23:21 323
23:23 199
23:23-31 100, 106
23:24 199
23:31 450
24:28 199
30:1-6 198
30:7-9 199
30:9 199
30:10 199
30:11 198
30:15 199
32:21 198
32:27-29 198
33:10-12 198
45:14 198
49 386
50:5 100, 106

아리스테아스의 편지
128 185
128-71 185
139 185
142 185
144 186
144-45 185
146 185
147 185
150 186, 187
164 186
165 186
166 186
169 186

솔로몬의 시편
1:8 315
1-2 194
2:1-3 315

2:11   315
2:25   317
4:14-25   317
5:5   316
8:11-12   315
9:6   321
9:8   321
11   57
14:4   320
15:1   316
17   66, 310
17:7   355
17:15   315
17:20   315
17:21   357
17:21-22   316
17:21-25   356
17:22   357
17:23   316
17:24   316, 357
17:24-25   357
17:26   357
17:28   357
17:29   357
17:30   316
17:31   357
17:34   357
17:35-36   357
17:36   357
17:40-41   357
17:44   357

위-필론(성경고대사)
60.1-3   136

솔로몬의 유언
1:6-7   127
6:1-11   128
6:8   128
11:1   129
11:1-7   126, 127, 128, 129, 135
11:3   128, 129, 131
11:5   129
11:6   126, 129
12:3   126
15:10-15   126
22:7   336
22:20   126
23:1-4   336

열두 족장의 유언
아셀의 유언
1:8-9   97
7:2-5   98

벤야민의 유언
3:3   97
6:1   97

단의 유언
4:7   97
5:10-11   98
5:10-13   99

유다의 유언
24   98, 361
25:1-2   98
25:3   98
25:4-5   98

레위의 유언
4:2-6   97
10:2   97
14:1-6   323
16:1-3   323
16:3   97
18   102
18:9-14   99
18:9b   99, 100
18:10   100
18:12   98-100
18:13-14   100

모세의 유언
10:1   100, 106
10:1-5   57

르우벤의 유언
4:11   97

스불론의 유언
9:8   98
9:8-9   97

사해문서
1QHa
4.14-15   450
14:14-16   122
19.13-17   450

1QM
1:5   100, 106
1:8-9   100, 106
1:12   100, 106
4:1-5   174, 178
12:9-18   100, 106
17:6-7   100, 106
18:6-8   100, 106

18:10-11   100, 106
19:4-8   100, 106

1QpHab
7:1-5   60

1QS
1:1   59
1:1-2   250
1:7-9   61
1:8   60
1:12   59
1:13-15   61
1:16   59
1:16-20   61
1:16-2:19   250
1:17   250
1:23-24   61
2:19-25   252
2:21-22   59, 174 178
2:25-3:12   251
3:9   61
4:11   122
4.22-23   450
5:10   60
5:13   61
5:15-17   61
5:23   251
6:8-11   253
6:19-22   61
6:13-23   61, 250
6:22   250
8:1-16a   59
8:1-9:2   58
8:2-4   60
8:5-6   60
8:12b-16a   57
8:13-16   58
9:3-6   60
9:4-5   60
9:16   61
9:17b-20a   57
9:18   60
9:19-21   59
9:21   60
10:21   60
11:3-7   122
11.5-8   450

1QSa
1:1   287
1:6b-8a   287
1:8c-11a   288
1:12b-13a   288

1:13b-16a 289
1:17-19 289
1:18 289, 290
1:19-22 289
1:21 288
1:26 288
1:27-2:3 290
2:3-10 290
2:5-6 290
2:5-9 296
2:9b-10 290
2:11-22 290
2:12-13 290
2:13-14 290
2:14-21 289
2:15-17 290
2:19-21 291

4Q169
2:2 61
2:8 61
3-4 i 6-8 429

4Q171
3:16-17 60

4Q176
Frag. 3-5 171
Frag. 3-4, lines 1-2 176
Frag. 3-4, lines 4-5 176

4Q177
2:12-13 61

4Q274
1.1.5-6 151

4Q374
2.2.6 228

4Q390
Frag. 2 323

4Q417
Frag. 2 1:10-11 122

4Q500
1 336

4Q504
4 361

4Q521
Frag. 1 2:13b 174

4Q558
1.2.4 231

5Q
11 249
13 249

11Q19
49:5-21 144, 151
64:7-13 427-428

11Q10
31:5 399

CD
1:5-8 210
1:7-8 212
1:9 60
1:9-10 210
1:10-11 60
1:11 211
1:14-2:1 61
1:18-19 211
2:14 60
2:14-16 211
2:16 60
3.19-20 450
4:8 211
4:12-19 61
4:15-18 211
4:20-5:6 272
4:21-5:1 269
6:7 211
6:11 231
6:14 211
6:18 211
6:19 209
10 151, 193
10:14-11.18 92
13:1 174, 178
16:2 211
20:1 217
20:2 217
20:14 217

신약
마태복음
1:19 264
1:23 128
2:1-22 156
2:4 361
2:22 155, 156
3:8-10 116

5:32 265, 266
6:9 389
6:9-13 394
7:5 216
7:16-20 116
8:14 279
8:18 178
8:23-27 178
9:1-16 92
9:27-31 218
10:17 34
11:5 218
11:14 229
12:1-14 92
12:27 136
12:33 116
13 122
14:1-2 165
14:1-12 156, 165
14:13-21 178
15:1-20 189
15:32-39 178
16:17 221
17:22-23 256
18:1-9 256
19:3 264
19:9 265-267
19:10 260
19:28 293
20:20-28 297
20:21 292
21:1-11 299
21:33-46 334
22:15-33 348
22:16 462
23 92
23:25-26 189
23:29-36 334
23:34 34
26:17-29 385
26:57-68 411
26:64 403
27:16-17 164
27:37 401
27:57-61 335
28 450
28:8 440

마가복음
1 90
1-3 306
1:1 62, 69, 150, 318, 351, 360,
    439, 449
1:1-3 62

1:1-28　103
1:1-8:30　351
1:2　55, 226, 229
1:2a　55
1:2b　55
1:2-3　55,
1:3　55, 63, 308
1:4-8　69
1:4-11　160
1:4-13　62
1:5　63, 156, 162
1:7　102, 134
1:7-8　63
1:9　63
1:9-11　69, 77
1:10　64, 147
1:10-11　63
1:11　89, 360, 398
1:12-13　63, 69, 305
1:14　160, 163
1:14-15　62, 64, 69, 95, 103
1:14-16:8　62
1:15　64, 117, 233, 244, 308, 335, 448
1:16-20　70
1:16-2:12　70
1:21-28　70, 239
1:22　77, 125, 326
1:23-24　130
1:23-26　104
1:23-27　64
1:24　77, 147, 183, 189, 239
1:27　77, 125, 221, 326
1:29-31　70, 195, 202
1:32　160
1:32-34　70, 103
1:34　64
1:35-39　70
1:36-38　307
1:38-39　104, 160
1:39　64, 103
1:40　188
1:40-42　64
1:40-44　195
1:40-45　70, 77
1:40-2:12　318
1:44　188
2:1-12　70, 75, 81, 87, 195, 200, 202, 325, 326, 395
2:1-3:5　64
2:1-3:6　3개 81, 87, 91, 92
2:4　75
2:5　75, 233, 244
2:5-10　78

2:6-12　333
2:7　64, 75, 76, 221
2:9　75
2:10　63, 70, 75-77, 125
2:11-12　76
2:13-17　81, 89
2:15-17　195, 200
2:16　64, 81, 89, 259
2:17　77, 195, 196
2:18　90
2:18-22 81, 90, 200
2:19　91
2:20　91
2:21-22 91, 164
2:23　88
2:23-24　259
2:23-28　81, 87, 195, 200
2:24　87
2:25-26　88
2:27　89
2:27-28　64
2:28　63, 70, 89
3:1-6　82, 87, 195, 200, 318
3:2　87
3:4　88
3:4-6　66
3:5　64, 121, 208
3:6　64, 88, 159, 162, 339, 462
3:7-11　64
3:7-12　104, 203
3:7-35　103
3:9　103
3:11　188
3:11-12　103
3:13　64, 104
3:13-19　104, 318
3:13-35　104
3:14　309
3:15　125, 326
3:17　388
3:20　104, 307
3:20-21　104
3:20-35　256, 456
3:22　64, 101, 128
3:22-23　104
3:22-30　64, 95, 96, 101, 103, 105, 333
3:23-26　101, 102
3:27　99, 102, 105, 134
3:28-29　103
3:28-30　64
3:30　101
3:31-35　64, 104, 105, 118
3:35　105, 121

4　109, 110, 112, 115, 121, 122
4:1　64, 109, 130, 160
4:1-2　104
4:1-9　118, 119
4:1-20　305, 306
4:1-24　119
4:3　120
4:3-34　119
4:9　119, 204
4:10　64, 109
4:10-11　64, 118
4:10-12 109, 118, 119, 213
4:11　116, 117
4:11-12　202, 203, 208
4:12　118, 119
4:13-20　109, 118, 119
4:15　103
4:20　116, 118, 121, 320
4:21-22　119
4:21-24　118, 119
4:23　119, 204
4:24　119
4:26-29　117
4:29　116
4:31-32　117
4:33　64, 116
4:33-34　119
4:35-41　135, 178
4:35-5:43　318
4:36　109
4:40　233, 244
4:41　64, 221
5:1-2　130
5:1-13　126, 129
5:1-19　188
5:1-20　103, 126, 129, 135, 136, 195, 203
5:3-4　129, 150
5:7　131, 239
5:9　129, 131
5:10-12　131
5:11-12　188
5:13　129, 131
5:14-17　132
5:15　129
5:18-19　132
5:20　132, 309
5:21-24　139, 202
5:21-43　145, 244, 304, 307
5:21-6:30　135
5:22　139
5:23　139, 146, 150
5:24　139
5:25　140, 188

5:25-34 64, 139, 195
5:26 140
5:27 146
5:27-28 140
5:28 146, 150
5:29 140
5:30 146, 149
5:31 146
5:33 147
5:34 139, 149, 150, 233
5:35 139
5:35-43 139, 195
5:40 146
5:41 146, 388
5:43 304
6 155, 172, 173, 175, 178
6:2 150
6:3 121, 150
6:4 334
6:6 233
6:6-13 177
6:6b-29 154
6:6b-31 456
6:7 126, 326
6:7-13 160, 163
6:8-9 163
6:14 154, 159, 160
6:14-15 221
6:14-16 163
6:14-29 156
6:15 334
6:16 160, 163
6:20 161, 163
6:21 164
6:23 154
6:26 154
6:27-28 161
6:30-31 163
6:30-34 160
6:30-44 173, 207
6:30-56 167
6:31-32 173
6:32-44 164
6:34 173, 328
6:35 173
6:38 173
6:39-40 174
6:41 173
6:45 174
6:45-56 173
6:46 174
6:47-48 174
6:47-51 63
6:48 176

6:49 175
6:50 175
6:50-52 309
6:51 175
6:51-52 177
6:52 121, 215
6:54-56 64
7 200, 395
7:1-13 64, 92
7:1-23 121, 142, 181, 188, 200
7:1-37 195, 196
7:2 181
7:3-4 65, 201
7:4 188
7:5 200, 259
7:6 192, 201
7:6-13 64, 66
7:8-9 181
7:10 201, 395
7:11 388
7:14-22 64
7:15 182, 191
7:15-16 201
7:17-18 204
7:18 191
7:18-20 182
7:19 66, 182, 190, 191, 192, 202
7:21 191
7:21-22 202
7:21-23 182, 190
7:23 191
7:24-30 103
7:24-37 177, 200
7:25 204
7:26 202
7:27 202, 203
7:28 204
7:29 204
7:31-37 204
7:34 388
7:37 221
8 208, 213, 239
8:1-10 178, 207
8:1-26 207
8:6 214
8:11 259
8:11-12 306
8:11-13 208
8:12 208
8:14-21 208
8:15 156, 163, 165
8:17 121, 214
8:17-18 213, 215

8:18 121
8:19 214
8:20 214
8:22-26 202, 208, 212, 285
8:22-30 65
8:22-10:52 65, 285
8:23 213, 214
8:24 215
8:25 208, 214, 216
8:26 208, 213
8:27 65, 285
8:27-30 64, 285, 318
8:27-31 410
8:27-9:1 164, 439, 441
8:27-10:52 208
8:28 163, 221
8:29 163, 215, 221, 238, 305, 352
8:30 221
8:30-31 360
8:31 70, 222, 238, 241, 247, 285, 352, 447
8:31-33 306
8:31-38 70, 372, 256
8:31-16:8 352
8:32 163, 285, 305
8:32-33 127, 215, 247
8:33 103, 305
8:33-9:1 285
8:34 65, 163, 238
8:34-38 217, 222, 247
8:35 217
8:38 70, 103, 292, 358
9 234
9:1-8 65
9:2 222
9:2-8 222
9:2-29 285
9:3 228
9:7 64, 121, 222, 227, 360
9:8 227
9:9 70, 447
9:11 230
9:12 70, 229
9:14-29 103, 234, 238, 241
9:19 239
9:22 239
9:23 240
9:24 240, 243
9:26 242
9:27 242
9:29 242
9:30-31 241, 285
9:30-32 253

9:30-33 306
9:30-50 247-249, 256
9:31 70, 247, 352, 360, 447
9:31-37 439, 441
9:32 247, 285
9:33 121, 285
9:33-34 65, 294
9:33-35 286
9:33-50 285
9:34 254, 285
9:35 248, 254, 256
9:35-37 247
9:36-41 248
9:37 254
9:38 255
9:41 64
9:42-50 65, 248, 255
10:1-12 121, 143, 260, 270
10:1-14 65
10:2 259, 264
10:2-9 92
10:5 267, 270
10:6 269
10:6-8 270
10:8 269
10:9 270
10:10-12 266
10:11-12 266
10:13-16 280
10:13-31 277
10:17 285
10:17-18 285
10:17-20 277
10:19 395
10:21 64, 65, 278
10:22 273, 278
10:22-23 121
10:23 278
10:24 273, 281
10:25 278
10:26 273, 281
10:26-28 285
10:28 280
10:28-31 293
10:30 121, 278, 279
10:31 281
10:32 65, 285, 309
10:32-34 247, 285, 286
10:32-45 256, 286, 306, 360,
    439, 441
10:32-52 292, 296
10:32b-37 309
10:33 70, 295
10:33-34 352

10:34 295, 447
10:35 286
10:35-40 285
10:35-41 247
10:35-45 286, 293
10:37 286, 292
10:38 293
10:38-45 396
10:39 162, 294
10:40 293
10:41 294
10:41-45 285
10:42 294
10:42-45 247
10:43-44 294, 295
10:44 296
10:45 65, 70, 78, 295, 310,
    352, 358, 360
10:46 285
10:46-52 65, 208, 217, 244,
    285
10:47 352, 359
10:47-48 296
10:48 352, 359
10:51 388
10:51-52 296
10:52 65, 285
11 299, 300
11-12 370
11-16 103
11:1-11 310, 333, 352
11:9 308
11:9-10 327
11:10 308, 352, 359
11:11 309
11:12-14 310, 313, 325, 333
11:12-25 313, 317, 321
11:15 319
11:15-17 64, 313
11:15-19 310, 325, 333
11:17 320
11:18 321
11:20-21 313
11:20-24 244
11:20-25 325, 333
11:21 313
11:22-25 313, 318, 320
11:23 321
11:25 322
11:27-28 325
11:27-33 244, 325, 332
11:27-12:12 325, 332-334, 336
11:27-12:34 339
11:27-12:37 352

11:27-12:40 64
11:28 352
11:29-33 325
11:30-33 333
11:31-32 333
11:33 333
12 85
12:1 326
12:1-9 333
12:1-11 325
12:1-12 325, 332, 395
12:3 395
12:5 395
12:6 327
12:8 395
12:9 293, 320, 334
12:10-11 65, 326
12:11 336
12:12 325, 333, 335
12:13 462
12:13-15 259
12:13-17 92, 339, 461
12:13-27 339, 348
12:18-27 340, 341, 439
12:19 344
12:19-23 343
12:26 345
12:27 346
12:28-34 65, 256, 353
12:34 358
12:35-37 353, 358
12:38-40 353
12:40 353
12:41-44 353
13 335, 365, 369-371
13:1-4 370
13:1-37 363, 370, 371
13:2 335
13:5-8 370
13:9-13 105, 121, 321 370
13:11-13 393
13:14-23 370
13:24-27 103, 370, 371
13:26 70, 72, 335, 358
13:28-37 370
13:32-36 321
13:32-37 105
13:34 326
14 375, 381
14-15 370
14:1 381
14:1-2 335, 375
14:3-9 375, 381
14:10 335

14:10-11 375, 381, 383
14:12 382
14:12-15 382
14:12-25 382
14:16 382
14:17 383
14:17-21 383
14:20 383
14:20-37 410
14:21 70
14:22 383, 384
14:22-25 66
14:23 384, 393
14:23-24 65, 293
14:24 384
14:25 384
14:26
14:26-31 387
14:26-42 387
14:27 164, 328
14:28 447
14:32-34 387
14:34 392
14:35-41 396
14:36 293, 387-389, 392-394
14:36b 393
14:36c 394
14:39-41 388
14:41 70, 396
14:43-44 335
14:50 396
14:53-64 402
14:53-65 335
14:56-59 402
14:58 193
14:61 361, 403, 415
14:62 70, 72, 103, 335, 358, 372, 403, 405, 406, 408
14:63 408
14:63-64 403
14:64 403, 408, 414
14:66-72 410
15 396, 413, 439
15:1 335, 415
15:2 413, 415
15:5 415, 423
15:6-8 413
15:6-15 413, 415
15:7 162
15:9 335
15:9-11 414
15:11 422
15:12-13 414
15:14 414

15:15 414, 423, 425, 431
15:15b-47 430
15:16-20a 432
15:20b-39 432
15:21 425, 432, 447
15:22 388, 432
15:23 432
15:24 433
15:24-37 425
15:26 401, 433
15:32 361, 434
15:34 388, 396
15:39 64, 207, 222, 335, 360, 398, 425
15:40-41 439
15:42 436
15:42-43 434
15:43 335
15:44-45 434
15:46 425, 434
15:47 439, 425
16 425, 439, 449
16:5 448
16:6 398, 447, 449
16:6-7 65, 335
16:8 398, 440, 448, 449
16:9-18 244
16:9-20 440
16:20 440

누가복음
1:5 156
1:12 148
1:69 361
2:26 361
3:1 155, 156
3:1-20 229
3:8-9 116
3:15 361
3:18-20 165
3:19-20 156
5:17-6:11 92
6:42 216
6:43-44 116
7:16-20 116
7:22 218
7:27 229
8 122
8:3 156, 279
8:22-25 178
9:7-9 156, 165
9:10-17 178
9:43-50 256
10:38 279

11:2 389
11:2-4 394
11:19 136
11:37-41 189
11:47-51 334
13:31 156
13:31-33 165
16:13 276
16:18 266
17:1-2 256
18:35-43 218
19:28-40 299
20:20-40 348
22:7-20 385
22:24-30 297
22:30 293
22:66-71 411
22:70 403
23:1 402
23:2-3 402
23:6-12 153, 165
23:7-12 156
23:7-16 157
23:15 156, 165
23:36-37 433
23:38 401
23:50-53 335
23:51 335
24 450
24:9 440

요한복음
1:20 361
2:21 334
4:19-24 334
6:1-21 178
6:51-58 386
7:41-42 361
9:1-12 218
12:12-19 299
12:39-40 120
12:39-41 122
13:1-26 385
15:2-8 116
18:31-32 435
19:19 401
19:27 279
19:38-42 335
20 450

사도행전
2:44-47 279
4:27 156, 165
4:32-37 279

5 92
10:9-16 183
12:1-23 156
13:1 156
15:29 183
17 347
19:13-20 136
22-23 92
22:3 85
23:6-8 450
23:8 348
23:35 156
25:13-26:32 156
26 92
26:5 85
28:25-27 120
28:26-27 122

로마서
2:21-22 323
8:15 389, 399
8:17-18 293 (본문 구절 없음)
11:1-10 122
14:20-21 183

고린도전서
7:10 271
8:7-9 183
10:27 183
15 347, 450

고린도후서
11:24 34

갈라디아서
1:13 34
1:22 34
4:6 389, 399
5:11 34
5:22 116
6:12 34

에베소서
2:11-22 334
5:9 116
6:4 395

빌립보서
3 92
3:6 34

골로새서
2:16 183
2:21 183

데살로니가전서
4-5 450

디모데전서
4:1-5 183

히브리서
12:5-10 395
13:2 279

베드로전서
2:4-8 334

요한삼서
5-8 279

요한계시록 106, 134, 371, 373
2-3 450
20-22 450
21:22 331

요세푸스
아피온 반박문
2.20-21 §282 92
2.217-18 450

유대고대사
2.20 155
2.129 194
2.169-77 423
2.311-17 386
3.248-51 386
3.261 140
4.202 411
4.253 264
5.20 386
6.9.3 382
8.45-49 127
8.47 127
9.260-73 386
10.68-73 386
11.109-13 386
12.265 300
12.316-25 44
13.171-73 256
13.293-95 411
13.297 342
13.298 85, 86
13.371-81 437
13.380 429
14.21-28 386
14.403 155
15.409 434

16.12-15 311
17.41 85
17.193-95 311
17.213 386
17.295 437
18.9 84
18.11-25 84
18.12 84
18.14-16 450
18.15 86
18.16 341
18.17 86
18.19-22 256
18.23 342
18.36-38 165
18.55-62 423
18.63-64 401
18.85-89 423
18.101-25 165
18.109-15 158
18.117 158
18.118 158
18.119 158
18.136 165
18.148-50 165
18.240-55 165
20.197-203 323

유대전쟁사
1.72-74 311
1.282-85 434
2.117 435
2.119-61 256
2.129 194
2.150 61
2.162 85
2.162-66 92
2.163-65 450
2.165 341

2.166 86
2.169-77 423
2.170 165
2.178 165
2.181-83 165
2.306 431
4.317 430, 435
4.487-89 133
6.220-270 46
6.304 431
6.9.3 382
7.203 431

생애

19   85
64-69   165
420-21   436

필론
플락쿠스에 대한 반박
83   435
84   436

모세의 생애에 대하여
2.21   92
2.38   411

아브라함의 이주에 대하여
39   218

이름의 변화에 대하여
128   228

가이우스에게 보낸 사절에 대하여
276-329   417
301-5   419

특별한 법들에 대하여
1.256-61   194
2.144-73   386
3.30   264

가인의 자손에 대하여
57   218

모든 선한 사람은 자유롭다
75-91   256

랍비 문헌과 타르굼
바벨론 에루빈
431-b   231

바벨론 깃틴
68a   127

바벨론 하기가
14a   405

바벨론 페사흐
57a   323

바벨론 산헤드린
90b-92a   349
38b   405

바벨론 타아니트
23b   391

창세기 랍바
100.9   57

신명기 랍바
4.11   57

예레미야애가 랍바
1.2.23   57
1.22.57   57

레위기 랍바
1.14   57
10.2   57
21.7   57

미드라쉬 시편
4.8   57
22.27   57
23.7   57

미쉬나 아보트
1.1   377
3.18   122
5.15   122

미쉬나 깃틴
9:10   261, 265, 271

미쉬나 하기가
2:13   147

미쉬나 훌린
8:1   260

미쉬나 켈림
1:8   140

미쉬나 케투보트
5:5-8   266

미쉬나 오할로트
8:1   260
15:10   144

미쉬나 페사힘
1   378
1:2   378
5   379
5:5   379
5:6   379
5:7   379
5:10   383
6:6   383
8:4   383

10   380
10:1   380, 381
10:3   380
10:4   380
10:8   381

미쉬나 로쉬 하샤나
3:8   399

미쉬나 산헤드린
7:5   411

미쉬나 소타
9:15   231, 399

미쉬나 예바모트
1-4   349

미쉬나 요마
8:9   399

미쉬나 자빔
5:1   143
6:11   145

미쉬나 아라힌
5:6   262

페시크타 랍바티
29/30A   57
29/30B   57
30   57
33   57
35:4   231

신명기 시프레
269   271

소페림
19:9   231

탄후밈 신명기
1:1.1   57

타르굼 사무엘상
2:17   323
29:29   323

타르굼 예레미야애가
4:22   231

타르굼 이사야
5:2   330
6:9-10   122

40:3　66

타르굼 시편　337

타르굼 위-요나탄 창세기
2:25　450
3:7　450

타르굼 위-요나탄 출애굽기
40:10　231

타르굼 위-요나탄 신명기
30:4　231

.탈무드 베라코트
3:14　399

토세프타 메일라
1:16　330, 336

토세프타 메나호트
13　323

토세프타 수카
3:15　327, 330, 336

예루살렘 소타
1a　266, 271
1.1　266, 271

다른 고대 문헌
Ambrose
On the Christian Faith
2.7.56　397

Augustine
Letter 140　397

Aristotle
Generation of Animals
3.6.2　186

Barnabas
16:5　330, 337

CCSL
78.452　55

Cicero
In Verrem
2.5.168　431

Curtius Rufus
Hist. Alex.
4.4.17　428

Dio Cassius
Roman History
54.3.6-7　433, 437

Eusebius
Ecclesiastical History
1.11　165

Gospel of Thomas
9　122
20　122

Horace
Epistulae
1.16.48　431

Justinian
Digesta
48　437
48.19.8.3　431
48.20.1　433
48.24.1-3　436

Juvenal
Satirae/Satires
14.77-78　431

Ovid
Metamorphoses
9.322-23　186

Pliny the Elder
Naturalis historia
14.15 §92　433

Plutarch
Isis and Osiris
72　186

Moralia
554B　432, 437

Ps.-Quintilian
Decl. 274　432

P. Flor.
61, line 59　431

P. Lond.
III 1171　432

PSI
V 446　432

P. Yadin
10　262

SEG
XXVI 1392　432

Seneca
Dialogi
3.2.2　431
6.20.3　431

Suetonius
Gaius Caligula
32.2　433

Divus Augustus
13.1-2　431

Tacitus
Annales
6.29　433